자연주의자

자연주의자

에드워드 윌슨 자서전

이병훈 · 김희백 옮김

사이언스
SCIENCE
BOOKS 북스

한국의 독자들께

저의 회고록인 *Naturalist*의 한국 독자들에게 인사를 드리게 되어 기쁘며 영광입니다. 이 책에서 말하고 있는 이야기들은 미국의 독특한 특성을 담고 있지만, 그것이 나타내는 많은 주제는 보편성을 가집니다. 여러분에게 그 주제가 흥미롭고 유용하기를 바랍니다. 저는 그 주제들 중에서도 자연 서식처를 이리저리 다니며 스스로 식물과 동물을 접하던 소년이 자라서 자연관찰자가 되고, 그런 후에야 전문적인 생물학자가 된 것이 가장 중요하게 여겨집니다. 학교에서의 형식적 과학 수업이 필수적이기는 하지만, 한 주제에 대한 강한 애착이라든지 제 경우에 해당하는 자연 세계에 대한 사랑은 매우 개인적인 경험, 아니 가슴 깊숙한 곳에 심어진 감정적 경험에서 흔히 비롯됩니다. 따라서 자연사는 본질적으로 문화를 초월하여 서로 공유할 수 있는 주제라 할 수 있습니다.

에드워드 윌슨 드림

책 머리에

나는 물리학자인 빅토 바이스토크가 언젠가 말한 것처럼 이 가공할 세기에 태어나긴 했으나 이제까지 행복하게 지내온 게 사실이다. 나는 핵전쟁이나 경악할 기술적 진보와는 전적으로 다른 종류에 열중했던 것이다. 즉 이제까지 〈자연〉에 일어난 근본적인 변화를 면밀히 지켜본 목격자로 일해 왔다.

대문자 N으로 시작하는 Nature(자연)의 개념은 나에게 두 가지 의미가 있다. 20세기가 시작되었을 때만 해도 사람들은 자신을 초월적 존재, 즉 영혼과 지성에 의해 구제되기를 기다리면서 지구에 남아 있는 죄를 지은 천사(dark angel)로 쉽게 생각할 수 있었다. 그러나 과학이 제시하는 증거를 보면 거의 모두 또는 전부가 다 그 반대 쪽을 가리키고 있음을 본다. 즉 자연의 세계에 태어나서 수백만 년을 거쳐 한걸음 한걸음 진화해 온 우리는 우리의 생태와 생리와 정신에 구속된 채 남은 삶을 살아가고 있다. 이러한 점에서 우리가 보는 자연 세계에서의 자연은 근본적으로 달라졌다.

금세기가 시작되었을 때만 해도 사람들은 지구가 인간에게 줄 선물을 무한정 갖고 있다고 믿었다. 아직 인간이 오르지 못한 높은 산들도 많았고, 손길이 닿지 않은 바다의 깊은 곳도 있었으며, 적도 근방의 대륙에는 광대한 야생이 펼쳐져 있었다. 그러나 이제 우리는 이 물리적인 지구를 지도로 거의 작성했고 다 떨어져가는 자원의 나머지를 저울질하여 이제 얼마나 남았는지를 알아내기까지 하였다. 한 인생이 사는 짧은 시간에 일어난 인구 폭발로 인해 야생은 이제 한갓 위협받고 있는 자연 보전지구로 축소되었다. 생태계와 생물종들은 지난 6,500만 년 이래 가장 빠른 속도로 소멸되고 있다. 인류는 자신의 행위에서 비롯된 문제에 당혹한 나머지 이제는 과거의 지역정복자에서 지구의 수호자로 역할의 방향을 바꾸기 시작했다. 자연이 이러한 두번째 의미를 가지게 됨에 따라 자연계를 인간의 존재와는 구별해서 인식하던 관점 또한 근본적으로 달라졌다.

나는 나의 기질과 직업상 이러한 변화를 가까이서 지켜봐 왔다. 한 젊은 과학자이며, 자연 연구가로서의 나의 세계관은 진화생물학의 발전과 또 진화과학자들이 자연 환경에서 일어나고 있는 사항을 인지하는 데 따라 달라졌다. 말하자면 나의 유년 시절에서 중년에 이르는 사이 나의 개체발생은 보다 큰 계통발생을 반복한 것이다. 자연은 바야흐로 어떤 새로운 것으로 변태해 버렸다.

나의 어린 시절은 축복받은 시간이었다. 나는 아름다운 자연 환경을 가진 미국 남부 문화 속에서 여러 가지 사회 문제와는 격리된 채 자랐다. 나는 이미 어렸을 때 과학자가 되어 자연계와 가까이 지내리라 결심하였다. 바로 이 소년 시절의 도취는 아직도 사라지지 않고 있다. 그러나 헤라클레이토스가 생각한 만물의 유전(流轉) 사상에서처럼 나의 어린 시절 꿈도 그 속에서 모두 함께 변했다. 세상이 어떻게 작동하는가에 관해 내가 처음에 생각했던 것이라든가 이 세상에서의 인간의 위치에 관해 믿었던 것 등 모두가 변한 것이다. 나는 왜 지금 내가 하고 있는 방식으로 생각하는가를 보다 완벽하게 알기 위해서, 그리고 나의 신념 속에 어떤 핵심 요소들이 있는가를 독자와 나 자신에게 분명히 밝히면서 아울러 궁극적으로는 독자를 설득하기 위해 이 글을 썼음을 밝혀둔다.

차례

한국의 독자들께   5
책 머리에   7

제 1 부 앨라배마의 여명

1 패러다이스 해변   13
2 우리에게 소년을 보내시오   23
3 구석에 비친 빛   41
4 마법의 왕국   55
5 의무를 다하며   69
6 앨라배마의 몽상가   87
7 지식의 사냥꾼   103
8 남부를 떠나다   125
9 오리자바   139

제 2 부 이야기꾼

10 남태평양   159
11 미지의 탐구   193
12 분자 전쟁   215
13 섬들이 열쇠다   237
14 플로리다 키즈 제도에서의 실험   259
15 개미들   281
16 사회생물학을 이룩하다   307
17 사회생물학 논쟁   331
18 생물다양성과 생명애착   357

감사의 글   369
옮기고 나서   371
찾아보기   375

제 1 부
앨라배마의 여명

1　패러다이스 해변

아득한 과거에 일어난 일로 생각되는 일들은 몇 가지 뚜렷한 이미지를 중심으로 기억되기 마련이다. 나는 지금 일곱 살 때의 추억에 잠겨 패러다이스 해변의 얕은 물속에 서서 한 마리의 거대한 해파리를 내려다보고 있다. 물은 잔잔하고 투명해서 해파리의 세밀한 부분들이 마치 유리 속처럼 잘 보인다. 이 동물은 실로 경이롭다. 내가 해파리에 대해 그전에 가지고 있던 이미지와는 사뭇 다르다. 나는 수면 위쪽에서 여러 각도로 이 동물을 살펴보았다. 해파리의 우유빛 나는 핑크색의 갓 부분이 가늘고 붉은 줄들에 의해 여러 조각으로 나뉘고, 이 줄들은 중앙 부근부터 둥근 가장이를 향해 방사상으로 뻗어 있다. 촉수들이 벽을 이루며 가장이에서 뻗어 나와 둘레를 감싸서 안쪽에 있는 하나의 먹이 섭취용 튜브와 다른 기관들을 일부 가리는데, 이들은 마치 드리워진 커튼처럼 안팎으로 주름을 만든다. 그래서 오직 아래쪽 조직 덩어리만을 겨우 볼 수 있을 뿐이다. 더 자세히 알고 싶지만, 어쩐지 이 동물의 좀더 깊은 속과 심장부를 들여다 보기가 두려운 생각이 든다.

지금 알고 보니 이 해파리는 〈바다쐐기풀(sea nettle)〉이란 이름을 가진 것이었다. 정식 학명은 *Chrysaora quinquecirrha*이며, 멕시코 만으로부터 흘러들어 온 대양성 동물의 일원으로 잠시 그곳에 머물러 있는 것이다. 당시 나는 동물학 사전에서나 찾아볼 수 있는 이름들에 대해서 전혀 알지 못했다. 내가 당시 들었던 단어라고는 〈젤리 물고기(jelly fish)〉 (역주: 우리말로 해파리를 뜻함)뿐이었다. 그러나 이처럼 멋있는 동물에게 젤리 물고기라는 이름을 붙이다니 이 얼마나 부적절하고 또 이 동물을 격하시키는 고약한 말이었던가! 나는 마땅히 이 동물의 진짜 이름, 즉 〈컵동물〉(scyph-o-zo-an. 역주: scyph는 라틴어로 컵을, zoan은 동물을 뜻함)이라는 말을 썼어야만 했다. 생각해보라! 실로 나는 한 마리의 컵동물(scyphozoan. 역주: 우리말로 해파리류를 뜻함)을 발견한 것이다. 이 이름이야말로 나의 이러한 발견을 무엇보다 적절하게 기념하는 말이 되었을 것이다.

이 동물은 몇 시간이고 꼼짝없이 그 자리에 머물러 있었다. 저녁이 가까워지면서 나는 그 자리를 떠나야 했는데 이 동물의 엉클어진 아랫부분이 차츰 깊은 바닷물 속으로 뻗어가는 것 같았다. 나는 의아했다. 과연 이 동물은 하나의 개체인가 아니면 여러 개의 개체들이 모인 집합인가? 오늘에야 나는 이것이 하나의 개체라는 것을 말할 수 있다. 같은 지역의 물속에 〈포르투갈 군함(Portuguese man-of-war)〉이라는 모양이 아주 비슷한 동물이 살았다. 이 동물은 여러 동물 개체들의 집합인 하나의 군체로서 개체들은 긴밀하게 연합되어 있고, 원활하게 통합적 기능을 다하는 하나의 초개체(超個體, superorganism)이다. 지금은 이러한 일반적 사실들을 쉽게 말할 수 있지만, 그 당시에는 이 바다쐐기풀이 내겐 매우 특별했다. 그것은 내가 알지 못하는 그 어느 곳에서 갑자기 나의 세계로 뛰어든 것이다. 알 수 없는 의지와 미지의 사건들로 가득 찬 깊은 바다 세계라고 표현할 수밖에 없는 곳에서 나온 바로 그런 동물 말이다. 이 생물의 모습을 다시 떠올려보건데, 이 생물이야말로 바다가 갖고 있는 모든 신비와 짖궂은 심성을 한 몸에 담고 있는 것 같다.

그 다음 날 아침에 이 바다쐐기풀은 사라져 버렸다. 그리고 나는 1936년 여름 동안에 그러한 생물을 다시 보지 못했다. 나는 바로 그 패러다이스 해변을 최근에 다시 가 보았는데, 펜사콜라로부터 멀지 않은 플로리다의 퍼디도 만 해안가에 있는 작은 정착촌으로 바다 건너로 앨라배마가 한눈에 보이는 곳이다.

그러나 이 환상적인 시절에 나의 집에 문제가 생겼다. 그 해에 부모님의 결혼이 파경에 이른 것이다. 그래서 부모님들의 생활은 매우 힘들었지만 그들의 외아들인 나는 적어도 그때까지는 별 어려움이 없었다. 나는 여름방학 동안에는 한두 명의 소년을 돌보는 한 가정에 맡겨졌다. 패러다이스 해변이야말로 나와 같은 작은 소년에게는 진정 하나의 낙원이었다. 매일 아침 식사를 하고 나면 나는 이 작은 바닷가 집을 떠나서 혼자 물가를 따라 보물들을 찾아 헤맸다. 나는 제법 따뜻한 파도를 드나들며 그 위에 떠 있는 무엇이든 관찰하곤 했다. 어떤 때에는 높은 언덕에 앉아 탁 트인 바다를 두리번 두리번 살펴보았다. 점심 때가 되면 집에 들어왔다가는 다시 나갔다. 저녁 때가 되면 다시 들어오고 또 나갔다가 늦게서야 잠자리에 들었다. 그리고 잠들 때까지 그날 내가 치른 모험들을 되살리면서 짧은 추억에 잠겼다.

　나는 그 당시 내가 머물고 있던 집의 가족들에 대해서는 그 이름은 물론, 그 사람들이 어떻게 생겼는지, 얼마나 나이를 먹었는지, 또는 몇 식구나 되었는지를 기억하지 못한다. 아마 결혼한 부부 한 쌍이 있었고 사람들을 돌보기 좋아하는 따뜻한 마음을 가진 사람들이었던 것 같다. 그러나 그들은 나의 기억에서 사라졌고 또 정확히 말하면 그들이 누구인지를 내가 알 필요도 없는 존재가 되었다. 그러나 그 기억의 자리에 오래 남아 있는 것은 그곳에 살고 있던 동물들이다. 당시 7살이었던 나에게 그곳에 사는 크고 작은 모든 생물들은 자세히 살피고 생각해 보고 또 가능하면 붙잡아서 관찰해야 할 만큼 신비로운 것들이었다.

　그곳에는 한 자 길이의 녹색 전기가오리가 살았는데 주둥이가 가늘고 바로 물밑을 헤엄쳐 다니곤 했다. 이 물고기는 매우 신경질적이어서 우리를 보면 가까이 가기도 전에 달아났기 때문에 도무지 잡을 수가 없었다. 나는 이 물고기가 밤에는 어디로 가는지 이리저리 찾아보았지만 허탕만 치고 말았다. 저녁 때가 되면 우리의 살갗을 뚫을 만큼 다부진 발을 가진 푸른 게가 물가에 가까이 다가왔다. 자루가 긴 그물로 이 게를 쉽게 잡을 수가 있어서 우리는 이 게를 끓여서 껍데기를 벗겨 그대로 먹거나 검보(gumbo) 수프에 넣어서 먹었다. 이 검보 수프라는 것은 멕시코 만 연안에서 사람들이 즐겨 먹는 아주 맵고 짠 해물 수프이다. 또 이곳에서는 바다 송어와 물고기들이 물속 깊게 거머리 말들이 퍼져 있는 곳 가까이까지 헤엄쳐 다녔는데 만약에 배를 갖고 있는 사람이면 미끼 갈고리 낚시질로 이들을 잡을 수 있었다. 또 그곳에는 근육질의 다부진 긴 꼬리를 따라 작살 모양의 무시무시한 뼈가 돋아나 있는 가오리들이 낮에는 물이 허리에 차는 물 밑바닥의 모래 속에 몸을 묻고 있다가 저녁이 되어 어두워지면 물 위로 올라와 파도 가까이 돌아다녔다.

어느 날 오후 한 젊은 사람이 이 해변을 따라 손에 권총을 들고 내 옆을 지나갔다. 나는 잠시 그를 따라다녔다. 그는 가오리를 잡고 있는 중이라고 말했다. 그 당시에는 많은 젊은이들이 시골로 마구 사냥을 떠났는데 대개는 권총과 장총을 지녔고 산탄총을 쓰는 경우도 있었다. 이들은 사람과 가축을 제외하고는 살아 있는 것이라면 무엇이든지 그저 재미로 쏘는 것 같았다. 나는 내가 따라다닌 가오리 사냥꾼을 일종의 모험가로 생각했고 이 사람이야말로 내가 결코 전에 본 적이 없는 매우 크고 멋진 동물을 발견하기를 바랐다. 그 사람이 연안의 둑을 돌아서 사라지자 두 발의 총소리가 연달아 났다. 그 중에 적어도 한 발은 물속을 뚫고 들어가 가오리를 충분히 맞출 수 있었을까? 나는 한번 생각해보긴 했으나 실제로 나 자신이 그렇게 해보지는 못했다. 나는 그 젊은 사격수를 그후 다시 보지 못했고 그래서 물어 볼 수도 없었다.

어느 날 나는 드디어 어떤 진짜로 큰 물체를 얼핏 보았다. 그때까지 내가 본 것보다 훨씬 더 큰 동물을 발견하기를 얼마나 고대했던가! 나는 그곳의 물속 깊은 곳에는 큰 동물들이 살고 있다는 것을 알고 있었다. 때때로 내가 서 있는 곳에서 돌을 던지면 닿을 만큼 가까운 바닷속으로 병코돌고래 떼가 지나가곤 했다. 그들은 짝을 짓거나 세 마리 또는 네 마리가 함께 등지느러미와 꼬리지느러미로 물 위를 가르고 다니다가는 몸을 휘면서 물속으로 들어가 버렸고 그 후 다시 10-20야드 떨어진 수면 위로 다시 나타나곤 했다. 이런 동작의 반복은 매우 규칙적이어서 그들이 그 다음에 어디에 나타날 것인가를 미리 알아낼 수도 있었다. 파도가 잔잔한 날이면 나는 몇 시간이고 퍼디도 만을 훑어보곤 했는데, 어떤 동물이 수면 위로 솟구쳐 거대하고 괴물 같은 모습을 보여주리라는 희망에 가득 차 있었다. 나는 꼭 상어를 보고 싶었다. 나는 멀리서 보기에는 상어가 돌고래 같지만 물 위에 솟구치는 것이나 소리를 내는 것이 주기적이지 않다는 것을 알고 있었고, 그래서 이 신비로운 동물의 등지느러미가 물 위로 자랑스럽게 솟구쳐 오르는 것을 보고 싶었던 것이다. 나는 또 상어보다 더한 것을 보고 싶었다. 그것이 무엇이라고 꼬집어 말할 수는 없지만 일생 동안 나를 황홀하게 만들 그 어떤 것을 보고 싶었던 것이다.

그러나 내가 볼 수 있었던 것은 전부 돌고래뿐이었다. 그러나 실망하지는 않았다. 여기서 겪은 하나의 예외를 말하기 전에 괴물 사냥의 심리에 관해 몇 마디 해야겠다. 거대한 생물은 하나의 심리적 상태로서 존재한다. 그들은 어떤 절대적인 길이로 나타낼 수 있는 것이 아니고 다만 상대적인 크기 비율로서 존재하는 것이다. 예를 들어 7살의 나는 동물을 보면서 지금보다 두 배나 크게 여기곤 하였다. 해파리의 갓 부분은 평균적으로 10인치 정도인 것으로 알고 있는데, 내가 어렸을 때에는 직경 2피트, 즉 성인의 걸음으로 두 발짝 되는 것으로 보았다. 따라서 거대 생물이라는 것은 비록 어른들이 거대 생물로 분류하지는 않지만 실제 존재할 수 있는 것이다. 결국 나는 그러한 거대 괴물을 만날 운명에 있었다. 그러나 그것은 결코 물 위에 소용돌이를 일으키면서 나타나지는 않으리라.

그러나 해가 져서 어둑어둑한 저녁 무렵에 드디어 일이 일어났다. 그때 나는 옅은 물 위로 말뚝을 박아 세운 해안으로부터 집안의 수상보트 집까지 연결되는 선착장에 앉아 있었다. 너무 어두워서 나는 물바닥을 거의 볼 수가 없었다. 그러나 나는 이리저리 다니는 크고 작은 괴물을 찾아 두리번거리며 앉아 있었다. 그러나 어떤 예고도 없이 한 마리의 거대한 가오리가, 그것도 내가 그 전에 본 적이 있는 가오리보다 수 배나 큰 동물이 어둠에서 모습을 드러내 조용히 나의 발 밑쪽으로 미끄러져 가며 먼 물속 깊이 사라져버리는 게 아닌가. 단 수 초만에 일어난 일이었다. 커다란 둥근 모양의 그림자가 물바닥 전체를 뒤덮고 있는 것 같았다. 나는 벼락을 맞은 듯 몸이 오싹했다. 그리고 이어서 이 거대한 동물을 다시 보고 싶은 마음에 사로잡혔다. 그리고 가능하다면 그것을 잡아서 가까이 살펴보고 싶었다. 나는 이 동물은 필경 이 부근에 살고 있으며 그래서 이 선착장 주위를 매일 왔다갔다 할 것이라고 생각했다.

나는 다음 날 오후 늦게 집안에서 찾을 수 있는 가장 큰 미끼 바늘에 핀피시물고기를 산 채로 꿰어서 선창가에서 낚시를 드리웠다. 그리고 6피트 깊숙히 밤새 그대로 두었다. 나는 다음 날 아침 서둘러 나와서 낚싯줄을 꺼내 보았다. 그러나 미끼만 빠져나갔을 뿐 낚시바늘에는 아무 것도 없었다. 이렇게 일 주일이 되풀이 되었으나 아무 소득이 없었고 항상 미끼로 쓴 물고기만 잃어버렸다. 아마도 미끼로서 새우나 게를 썼더라면 가오리를 운좋게 잡을 수도 있었을 텐데. 나 같은 초보자에게 아무도 이러한 조언을 해주는 사람이 없었다. 하루 아침에는 두꺼비고기 한 마리를 낚았는데 이 물고기는 입이 매우 크고 눈이 튀어나오고 또 살갗이 미끈미끈한 잡식성의 물고기로서 물바닥에 사는 종류였다. 그곳 사람들은 이 물고기를 하나의 〈잡어〉로만 생각하고 또 바다 동물 중에 가장 흉칙한 종류의 하나로 생각했다. 그러나 나로서는 참으로 멋있는 일이었다. 나는 이 두꺼비고기를 병 속에 담아 하룻동안 두었다가 풀어놓아 주곤 하였다. 얼마 후 나는 더 이상 거대한 가오리를 잡느라 낚싯줄을 드리우는 일을 하지 않았다. 그리고 나는 그 가오리가 그 밑으로 지나가는 것을 다시는 보지 못했다.

나는 도대체 어째서 그러한 일이 일어난 지 거의 60년이 지난 지금에 한 작은 소년이 겪었던 해파리나 가오리와 바다 괴물들에 대한 이야기를 늘어놓는가? 그 이유는 이것이 바로 한 사람의 자연 연구가가 어떻게 태어나는지를 생생하게 말해 준다고 보기 때문이다. 이 소년은 마치 아주 오래전에 살았던 어른 원시인 중의 한 사람과 같은 것이다. 이 원시인은 아프리카 말라위 호숫가나 모잠비크 해협 연안에 이른 욕심 많은 한 초기 인간(Homo)이다. 이러한 경험들은 수천 세대를 걸쳐서 되풀이되었을 것이 틀림없고, 그에 따른 상당한 보상을 받으며 살아 왔을 것이다. 바다와 호수 그리고 넓은 강들은 먹을거리의 원천이었고 적을 막아 주는 방편이었다. 이러한 광활한 물과 호수를 갈라놓을 장벽이라는 것은 있을 수가 없다. 이런 것들은 타버릴 수도 없고 침식이 되어 생물이라곤 살지 못하는 작은 도랑으로 변할 수도 없다. 이들은 어떠한 변화에도 저항할 수 있는 것처럼 보인다. 물은 언제나 거기 있었고 영원히 그리고 어떤 무엇에 의해 다치는 일도 없으며 대개는 손이 닿지 않는 먼 곳에 있으며 결코 고갈되지도 않는다. 이 소년은 이 이상(理想)의 원형을 붙잡아 탐험하고 배울 채비가 되어 있다. 그러나 그렇게 그를 사로잡는 감정을 이루 다 묘사할 수는 없다. 대신에 그는 자신을 끊임없이 흥미의 세계로 유도하는 심성을 가지고 있어서 그의 경험과 지식을 한없이 성장, 발전시킬 강력한 에너지를 전달하는 일종의 부적을 타고난 것이다. 그는 성장해 감에 따라 그의 문화로부터 좀더 복잡한 세부 사항과 배경을 여기에 보태 나갈 것이다. 그러나 핵심은 변치 않고 남아 있다. 그가 어른이 된 다음에 되돌아본다면, 어렸을 때 물고기를 잡으러 온종일 돌아다니고 바다 수평선으로 해가 지는 것을 보고 싶은 욕망에 사로잡혀 있던 일을 신기하게 여길 것이다.

한 사람의 자연 연구가를 만들어내는 데는 어떤 결정적인 시기에 일정한 체계적 지식보다는 직접 경험을 갖는 일이 중요하다. 어떤 학명이나 해부학적 지식을 아는 것보다 그런 대로 누구한테도 가르침을 받은 적이 없는 야만인이 되는 것이 좋다. 오랫동안 그저 찾아다니고 꿈을 꾸는 시간을 갖는 것은 더더욱 좋다. 바로 이런 원리를 잘 이해한 레이철 카슨은 그가 1965년에 낸 책 『신비로움의 느낌(The Sense of Wonder)』에서 그와 같은 취지의 말을 이렇게 표현했다. 〈만약에 어떤 구체적인 사실이 나중에 지식과 지혜를 낳는 씨라고 한다면, 감각에 의거한 감정과 인상들은 씨가 싹트고 자라야 할 비옥한 토양이다. 어린 시절은 바로 이러한 토양을 준비해야 할 시기이다.〉 그녀는 지혜롭게도 어린이들을 바로 이러한 바닷가에 인도한 것이다.

　내가 패러다이스 해변에서 여름을 보낸 것은 나를 교육시키기 위해 어른들이 계획해 놓은 일정은 아니었다. 그것은 나의 마구잡이 생활에서 하나의 우연이었다. 그저 나의 부모가 그곳은 안전하고 걱정을 하지 않아도 될 그런 환경이었다고 생각해서 나를 그곳에 둔 것이다. 그러나 그 짧은 기간에 두번째 우연한 사건이 일어났다. 그리고 그것으로 인해 결국 내가 어떠한 종류의 자연 연구가가 되어야 할지를 결정짓는 계기가 되었다. 나는 선창에서 피라미를 미끼로 써서 낚시질을 하고 있었다. 나는 핀피시가 미끼를 물자마자 낚아 올리곤 하였다. 이 피라미류의 핀피시는 작고 농어 모양으로 생긴 아주 탐욕스런 종인데, 겁을 주면 등지느러미의 막을 따라 곧바르게 서는 10개의 바늘과 같은 가시들을 갖고 있다. 나는 물고기가 낚싯줄을 당기자 조심성 없게도 낚싯줄을 세게 채 올렸는데, 이때 물에서 빠져나와 공중을 날던 물고기가 나의 얼굴을 덮쳤다. 이때 등지느러미의 가시 중 하나가 나의 오른쪽 눈 동공에 명중했다.

　이때 내가 겪은 고통은 이루 말할 수 없다. 그리고 그 고통은 몇 시간 동안 계속되었다. 그러나 나는 야외에 그대로 있고 싶어서 눈이 아픈 데 대해 별로 불평하지 않았다. 그리고 나의 낚시질은 계속되었다. 그 후에 나를 데리고 있던 가족들이 이러한 불상사를 알고 있었는지 아닌지 잘 알 수는 없지만 나를 병원으로 데리고 가지는 않았다. 이윽고 그 다음 날에는 고통이 가라앉았고 약간 불편을 느낄 정도였는데 그나마 그것도 나중에 모두 없어졌다. 몇 달 후에 펜사콜라에 있는 집으로 돌아오자 나의 동공이 뿌옇게 되면서 외상성 백내장으로 발전하였다. 부모님들은 이러한 일을 알자마자 나를 의사한테 데리고 가서 낡은 펜사콜라 병원에 입원시켰다. 그리고 눈의 렌즈를 제거하였다. 이때 받은 수술은 그야말로 몸서리쳐지는 19세기의 시련 같은 것이었다. 어떤 사람들이 나를 꼼짝못하게 붙잡고 있는 사이에 펄 머피라고 부르는 여성

마취학자가 코와 입에 거즈를 얹고 그 위에 에테르를 부었다. 후에 안 일이지만 그녀가 이러한 처치를 하고 받은 대가는 5달러였다고 한다. 나는 의식을 잃고 나서 커다란 강당에 나 혼자 있는 꿈을 꾸었다. 한 의자에 꽁꽁 묶인 채 꼼짝할 수 없는 상태로 나는 소리를 지르고 있었다. 아마도 내가 진정되기까지 실제로 소리를 질렀던 것 같다. 어쨌든 이러한 경험은 실제 백내장만큼이나 고약한 것이었다. 그 후 몇 년 동안 나는 에테르 냄새만 맡으면 구역질을 했다. 오늘날 내가 갖고 있는 공포증이 하나 있는데, 그것은 좁은 공간에 갇혀서 두 팔을 결박당하고 얼굴을 무엇으로 덮어 씌우는 일이다. 이것은 보통의 밀실 공포증과는 다르다. 나는 장롱 속이나 엘리베이터 속에도 들어갈 수 있고 집 건물 아래쪽이나 자동차 밑바닥에도 침착하게 기어 들어갈 수 있다. 또 10대와 20대 때에는 동굴 속을 탐험했고 선창 부근의 물속 깊은 곳까지 아무 겁 없이 탐험하기도 했다. 다만 내 두 팔과 얼굴에 아무런 결박도 장애도 없는 상태에서 말이다.

결국 나는 그 후 왼쪽 눈으로만 볼 수 있는 상태로 지내야 했다. 다행히도 왼쪽 눈은 시력이 매우 좋아서 평균보다 더 가까운 거리에서 세밀하게 볼 수 있었다. 즉 시력이 안과 차트에는 20/10으로 적혀 있다. 그리고 이러한 시력은 그 후 나의 인생을 통해서 아무런 변화 없이 그대로 유지되었다. 그러나 나는 입체적 관찰 능력을 잃었다. 그렇지만 작은 곤충의 몸에 나 있는 섬세한 주름이나 털까지도 잘 알아볼 수 있다. 그리고 필경 유전적인 결함으로 인한 것으로 생각되는데, 어른이 되고 나서 높은 음역에 대한 청력을 거의 상실하였다. 나는 보청기가 없으면 개구리와 새들의 소리를 잘 알아듣지 못한다. 그래서 내가 10대가 되어 로저 토리 피터슨이 지은 『야외 조류 안내(Field Guide to the Birds)』와 망원경을 갖고 야외 관찰을 나갔을 때, 내가 형편없는 탐조가라는 것을 알게 되었다. 나는 새소리를 들을 수가 없었다. 또 빤히 보는 앞에서도 새가 펄럭거리며 날아가지 않으면 새들의 위치를 알아낼 수 없었다. 새가 가까운 나무에 앉아서 울어도 어느 누가 손으로 가리키지 않으면 볼 수가 없었다. 개구리에 대해서도 마찬가지였다. 봄에 비가 오는 밤이면 나의 대학 친구들은 수컷 개구리들의 울음소리만 듣고서도 이들이 번식을 위해 모이는 장소를 찾아갈 수 있었다. 그러나 나는 어떤 통을 두드리는 것 같은 소리를 내는 납작머리 청개구리의 깊숙한 울음소리나 또는 죽어 가는 영혼이 울부짖는 것 같은 쟁기발 개구리의 소리만을 겨우 알아들을 수 있었고 대개의 개구리 종으로부터 내가 들은 소리라고는 귀에 막연히 울리는 윙윙 소리뿐이었다.

내 인생의 수레바퀴는 그러한 큰 이유로 인해 이른 나이에 일단 멈추게 되었다. 즉 나는 작은 몸짓으로 기어다니거나 날아다니는 곤충을 다루는 곤충학자가 되도록 운명지어진 것이다. 다시 말해서 어떤 특이한 천재성이나 예측력 때문이 아니라 우연한 생리적 능력의 축소로 인해 이와 같은 전환점을 맞이한 것이다. 나는 부득이 오직 한 가지 종류의 동물들을 선택할 수밖에 없었다. 그것이 유일한 선택이었다. 그래서 나의 성한 눈은 땅으로 향했다. 그 후에 나는 세상에 사는 작은 생물들, 즉 엄지와 집게 손 사이로 집어 올려서 눈 가까이 살펴볼 수 있는 그러한 동물을 찬미하게 되었다.

2 우리에게 소년을 보내시오

누가 자기의 성격 형성에 어떤 사건들이 기여했다고 구체적으로 감히 말할 수 있을까? 어린 시절에 일어나는 어렴풋한 일들은 너무나 많다. 사람의 마음은 절반쯤만 기억되는 불확실한 경험 속에 머물기 마련이다. 그래서 해가 감에 따라 자기 기만이 머릿속의 기억을 진실로부터 멀리 비틀어 놓는다. 그러나 내가 완벽하게 자신할 수 있는 사건 한 가지가 있다. 그것은 1937년에 나의 부모 에드워드 윌슨 부부(Edward and Inez Freeman Wilson)가 헤어져서 이혼 수속을 시작한 것이다. 그 시절만 해도 이혼이란 그리 흔치 않았다. 미국 중에서도 그 지방에서는 특히 더 그랬다. 따라서 이 사건은 큰 화제가 되었음에 틀림없으며 집안의 많은 사람들이 고개를 흔들었을 것이다. 나의 부모는 생활을 정리한 다음에 일곱살박이 소년에게 안전을 보장할 수 있는 어떠한 장소를 물색하였다. 드디어 그들은 미시시피의 걸프포트의 동쪽 4마일 거리 해안도로에 자리잡은 사립학교인 걸프연안 군사학교를 택했다.

나는 1월 어느 아침 어머니와 함께 패스커굴러를 떠나 서쪽으로 향하는 버스를 타고 모빌과 패스커굴러를 거쳐 걸프포트로 향했다. 우리는 오후에 드디어 이 군사학교에 도착하였다. 나는 주위를 두리번거리고 그곳의 경치를 가늠해 보았는데 고전적으로 한가로운 걸프 연안의 한 모습이었고 즉시 나의 마음을 사로잡았다. 베란다와 관목들이 빼빼이

들어선 화단을 가진 벽돌집들이 넓은 잔디 사이사이에 흩어져 있었다. 오래된 참나무들과 하늘을 찌를 듯한 타에다소나무들이 너그럽게 그늘을 드리워 주었다. 조용한 2차선의 길이 90번 도로(U.S. 90)가 학교 남쪽 가장자리를 지나갔다. 수십 피트 바깥쪽에 있는 해안벽 바닥에는 멕시코 만으로부터 평화로운 파도들이 밀려들었다. 나의 마음은 이 바다 풍경으로 인해 곧 밝아졌다. 아니 다시 패러다이스 해안으로 돌아온 것일까? 결코 그럴 수는 없었다. 우리는 기숙사로 들어가 기숙사 보모와 중학교 사관들을 만났다. 군대식의 간이 침대를 보니 제대로 만들어진 것이라면 동전이 그 위에서 튈 수 있는 그런 것이었다. 나는 일과표를 들여다보았다. 그리고 제복을 보니 웨스트포인트 사관학교의 것을 본딴 것이었다. 나는 방짝과 악수를 나눴는데 그는 매우 굳은 표정이었다. 그러나 일곱살짜리로는 매우 겸손하였다. 그리고 나에겐 소년 시절의 느긋함과 모험에 관한 꿈이 모두 사라지는 순간이었다.

이 학교는 사실상 배운 것이 없고 버릇이 없는 아이들을 바로 잡기 위해 치밀하게, 그러나 하나의 악몽 같이 꾸며진 학교였다. 건물은 사관학교를 본땄는데 모두 회색 빛으로 되어 있고 마치 국기 게양대가 꼿꼿하게 세워진 모습을 하였다. 이 학교의 설립 취지서에는 견고한 전통적 교육을 부여하거나 받을 수 있다고 말하는 것이 아니라 아예 보장한다고 하였다. 이 학교를 졸업한 학생 중에는 전국에 있는 다른 일반 학교로 가는 사람도 있었다. 그러나 이 학교는 학생들을 애나폴리스에 있는 웨스트포인트 사관학교에 보내기 위한 준비 학교로서의 성격을 갖는다. 그리고 미국의 장교 군단을 훈련하도록 되어 있는 버지니아 사관학교 같은 것에 견줄 만한 사립학교였다.

이러한 모든 것들은 1937년 당시 남부의 백인 중산 계급의 문화와 일치하는 것들이다. 젊은이들은 고작 군대의 장교로 불려지는 것을 열망하였다. 남부 사람들은 하느님과 조국에 대해서 명예롭고 용감하고 또 확고한 봉사를 다하는 장교와 신사가 되고자 하는 남북전쟁 이전부터의 꿈을 계속 지니고 있었다. 이렇게 되면 갓 졸업한 소위가 흰 제복을 입고 예쁘고 아름답게 생긴 그의 신부를 호위하면서 그를 자랑스럽게 바라보는 가족들의 눈길 속에 동료들이 들고 있는 칼들 밑으로 교회를 빠져나오는 장면을 연상하게 된다. 이제부터 그의 품행은 남북전쟁에서 남부 군대가 무기의 부족과 전투에 지쳐 패배했다고 하는 역사적 진실을 긍정하는 방향으로 다져질 것이다. 사실 말하면 남북전쟁 당시 남부의 군인들, 특히 장교들은 그래도 개별적으로는 세계에서 으뜸가는 훌륭한 군인들이었다. 그들은 남부인들이었으며 결코 우습게 볼 수 없는 확고부동한 사람들이었다.

이제 우리는 베트남 전쟁 당시 텔레비전에 나오는 포진지의 사령관들이 어째서 남부 사투리로 말했는지를 이해할 수 있게 되었다. 그들은 얇은 입술과 눈을 가졌고 농담이라고는 전혀 하지 않았다. 물론 남부 사람들에게는 의학과 법학 그리고 기술이 선망의 직업이었고 사업이나 목사도 괜찮은 직업으로 알려져 있다. 또한 앨라배마 출신의 골프 챔피언과 미식축구에서의 쿼터백쯤 되면 영웅 대접을 받는다. 우리 집안에서는 친척 중 한 사람이(그의 별명은 스키터(Skeeter) 또는 T.C와 같은 이름으로 불렸는데 어쨌든 행크의 옛친구이다) 국회의원이 되었을 때 매우 자랑스러워 하였다. 그렇지만 사실은 군사령관이야말로 힘과 명예의 표시를 몸에 달고 있는 직업이었다.

이 학교는 미국 국방부에 의해서 예외없이 매년 우수 학교로 지정되었다. 다시 말하면 이 학교는 일종의 신병훈련소이다. 이 학교의 일과표는 사춘기 남자들이 갖는 나쁜 성질들을 말끔히 없애고 총소리에 움칫 놀라지 않는 인물을 새로 만들어내도록 고안되어 있다. 이 학교의 모토는 〈우리에게 소년을 보내시오. 그러면 하나의 남성을 보내드립니다〉였다. 이 학교의 1937년 졸업 앨범을 보면 나의 어린 얼굴이 무표정하게 나와 있는데 이 학교의 교육 원칙을 극명하게 설명하고 있다.

즉, 첫째 매일 하는 작업은 하나의 체계적인 일과표에 따라 수행되므로 그날의 모든 의무 수행이 명시되어 있어 결코 소홀히 지낼 수 없다. 둘째 사관 후보생 각자는 다른 후보생과 함께 있음으로써 단체 일부에 소속됨을 인식하고, 이에 따라 각자는 다른 사람의 권리를 위해 올바른 태도를 가져야 한다. 셋째 사관 후보생들은 각자의 자질과 요령에 따라 솔선 의식과 독립심을 발전시키고 많은 소년들이 빠지기 쉬운 무방비적인 태도나 의타심을 말끔히 씻어낸다.

이 학교의 일과표는(이 일과표의 작성자는 졸업 앨범을 보면 나를 뚫어지게 바라보고 있는 네모진 얼굴의 군사 과학 및 전략 교수인 찰스 처커 소장이 아닌가 생각된다) 가히 정규 사관학교에서 운영되는 일과표에 견줄 만하였다. 이것을 조금 강화시킨다면 아마도 패리스 섬에 있는 해병훈련소에서도 사용할 수 있을 것이다. 매주 7일 동안 스스로 자랑스럽게 생각하는 사관 후보생들에 의해서 연주되는 군대 나팔에 따라 일과표가 착착 진행되었다. 아침 첫 나팔이 6시, 기상나팔이 6시 5분, 전체 집합이 6시 10분, 환자 소집이 6시 30분, 보안 점검이 6시 40분, 심부름꾼 소집이 6시 45분, 식사 집합이 7시, 수업 시작이 7시 40분, 그 다음 과목별 수업 시간 진행은 나팔소리 없이 진행되었고 예배모임이 10시 20분, 중간 휴식이 4분, 다시 소집예령, 그리고 학급으로의 귀환이 뒤따랐다. 그래서 하루종일 〈쿵쿵〉 걸음을 걸어야 했고 맨 나중에 저녁 식사 시간으로 들어간다. 그러다가 군대 나팔소리는 다시 시작되어 병사 귀환 집합이 6시 50분, 공부 시간(라디오 금지) 7시, 폐문 신호 9시 15분, 그리고 소등 나팔이 9시 30분, 그 후에 말소리는 일체 금지되고 만약에 이를 지키지 않을 때에는 규칙위반으로 보고된다.

토요일에는 일과가 조금 느긋해서 약간의 여가 활동과 운동 시간 그리고 규칙위반자 보고 시간이 들어 있다. 그러나 월요일에는 매우 날쌘 동작을 하지 않으면 안 된다. 우선 구두를 닦아야 하고 양복 단추와 허리띠의 바클을 반짝반짝 빛내야 하며(언제나 반드시 제복을 입어야 하는데 일요일에는 갈색과 흰색이 섞여 있는 복장이라야 한다), 교회에 참석해야 한다. 그 다음에는 오후 3시 30분에 시작되는 대대 분열식을 준비하였다. 우리는 대열을 지어 행진하였고 이 광경은 전체 부대와 개인별로 평가되었다. 또 전직 사관교관들, 학부모들, 그리고 몇몇 호기심 많은,

그러나 존경받는 지방유지들이 참관하였다. 사관후보생들 중에서 가장 나이 어린 축에 드는 나는 맨 끄트머리에 서야 했다.

학생들에게 제시되는 교과과정표는 매우 간단해서 산술, 대수, 기하, 물리, 화학, 역사, 영어, 외국어로 되어 있다. 미술이나 야외 자연답사 같은 것은 아예 없고 화학 개론이나 미국인의 경험과 같이 가벼운 제목으로 된 과목은 더욱 없다. 선택 과목이 약간 허용되는데 라틴어라든지 상업, 지리학, 그리고 상도덕 같은 시시한 과목이 있을 뿐이다. 이러한 선택 과목은 만약에 이 학교의 기대에 부응하지 못할 경우 즉 실패할 경우 할 수 있는 일은 장사밖에 없다는 것을 은연중에 말한다. 나이먹은 생도들은 사격이나 박격포, 그리고 기관총을 쏘는 훈련을 받고 척후 활동이라든가 군사 전략 같은 것을 공부했다. 기마술도 장려되었는데 우리 중학교 과정 학생들은 장차 언제고 그와 같은 남성적 훈련을 받기 바랬다.

이 학교의 문장은 나는 독수리인데 이 독수리는 칼과 착검된 총, 그리고 창들을 X자로 거머쥐고 있다. 창의 긴 자루에는 48개의 별을 가진 성조기가 좌우로 짝을 맞춰 드리워져 있었다. 해군은 삼각형의 방패로 표시되어 있는데 그 방패 속에는 세 개의 돛을 가진 배가 그려져 있었다.

이 군사학교의 모든 소년들은 1학년에서 12학년에 이르기까지 모두 수직으로 차곡차곡 쌓아 올려진 교과과정에 따라서 같은 일과를 되풀이했다. 1학년에서 6학년에 이르는 소년들로 이루어진 우리 초급 생도들에게는 약간의 면제 사항이 허용되었다. 기숙사에는 린필드 부인이라고 하는 사감이 있었는데, 나는 그녀의 이름을 성밖에는 결코 안 적이 없었으며 앨범 속의 사진에 보이는 그녀의 굳은 얼굴은 군사학교 기숙사의 사감 모습 그것이었다. 우리들에게 주어진 면제 사항이라는 것은 다름 아니고 행진 때 총을 들지 않아도 되고 또 어떤 무기 사용 훈련이나 기마술을 연습하지 않아도 된다는 것이다. 그리고 가끔씩 이웃에 있는 걸프파크 대학의 젊은 여학생들을 초대한 댄스파티가 열리는데 우리들에겐 물론 해당이 안 되었다. 학부모들에게는 학생들 사이에 규율을 유지

한다는 차원에서 어떤 부적절한 선물을 보내서 자식들의 버릇이 나빠지지 않도록 요구하였다. 다시 말해서 〈소화에 지장을 주는 군것질 꺼리를 보내지 마시오! 과일을 보내시오〉 같은 조언이 주어졌다.

생도들 사이에 싸움이 일어나면 말로 되지 않을 때 남자답게 해결하는 방식이 주어졌는데 직업사관들이 만든 권투 링에서 정규 생도들의 입회 하에 이루어졌다. 때때로 주먹 싸움이 치러졌는데 바로 건물 뒤에서 교관이나 학생장교들이 입회하지 않은 가운데 진행되기도 했다. 그러나 대체로 싸움은 모두 규칙에 따라 치러졌다.

어떤 종류의 잘못이건 그 대가는 경기장에서 치러졌으나 이런 사항은 이 학교 안내 책자엔 나와 있지 않다. 정규 사관생도의 경우 어깨총을 하고 경기장의 둘레를 1시간에서 몇 시간까지 돌아야 했다. 이때 도는 시간은 그 학생이 저지른 비행의 정도에 따라서 달라졌다. 심한 잘못을 저질렀을 때에는 며칠에 걸쳐 벌을 받아야 했다. 초급 생도의 경우에는 총을 메지 않고 행진을 했는데 사실상 거의 어슬렁어슬렁 걷는거나 다름없었다. 그러나 이런 시간은 다른 사관생들로부터 멀리 떨어질 수 있는 좋은 기회이기도 했다. 나는 규칙위반을 자주 하는 편이였는데 되돌아 보건데 그 당시 나에게 주어진 엄청난 시간을 벌 받는 데보낸 것 같다. 지금 생각하면 내가 저지른 잘못이라고는 수업 시간에 다른 사관생들하고 이야기한 것뿐이다. 그러나 이 학교에서 얻은 교훈이 있다고 하더라도 그것이 나에게 뿌리내리진 못한 것 같다. 왜냐하면 지금의 나는 대학 교수가 되어 거의 모든 시간을 강의실에서 이야기하는 것으로 보내고 있기 때문이다.

내가 생각하기로는 나는 그래도 착한 아이였다고 생각된다. 즉, 나는 게으름뱅이도 또 반항아도 아니었다. 그래서 경기장에서의 벌이라는 게 나에게는 하나의 놀라움이었다. 우리 초급 사관생들에게는 규칙이나 벌칙이 직접적으로 전달되는 일이 거의 없었다. 우리는 그저 입에서 입으로 전해지는 말로 알 수 있을 뿐이었다. 매주 토요일 오후 1시 50분이 되면 우편물취급소 다음 건물 옆의 게시판에 규칙위반이라는 제목 밑에

위반사항과 벌칙이 발표되었다. 그래서 우리는 매번 그곳으로 가서 이번엔 누가 운동장을 돌고 누가 벌을 받는지를 알 수 있을 뿐이었다. 그러나 모든 경기장 벌이 끝날 때까지는 어떤 오락도 허용되지 않았다. 우리는 때때로 나이먹은 생도들이 저지른, 이루 말로 표현할 수 없는 위반사항들에 대해서 어떤 벌이 내려지는지를 하나의 전설처럼 소문으로만 들었다.

수요일 오후는 그야말로 이 사관학교 방식으로 말한다면 재미를 볼 수 있는 시간이었다. 즉 1시 30분부터 5시 30분까지 모든 생도들은 어떤 벌도 받는 일 없이 일종의 휴가를 떠나는 것이다. 즉 버스를 타고 4마일 서쪽으로 가서 걸프포트에서 밀크쉐이크를 먹거나 영화를 보거나 또는 거리 산보를 하곤 했다.

물론 이렇게 사소한 일거리로 시간을 즐기는 것도 좋았다. 그러나 나는 학교의 앞마당 앞쪽에서 언제나 활짝 내려다보이는 나의 사랑하는 멕시코 만을 애타게 그리워했다. 그러나 바다로 나갈 수가 없었다. 이 학교를 해안벽과 모래사장으로부터 떼어놓고 있는 2차선 고속도로를 건너가는 것이 생도들에게는 철저히 금지되어 있었다. 몇 번인가 학기 끝에 다른 소년들과 함께 사감의 감시 하에 바다수영을 하러 나갔다. 이 학교 안내 책자에 나와 있는 사진을 보면 우리가 입도록 되어 있는 소정의 수영복이 나오는데 바로 어깨띠가 완벽하게 갖춰져 있는 그런 수영복이었다. 거기에 붙어 있는 설명을 보면 〈감시인의 보호 하에 해안에 나가는 소년들은 따뜻한 햇살 아래 깨끗하고 흰 모래 위에서 장난치면서 놀 수 있고 멕시코 만의 반짝이는 바닷물에서 수영할 수 있다〉고 되어 있었다. 그러나 낚시를 할 수도 없었고 해안을 따라 꿈을 꾸면서 이리저리 다닐 시간도 없었다. 물론 또 깊은 바닷물에서 솟구쳐 나오는 가오리나 어떤 괴물을 볼 기회도 없었다.

내가 이 학교에 머무는 동안에 일어났던 일 중에 가장 괄목할 만한 사건은 프랭클린 루즈벨트 대통령이 이 학교를 방문한 일이었다. 대통령 제2차 임기의 초기 단계에 접어든 그가 미시시피와 루이지애너 주에 와서 기반을 다지고 미국의 모든 주 중에 가장 민주당 성향이 강한 이곳 유권자들에게 감사하기 위해서였다. 해안을 따라 있는 모든 학교가 수업을 중단하고 상점은 문을 닫았다. 길가의 가게들은 페인트로 단장하고 거리를 말끔히 청소하였다. 빌럭시 걸포트 신문이 사심없이 보도한 것처럼 〈흑인 어린이들까지 옷을 잘 입어 한껏 멋을 내고 나타났다〉. 당시만 해도 행정부 고위 관리들을 직접 보기란 힘들었다. 더욱이 루즈벨트 대통령은 뉴딜 정책의 성공으로 남부에서는 신과 같은 존재에 가까웠다. 당시의 여러 가지 면에서 말하자면, 그는 제3국에 해당하는 남부 주들에게 구원의 손길을 베풀었던 것이다.

대통령과 수행원은 4월29일 아침에 워싱턴으로부터 빌럭시에 기차로 도착한 다음 기다리고 있던 지방 정치인들과 군 장교, 그리고 언론인들을 가득 태운 자동차 24대의 영접을 받았다. 일행은 빌럭시의 명소들을 방문했는데 링컨 대통령이 암살 당한 후 검은 색으로 칠해진 등대를 비롯해 퇴역군인병원, 미시시피에 있는 보바르 제퍼슨 데이비스의 저택을 들렀다. 그곳에서는 악대가 민요 「딕시랜드」를 연주했다. 또 이 도시에 사는 남북전쟁의 마지막 생존 병사들이 대통령을 환호하며 맞아들였다. 대통령은 중절모의 챙을 자주 치켜올리며 그의 유명한 웃음을 내보였다. 끝으로 자동차 행렬은 걸포트를 향해 90번 도로로 서쪽을 향해 달렸고, 10시엔 우리 군사학교를 지나가게 되었다. 전체 생도들이 회색과 흰색이 섞인 제복 차림으로 차렷자세를 하고 길가에 한 줄로 촘촘히 늘어섰다. 처음에는 대통령이 이 학교를 사열하게 될 줄 알고 수행 장교들에게 대통령의 수행원들이 차게 되어 있는 금줄을 착용하도록 지시했다. 그러나 그의 일정이 이러한 일들로 시간을 보내기엔 너무나 촉박했다. 따라서 그는 자동차 행렬이 이 학교를 지나갈 때 속도를 늦춰 가도록 지시했다. 우리는 모두 자동차의 긴 행렬이 지나갈 때 경례를 했다. 그러나 나도 그만 일행의 많은 얼굴들 사이에서 대통령을 바로 알아보지 못했다. 그러나 대통령은 나를 보았을 것으로 짐작된다. 왜냐하면 나는 늘어선 줄 맨 끝에 자리잡은 키가 가장 작은 두 학생 중 하나였기 때문이다.

결국 이런 식으로 나는 처음에 생소했던 여러 가지 생활에 제법 적응하였다. 사실상 나는 처음 도착한 후엔 며칠 동안 여러 가지 혼란과 극도의 고독감에 휩싸여 있었다. 취침 시간에 소등이 되면 나는 남이 듣지 못하도록 조용히 울었다. 그러나 얼마 안가서 걸프연안 군사학교는 일종의 자선가들에 의해 운영된다는 것을 알게 되었고 나의 소속감도 실감하게 되었다. 나는 그 당시에는 그곳을 싫어했지만 결국 그 후에 좋아하게 되었고, 해가 가고 어려웠던 일에 대한 기억이 사라짐에 따라 그곳의 추억을 좀더 음미하게 되었다. 나는 내 정신적인 질을 개조하기에 적당한 기간 동안 그곳에 체류했던 것 같다. 그래서 지금도 이 학교의 완벽한 질서와 고상한 뜻을 쉽사리 잊지 못한다. 그리고 아직 흐릿하게나마 기억 속에 남아 있는 것을 되살려본다. 일요일 아침에 행진하기 위해 집합하면 한 사관 장교가 말을 타고 다가온다. 고작해야 10대 나이인 이 장교는 번쩍이는 승마 구두를 신고 샘 브라운 띠와 칼을 차고 순백색 바탕의 헝겊으로 만든 모자를 쓰고 있다. 그는 기묘한 동작을 교묘하게 연출한다. 그는 작은 원을 따라 말을 천천히 몰면서 도열해 있는 일단의 사관생들에게 무언가 지시한다. 그는 지금 내 기억 속엔 조용히 침묵할 뿐이다. 그러나 그의 모습은 아직도 고상함과 숭고한 야망, 그리고 위대한 업적으로 빛나고 있다. 아니 무슨 업적이라니? 나는 스스로 묻고 또 그렇다고 무슨 대답을 할 수가 없다. 그러나 그것이 무슨 상관이랴! 그의 아련한 모습이 아직도 나에게 어떤 힘을 발휘하고 있을진대.

나는 봄학기를 마친 후에 군대 문화의 씨를 한 줌 안고 이 학교를 떠났다. 대학에 입학할 나이에 이르기까지 나는 남부인들의 어른에 대한 사려 깊은 존경심을 지니고 있었다. 그래서 상대방의 신분 여하를 막론하고 남자 어른에게는 〈써(Sir)〉를, 그리고 숙녀에게는 〈마담(Ma'am)〉을 붙였다. 그리고 이러한 인사말을 나 자신 스스로 즐거운 마음으로 썼다. 나는 권위를 본능적으로 존경한다. 그리고 이성적으로는 아닐지라도 감정적으로는 이러한 존경심은 어떤 뚜렷한 원인이 아니고선 결코 흔들릴 수 없다고 생각했다. 나는 골수의 사회적 보수주의자이고 충성 주의자이다. 나는 전통적인 제도를 숭상하는데 그것이 경건하고 어떤 의식을 동반한 거라면 더욱 그렇다.

나는 나의 전 생애를 통해서 정중함과 훌륭한 예의를 쌓아 왔다. 그러나 내가 지금 사귀고 있는, 날이 무디고 버릇 나쁜 과학자들에게선 그러한 태도를 별로 찾아볼 수가 없다. 싸움 도중 목소리를 얼마나 높이느냐 아니냐는 나에게 큰 의미를 지닌다. 나는 어떤 말을 반박할 때 〈송구스럽지만〉이라든가 그에 걸맞은 말을 먼저 꺼내고 진지하게 나의 의견을 말하기 시작한다. 나는 흔히 명석한 사람들에게서 발견되는 오만과 지나친 자존심을 경멸한다.

나는 이타 행동과 의무에 대한 헌신을 특별히 존중하는데 이 두 가지야말로 어떤 인정이나 법적 확인과는 별도로 존재하는 미덕이기 때문이다. 그래서 직무 수행중 죽은 군인, 경찰, 소방수들 이야기를 들으면 퍽이나 감동한다. 그리고 이러한 영웅들을 추모하는 엄숙한 장례식을 보면 나도 모르게 걷잡을 수 없이 눈물을 흘린다. 이오지마와 베트남 전몰 장병 기념비를 보면 삶에 대한 기대도 없이 많은 것을 바친 사람들을 보는 듯해 가슴을 저미는 아픔을 느낀다. 그들이야말로 보통 사람들이 소유하는 힘, 즉 위험 시에 문명을 흐트러지지 않게 단단히 묶어 온 힘을 상징하기 때문이다.

나는 나에게 이러한 종류의 용기가 없다는 것이 언제나 두려웠다. 그들은 그러한 용감한 길을 지키고 모험하고 끝까지 버틴 것이다. 나 자신 마음속을 들여다보면 그런 용기 있는 행동을 하기를 원한 적이 결코 없음을 인정하지 않을 수 없다. 나는 한 젊은이를 괴롭히는 사회적 제도에 전율할 뿐이다. 그리곤 이치에 닿지도 않게 나는 스스로 낙오자라고 느낀다. 나는 이러한 야릇한 감정을 어떤 다른 것으로 보상하려고 애쓴 적도 있다. 나는 어렸을 때 소풍을 가면 어려운 난코스를 강행군하여 마침내 자신을 얻는 등 나 자신을 육체적으로 곧잘 시험하곤 했다. 그 후 어떤 도발적인 생각들이 머리에 떠오르면 나는 마치 말을 타고 연대기를 든 채 전선을 따라 달리는 연대 부관처럼 이 생각들을 낱낱이 되새겨 보곤 하였다. 그리고 초조한 마음으로 나 자신에게 물었다. 내가 만약 언제고 샤토티에리나 이오지마에서처럼 실제 목숨이 위태로운 상황에 처해 진짜 시험을 당했다면 그것을 견뎌냈을까라고. 그러나 그러한 질문은 나의 이기주의와 죄책감이 불러일으키는 환상일 뿐이다.

나는 과학자로서의 생애의 상당 기간을 자기희생과 영웅주의의 기원에 대해 생각하는 데 소비하였으나 아직은 인문학적 관점에서 충분히 이해하고 있다고 할 수 없다. 나에겐 〈국회 명예 메달(Congressional Medal of Honor)〉이 노벨상보다 더 신비롭고 빛나게 보인다. 여가 시간에 독서할 때 나는 이 메달을 탄 사람들에 대한 책을 이리저리 훑어본다. 나는 그 중의 한 사람으로 명예 메달을 받고 이 나라의 가장 유명한 전쟁 영웅이기도 한 제임스 스턱데일을 개인적으로 알고 있음을 흐뭇하게 생각한다. 그런데 이타주의와 리더쉽의 생물학적 기초를 논의한, 그래서 명예 메달의 의미까지도 접쳐 보고 있는 나의 책 『인간의 본성에 대하여』가 그가 부제독으로 있을 때의 모습을 묘사한 공식 초상화 속에서 그의 팔 옆에 놓여 있는 것을 볼 때 더욱 그렇다.

스턱데일은 북베트남의 포로수용소에서 8년을 지냈다. 그 중 상당 기간 고문을 받았는데 그에게 요구된 것은 통킹 만 사건 때 그가 맡은 비행 임무에 관한 정보였다. 그러나 그는 불지 않았다. 그는 그의 단단한 의지가 끝까지 버틸 수 없을 것으로 보고 고문을 중단시키기 위해 깨어진 창의 유리 조각으로 손목을 베기도 했다. 이 작전은 들어맞아 그는 그때부터 좀더 나은 대우를 받았다. 그러는 사이 미군 고급 장교로서 감방에서 각 방으로 이어지는 〈벽두드리기 암호(tap code)〉를 써서 동료 포로들을 전시의 전투 단위처럼 조직했다. 그가 그렇게까지 하지 않으면서도 적당한 구실을 붙일 수 있었을 텐데 왜 굳이 그랬을까? 예를 들면 나는 내 소임을 다했고, 톱니바퀴의 한 개의 톱니에 불과하며 또

별 볼일 없는 존재일 뿐이다. 내가 왜 목숨을 걸어야 한담? 식으로 말이다.

나는 스턱데일의 정신적 뼈대는 군사학교가 생도들에게 심어주고자하는 자기 훈련과 명예심으로 다져진 것임을 의심치 않는다. 사실상 군사적 영웅주의의 본질은 맹목적 복종으로 쉽사리 다져진다. 그러나 내가 보기엔 이 성질들은 문명화에 필요한 어떤 덕목들의 부호화에 지나지 않는다. 이러한 성질들을 받아들인다는 것은 곧 펄럭이는 깃발과 계급과 훈장을 성화(聖化)할 뿐이다.

결국 내가 가장 존경하는 인물들은 자신의 모든 용기와 억제력을 한가지 가치 있는 목표에 모두 쏟아부운 사람들이라는 것을 독자는 이해할 수 있을 것이다. 예를 들면 탐험가, 등산가, 마라톤 선수, 전쟁 영웅 그리고 소수의 과학자들이다. 과학은 현대 문명이 낳은 최고의 성취이다. 그러나 과학의 영웅은 몇 명 되지 않는다. 과학도 대개가 섬광 같이 번쩍한 정신작용이 교묘하게 적중한 결과이기 때문이다. 기분 좋을 때 실험실에서 정교한 실험을 설계하는 비밀의 마술사라든가 멋진 통찰력을 지닌 연대기 편집자라든가 팔로알토나 하이델베르크로 세미나를 하러 가는 여행자 따위를 생각해보라. 바로 그들은 명석함을 타고났으며, 그들에게 있어서 놀이는 인간 활동 가운데 가장 즐거운 것의 하나이며 이런 것이 다 좋을 뿐이다. 그러나 필경 나의 어쩌면 도착된 이유로 인해 내가 좋아하는 과학자는 어려운 목표를 향해 실패를 불사하고 달려드는, 그리고 부딪히는 고통을 감수할 뿐 아니라 그들 자신의 성질을 시험하고 과학 문화에 참여하는 사람들이다.

그 중의 한 사람이 필립 달링턴이다. 그는 하버드 대학 비교 동물학 박물관의 곤충부 큐레이터로 여러 해 일했다. 1953년 봄 23살이었던 나는 쿠바와 멕시코로 열대지방 첫 여행을 준비하기 위해 조언을 구하고자 그를 방문하였다. 우리는 딱정벌레 표본실 한구석에 있는 삐걱거리는 의자에서 만났다.

당시 그는 젊은 곤충학자들의 존경을 깊이 받고 있었다. 남의 눈에 띄지 않는 조용하고 순진한 그는 리비(Libbie)를 아내로 맞아들였고, 일단 그녀와 결합한 다음엔 한결 같은 생애를 살았다. 그리고, 그는 딱정벌레 연구와 동물의 지리적 분포에 대해 삶을 바쳤다. 그는 외국 여행에 비용이 많이 들고 어려웠던 당시에 이미 세계적인 조사를 수행하였다. 그는 이 분야에서 타의 추종을 불허할 만큼 전설적이며 정력적인 수집가였다. 그는 적당한 장소를 찾아 집중적으로 조사하고 한시간 한 시간 또는 하루 하루, 또 어떤 때는 저녁 때까지 일해 수백 마리의 딱정벌레를 잡아 병 속에 담았는데 회귀종이나 신종이 많았다. 만약 그의 이러한 학자적 흥미가 대수롭지 않게 생각된다면 찰스 다윈도 특히 동물의 지리적 분포에 관심을 가졌던 정열적인 딱정벌레 수집가였음을 상기할 필요가 있다.

그는 나를 흔쾌히 만나주었으나 말을 많이 할 것 같지는 않았다. 그의 태도는 직업적이고 무뚝뚝한 편이나 자주 쓴웃음을 짓고 입을 오므려 보통 학자들과 같은 모습을 보여주었다. 그는 또 매우 굵고 검은 눈썹을 갖고 있어서 두 눈이 그 밑에 가려졌고 눈을 약간 치켜 떴다. 그래서 서로 말할 때 얼굴을 마주보기가 쉬웠다. 그는 재빨리 요점을 파악했다.

〈에드 군, 곤충을 잡을 땐 숲속의 샛길에서만 잡지 말게. 사람들이 채집갈 때 대개 너무 쉽게 생각하는 경향이 있지. 그래서 오직 샛길을 따라가며 잡거나 기껏 숲속으로 조금만 들어가서 잡지. 그런 식으로 하면 얼마 못 잡아요. 숲속을 향해 수직으로 들어가야지. 그러다가 어떤 장애물을 만나면 그걸 넘어 봐야 돼. 좀 힘들긴 하지만 그렇게 하는 것이 최선의 채집 방법이야.〉

그리고 난 후 그는 자신이 작업하던 좋은 채집 장소들을 말해주었다. 그리고 쿠바의 커피를 가장 맛있게 마시는 방법을 말하고 그것으로 만남은 끝났다.

그것은 바로 내가 듣기를 원했던 말이었다. 즉 제대로 옳게 하는 방법이란 바로 힘든 방법인 것이다. 스승이 선택된 제자에게 들려준 말은 용기, 일, 결단심, 약간의 고통, 그후에 신종은 얻어지고 그래서 성공이 따르게 되는데, 이것은 바로 마음을 단단히 먹은 자에게만 안겨지는 성과인 것이다. 건강에 조심하라든가, 하바나에서 재미를 보라는 식의 조언도 없다. 숲속에 곧바로 들어가 잡아라, 그러면 잡을 것이다. 그래서 좋은 것은 하버드 대학 비교 동물학 박물관으로 가져와라.

달링턴이 젊었을 때 그는 바로 이러한 충고를 지키며 살았다. 그는 컬럼비아 북쪽의 시에라 네바다 산맥을 올라가 고도 6,000미터에 오르며 닥치는 대로 잡았다. 그는 시에라 마에스트라 산맥에 있는 쿠바 최고 산정 터키노 위로 거의 직선 등산하며 채집했다. 이곳으로 말하면 1950년대 피델 카스트로의 게릴라 작전 거점으로 유명한 최고의 오지이다. 달링턴은 이렇게 힘든 작업을 티부론 반도의 가장 깊은 산악 지역인 하이티의 최고봉 라호테 산정에서도 되풀이했다. 그는 고도 마지막 1,000미터 지대만을 훑었는데 이때 그는 처녀림의 숲을 헤쳐 나갔고 때로는 나무줄기 사이에 좁은 틈 사이로 몸을 겨우 빠져나가야 했다. 그러나 정상에 오르자 이미 덴마크 조사단이 반대쪽 경사를 타고 올라와 풀들을 베어 공터를 만들고 그들의 횡단을 기념하기 위해 목표지 표시물을 설치한 것을 보고 실망했다. 왜냐하면 그는 이곳이 하이티에서 가장 야생으로 남아 있고 그래서 당분간 산 아래 북적대어 넘치는 인간 집단으로부터 자유롭고 안전할 것으로 생각했던 것이다. 그래도 어쨌든 그는 희귀하고도 위기에 처한 신종 토종 포유류가 산정에서 발견될 수 있으리라 기대했다. 그러나 그날 밤 그는 횃불을 들고 찾아봤으나 헛수고였다. 나타난 것이라고는 초기 유럽 선박을 타고 우연히 서인도 제도에 들어와 많은 토종들을 없앤 한 마리의 검은 쥐였다. 그러나 이 채집 여행도 마찬가지로 그에게는 값나가는 것이었다. 그가 그곳 산정에 올라간 첫번째 생물학자였던 것이다. 라호테 산의 위쪽 경사지를 조사하는 동안 그는 새로운 곤충과 동물을 많이 채집했는데 그 가운데 새로운 속의 뱀이 들어 있었다. 그 후에 그의 공적을 기념하여 이 뱀은 *Darlingtonia*라고 명명되었다.

36

그의 모험은 계속되었다. 진주 만 공격이 있은 직후 그는 육군 위생부대 말라리아 조사단에 중위로 입대했다. 그는 뉴기니, 비스마크 제도, 중부 필리핀 루존 섬 작전 때엔 제6군에 종사했고 1944년에 소령으로 제대했다. 뉴기니를 떠나기 앞서 그는 비스마크 산맥에서 가장 높은 빌헬름 산을 포함해서 여러 곳에서 매우 많은 수의 딱정벌레와 기타 곤충을 채집하였다. 이 모험 중에서 달링턴이 한 용감한 행위 한 가지는 동물학 분야에서의 기준이 되었다. 정글 속에서 혼자 채집하는 동안 그는 정글의 한 웅덩이에 이르러 물속에 잠겨 있는 통나무를 타고 풀 한가운데 물을 수집하려고 했는데, 이때 거대한 악어가 물속에서 솟구쳐 올라 그를 향해 헤엄쳐 오는 것이었다. 그러나 그가 물가로 조심스럽게 조금씩 물러가려 하는 순간 그는 그만 통나무에서 미끄러져 물 속으로 빠지고 말았다. 악어가 그에게 달려들었다. 입을 벌리고 큰 이빨을 드러낸 채. 그는 턱을 잡으려 했고 한 차례 잡긴 했지만 이내 놓쳐 버렸다.

당시 그는 종군기자에게 이렇게 말했다. 〈나는 그 순간 느낀 공포를 이루 형용할 수가 없어요. 그러나 어쨌든 무서웠고 자연 조사를 하면서 어째서 이렇게 지옥 같은 곤경을 치뤄야만 하는가 하는 생각만 들더군요.〉

당시 39살의 달링턴은 키가 6피트 2인치에 몸무게가 190파운드나 나갔다. 그러나 악어는 수백 파운드에 달하고 바로 제 사는 곳인 물속에 있었던 것이다. 악어는 그를 몇 번 휘두른 다음 물속 바닥으로 끌어내렸다.

그는 말했다. 〈그 몇 초 동안이 마치 몇 시간이나 되는 것 같았습니다. 나는 발길질을 해보았습니다. 그러나 그건 마치 찐득한 조청의 바다 속에서 하는 발길질이나 다름없었습니다. 두 다리는 납덩이처럼 무거웠고 몸도 마음대로 좀체로 되지 않았습니다.〉 그러나 제대로 적중한 발길질 때문인지 악어는 갑자기 입을 열었고 그는 빠져나왔다. 그는 두 다리와 상처투성이의 팔을 허덕거리며 기를 쓰고 물가로 나갔다. 그리고 악어는 육지 위로까지 쫓아오기도 한다는 것을 알고 계속 도망쳤다. 그러나 최종 순간에 진흙에 미끄러져 물속으로 다시 빠진 것이다. 그 악어는 다시 한번 그에게 다가왔다.

그는 말했다. 〈그것은 악몽이었습니다. 그리고 나로서는 처음으로 소리치며 구조 요청을 했습니다. 그러나 내 소리를 들은 사람은 아무도 없었습니다.〉 그는 물가 언덕을 다시 기어 올라갔고 이번엔 숲속의 피신처까지 당도할 수 있었다. 그때서야 그는 팔에 입은 상처의 통증을 느꼈고 출혈로 기진맥진해 있는 자신을 느낄 수 있었다. 그는 이어 말했다. 〈그때 내가 알고 있는 근처 병원까지의 걸음이 내가 걸어 본 가장 지루하고 먼 길이었습니다.〉 두 팔의 근육과 인대가 찢겨졌고 오른팔 뼈가 부러졌다. 악어의 이빨이 그의 두 손을 관통했고 왼팔과 손만을 겨우 움직일 수 있었다.

나는 악어와 싸워서 물리치는 것은 결코 정신력의 증거가 아니고 생존을 위한 행동이라고 본다. 그러나 악어가 사는 곳으로 가는 행위, 그리고 특히 그후에 그가 취한 행동은 그의 정신력과 의지의 증거이다. 그는 몇 달 동안 깁스를 한 상태로 파푸아의 도바두라에서 회복 기간을 지냈다. 그러나 누구도 이 신들린 사람을 멈출 수 없었다. 그는 곧 왼손만으로 곤충 잡는 기술을 익힌 것이다. 우선 다른 사람으로 하여금 작대기 끝에 유리병을 매달게 한다. 숲으로 걸어 들어가 이 작대기를 땅 위로 밀어붙이고 왼손으로 병의 코르크 마개를 연다. 표본들을 유리병 속에 들어가게 한 다음 코르크 마개를 다시 닫는다. 수 개월 지난 다음 그는 마침내 모든 손과 팔을 충분히 쓸 수 있게 되어 채집과 연구 생활을 내내 계속할 수 있었다. 그 동안 그는 세계 1급의 표본들을 모을 수 있었다. 그는 하버드 대학으로 돌아온 다음에도 매년 작업을 계속해 뉴기니와 세계 여러 곳의 곤충에 관한 지식을 늘릴 수 있었다.

사실상 내가 나의 영웅들에게 적용하는 기준이란 처음으로 내가 치른 호된 군사학교 생활에서 얻어진 것이다. 즉 이 학교의 교관들은 작은 소년들을 다 큰 소년처럼 다뤄야 한다고 믿었다. 그것은 별난 결과를 가져오도록 운명지어진 우연이기도 했다. 나는 군사학교가 실생활을 미리 체험케 하는 것으로 생각했다. 남은 어린 시절과 청년기 내내 나는 여러 가지 반대 증거에도 불구하고 모든 성인에게는 호된 일과 매우 높은 작업 수준이 요구되며 인생은 힘들고 용서가 없을 뿐 아니라 과오나 불명예는 회복 불가능인 것으로 생각했다.

이러한 윤리관은 지금 생각하면 완전히 합리적인 것이 못된다는 것을 알지만 지금도 나의 마음속에 아련히 그리고 깊숙이 살아 있다. 그리고 사실상 아무것도 변하지 않을 것이다. 어린 시절의 경험 가운데 어떤 것은 사고하는 뇌를 비껴 놓고 대뇌 변연계를 따라 솟구쳐 올라 어떤 가치관과 동기 유발을 형성하는 데 일생 동안 집착한다. 그것이 좋든 나쁘든 이른바 정신력이 되는 것이다.

나는 나의 초기 형성기의 경험들에 관한 두 가지 이야기, 즉 자연을 품에 안은 다음 군사 훈련을 받은 이야기를 하였다. 이 두 가지는 성질상 매우 상반되는데도 이상하게 서로 얽히게 되었다. 그리고 나의 어린 시절에는 위의 두 가지를 합해 모두 세 가지 일화가 있었다. 따라서 나는 이제 마지막 세 번째 이야기, 즉 한 사람의 과학자를 출현시키는 데 있어 이러한 일화들 가운데 가장 특이한 것으로 생각되는 것에 대해 이야기하려 한다.

3 구석에 비친 빛

1944년 1월 어느 일요일 아침 나는 펜사콜라의 제일 침례교회의 뒤쪽 신도석에 혼자 앉아 있었다. 예배는 거의 끝나가고 있었다. 목사인 월리스 롤렌드 로저스 박사는 설교단을 떠나 중앙의 통로로 나오면서 손바닥을 위로 한 채 팔을 쳐들고 〈초대〉의 성가를 음송하기 시작했다.

이리로 오지 않겠소? 그리스도가 부르고 있소. 그리스도는 우리의 친구요. 그와 함께 눈물을 흘립시다. 그와 함께 영생을 깨닫고 기뻐합시다.

그가 성가의 구절에 변화를 주면서 반복하자 그 뒤의 오르간에서 낯익은 성가가 조용히 울려 나왔다. 집회에 모인 사람들은 말로 노래할 필요가 없었다. 이 말들은 거듭난 모든 침례교도의 가슴 속에 새겨지는 것이다. 성경과 같이 사랑받아 온 그 문장들은 복음서 저자의 고통과 속죄를 가르치고 있다.

멀고 먼 언덕 위에 낡은 십자가가 서있네.
고통과 부끄러움을 상징하면서.
길잃은 죄인들을 위해 선인이 죽어간 곳에
세워진 그 낡은 십자가를 내 사랑하리.

내가 본 로저스는 40대 중반의 위엄 있고 친근감 있는 남자로 넓고 개방적인 얼굴에 철테 안경을 썼으며 로터리 클럽 회장과 같은 포근한 미소를 띠고 있었다. 그는 펜사콜라 지역의 지도자로서 전쟁 초기 동안 보여준 종교적 지도력으로 인해 근처 해군기지 병사들의 존경을 받고 있었다. 그는 교회를 세웠으며, 청년들의 따뜻하면서도 엄한 친구였고, 술과 합법적 노름을 없애려고 노력했으며, 인종차별 시대에 인종차별이 심한 도시에서 매우 진보적 견해를 갖고 있었다. 그는 전국 규모의 남부 침례교연합회에서 북서 플로리다를 대표해 매우 많은 활동을 했다. 그의 설교와 강의는 지적이었고 훌륭했다.

　그날 아침도 평소와 같이 예배는 11시에 시작되었고 성가대와 신도들은 송가 「모든 축복의 원천인 주님을 찬양하리」를 서서 불렀다. 로저스는 기도를 시작했고 우리는 또 다른 찬송가를 불렀다. 신도들이 다시 자리에 앉았다. 그리고 교구 내의 소식이나 교회의 특별활동에 대한 목사의 공고가 있었다. 두번째 찬송이 시작되고 신도들에 대한 환영의 말이 있었다. 안내자가 오르간 음악이 연주되는 가운데 헌금을 걷으려고 통로를 따라 움직였다. 그 다음의 성가대 노래로는 독창곡인 「놀라운 은총」이 감동적인 맑은 소프라노로 연주되었다. 그 찬송가는 속죄의 주제를 담고 있었다. 〈은총은 얼마나 소중하게 드러나는가, 내가 처음 신앙을 가진 시간에.〉

　마지막으로 로저스는 설교를 하기 위해 일어나 전통적 방법대로 성경의 한 구절을 읽으면서 설교를 시작했다.

　슬픔에 찬 것 같으나 항상 기쁨이 충만하며, 가난하나 많은 자들을 부유하게 하며, 아무것도 가지지 않은 것 같으나 모든 것을 가지고 있다.

『고린도후서』 6장 10절. 성경 구절을 읽은 후에 그는 언제나처럼 경쾌하고 유머스런 어조로 이야기를 했다. 그것은 입대하기 위해 큰 도시에 온 젊은 두 시골 청년에 관한 것이었다. 그들은 습관대로 동이 트기도 전에 일어나 큰 건물이 즐비한 텅 빈 도시의 거리를 방황하면서 다소 당황했다. 그들은 길을 잃었으며, 어느 누구에게도 방향을 물을 수 없었다. 그 중 한 청년이 다른 청년에게 물었다. 〈사람들이 아침에 다들 어디에 간다고 생각하니?〉

신도들은 그 말뜻을 알고 웃음을 터뜨렸다. 설교는 특정 상황에 빗대어 말해져 현실감이 있었다. 우리들의 긴장은 풀리고 친근한 분위기가 되었다. 로저스는 잠시 말을 멈추고 진지한 표정이 되었다. 그는 인용구와 그의 이야기에서 출발하여 설교를 시작했다. 우리 미국인들은 이 청년들처럼 단순합니다. 그는 억양을 바꾸며 말했다. 우리는 순진할지는 모르나 전쟁에서는 승리하고 있습니다. 왜냐하면 우리나라는 신과 기독교적 가치관 위에 서 있고, 역경에도 굴하지 않는 개척자 정신을 가지며, 다른 사람을 위해 기꺼이 희생하고자 하기 때문입니다. 동기가 정당하고 주님이 우리의 가슴 속에 진실로 계신다면 아무도 우리를 멈추게 할 수 없습니다. 사도들이 그렇습니다. 그들은 모든 것을 뒤로 하고 모든 물질적 욕망을 포기하고 주님의 이름으로 죽음조차 무릅쓴 단순한 사람들입니다. 그들은 로마의 힘센 지배자도 아니고 예루살렘의 부유한 사두새인도 아닙니다. 그들은 강한 능력과 힘을 가진 사람들도 아닙니다. 그러나 그들은 세계를 변화시켰습니다. 그들은 어린 아이와 같이 진심으로 주님께 봉사하고자 왔던 것입니다.

주님께서 말씀하셨습니다. 어린 아이의 마음으로 신의 왕국을 받아들이지 못하는 자는 누구든지 그곳에 들지 못하리라. 그리고 주님은 말씀하셨습니다. 거듭나지 않고는 신의 왕국을 보지 못하리라. 그리고 주님께서는 우리들 각각에게 거듭하여 말씀하셨습니다. 내가 올 때까지 굳세게 버티고 있으라고.

그러고는 아직 구원받지 못했거나 주님의 은총을 다시 느끼고 싶은 이들에 대한 초대의 의식이 있었다. 여러 사람이 화답하며 일어나 복도를 따라 앞으로 걸어나갔다. 그들은 목사와 악수를 하고 포옹을 한 다음, 신도들과 함께 기도하기 위해 돌아섰다. 나도 그들 중의 한 사람이었다. 나는 그때 열네 살이었으며 스스로 중대한 결정을 할 수 있었고, 또 할 준비가 되어 있었다. 성가대가 「천국에서(In the Garden)」를 느리고 달콤하게 불렀다.

주님이 나와 함께 걷네, 주님이 나에게 말하네,
주님은 내가 그의 것임을 말하네,
누구도 알지 못하는 기쁨을,
우리가 그곳에 기거하며 함께 나누리.

복음주의 신교는 철학을 중요하게 여기지 않는다. 대신에 신도의 가슴에 대고 직접 호소한다. 이들의 메시지는 예수의 이적이 표현된 단순한 이야기로부터 힘을 얻는다. 우리의 영혼은 세속적인 존재의 고통과 부끄러움에서 벗어나 신성한 교우들과 함께 함으로써 구원을 받고 천국에서의 영생을 얻을 수 있다.

가르침과 의식은 중요하게 여기지 않고 믿음을 전부로 한다. 예수님은 영적으로 항상 당신과 함께 하며, 당신에게 위안을 주기 위해 기다리고 계신다. 주님은 예정된 날에 다시 돌아오실 것이며 그날은 멀지 않았다. 어쩌면 우리가 살아 있는 동안에 올지도 모른다. 우리의 주님은 신앙의 구현이며, 완전하고 영원한 구세주이다. 어린 아이들은 나에게 오도록 하라. 이들이 오는 것을 막지 말라고 주님은 말씀하셨다. 삼위일체 중에서 그리스도는 인간적 신이다. 기독교인은 각자가 그리스도를 개별적으로 만나야 한다. 이것은 자유로운 선택에서 비롯되며, 성경을 읽거나 이미 은총을 입은 다른 신도들과 함께 함으로써 인도될 수 있다. 남부 침례교도들에게는 주교가 없다. 목사는 충고하고 인도할 뿐이다. 그곳에 모인 신도들이 믿음을 가진 이들의 사제가 된다. 그들은 시온의 언어라고 하는 성서 구절에 기초를 둔 강연을 하도록 배운다.

예배는 신도들의 도덕을 규정한다. 예배를 통해 어떤 합의가 알맞고 옳은지가 분명해진다. 그러나 거기에는 그 이상의 무엇이 있다. 그 무엇을 모르는 사람들은 항상 종교적 신념의 힘을 과소평가한다. 예배는 힘을 모은다. 그것은 각 부족들의 빛을 한 곳에 강렬하게 모으는 구면경과 같다. 예수에 의해 구원받고 신의 은총에 안기며, 거듭 나는 것이다!

나는 분명히 이러한 신념 안에서 성장했으며, 오늘날 천이백만 미국인이 그러한 신념을 갖고 있다. 그 수는 로마 가톨릭 다음으로 많은 것이다. 친가 외가 할 것 없이 나의 조상들은 1800년대 중반, 종파가 형성되었던 1845년 무렵부터 남부 침례교도였다. 모두들 앨라배마와 조지아에 살았는데, 이 지역은 미국 남부의 정통파 기독교 신앙이 두터운 지역으로 잘 알려져 있다. 그들의 종교는 실천주의 종교였다. 나는 지금도 여섯 살 때 펜사콜라 제일 침례교회에서 예배 시간 전에 열렸던 일요학교 시간에 앉아서 가슴을 뛰게 하는 후렴구를 배웠던 것을 잘 기억하고 있다.

기독교 병사여, 앞으로. 전쟁에서처럼 행군하라,
예수의 십자가를 가지고 앞으로 나아가라.

1937년 여름에 걸프 만 군사학교에서 교육받는 동안 나의 종교적 훈련은 새로운 차원에 돌입했다. 나는 여덟 살이 되었다. 나의 부모는 별거 후에 이혼을 했다. 나는 양육권을 가진 어머니와 사랑이 있고 친밀한 관계였으나, 이혼으로 인해 나의 어머니는 경제적 지원을 받을 수 없었다. 펜사콜라에는 대공황이 닥쳐왔고, 우리에게는 어려운 시절이 되었다. 어머니는 비서 일자리를 구했지만 급료는 매우 적었고, 어머니가 직업 훈련과 경험을 쌓아 더 나은 직장을 얻은 것은 그보다 여러 해 뒤의 일이었다. 그 첫 해 동안 어머니는 나를 믿을 수 있는 친지에게 맡겼다.

내가 라웁 어머니라고 부르던 벨 라웁(Belle Raub)은 은퇴한 목수인 남편 E. J.와 함께 펜사콜라 이스트 리 거리에 살고 있었다. 그녀는 튼

튼하고 가슴이 풍만한 50대 후반의 여인이었다. 그녀는 화장을 하지 않았으며 꽃무늬가 있는 긴 드레스 차림을 좋아했다. 그녀는 퓨마 발톱 모양의 목걸이를 걸고 있었는데, 나는 그것에 매료되었다.(〈어디서 났어요? 어디 가면 퓨마를 볼 수 있나요? 퓨마는 무엇을 하지요?〉 그것은 육지의 괴물이었던 것이다.)

라웁 어머니는 실제로 완전한 할머니 상을 보여주었다. 그녀는 내가 깨기 전부터 잠든 후까지 경쾌하게 집안과 주변 일을 했다. 정원 손질, 청소, 요리, 그리고 그녀가 친구와 이웃에게 나눠준 바퀴살 무늬의 침대보 만들기 등을 즐겨 했다. 그녀는 내게 필요한 것을 주의깊게 살폈고 나의 이야기를 경청해 주었다. 나는 걸프 만 군사학교에서 받았던 교육 덕분에 태도나 습관에 있어서 그녀를 난처하게 한 적이 없었다.

라웁 어머니는 현관 가장자리를 장식용 식물들의 화단으로 가꾸었다. 나는 그녀가 가르쳐주는 많은 종류들을 배우기 시작했다. 나는 생물의 세계에 매료되었다. 코끼리 귀 모양의 아룸(arum. 역주: 천남성과 식물)은 현관 앞을 따라 식탁만한 크기의 땅에서 돋아나 있었고, 길가의 감나무는 겨울에 과일을 제공해 주었다. 집 뒤의 공터에는 이년생 터키 참나무(turkey oak)가 조그마한 숲을 이루고 있었다. 나는 군사학교의 24시간 교육에서 해방되어 이 모든 것과 주변 이웃들을 열심히 탐구했다.

나는 검은 고양이를 길렀고 뒤뜰에다 나 자신의 조그만 정원을 만들었다. 근처 부드러운 모래 땅에서 중국까지 이르는 구멍을 뚫기 시작했다. 어디에 닿든 상관이 없었지만 결코 성공할 리 없는 계획이었다. 나는 아침에 먹는 후라이드그릿츠(fried grits. 역주: 옥수수 가루를 튀긴 것)를 좋아하게 되었고, 라웁 어머니는 이 모든 것을 내가 좋아하게 만들었다. 음주벽이 있어서 아내에게 주기적으로 잔소리를 듣곤 했던 E. J.는 무뚝뚝하고 분별이 없기는 했지만 인정이 많았다.

가을에 나는 근처의 아그네스 맥레이놀즈 초등학교에 들어 갔다. 학교는 빈 공터를 넘어 한 구획 서쪽에 있었다. 나는 매일 점심으로 샌드위치와 바나나를 주석 도시락통에 넣어 갔는데, 정오 쯤에는 언제나 바나나가 뭉그러져서 통 바닥에 껍질에서 흘러나온 물이 묻어 있었다.

얼마 지나지 않아 나의 선생님은 내가 3학년 이상의 지능이 있다고 판단하여 지필검사를 치르게 한 다음에 나를 4학년으로 월반시켰다. 사회적인 측면에서 볼 때 이 결정은 잘못된 것이었다. 나는 나이에 비해서도 덩치가 작은 편이었으며, 점점 수줍어지고 언제나 내성적인 성격을 보였다. 졸업할 때까지 나는 줄곧 학급의 꼬마로 남아 있었다.(4년 뒤 모빌에 있는 머피 고등학교에 입학했을 때 짧은 바지 차림은 나뿐이었다. 나는 곧 갈색의 코르덴 니커즈(역주: 무릎 밑에 매는 헐렁한 반바지)로 바꾸었고, 그 옷은 걸을 때 다리 부분이 서로 마찰되어 빽빽 소리를 냈다.)

라웁 어머니는 침례교도가 아니라 감리교도였다. 그녀가 나를 제일침례교회에 데려다주고 남편과 함께 매주 참석하는 예배는 좀더 조용하고 복음적 성격이 약했다. 그녀는 상당한 도덕주의자였는데, 이는 엄격한 감리교도의 전통에서 비롯되었다고 할 수 있다. 흡연, 음주, 도박은 그녀의 눈에는 매우 중대한 죄악이었다. 그녀는 분명히 나의 아버지가 그런 것들에 빠져 있음을 알고 있었을 것이다. 그녀는 나에게 평생 그런 것에 빠지지 않겠다는 맹세를 시켰고 나는 기꺼이 동의했다. 그것은 쉬운 일이었다. 여덟 살 짜리 소년이 그 당시 기껏해야 잭나이프 던지는 놀이에서 구슬 따먹기 정도이지 이 이상의 죄를 저지를 리가 없었던 것이다. 거의 60년 동안 가끔 식사 중에 마시는 한두 잔의 포도주나 맥주를 제외하고는 나는 그 약속을 지켰다. 그것은 종교적 신앙에서가 아니고 내가 그 맛을 모르기 때문이며, 좀더 깊고 강렬한 이유는 아버지의 인생이 알코올 중독으로 파멸하는 것을 내가 속수무책으로 지켜보았기 때문일 것이다.

라웁 어머니는 강인한 마음과 신비한 영혼을 소유한 여인이었다. 그녀가 강렬하게 추구하는 상태는 바로 숭고함이었다. 그녀는 나에게 기도를 통해 예수와 합치되기를 소망하는 매우 신앙심 깊은 한 친구의 이야기를 해주었다. 어느 날 이 친구는 기도를 하다가 위를 보았는데 방에서 기이한 빛이 나타났다. 그것은 신의 신호였다.

「방 어디에서요?」 나는 도중에 물었다.

「음, 구석에서」

「구석 어디요?」

「글쎄 …… 구석 위쪽 천장 가까운 곳에」

나의 마음은 뛰었다. 그녀의 친구는 신을 본 것이다. 아니면 최소한 신의 신호를 받은 것이다. 그러므로 그 친구분은 선택받은 사람임에 틀림없다. 아마 그 빛이 너에게 모든 것에 대한 해답을 줄 것이다. 그것이 어떤 것이든지 그것은 종교적 완성을 나타내는 것이다. 특별한 방법으로 네가 기도하면 그러한 비약이 가능할 것이다.

그래서 나는 그 이후로 매일 밤 열심히 기도했다. 때때로 그 빛이 왔거나 다른 변화가 방안에서 일어나는지 주위를 관찰하면서. 그러나 아무 일도 일어나지 않았다. 나는 하나님을 내 생활 속에 받아들일 만큼 크지 못했다고 결론내렸다. 적어도 아직까지는. 아마 더 클 때까지 기다려야 하리라고.

첫 학년말 나는 라웁 어머니를 떠나 이번에는 아버지에게 갔다. 신비로운 빛에 대한 나의 관심은 사라져갔다. (정확히 기억나지는 않지만) 아마 나는 그 빛의 존재를 더 이상 믿지 않게 되었던 것 같다. 그러나 나는 신이 이 세상에 존재한다는 믿음을 잃지는 않았다. 신이 빛의 형태로 곧 세상에 오리라고 믿었다.

1943년 가을 14세 되던 해에 나는 벨 라웁과 다시 1년 정도 같이 생활했다. 나는 자유 의지로 세례를 받고 거듭날 만큼 충분히 성장해 있었다. 누구도 이 단계를 거치라고 충고하지 않았다. 교회 제단의 부르심으로 인해 감동을 받기까지 몇 년을 더 기다릴 수도 있었다. 그런데 어느 날 저녁 그 일이 갑자기 일어났다. 라웁 어머니와 나는 걸어서 복음송 연주회에 참석하려고 맥레이놀즈 학교에 갔다. 거기에서는 순회 중인 테너가 무반주로 독창곡을 불렀다. 나는 그가 부른 노래들을 기억하지는 못한다. 그러나 절제되고 슬픈 음조의 한 노래에 나는 깊은 감동을 느꼈다. 그것은 불협화음곡으로서 펜티코스트파(역주: 성령의 작용을 강조하고 생활의 성성(聖性)을 역설할 뿐 아니라 이상한 말로 억누를 수 없는 종교적 감정을 나타내는 근본주의자) 모임에 참석한 청중을 사로 잡았다.

> 너는 거기에 있었나, 예수님이 십자가 처형을 당하셨을 때.
> 너는 거기에 있었나, 그들이 예수님을 십자가에 못박았을 때.
> 때때로 그 생각이 나를 떨리게 하네, 떨리게 하네.
> 너는 거기에 있었나, 예수님이 십자가 처형을 당하셨을 때.

활동적이고 자유분방한 사춘기 소년이기도 했던 나는 그 비극적인 영혼의 부름을 들으며 마음껏 눈물을 흘렸다. 나는 무언가 중요한 결정을 내리고 싶었다. 나는 마치 아버지를 잃은 듯한 감정이면서, 한편으로는 진실된 믿음을 갖는다면 주님과의 신비로운 합치를 통해 속죄 받을 것 같은 감정을 느꼈다. 그리고 나는 진실로 믿고 있었다. 세례 받을 때가 되었던 것이다.

나는 결심을 알리고 세례 받을 날짜를 정하기 위해 라웁 어머니와 함께 일요일 옷을 입고 제일 침례교회의 윌러스 로저스 목사를 방문했다. 많은 신자를 거느리고 있는 목사를 직접 대면하는 일은 십대 소년에게는 굉장한 일이었다. 나는 로저스의 사무실에 들어갈 때 긴장해서 신경이 예민해 있었다. 그는 책상에서 일어나 우리를 맞았다.

그는 운동복을 입고 있었고 담배를 피우고 있었다. 담배라니! 그는 특유의 친근하고 부담 없는 태도로 나의 결정을 축하해 주었고 우리는 함께 세례 받을 날짜를 정했다. 그가 담배를 피우면서 지켜보는 가운데 나는 신청서를 작성했다. 라웁 어머니는 그의 이러한 종교적 범법에 관해 그때 그리고 그 이후로도 잠자코 있었지만, 나는 그녀가 무슨 생각을 할지 잘 알고 있었다.

1944년 2월 어느 일요일 저녁 나는 설교단 뒤의 방에서 새로 종교에 귀의한 사람들 줄에 서 있었다. 신자들이 지켜보는 동안 우리는 한 사람씩 나와 교회 앞의 성가대석에 마련된 가슴 깊이의 물이 담긴 큰 통 안으로 들어가 목사와 만났다. 나는 내의 위로 가벼운 가운을 걸치고 있었다. 내 순서가 되자 로저스 목사는 침례교도 봉헌을 음송하며 내 몸을 무도회 댄서처럼 뒤쪽과 아래쪽으로 숙이게 하여 몸과 머리가 물 속에 잠기게 했다.

후에 옷을 말리고 다시 신자들과 합류했을 때 세례 의식이 매우 육신 적이며 별다른 특별한 것이 없다고 생각했다. 이 의식은 1943년 펜사콜 라 만의 목욕장에 있는 탑에서 수영복을 입고 뛰어내려 바다의 진흙을 순간적으로 발가락으로 딛고 표면으로 떠오를 때와 비슷했다. 나는 세 례를 받는 동안 당황했고 불편함을 느꼈다. 이 세계의 모든 것이 그저 육신의 일밖에 없는 것일까? 로저스 박사의 편해 보이는 옷차림과 담배 에 대해 의심스런 생각이 들었다. 무언가 작은 것이 부숴지는 것 같았 다. 나는 우아하고 완벽한 구형의 보석을 손에 쥐고 있었다고 느꼈는데 빛에 비추어보니 흠이 있음을 발견한 것과 같았다.

독실한 이들은 내가 진정한 은총을 모르며, 그것을 받은 적이 없다고 말할 것이다. 그러나 그들의 말은 옳지 않다. 나는 그것을 발견했으며 그 순간 그것을 잃어버린 것이다. 그 이후 몇 년 동안 나는 교회를 떠나 맴돌았고 나의 출석률은 형편없었다. 나의 가슴은 여전히 빛의 존재를 믿고 있었지만 그것은 점점 추상적이 되었고 나는 다른 곳에서 은총을 찾았다. 내가 열일곱 살의 나이로 대학에 들어갔을 때 나는 무엇보다도 자연사에 푹 빠졌다. 나는 물리적 세계를 잘 설명하는 과학에 매료됐고, 그 세계는 내게 점점 더 완전하게 느껴졌다. 본질적으로 나는 여전히 은총을 갈망하고 있지만 지구라는 현실 세계에 단단히 뿌리박고 있었 다.

사춘기가 끝나갈 무렵 나의 상상의 영웅들은 『애로우 스미스(Arrow Smith)』, 『바다의 이리(The Sea Wolf)』, 『마틴 에덴(Martin Eden)』 등의 소설에 등장하는 주인공과 니체 사상의 고독한 탐구자들이었다. 나는 리센코(Trofim D. Lysenko)의 책 『유전과 그 변이성(Heredity and its

Variability)』을 읽었는데 이 이론은 스탈린이 정통 마르크스-레닌주의 원리로 인정한 것이다. 나는 그 책에 관한 흥미 있는 논문을 고등학교 과학 숙제로 쓴 적이 있었다. 만약 리센코의 이론이 맞다고 하면(반드시 맞을 것이다. 그렇지 않다면 왜 전통적 유전학자들이 모두 그의 이론에 대해 반대했겠는가?) 생물학자들은 유전의 방향을 원하는 대로 바꿀 수 있을 것이라고 긁적거려 썼다는 사실을 상상해 보라! 그러나 사실 그 이론은 계급주의적 유사과학(pseudoscience)이었다. 다만 그 당시 나는 그것을 몰랐고 그런 점에는 관심도 없었다. 나는 지성의 반란이라는 달콤한 과일의 맛을 보았던 것이다.

나는 핵에너지의 위력과 신비로움에 흥분했다. 과학 분야에 있어서 로버트 오펜하이머는 또 다른 나의 영웅이었다. 특히 포크파이 모자(역주: 둥글고 납작한 챙을 들었다 내렸다 할 수 있는 모자)를 쓰고 레슬리 그로브스 장군과 첫번째 핵실험 후에 투하 지점에 같이 서 있는 박사의 사진을 ≪라이프≫지에서 보았을 때 나는 매우 감동을 받았다. 여기서 프로메테우스와 같이 창조적인 지성의 승리를 보았다. 그는 체격이 작았고 나도 작았다. 그는 외양에 있어서 나처럼 약점을 가지고 있었지만 장군 옆에서 그는 웃음을 띠며 편안해 보였다. 그 물리학자는 자연에 존재하는 가장 위력적인 힘을 인간을 위해 길들인 불가해한 지식의 거장이었기 때문에 두 사람이 그곳에 함께 서 있었던 것이다.

그 후 얼마 지나지 않아 대학의 일학년 시기에 누군가 나에게 생물학자 사이에서 큰 반향을 불러일으켰던 슈뢰딩거의 책 『생명이란 무엇인가?(*What is life?*)』를 빌려주었다. 그 위대한 과학자는 생명이 전적으로 물리적 과정일 뿐 아니라 생물학도 물리학과 화학의 원리로 설명될 수 있다고 주장했다. 원자를 쪼개는 것과 같은 정신 활동에 의해 변형된 생물학을 상상해보라! 나는 슈뢰딩거의 학생이 되어 같이 큰 일을 이루는 환상을 하곤 했다. 그리고 18살짜리 대학 2학년생으로서 언스트 메이어(Ernst Mayr)의 『계통분류학과 종의 기원』을 읽었다. 그 책은 진화론의 현대적 종합론의 초석으로서, 다윈의 자연선택에 의한 진화론을 유전학과 결합시킨 책들 중의 하나였다. 메이어의 책은 슈뢰딩거 책에 내재된 철학을 나에게 다시 일깨워주었다. 그는 식물과 동물들에 존재하는 변종은 몇 단계를 거쳐 생겨날 수 있고, 우리 주변의 정상적인 자연계 연구를 통해 이 단계의 추적이 가능함을 보였다. 메이어의 책을 읽고 나서는 내가 이미 알고 있고 좋아하는 생물체에 존재하는 높은 질서에 대한 과학적 탐구를 나도 할 수 있다고 생각했다. 나는 과학의 영역에 들어가기 위해 슈뢰딩거나 메이어의 옆으로 먼 여행을 할 필요가 없었다.

과학은 나에게 새로운 빛이고 길이 되었다. 그러면 종교는 무엇인가? 종교적 완성은 무엇이며, 생명에 완전성과 의미를 부여하는 순수하고 고요한 빛의 드러남은 무엇인가? 종교, 도덕적 교훈, 통과 의식, 영원에의 희구 등은 과학적으로 설명되어야만 한다. 나는 개인적 경험으로부터 종교가 인간 감정의 영구한 원천임을 안다. 종교를 단순히 미신으로 젖혀 놓을 수는 없다. 종교를 그저 별개의 세계에 관한 표현으로 치부할 수는 없다. 나는 처음부터 과학과 종교가 근본적으로 다른 물음과 해답을 요구하는 다른 영역에 속한다고 믿지 않았다. 종교는 아래에서 위로 가며 원자에서 유전자 그리고 인간으로 이어지는 물질적 과정으로 설명되어야 했다. 인간이 단 하나의 위대한 자연주의적 상징물이라는 견해 속에 종교도 포괄되어야 했다.

그러한 생각은 여전히 내 속에 존재하며, 고백하건대 지금도 완전히 이해할 수 없는 감정이 생겨나 나를 고통스럽게 한다. 이런 잠재적 느낌이 아무런 경고없이 표출된 적이 있다. 1964년 1월 마틴 루터 킹 목사가 하버드를 방문했을 때였다. 그는 인종간의 관계 개선을 목표로 하는 대학 내 재단의 후원으로 왔다. 학장인 앨런 카운터는 나의 오랜 친구로 나와 비슷하게 남부 침례교 배경을 갖고 있어, 박해를 당한 인권 운동 지도자의 대부격인 킹 목사 주재의 예배에 나를 초대했고 예배 후 리셉션에서의 소모임에도 참여하기를 권했다.

40년 만에 처음으로 나는 신교도 예배에 참석한 것이다. 예배는 하버드 대학 내의 메모리얼 교회에서 열렸다. 킹 목사는 성서의 구절과 도덕 원리에 따라 구성된 조용하고 충고에 가득 찬 설교를 했다. 그는 신앙 호소는 생략했다. 어쨌거나 하버드 대학이었으므로. 하지만 끝날 무렵 하버드 대학 흑인 학생들의 성가대가 오래된 찬송가를 내가 어린 시절 교회에서 들었던 것과 같이 진지하게 메들리로 불러 나를 놀라게 했다. 더욱 놀라운 것은 내가 그것을 들으며 조용히 눈물을 흘린 일이다. 나의 사람들, 나는 생각했다. 나의 사람들. 그리고 그밖에 무엇이 내 영혼 깊은 곳에 숨어 있는가?

4 마법의 왕국

나와 함께 1935년 10월의 펜사콜라 시절로 거슬러 올라가 팔라폭스 거리를 걸어 보자. 먼저 거리의 남쪽 끝을 막고 있는 방파제를 넘어서 바라보는 일부터 시작해 보자. 그 아래의 바위는 만에서 흘러오는 부드러운 파도에 젖어 있고, 바위 윗부분은 조류로 뒤덮여 있으며, 한 떼의 그랩시드과의 게들이 그 위에 자리잡고 있다. 그것들은 커다란 검정색 거미와 비슷한데, 갑각질의 껍질과 은화 달러화 크기의 등딱지, 그리고 몸의 측면에서 똑바로 나온 집게발 모양의 다리를 갖고 있다. 바늘 끝 모양의 발로 딛고 있는 그 게들은 경각심을 갖고 있어 조그만 기척에도 재빠르게 앞뒤 또는 옆으로 달린다. 그들 사이로 자갈을 던져 보면, 돌이 떨어진 근처의 게들은 숨기 위해 종종 걸음을 친다.

북쪽으로 방향을 돌려 거리를 따라 주변을 둘러보면서 걸어가 보자. 오른 편에 차일즈 음식점이 있다. 법원 사람들이 점심을 먹기 위해 붐비는 곳이다. 잠깐 서서 입구를 비치는 빛줄기 속에 손을 넣어 보자. 문은 자동적으로 열린다. 현대 기술의 기적인 것이다. 다시 한번 해보기 위해 이번엔 당신 뒤에서 기다리는 커플이 지나가도록 해보자. 아무도 자동문을 가지고 노는 아이들에게 신경쓰지 않는다. 조금 더 떨어진 곳에 생거 극장이 있다. 여름에는 〈얼음 같이 차가운 공기로 식혀지는〉 펜사콜라 최고의 낙원이다. 오늘 토요일 상영 프로그램은 「플래시 고든」 연작물의 하나(플래시가 불을 뿜는 용의 굴을 빠져나오는 이야기)이며, 후속극은 에롤 플린이 연기하는 「캡틴 블러드」이다. 그 영화를 막 보았다고 하자. 영화 끝쯤에 플린이 베이질 래스본과 보물섬에서 결투를 하여 칼로 찌르고, 그 배반을 일삼는 프랑스인 해적은 파도 위로 떨어져 죽는 무시무시한 장면이 나온다.

지대가 낮은 팔라폭스의 이 구역은 서쪽으로는 렌즈, 동쪽으로는 아담즈로 이어지는데 시내에서 가장 붐비는 곳이다. 모델 A의 포드 자동차가 거리를 지나고 매우 많은 쇼핑객들이 보도를 메우고 있다. 로마나 거리를 가로질러 건널 때는 조심해야 한다. 작년에 자전거를 타고 가던 소년이 차에 치였다는 곳이다. 그때 사람들이 나에게 그렇게 말해 주었다.

언제나처럼 덥다. 초가을에도 북부 플로리다는 여전히 열대 지역이다. 오후에 소나기 구름이 남서쪽으로 만을 가로질러 지나간다. 바람은 조금도 없어 대기는 습기차고 무더우며 자동차 매연으로 덮여 있다. 왼쪽에 있는 법원 쪽으로 팔라폭스 거리를 건너보자. 보도 옆 잔디에는 불개미들의 집단이 있다. 개미들이 흙더미의 개미집에서 쏟아져 나온다. 이 개미집은 지난 번에 잔디 깎는 기계가 지나가면서 다소 평평해진 곳에 흙이 불규칙하게 쌓인 것에 불과하다. 날개 달린 여왕개미와 숫개미는 결혼 비행을 떠난다. 일개미들은 화난 모습으로 풀잎의 위 아래로, 그리고 보도의 뜨거운 콘크리트 위로 돌아다니면서 그들을 보호한다. 그 개미들은 틀림없이 미국산 불개미인 *Solenopsis geminata*종이다(역주: 이 종의 영어 명칭이 〈fire ant〉여서 〈불개미〉로 번역하였으나 우리말 〈불개미〉는 이와는 다른 종인 *Formica yessensis*를 가리킨다). 지금은 내가 분명하게 말할 수 있다. 남미에서 들어온 악명 높은 침개미 *Solenopsis invicta*가 그 들어온 지점인 앨라배마 주의 모빌에서 한참이나 떨어진 이쪽 동부까지 전파되어 오는 데는 다시 15년쯤 더 걸리게 된다. 나는 대학생으로서 그 일이 일어나는 것을 이곳에서 관찰할 것이다.

몇 블럭 더 걸어 오래된 산 카를로스 호텔(지금은 없어졌지만)을 지난 다음 왼쪽으로 방향을 틀어 웨스트 그레고리 거리로 들어간다. 나의 부모님 아파트는 회반죽으로 벽을 칠한 스페인 스타일의 건물 2층에 있는 두 집 중의 하나이다. 몇 블럭만 더 걸어가면 된다. 커다란 떡갈나무가 싱싱하게 살아 있는 옆의 정원에는 청어치들이 날아올라가며 날카로운 소리를 질러댄다. 그들이 부르는 소리는 비상사태를 알리는 소방차의 사이렌 소리와 같다.

난로처럼 뜨거운 보도 위에는(가끔 시선을 아래로 하여 나처럼 땅 위 곤충들을 바라보십시오) *Dorymyrmex* 속의 사자개미(lion ant)가 회전목마처럼 달려가고 있다. 한 마리를 으깨보면 돌리코데린(dolichoderin) 개미의 독특한 냄새가 당신의 코를 찌를 것이다. 지금의 나라면 그 냄새가 헵타논과 메틸헵테논의 혼합물에서 기인하며, 일개미들이 적과 싸울 때나 다가오는 위험을 동료들에게 경고하기 위해 개미 몸의 말단부 샘에서 분비하는 분비물에 이 물질들이 포함되어 있다고 설명할 수 있다.

나는 40년 후에 이곳에 되돌아올 것이며, 무릎을 꿇고서(지나가는 늙은 흑인이 나에게 도움이 필요하냐고 물을 것이다) 다시 한번 사자개미를 찾아볼 것이다. 먼지나 갈라진 콘크리트판은 변함없지만, 이번에 주위를 돌아다니는 개미는 흑개미 *Pheidole dentata*로 강한 냄새를 내지 않는다. 15년 후에도 같은 일이 일어난다. 나는 펜사콜라를 들를 때마다 이곳에 와서 *Dorymyrmex* 개미가 이 특별한 지점에 되돌아왔는지 살펴볼 것이다. 지금까지 나의 관찰은 거의 60년 동안 지속되어 왔는데 운만 좋으면 80년 동안 지속될 것이다. 어찌되었건 1935년에 있었던 개미는 *Dorymyrmex*임을 나는 말할 수 있다.

당신은 이런 일을 이상하게 여기고 이상한 사람의 집착이라고 생각하겠지만 나는 그렇지 않다. 장기 기억이 어떻게 일어나는지 생각해보자. 매 순간 마음 속에 뒤섞인 도식을 가지고 넓은 범위의 주변을 훑어보면서 이성적 행위를 뒷받침하는 한두 가지의 결정적 세부 사항을 찾는다. 탐색하는 표상을 가진 마음은 꼬치고기에 비유할 수 있다. 이 커다란 육식어는 바위나 흙더미, 그리고 그들 사이에 살고 있는 많은 부류의 생물체에는 거의 관심을 두지 않는다. 그것은 작은 물고기의 몸이 움직이며 나타내는 은빛의 반짝거림을 기다린다. 꼬치고기는 이 신호를 포착하면 앞으로 나가서 그 튼튼한 턱으로 먹이를 잡는다. 한 목적에 몰두하는 이들의 특성 때문에 꼬치고기가 있는 물에서 수영할 때에는 광택 있는 팔찌나 손목 시계는 차지 말라고 충고하고 싶다.

수많은 세부사항들 틈에서 움직이는 인간의 마음은 추적하는 동물처럼 상대적으로 적은 수의 결정적 형상에 의해 방향이 정해지며, 그런 신호에는 적정한 수가 있다. 너무 적으면 인간은 충동적이고 집착에 빠지고 너무 많으면 정신분열이 일어난다. 가장 큰 감정적 충격을 주는 형상이 가장 먼저 머릿속에 기록되고 더욱 오래 지속된다. 가장 큰 기쁨을 주는 것들은 이후에도 계속 추구된다. 이 과정은 아이들에게 가장 강하게 일어나며 어느 정도는 그 아이의 인생항로를 결정한다. 그들은 결국 이 결정적 심상(心象)들을 말로 엮어내어 그들에게 일어났던 일을 자신과 남에게 설명할 수 있게 된다. 탈무드의 말처럼 우리는 사물을 있는 그대로 보는 것이 아니라 우리의 생각으로 보는 것이다.

우리가 기억하는 심상들은 덧칠할 때마다 더욱더 세밀해지는 그림처럼 강화된다. 그 과정에서 윤곽은 뚜렷해지고 내용은 세밀해지며 감정적 색조가 더해진다. 이런 방식으로 나는 1935년 어느 더운 가을날의 펜사콜라에 대한 심상을 갖게 되었으며, 거기에는 생생하게 기억되는 작은 동물들의 관계가 자리잡고 있다. 사람들과 거리들과 극장이며 집 등의 배경이 있기는 했다. 그러나 그 당시에는 이것들이 내 세계에서 중요했을지라도 그 후 시간이 지남에 따라 희미해졌다.

나는 무리가 없는 보통의 한 소년이었다. 친구도 있었고 근처 피 케이 영기 초등학교 운동장에서 난투놀이도 하고, 잘못된 행실로 인해 방과 후에 남겨지면 눈물을 흘렸다. 또한 그해에는 굉장한 성탄절을 보냈고, 부모님 말씀에 순종했지만 아스파라거스는 억지로 먹어야 했으며, 낙엽이 떨어지고 수로의 웅덩이에 종이처럼 얇게 얼음이 덮이는 겨울에는 다른 소년들과 함께 호두나무 열매와 칭커핀 밤 등을 찾아 땅 위를 탐색했다. 하지만 60년의 세월은 이 기억들을 대수롭지 않은 일로 만들었으며 그 세밀한 부분이나 감정의 힘은 이제 다 사라져 아무것도 없었다.

세월이 그런 효과를 가져왔고, 어린 나이에 내가 자연연구가와 과학자가 되겠다고 결심했기 때문에 자연연구가로서의 경험은 강화될 수밖에 없었다. 그리고 나는 그 과정을 부분적으로 이수했는데, 이유를 말해야 한다면 내가 집시처럼 살았던 외아들이었기 때문이다. 나의 어머니는 법적 후견권을 가졌고 우리는 그 후 매우 친밀했다. 그러나 그녀는 좀더 나은 직업을 갖고 있던 아버지가 나를 일시적으로 키우도록 허락했다. 아버지는 1938년 재혼했고, 나는 이름이 펄인 헌신적인 계모를 만났다. 그래서 아버지가 나를 계속 키우게 되었다. 아버지는 정부 회계사였는데 어떤 이유에선가 돌아다니는 일을 선호했다. 그는 일이 년마다 직업과 사는 집을 바꾸며 미국 남동부 지역을 순회했다. 나는 초등학교 4학년부터 고등학교 졸업 때까지 다음과 같은 여정을 거치며 남부 지역을 군데군데 돌아다녔다. 펜사콜라, 모빌, 올랜도, 애틀랜타, 콜럼비아 특별구, 에버그린(앨라배마), 그리고 다시 모빌, 다시 펜사콜라, 그리고 최후로 앨라배마의 브루톤과 디커투어였다. 중간의 여름방학에는 보이스카웃 캠프와 앨라배마, 플로리다, 버지니아, 메릴랜드 등지의 친구 집에서 지냈다. 11년 동안 나는 열네 군데의 학교에 다녔다. 대학에 진학하기 직전 여름에 우리는 아버지의 고향인 모빌로 돌아왔다. 아버지는 처음에 고향을 싫어하며 잊어버렸다고 말했지만 지금은 마음이 변했고 1951년에 돌아가시기까지 고향에 머물렀다.

이런 떠돌이 생활을 했기 때문에 나는 자연을 나의 친구로 선택하게 되었다. 야외의 자연만이 내가 일관성 있게 인지할 수 있는 나의 세계의 일부가 되었기 때문이다. 나는 동물과 식물들에 의지했다. 인간관계는 어려웠다. 이사를 할 때마다 나는 대부분 소년들인 새로운 친구들과 어울려야 했다. 처음에 아버지가 재혼하기 전에는 하숙집에서 살았는데, 나는 위험을 무릅쓰고 그곳에서 밖으로 나가기 위해 조심해야 했다. 그리고 우리가 이사한 첫번째 항구였던 올랜도에서는 나는 두려움 때문에 학급 친구들을 여러 주나 피해 다녔다. 나는 내 머릿속에 세 소년, 즉 나, 보이는 나, 그리고 내재된 나를 창조하거나 스스로 대화하곤 했다. 나는 땅에 떨어진 꽃 아나나스(Spanish moss)를 주워서 학교 마당 떡갈나무의 낮은 가지에다 옮겼다. 그것들이 나의 친구라고 생각했지만, 내가 느꼈던 감정은 자기 연민이었다.

나는 1938년 당시에는 작고 아름다웠던 도시 올랜도 거리 주위의 식물들과 곤충들을 탐구했다. 내 침대 밑의 모래를 담은 병에는 수확개미(harvester ant)를 키우면서 그것들이 굴을 파는 것을 지켜보았다. 나는 학교 도서관에서 동화책들을 찾아내고 모조리 읽어버렸다. 나는 무시무시한 죽음과 영원한 행복 사이에서 이루어지는 아슬아슬한 선택에 매료되었다. 성적은 좋았고 철자 맞춤법 대회에서는 거의 우승할 뻔했다.(Indian을 Indain으로 틀린 것이 지금도 내 뇌리에 남아 있다.) 아무도 나의 괴벽에 주의를 기울이지 않았다. 그 당시에는 영재나 성격 이상 아동을 위한 교육 프로그램은 있지도 않았다.

아름다운 환경 속에서 고독하게 자라는 것이 과학자, 적어도 야외 생물학자가되게 하는 데 위험하기는 하나 좋은 방법이라는 어떤 교육이론도 1938년 당시에는 없었다. 올랜도로 이사간 수 주 후에 나는 몇 주 지나지 않아 걸어갈 만한 거리에 있는 시내의 호수를 발견하고 큰 기쁨을 느꼈다. 그곳에서 나는 황어나 도미 낚시를 시작했는데, 이번에는 미끼를 꿸 때 낚시 바늘이나 잡힌 물고기의 지느러미에 조심함으로써 패러다이스 해변의 사고에서 성하게 남은 눈이나마 찔리지 않도록 하였다. 나는 바닷가 조그만 공원의 시멘트 연못에 갇혀 있는 악어동갈치(alligator gar. 역주: 몸통이 길고 주둥이가 튀어나오고 비늘이 촘촘한 대형 물고기)를 찬탄의 눈으로 몇 시간씩 바라보기도 했다. 호수에 혼자서 왔다갔다 하면서 내 자신과 가까워졌으며 생각을 정리하기도 했다. 그레이프 후룻 나무가 가득 들어 찬 란타나(마편초과 식물) 울타리와 파나마 모자를 쓴 남자들의 모습이 아직도 나의 먼 기억 속에 남아 있다.

그 후 도시를 계속 옮겨 다니면서 나는 동네에 새로 온 아이로서의 역할에 매우 빠르게 적응하는 법을 배웠다. 한번은 모빌에 이사간 초기에 나는 벙어리에 귀머거리인 척하여, 이에 흥미를 느낀 몇 명의 소년 소녀들이 나의 이러한 몸짓언어를 익히려고 쫓아다니기도 했다. 내가 이러한 속임수 장난을 고백했을 때 그들의 흥미가 감소하기는 했지만 그들은 나를 집단의 인기 있는 새로운 구성원으로 받아줄 만큼 여전히 매료되어 있었다. 언제나 나는 문제에 직접 부딪쳐 갔다. 야구팀의 후보가 되려고 운동해 보기도 하고 학교운동장이나 식당 구석에 혼자 있는 아이를 보면 가서 말을 걸기도 했다.

　나에게 제일 어려웠던 일은 주먹 싸움이었다. 아이들은 무자비하고 짐승 같았다. 대부분의 어른들, 특히 교외에 거주하는 중산층의 어른들은 사춘기 직전의 소년들 속에 어떤 본능적 야만성이 들어 있는지 알 수 없을 것이다. 9살에서 14살까지 소년들은 구획 단위의 자기 영역을 세우고 떼지어 다니며 인정받기 위해 위협을 하기도 하고, 뽐내며 걷기도 하고, 허풍 떨고, 용감한 척하며, 막 변성되는 목소리로 서로를 큰 소리로 부르곤 한다. 동네에 새로 온 아이들 특히 형이나 부모가 없어 보이는 아이들은 좋은 사냥감이었다. 나는 사회학자처럼 말할 수 있을 만큼 많은 경험을 갖고 있는데, 1930년대와 40년대 남부에는 싸움에 어떤 정형이 있다. 보통 골목대장이거나 그 무리의 〈싸움꾼〉인 한 소년이 새로 온 아이에게 도전한다. 싸움은 두 아이가 보통 살고 있는 동네 근처 후미진 곳에서 방과 후에 벌어진다. 싸움은 조 루이스가 뉴스 영화에서 하는 것 같이 선 자세에서 주먹으로 치고 받는 형식이다. 라운드의 구분이 없고 한 아이가 항복하거나 어른이 끼여들기 전까지 끝이 나지 않는다는 점이 다르다. 싸우기 전에 이미 소문은 퍼지고 권투하는 아이들을 야유하려는 한 떼의 소년들이 모여든다.

　「한 놈은 겁 먹었고 다른 놈은 좋아하는군!」

　「에이 사랑 싸움 같다. 시작할 때까지 기다리자」

　내가 이들 틈에 끼어 목격한 싸움은 열두어 번 정도인데, 대부분 열네 살이 될 때까지의 일이었다. 그 나이가 넘으면 그 또래 소년의 공격성은 대개 미식축구나 사냥 등으로 분출된다. 나는 이런 싸움들을 뎀프시와 터니 전의 시간을 조사했던 스포츠 역사가처럼 기억할 수 있다. 나는 도전 받을 것을 매우 걱정했다. 특히 새 동네에 가서는 별로 성공하지는 못했지만 공격적인 아이들을 피해 가려고 노력했다. 아버지는 나에게 물러서지 말라고 했고, 게다가 걸프만 군사학교 기풍은 싸움에 패하지 않는 것이었다. 싸움을 피하는 것은 남자답지 못한 것이었다. 하지만 나는 상대가 싸우기에 너무 크거나 수가 많다거나 다른 학교에 다닌다는 이유로 싸움을 두 번 피했다. 다시 만날 일이 없는 경우였다. 나는 그들의 조롱을 받으며 도망쳤고, 평생 부끄럽게 생각했다. 물론 어리석은 일이지만 그때의 비겁함을 생각하면 아직도 얼굴이 약간 달아오른다. 나는 싸움을 걸지는 않았는데, 한 번 싸움이 시작되면 맞으면서도 포기하지는 않았다. 상대가 항복하거나 인정 많은 어른들이 말리기 전에는 싸움을 멈추지 않았다.

「자, 자. 충분히 싸웠잖아」

「그래 그만두자. 나는 더 싸우기 싫다」

「이건 말도 안돼. 나는 집에 가야돼」

나는 멈출 수가 없었다. 어쩌면 한정된 한 번의 도전에 상당히 투자한 나로서는 포기하거나 졌다는 자괴감을 다시 느낄 수는 없었다. 때때로 나의 얼굴은 피투성이가 되기도 했다. 지금도 은퇴한 클럽의 싸움꾼처럼 오래된 찢어진 상처와 눈썹을 가르는 흉터를 갖고 있다. 내가 남자답다고 칭찬하던 나의 아버지마저 다소 걱정하는 것 같았다. 나중에 싸움의 기억들을, 특히 이겼던 싸움에 대해 음미하곤 했다. 지구 상에서 싸움에 진 싸움꾼보다 더 한심한 광경은 없을 것이다.

그럼에도 불구하고 나의 어린 시절은 상대적으로 평화로웠다. 대부분의 경우 새로 이사간 동네에서 쉽게 나이나 몸집이 비슷한 친구를 사귀었고, 같이 자전거를 타거나 뱀이나 곤충들을 잡으러 근처 숲속을 탐험했다. 나는 특히 내향적인 아이들에게 끌렸고 그들 역시 나에게 끌렸다. 우리는 학교나 클럽에서 열리는 사교 활동에 소극적이었고 떼지어

다니는 아이들을 피했다. 그 시절 내내 혼자 있는 것을 즐겼다. 나는 피난처이면서 끝없는 모험의 세계인 자연에 대해 점점 열중했다. 그 안에 사람이 적으면 적을수록 좋았다. 인간의 때가 묻지 않은 자연은 개인적 비밀, 안전감, 제어가능함, 자유로움이 존재하는 이상적 세계였다. 자연을 뜻하는 라틴어 solitudo로 인해 자연의 본질이 나에게 잘 이해되었다.

게다가 한쪽 눈만으로 세상을 날카롭게 볼 수 있기 때문에 나는 곤충을 전공하는 곤충학자가 될 수밖에 없었다. 간단히 말하면 모든 아이들에게는 벌레들에 관심을 갖는 시기가 있는데, 나의 경우에는 자란 후에도 그 시기를 벗어나지 못한 것이다. 하지만 일반적으로 과학자들의 삶에는 그 이상의 것이 있다. 모든 아이들이 마법의 왕국에 가고 싶어한다. 나의 왕국은 열 살이 되던 해에 아버지와 워싱턴 D.C.로 옮기면서 나타났다. 우리는 14가 근처 페어몬트 거리의 아파트 지하에 살았는데, 국립동물원은 걸어갈 만한 거리에 있었고 국립자연사박물관은 5센트만 내면 전차로 갈 수 있었다. 일 년 뒤 아버지는 우리를 데리고 여섯 블록 떨어진 몬로 거리의 아파트로 이사했다.(아마 뿌리내리기를 원치 않았기 때문일 것이다.) 지금은 흑인들만 살지만 그 당시 도시 한 복판에 살게 된 것은 나에게 굉장한 행운이었다.

다시 1939년으로 거슬러 올라가 아홉 살 꼬마인 나로 돌아가자. 자연사에 관련된 새로운 경험은 무엇이건 관심을 가졌던 나에게 세계 수준의 동물원과 박물관이 거리 양쪽에 있었고, 그곳에 일 주일 내내 공짜로 들어갈 수 있었다. 근로자 계층의 이웃들의 무미건조함에 관계없이 나는 연방정부의 혜택으로 만질 수 있게 꾸며진 기묘한 세계로 들어갔다. 나는 국립자연사박물관의 전시장들을 헤매며 몇 시간씩 보내면서 그곳에 전시된 수많은 종류의 식물과 동물들에 몰두했고 나비나 다른 곤충들을 담아놓은 판들을 꺼내보며 먼 정글과 사바나의 꿈을 꾸는 데 정신을 잃었다. 과학적인 직업의식의 새로운 지평이 열렸다. 주위의 발코니를 따라 닫혀져 있는 문들 뒤에 나의 신세계의 마술사인 큐레이터들이 일하고 있고, 정복을 입은 수위들이 이들의 개인 활동을 보호하고 있음을 알게 되었다. 나는 이런 중요한 사람들을 만나지는 못했다. 어쩌면 몇몇이 내가 모르는 사이에 전시장에서 내 옆을 지나갔을 것이다. 그러나 그들, 즉 이 훌륭한 환경에서 정부의 일을 수행하는 수준 높은 전문가들이 그곳에 있다는 것을 의식하면서 과학을 바람직한 인생의 목표로 삼고자 하는 생각이 확고해졌다. 나는 그들이 갖고 있는 지식을 얻고 동물과 식물을 돌보며 전문가로서 공공에 기여하는 일보다 더 가슴 뛰는 일이 있다고 생각할 수 없었다.

내 인생에서 두번째로 깊은 관심을 가졌던 국립동물원은 살아 있는 박물관으로서 국립자연사박물관과 같은 위력을 가졌다. 국립동물원은 국립자연사박물관과 마찬가지로 스미소니언 기관의 산하조직의 한 부분으로 운영되었으며 지금도 그러하다. 이곳에서 나는 구석구석 헤매며 모든 동물 우리들과 유리로 칸막이 된 방들을 탐색하고, 시베리아 호랑이나 코뿔소, 화식조, 킹 코브라, 이리저리 꼬인 비단뱀, 단지 두 번 물어뜯어 이리 하나를 없앨 정도로 큰 악어 등과 같이 위엄 있고 큰 짐승들을 응시하며 행복한 날을 보냈다. 물론 작은 동물들도 있었는데, 나중에는 그것들도 똑같이 매력적으로 보였다. 나는 특히 도마뱀류와 비단털원숭이, 앵무새, 필리핀 나무쥐 등을 좋아하게 되었다.

동물원 가까이 도시 한 구석에 숲이 우거진 록 크릭 공원이 있었는데, 나는 그 안으로 탐험을 떠나곤 했다. 지나가는 차와 산보객들의 대화가 들릴 정도로 한정된 공간에는 사진을 찍을 코끼리도 그물로 잡을 호랑이도 없었지만 곤충은 어느 곳이든 많이 있었다. 록 크릭 공원은 우간다와 수마트라의 축소판이었고, 나는 집에다 국립자연사박물관과 같은 것을 만들기 위해 곤충을 수집하기 시작했다. 새로 생긴 친구인 엘리스 맥리어드(나중에 일리노이 대학의 곤충학 교수가 되었다)와 같이 했던 〈탐험〉 동안에 나는 나비 수집에 대해 열정을 갖게 되었다. 빗자루와 옷걸이와 거즈 주머니로 집에서 채를 만들어 빨간 네발나비류와 큰 무늬의 표범나비를 처음으로 잡았고, 록 크릭 공원의 그늘진 곳을 따라 잘 잡히

지 않는 신부나비를 찾아 다녔다. 우리는 프랭크 루츠(Frank Lutz)의 『곤충 야외안내서』와 홀랜드(W.J. Holland)의 『나비』라는 책에 고무되었다. 그리고 우리는 거의 이해하지는 못했지만 진짜 과학이기 때문에 존경했던 스노드그래스(R.E. Snodgrass)의 『곤충형태학의 원리』라는 책과 씨름하면서 곤충학에 인생을 걸기로 결심했다.

나의 인생항로는 결정되었다. 최근에 오래된 서류철을 정리하다가 1940년 2월 2일에 허버드 초등학교의 오학년 때 담임 선생이 부모님께 보낸 편지를 발견했다. 그때 나는 열 살이었다. 〈에드는 작문 능력이 우수하므로 이 능력에 에드의 많은 곤충에 대한 지식이 결합된다면 좋은 결실을 맺게 될 것입니다.〉

이 무렵 나는 개미에 매료되었다. 엘리스와 내가 나무가 우거진 공원의 가파른 비탈을 오르던 어느 날, 나는 썩은 나무 등걸의 껍질을 잡아 당겼고 그 밑에서 우글대는 시트로넬라향기 개미의 무리를 발견했다. *Acanthomyops* 속에 속하는 이 곤충들은 절대적인 지하서식 동물이며, 흙 속이나 썩어가는 떨어진 나무 조각 안에서만 발견된다. 내가 본 일개미는 작고 통통하며 밝은 노란색이었고 강한 레몬향을 냈다. 그 냄새는 개미의 큰 턱에 붙은 샘에서 분비되는 화학물질인 시트로넬랄에서 비롯되며, 펜사콜라의 *Dorymyrmex* 개미의 항문 상판 분비물질처럼 적을 공격하거나 집단에 경고를 띄울 때 사용됨을 30년 후에 하버드의 내 실험실에서 발견했다. 그 날 조그만 군대개미는 재빨리 흩어져서 그루터기 심재 부분의 어두운 안쪽으로 사라졌다. 그러나 그것은 나에게 생생하고 오랫동안 지속된 깊은 인상을 남겼다. 내가 본 것은 어떤 신세계인가? 땅 속 깊은 곳에서 어떤 기이한 일이 일어나고 있는가?

나는 1934년 8월호 《내셔널 지오그래픽》에 실린 윌리엄 만의 「비밀 습격 개미, 야만과 문명」이라는 기사를 탐독했다. 그 윌리엄 만이 그 당시 국립동물원의 책임자였다는 것은 내 생애에서 우연히 일어난 놀라운 일 중의 하나였다. 그는 내가 아직도 이름을 모르는 박물관의 관리자처럼 멀리서 숭배하는 나의 영웅이 되었다. 개미를 찾아 전 세계를 돌며 겪은 모험을 글로 쓰면서 동물원을 훌륭하게 꾸려나가다니 얼마나 모범적인 역할 수행자인가? 1957년 내가 하버드에서 조교수를 시작했을 때 윌리엄 만은 동물원 원장으로서 말년에 들어섰고, 그는 개미에 관한 그의 많은 자료들을 나에게 주었으며(이 후 나의 연구에 중요한 자료가 되었다), 동물원 특별 여행에서 나와 나의 아내 리니(Renee)를 안내해 주었다. 1987년 나는 개미와 다른 동물에 관한 업적으로 국립동물원이 수여하는 은메달을 받았고, 식장에서 매우 깊은 만족감에 충만되어 집으로 돌아왔다.

나는 살아오면서 언제나 어떤 순환고리를 끝낸 다음에 다시 시작하는 성향을 가지고 있어서 그런 일로 지금까지 국립자연사박물관을 자주 들르곤 해왔다. 그 올림푸스 신전의 거주자들은 1940년 이래로 모두 새 세대로 바뀌었는데, 이제는 얼굴과 이름을 익히 알게 된 친구와 동료가 되었다. 닫혀진 문 뒤에서 그들이 돌보는 표본들은 이제 나에겐 낯익은 영역이 되었다.

오늘날에는 50년 전에 나에게 큰 영향을 미쳤던 이들 두 기관 모두가 활발한 목적의식을 갖고 그 중요성과 책임이 점점 커지는 것을 인식하고 있다. 1994년 내가 썼듯이 국립동물원 책임자인 마이클 로빈슨 씨는 동물원을 생물공원(biopark)으로 부르기를 선호한다. 이곳의 동물들은 우리와 사육장에서 풀려나 그들의 원래 환경과 같은 동식물의 환경 속에 놓여지는 것이다. 그곳에서 사람들은 우리에 갇힌 호기심의 대상으로 동물들을 보는 것이 아니라 생물학적 다양성 그리고 지구의 건강이 달려 있는 생태계의 한 부분으로 이들을 관찰할 수 있다.

국립자연사박물관 큐레이터들은 몰(Mall) 공원에서 가까운 곳에 세계에서 가장 큰 규모로 식물과 동물의 표본 수집을 계속 늘려간다. 그들 역시 미래를 예감하고 있음에 틀림없다. 최근 연구에 따르면 지구상에는 천만에서 억에 이르는 식물과 동물과 미생물 종이 있는데, 그 중 백사십만 종 정도만이 잘 연구되어 학명이 붙여졌을 뿐이다. 이들 중 많은 종이 서식처의 감소나 인간의 활동에 의해 사라지고 있거나 멸종의 문턱에 이르고 있다. 특히 지구상에서 다량의 종을 포함하고 있는 열대우림지역은 일년에 0.5%를 넘는 수준으로 줄어들고 있다. 그래서 생물의 다양성을 연구하는 사람들은 할 일이 많고, 새로운 존경을 받음과 아울러 큰 책임을 져야 한다. 하지만 이런 것들이 내가 이 분야에 뛰어든 이유는 아니다. 동물원과 박물관이라는 마법의 왕국을 경험했던 이 소년은 여전히 내 속에 생생히 살아 있다. 그는 나라는 꼭두각시를 움직이는 주인이다. 주변 세상에 어떤 일이 일어났어도 나는 이에 상관없이 똑같은 인생을 걸어왔을 것이다.

.

5 의무를 다하며

1941년 봄 가족들이 메이라고 부르던 나의 할머니가 모빌의 집에서 심장마비로 돌아가셨다. 할머니는 그곳에서 1868년 태어나 결혼하시고 당신의 어머니가 운영하던 사립학교에 다닌 다음, 네 아들을 키웠으며, 여생을 역시 그곳에서 보내셨다. 할아버지가 돌아가신 1916년 이래 할머니는 독신 아들 허버트 삼촌과 함께 살았다. 평생 73년 동안 할머니는 도시 밖으로 여행한 적이 거의 없으셨다.

할머니가 나의 아버님과 허버트 삼촌에게 크고 널찍한 집을 물려주셔서 우리는 그곳으로 이사를 했다. 그 집은 앨라배마 주의 역사가 짧은 데 비해 긴 역사를 가진 집이었다. 1838년에 메이 할머니의 할아버지가 지었는데, 비록 비엔빌 광장과 구도시의 상권에서 열두 블록 정도 떨어져 있긴 했지만 찰스톤 거리의 유일한 집이었다. 그 당시 이곳에서 우리 떠돌이 가족은 뿌리를 내리게 되었다.

나의 부계 쪽 선조가 이곳에 도착한 1800년대 초에는 앨라배마 항구는 조그만 항구였는데, 진흙에 덮인 거리와 격자 모양의 발코니와 크레올 양식의 요리와 황열병으로 메워진 뉴올리안즈의 축소판이었다. 대통령 매디슨의 명령으로 미군 병력이 스페인 군인들로부터 이곳을 탈취하고 난 후 2년 뒤인 1815년의 모빌은 포트 샬롯 북쪽의 넓은 정방형 구역에 열네 블록이 모여 있는 도시일 뿐이었다. 1830년대와 1840년대에 이

도시는 급격히 커졌으나 많은 거리는 모빌 강의 하구를 따라 정렬한 〈진흙투성이의 저지대(진흙 둑)〉라고 옛 지도에 명명된 곳으로 그때까지 남아 있었다. 호킨스네(Hawkinses), 조이너네(Joyners), 윌슨네(Wilsons) 사람들은 그 길을 마차로 몇 분 동안 내려가서 길게 뻗친 부두를 걸어 선착장에 닿을 수 있었다. 그 사람들은 틀림없이 종종 그곳에 가서 낚시를 하거나 수프용 뼈를 미끼로 하여 꽃게 종류를 그물로 잡아 올렸을 것이다. 도시 남쪽의 황무지는 그때까지 과거의 자취를 풍기면서 남아 있었다. 활엽수와 소나무 숲으로 우거진 지역은 남쪽으로 모빌 만의 서쪽에 위치한 앨라배마 내륙의 남단인 시더 포인트까지 뻗어 있었고, 그 너머 미시시피 해협을 가로지른 곳에 거의 사람이 살지 않는 더핀 섬들이 수평선을 따라 일직선으로 뻗어 있었다.

일차 세계대전이 일어나기 직전에 아버지는 10대 소년이었는데, 그 당시 찰스턴 거리의 집 앞문으로 나서서 0.22구경 장총을 겨드랑이에 끼고 일이 마일 내려가면 지금은 브루클리 공항이 된 삼림지대에 닿게 되며, 그곳에서 메추라기나 토끼, 그리고 그밖에 관심을 끄는 것을 사냥할 수 있었다고 나에게 들려주셨다. 1940년대 내가 그 나이가 되었을 때 나는 종종 브루클리 공항 주위를 자전거로 돌아서 덕 강과 파울 강가를 따라서 인적이 없는 숲과 벌레잡이 식물이나 소나무가 있는 초원에 가곤 했다. 때때로 두 강을 가로질러 놓인 두 차선으로 된 나무다리 위에 멈춰 샌드위치를 먹고 로얄 크라운 콜라를 마시곤 했다. 그러나 정오 무렵엔 한 시간 이상이나 한 대의 차도 지나가지 않았다. 나는 나무 난간에 기대어 잠깐씩 보이는 동갈치와 자라를 보려고 천천히 흐르는 맑은 강물을 내려다보며 몽상에 잠겼다. 오늘날 이곳에는 사람이 많이 살고 있고, 시더 포인트에서 더핀 섬을 잇는 다리를 따라 줄곧 많은 차들이 지나간다.

아버지는 자신의 가계 내력에 자부심을 갖고 있었다. 호킨스 가족과 조이너 가족은 모빌 만이 미국 영토가 된 지 얼마 되지 않아 뉴잉글랜드에서 이곳으로 이주해 왔다. 나의 고조 할머니 중의 한 분인 메리 앤

호킨스는 1826년 그곳에서 태어났다. 그들은 해양 기술자, 선원, 선주 등의 직업을 갖고 번성했다. 나의 증조 할아버지인 제임스 엘리 조이너는 매리 앤의 딸인 안나 아멜리아와 결혼했는데, 모빌 외부의 볼드윈 카운티 해안까지 운반선을 운영했다. 1870년 11월 어느 날 증조 할아버지의 배에 불이 나서 모빌 근처에서 가라앉았고, 그는 해안까지 헤엄쳐 나오려다 익사했다. 그의 젊은 아내는 할머니 메이의 손을 잡고 찰스톤 거리에 있는 집의 현관에서 멀리 깃털 모양으로 연기가 나는 곳을 보면서도 그것이 그녀가 미망인이 되었다는 것을 뜻하는 줄을 전혀 모르고 있었다. 그때부터 생계를 꾸려나가기 위해 증조 할머니는 집에서 사립학교를 시작했는데, 그것이 모빌에서 첫번째로 생긴 학교이다. 나는 그녀의 어머니 초상이 든 증조 할머니의 목걸이와 증조 할아버지의 몸에서 나온 돌고래 모양의 고리가 있는 무거운 금시계줄을 갖고 있다.

남북전쟁 때 나의 부계와 모계 쪽의 모든 건장한 남자들이 남부연합 편에서 싸웠다. 친가 쪽 증조 할아버지 두 분 중 한 분인 제임스 조이너는 전쟁 내내 포병과 트럭운전사로서 참전했다. 또 다른 한 분은 특별한 경우였는데 내가 추적해 볼 수 있는 모든 조상 중에서 가장 뛰어난 분으로 윌리엄 크리스토퍼 윌슨이었다.

친구들이 그를 블랙 빌이라고 불렀는데, 그보다 삼 세대 뒤인 나로서는 그의 유전자 중 8분의 1밖에 가지고 있지 않지만, 그분은 나의 혈관 속에 그분과 같은 피가 흐르고 있다고 생각하고 싶은 그런 사람이었다. 그는 내가 듣기로 영국은행까지 고객으로 둔 더블린의 인쇄업자 중의 한 집안에서 1816년 윌리엄 크리스토퍼 오코너로 태어났다. 그는 틀림없이 불 같은 정열을 지닌 반항아였을 것이다. 부모는 그를 영국 성공회 목사로 만들고 싶어했지만, 그는 바다를 동경했다. 그래서 그는 10대에 가출하여 볼티모어행 배에 선실 보이로 취직했다. 그리고 항해 도중에 죽은 승객의 이름인 윌슨으로 이름도 바꾸었다.

볼티모어에서 그는 독일계 유태인인 제이콥 마이어스와 사라 솔로몬 마이어스의 딸 마리아 루이스 마이어스와 결혼했다. 그들 신혼부부는 돈을 벌기 위해 모빌로 이주했다. 농촌 출신 아일랜드인의 검은 피부 때문이 아니라 긴 수염 색깔 때문에 블랙 빌이라는 별명을 가졌다. 그는 바 파일럿(bar pilot. 역주: 얕은 강에서 모래톱을 피해 뱃길을 안내하는 사람)로 고용되었다. 그 후 그는 선장의 지위까지 오르고 마침내 자신의 배까지 가질 수 있었는데, 그 배로 그는 상선들이 모건 요새와 게인즈 요새 사이의 위험한 여울목을 통과하도록 안내했다. 1840년대 초 그는 지금도 활동중인 조합인 모빌 바 파일럿 협회의 창립 멤버가 되었다. 그는 포트 모건 반도의 네이비라는 작은 만으로 가족을 데리고 이사했는데, 그곳은 흔히 트인 만을 가로질러 접근하는 상선들을 앨라배마 해안에서 가장 먼저 볼 수 있는 곳이었다.

　1863년 패러거트 제독이 모빌 만을 봉쇄했을 때 블랙 빌과 그의 동료 파일럿들은 하바나에서 유입되는 물자들을 그들의 빠른 배로 반입했다. 결국 윌슨은 꼬리가 잡혀 도망치다가 항구 밖 조그만 섬의 막다른 궁지로 몰렸다. 군인들은 그를 감옥에 가두지 않고 패러거트와 그의 참모에게 데려갔다. 그들은 윌슨에게 함대를 만 안으로 인도해서 수심이 얕은 곳에서 좌초되지 않으면서 재빨리 움직여 모건 요새와 가이너 요새로부터의 포격을 피하게 해주면 충분한 금전적 보상과 북쪽 어느 곳에든 그의 가족들이 자리잡게 해주겠다고 제안했다. 그 자신이 한 말에 따르면 〈내가 조국을 배신하기 전에 너희 양키들의 배가 모조리 저주받는 걸 볼 것이다〉라고 외치면서 그 제안을 거부했다고 한다. 그가 거부한 후에 패러거트가 〈어뢰들을 무시하고 진격하라!(Damn the torpedoes! Go ahead!)〉라고 곧바로 대응한 말은 역사적으로 유명하기는 하나 정확하게 확인되지는 않았다.(어쩌면 〈어뢰를 무시하고 전속으로 항진!(Damn the torpedoes, full speed ahead!)〉 또는 가장 사실과 가까우면서 가장 재미없는 표현인 〈어뢰를 무시하라. 쥬엣, 전속력으로!(Damn the torpedoes, Jouett, full speed!)〉였는지 모른다). 아직도 노인에게 존경을 표시할 때 〈캡틴(Cap'n)〉이라고 부르는 남부 조그만 도시의 가족들에게는 충분히 자랑스러운 일이었다. 재미있게도 윌리엄 크리스토퍼 윌슨은 체포될 당시에 아일랜드 시민권을 여전히 갖고 있었고 그 후에도 계속 그랬다. 또한 법적으로는 이름을 윌슨으로 바꾸지도 않았다. 젊었을 때 그 사실을 내가 알았다면 내 이름을 원래대로 오코너(O'Conner)로 바꾸었을지 모른다. 그저 속삭이는 것 같은 윌슨의 음절보다 아포스트로피 근방의 근사한 가락과 묘미가 있는 음색 그리고 그 뒤에 강하게 발음되는 자음 C는 듣는 이에게 기분 좋게 들린다.

블랙 빌은 전쟁이 진행되던 나머지 2년 동안 뉴욕과 메릴랜드의 연방 감옥을 전전했고, 패러거트 제독과 그의 부하들은 원하는 것을 곧 다른 사람에게서 얻었다. 합법적인 선원 생활이 불가능해지자 패스커굴러 근처 해안에서 고기를 잡던 모빌의 또 다른 바 파일럿을 붙잡은 것이다. 그의 이름은 마틴 프리먼이었다.(그 당시 북부 앨라배마에 살던 같은 성을 가진 나의 어머니 쪽 친척들과는 전혀 관계가 없는 사람이다.) 그와 다른 어부는 무장을 갖추고 북군의 침공에 저항하려 했지만 해안에서 떨어진 바다의 북군으로부터 가해진 한 번의 포격에 이들이 마음을 바꾸었다. 프리먼은 함대를 인도하기로 약속하고 1864년 8월 5일 이열 종대의 목제 프리깃함(역주: 1750년-1850년경의 목조 해군 쾌속 범선)들이 만 안으로 진격할 때 기함인 모니터함(역주: 미국의 증기추진식 장갑전함)의 대장루에서 침착하게 안내했다. 블랙 빌의 가족들은 네이비 만의 집에서 근처의 모건 요새에 북군이 포격을 가하는 장면을 지켜보았다. 그러나 모빌이 함락된 후 프리먼이 받은 것 중에는 의회 명예훈장이 있었는데, 130년이 지난 지금 그것에 대해 시비를 걸 생각은 없지만, 그는 미국의 가장 품계가 높은 무공훈장을 받은 유일한 배신자였다.

1941년 우리가 모빌에 도착했을 때 그 집은 황폐했고 주변 동네도 쇠락해 있었다. 윌슨가계의 남자들 대부분은 죽었거나 흩어졌고 도시 곳곳에 미망인과 노처녀 딸들만이 남아 있었다. 우리는 촌수나 나이에 맞춰 그들 모두를 고모 또는 사촌으로 통칭했다. 그 무렵 아버지는 향수와 지나간 가문의 영광에 대한 집착에 사로잡혀 가족 역사가가 되어 가고 있었는데, 나머지 생존자들은 그런 아버지에게 무척 관심을 가졌다.

일요일 오후에는 영광된 과거의 살아 있는 기념비라 할 수 있는 넬리 고모, 내 손아래 사촌 넬리, 비비안 고모, 몰리 사촌 들의 집을 각각 방문했다. 나는 아버지의 말에 순종하여 깨끗이 씻고 외출복 차림을 했으며, 그들의 뺨에 키스한 다음 조용히 빠져 나올 수 있을 때까지 한쪽켠 의자에 앉아 있었다. 돌아가신 메이 할머니, 호프 고모, 조지아 고모, 사라 고모, 그리고 그들의 용감한 남편과 남자 형제와 아들에 대한 묘사와 이야기, 올드 모빌에서 이룩한 많은 일들에 대해 회상하면서 단조로운 이야기가 반복되었다. 때로는 마그놀리아 묘지를 방문했는데, 그곳에 나의 조상과 그들의 많은 친척과 친구들이 잠들어 있었다. 펄과 나는 아버지가 무덤을 찾아 날짜를 조사하고, 그들의 생애와 가계도를 재구성하는 동안 꾸준히 옆에 서 있었다.

나는 이런 유령의 세계에는 전혀 관심이 없었다. 나는 아버지를 따분한 사람으로 여겼으며, 나의 고모할머니와 사촌들을 만나는 일은 시련과도 같았다. 그러나 모빌은 나의 가슴을 설레게 하는 생명의 장소였다. 정신이 살아 있는 장소나 사람들의 생활처이거나, 특히 친척들이 있는 곳이어서가 아니고 나비들이 있는 곳에서 느끼는 감정이었다. 12살 때 나는 나비를 모으고 연구하고 싶은 불 같은 욕구를 가지고 이곳에 도착했다. 나는 도시가 아열대의 경계에 있으며 워싱턴에서 볼 수 없는 많은 종이 서식하고 있음을 예리하게 파악했다.

기회가 닿는 대로 나는 저압 타이어와 한 단계 기어밖에 없는 슈빈 자전거를 타고 찰스톤 거리를 따라 잡석이 널려 있는 강변의 잡초밭으로 달려갔다. 나는 새로운 나비 종을 볼 때마다 즐거웠고, 내가 만든 최초의 표본을 잡았을 때는 스스로를 마치 망을 사용하여 큰 짐승을 잡는 사냥꾼인 양 생각했다. 열대림에 많은 나비 그룹에서 가장 북쪽 지역에 서식하는 대표적인 얼룩말나비(역주: 네발나비과의 나비)와 금빛 날개 줄리아, 날렵하게 불규칙적으로 날기 때문에 잡기 어려운 현란한 주홍색의 고트위드 표범나비(goatweed butterfly), 조그만 요정 같은 노랑나비, 개 얼굴 모습을 한 보통 크기의 노랑나비, 무늬 없는 초대형 노랑나비 등 모두가 재빨리 움직이는 현란한 노란 날개를 가진 열대 지방의 모습을 나타내는 나비들, 거대한 호랑나비(이것들이 북부 지역에 일반적으로 존재하는 타이거 호랑나비(tiger swallowtail)와 전혀 다르다는 것을 보면서 얼마나 감탄했는지 모른다), 그늘진 숲 속에 사는 제브라 호랑나비(zebra swallowtail), 내가 공터의 잡초 위에서 처음으로 본 보랏빛 털이 줄무늬를 이루는 근사한 진주빛 나비, 투명한 회색과 녹색을 띠는 애벌레부터 내가 뒤뜰에서 칸나를 먹여서 키워 본 커다란 브라질 꽃팔랑나비(Brazilian slaper) 등, 이 모든 것들이 나의 나비 목록에 올랐다.

그 뒤 2년 동안 이제는 우리에게 다반사가 되어버린 또 다른 이사를 떠나기 전에, 자연사에 관한 나의 관심은 더욱 고조되었다. 나는 스패니쉬 항구에 둥지를 튼다고 소문난 도가머리 딱따구리를 찾으러 나섰으며, 도중에는 텐소 하구의 늪지에서 내 생애 최초로 야생 악어를 보았다. 감탕나무와 난초를 찾아 강변의 활엽수림을 헤매기도 했다. 나는 옻나무 가지를 부분적으로 섞어 야외 휴식처를 만들었다가 몸에 발진이 나는 고통스러운 대가를 치루기도 했다.(그 후에는 백보 밖에서도 이 옻나무 *Rhus quercifolia*를 알아볼 수 있다.) 나는 파충류를 사냥했는데 새총으로 다섯줄무늬 도마뱀을 기절시켜 잡기도 하고, 캐롤라이나 도마뱀을 잡는 올바른 방법(접근해서 그놈들이 나무 뒤로 도망하게 만들어 보이지 않게 되면 그놈들의 위치를 살짝 엿보고 나서 나무 주위를 따라 한 손을 내밀어 움켜 쥐면 된다)을 터득하기도 했다. 어느 늦은 오후에 거의 나만큼 큰 채찍뱀(coachwhip snake)을 잡아 목에 둘러메고 집으로 돌아왔는데, 펄은 어둡기 전에 집으로 돌아올 수 있는 한 가장 멀리까지 가서 그 뱀을 놓아주라고 나를 내보냈다. 나는 마체테(machete, 역주: 날이 넓은 벌채용 칼)를 갖고 있었는데 내 자신을 남미의 정글 속에 있다고 상상하며 그것으로 숲의 낮은 덤불들을 베서 길을 만들곤 했다. 한번은 잘못 내리쳐서 왼손 검지의 뼈가 보일 정도로 베었다. 자전거를 타고 집으로 돌아오는 동안 피가 팔을 타고 흘러 내렸다. 펄은 칼을 뺏지는 않았는데, 아마 내가 조심해야 한다는 교훈을 비싸게 배웠으리라 여긴 것 같다.

미국이 대전에 참전한 1941년 12월 모빌의 분위기도 급변했다. 항구를 드나드는 유조선의 출입 횟수가 늘었고 B-17 폭격기나 다른 전투기의 모습도 흔해졌다. 가난한 농촌지역 백인들(우리가 완두 따는 사람들(peapickers)이라 업신여겨 부르던)과 흑인들이 일을 찾아 도시로 몰려들었다. 직장은 많았고 사람은 달렸다. 그 무렵 떠돌던 일화 중에 이런 것이 있었다. 한 백인 여성이 자기 집 근처에서 흑인 여자(1942년대의 관용구를 사용한다면 〈Nigro woman〉)를 불러 세우고 혹시 가정부 일을 하려고 하냐고 물었다. 그러자 흑인 여자가 대답했다. 〈왜 그래요. 나도 가정부를 구하는데요.〉 당신이 백인이라면 이 이야기를 들으면서 재미있다고 여길 것이다. 분위기가 변하고 있었다.

나는 전쟁에 대해 낙관적이었다. 루즈벨트 대통령이 나라 안팎의 모든 일을 이미 잘 정돈해 놓았고, 내가 열렬히 후원한 민주당과 조 루이스는 내가 기억하는 한 진 적이 없었기 때문이었다. 따라서 이번 전쟁도 문제 없을 것이라고 여겼다. 한번은 태평하게도 아버지가 버린 신분증을 주워서 그 위에 나치 표시와 독일어 같은 글귀를 써 넣은 다음 집 앞 보도에 떨어뜨렸다. 누군가 그것을 발견해서 FBI 구역 사무소에 신고했다. 아버지는 불려가서 요원에게 취조를 받았는데 하나의 해프닝으로 끝나고 말았다. 아버지는 그 사건을 자신에 대한 신용과 관련지어 즐겁게 받아들였다. 실제로 그는 한 동안 식사 때마다 그 얘기를 하곤 했다.

친구들과 나는 일본군의 진주만 폭격에 격분했고 나치가 악의 화신임을 알았다. 나는 바톤 아카데미 중학교의 교내 신문 만화가로서 짐승 같은 일본군이 엉클 샘을 등 뒤에서 찌르는 모습을 그렸다. 학교 집회에서는 「도버의 하얀 절벽(The White Cliffs of Dover)」을 불렀고 영국과의 결속을 다지는 다른 노래들을 불렀다. 하지만 나의 마음은 대부분 다른 곳에 가 있었다. 나는 나만의 관심에 빠져 있었고 전쟁의 진행 따위는 주시하지 않았다.

1942년 6월 엘리스 맥리어드가 여름 동안 나와 함께 지내기 위해 워싱턴에서 내려왔다. 우리는 내가 즐겨 찾는 장소를 돌아다니면서 옛날 우리의 환상을 다시 나눠 되새겼으며, 곤충학자가 되자고 다시 다짐했다. 그가 집으로 돌아간 그 해 가을 나는 찰스턴 거리에 있는 집 옆 빈 공터에 나가 개미들을 채집하기 시작했다. 그 후의 연구에서 얻은 지식이 기억에 도움이 된 점도 있겠지만 지금도 그 당시 내가 관찰한 개미들을 세부적 사실까지 생생히 기억하고 있다. 매우 강력한 침으로 쏘아대어 무화과나무 밑둥에 있는 개미집에서 나를 도망가게 했던 U자형 턱을 가진 앨라배마 사냥개미 *Odontomachus insularis*의 집단, 한 겨울에 호박색위스키 병 밑에 집을 지은 것을 발견하여, 두 장의 유리판 사이의 모래에 집을 짓게 하고 그 수직 구조를 한 동안 관찰했던 조그맣고 황갈색인 혹개미 *Pheidole*(아마도 *Pheidole floridanus*였을 것이다) 개미 집단 등이 그것이다. 분명히 침개미 *Solenopsis invicta*였을 수입종 개미의 집도 그곳에 있었다. 그 공터에서 발견된 것이 미국 내에 서식하던 이 개미종의 초기 기록이었고, 이에 대해 내가 처음으로 한 과학적 관찰은 후에 논문의 자료로 발표되었다.

나에게는 열정과 자신감이 점점 더 쌓여갔다. 1942년 가을 열세 살 되었을 때 나는 일중독에 걸린 아이가 되어갔다. 나는 어른의 강요나 권유가 없이 내 자신의 자유의지에 따라 꽤 힘든 일자리를 얻었다. 전쟁이 시작되자마자 ≪모빌 프레스 리지스터≫ 신문을 배달할 인력이 달렸다. 17세 이상의 청년들은 군복무를 수행하러 떠났고 15-16세의 소년들이 그들이 남겨 놓은 여러 가지 일들을 시간제 근무로 수행했다. 15-16세 소년들의 일이 한 단계씩 올라가면서 비숙련직에서 가장 바닥이라 할 수 있는 신문 배달이 가능해졌다. 어쨌거나 그 이유를 지금은 기억하지 못하지만 보급소장은 나에게 시내 중심가에 420부라는 엄청나게 힘든 배달을 맡겼다.

나는 대부분 새벽 세시에 일어나 어둠 속으로 가만히 빠져나가서 각 가정에 신문을 배달하고 7시 30분쯤 집으로 돌아와 아침 식사를 했다. 30분쯤 후에 등교하고 3시 30분쯤 집으로 돌아와 공부했다. 월요일 밤

7시에서 9시까지는 통일 감리교회에서 이루어지는 보이스카웃 모임에 참석했다. 일요일 아침에는 제일 침례교회에 예배보러 가고, 일요일 저녁에는 라디오에서 하는 피버 맥기와 몰리를 들으며 늦게까지 잠자리에 들지 않았다. 다른 날 저녁에는 저녁식사를 하자마자 자명종 시계를 틀어 놓고 바로 취침했다.

매일 아침 420부의 신문을 돌리다니! 지금의 나에게는 거의 불가능해 보인다. 하지만 그 숫자는 나의 기억에 틀림없이 새겨져 있다. 대충 계산해 봐도 맞아 떨어진다. 나는 신문사 건물 뒤에 있는 보급소에 가서 거친 천으로 만든 큰 가방을 신문으로 가득 채웠다. 자전거 앞의 받침에 수직으로 짐을 쌓고 끈으로 핸들에 묶어 놓으면 그 높이가 거의 내 머리까지 이르렀고, 그것은 내가 다룰 수 있는 거의 최대의 부피와 무게였다. 신문을 받아보는 집들은 넓은 지역에 퍼져 있지 않고 2,3층짜리 아파트 형태의 도심 거주지에 있었다. 대충 신문사 건물에 신문을 가지러 두 번 왔다갔다 하는데는 최대로 잡아 한 시간쯤 걸리고, 배달지역은 몇 분 정도밖에 걸리지 않는 근처였다. 따라서 실제로 배달에 약 세 시간 반쯤 소요되었으며, 일 분에 평균 2부 배달한 셈이다. 2시간 동안 손을 아래로 뻗어 내려 신문을 꺼내서 떨어뜨리거나 짧은 거리는 신문을 동그랗게 말아 던지면서 지나갔고, 가방 하나가 빈 후에는 더욱 빠르고 쉽게 다녔다.

보급소장은 토요일에 고객을 방문하여 한 부에 부당 25센트 하는 신문 대금을 걷었고, 따라서 나는 그날 일에서 풀려나 야외 탐험을 계속할 시간이 있었다. 나는 주당 13달러씩 받았는데, 그 돈으로 보이스카웃 장비나 자전거 부속, 그리고 마음 내키는 대로 사탕, 소다수, 영화티켓 등을 사는 데 썼다.

그 당시에는 그렇게 빡빡한 하루 생활이 비정상적이라는 생각을 하지 않았다. 나는 일거리가 있고 돈을 벌 수 있다는 것이 행운이라고 느꼈다. 걸프 연안 군사학교를 다녔던 짧은 동안에 정상이라고 생각하도록 배웠던 그런 종류의 생활이었다. 구체적 증거는 없지만 나는 끊임없이

78

어른과 같은 정도의 노력을 해야 한다고 생각했다. 날씨가 좋든 나쁘든 내가 일을 나가던 이른 새벽 시간에 잠들어 있던 나의 아버지와 펄은 어땠는가? 펄은 북 캐롤라이나 주의 농촌 지역에서 힘들고 수확이 적은 생활을 했었기에 내가 살기 위해 필요한 용기를 보였다고 대견해 했던 것 같다. 평생 그처럼 힘들게 일해 본 적이 없는 나의 아버지의 느낌은 어떠했는지 누가 알겠는가?

하지만 이 긴 시간의 노동은 전혀 문제되지 않았다. 바로 미국의 보이스카웃을 알게 된 것이다. 이 멋진 조직을 발견하자마자 기계의 소켓 속에 잘 깎인 쇠구슬이 들어맞듯이 12살 무렵의 나 자신의 모든 것, 내가 갖게 된 모든 편견과 선입관, 내가 모으고 음미했던 꿈 등이 잘 맞아 떨어졌다. 미국의 보이스카웃이란 조직은 바로 나를 위해 만들어진 것 같았다.

1/2달러에 산 1940년판 『소년들을 위한 핸드북(*Handbook for Boys*)』은 내가 가장 아끼는 소유물이 되었다. 나는 50년이 지나서도 그 당시 기쁨을 기억하며 내가 주석을 단 원래 책을 읽는다. 노만 록웰이 편집한 표지의 그 책은 많은 삽화를 포함하고 있었으며 내가 제일 좋아하는 것들에 관한 정보들로 가득 차 있었다. 책은 야외 생활과 자연사에 중점을 두었다. 캠핑, 등산, 수영, 위생, 수기신호법, 구급처치, 지도 작성, 그리고 무엇보다 동물학과 식물학이 포함되어 있는데, 이 부분에는 페이지마다 멋있게 그려진 동물과 식물들을 어디서 찾을 수 있으며, 어떻게 알아볼 수 있는지에 대한 설명이 있다. 학교나 교회에서는 이들 중의 어느 것도 배울 수 없었다. 나는 보이스카웃을 통하여 자연을 내 생활의 중심으로 삼았다.

보이스카웃에는 규칙과 단복 그리고 준수해야 할 명확한 윤리들이 있었다. 지금도 오른 손을 들고 가운데 세 손가락을 펴고 엄지와 새끼 손가락을 아래로 내려 교차하면서 기억을 되살리면 스카웃의 맹세를 여전히 암송할 수 있다.

명예를 걸고 다음에 최선을 다한다.

신과 조국에 대한 나의 의무를 실천하고, 스카웃의 법규를 준수한다.

항상 다른 사람을 돕는다.

육체를 단련하여, 맑은 정신과 올바른 도덕을 지킨다.

그리고 스카웃의 법규가 있다. 즉, 스카웃은 신체를 지키고, 충실하고, 도움을 주고, 친근감을 주고, 예절바르고, 친절하고, 순종하고, 쾌활하고, 검약하고, 용감하고, 청결하고, 공손하다는 것이다. 마지막으로 〈항상 준비하라〉는 스카웃의 좌우명이 있다.

나는 그 모든 단어에 심취했고 그대로 받아들였다. 나의 지적인 동료들은 우습게 여길지 모르지만 나로서는 지금도 그렇다. 나는 그들에게 54단어 이내로 이 여러 가지를 더 잘 표현할 수 있는지 보자고 응답할 뿐이다.

책의 모든 곳에 작업 윤리가 나타나 있었다. 미덕과 비상한 노력을 통해 미국의 보이스카웃으로 성공하는 길이 분명히 표시되어 있었다. 〈일생의 일을 찾아서〉라는 제목의 장을 보면 〈스카웃은 앞을 봐야 한다. 일이 일어나기 전에 대비해야 한다. 그럼으로써 보다 쉽게 대처할 수 있다〉라고 씌어 있다. 절대로 만족하지 말라는 경계의 말이 있었다. 그저 기다리고 바라기만 하면서 다가오는 것만 받아들인다면 실패의 길로 가는 것이다. 높은 곳에 도달하라. 명예로운 목표를 향해 오래도록 열심히 노력하라. 그리고 롱펠로우의 「기원(Invocation)」을 기억하라.

위인들이 도달해서 지키는 높은 위치는 갑작스러운 비상을 통해 얻어지지 않는다. 그들은 동료가 잠든 밤에도 위를 향해 땀을 흘리고 있는 것이다.

나는 공립학교가 제공할 수 없는 교육, 즉 자신의 진도에 따라 점점 어려워지는 단계를 성공적으로 밟는, 느린 것보다는 빠른 것이 좋은 교육의 사다리를 발견했다. 나는 스카웃 활동에서 겪는 모든 도전을 즐겼으며, 이길 수 있는 경쟁으로 여겼다. 스카웃 프로그램은 나에게 있어 브롱스 과학고교의 교육과 맞먹는 것이었다.

나는 살아가는 새로운 방법에 몰입했다. 3년만에 가장 높은 단계인 종려나무 잎 모양의 훈장을 가진 이글 스카웃이 되었고, 나의 분대에서 소년 보조 스카웃 대장이 되었다. 나는 46개의 공적배지를 받았는데, 그것은 스카웃이 받을 수 있는 전체 배지의 반 정도에 해당하는 것이었다. 나는 기꺼이 여러 프로그램들, 즉 조류탐색, 농장기록, 장부기록, 인명구조, 저널리즘, 대중보건 등과 같은 다양한 주제들을 섭렵했다. 밤에는 내가 다음에 가장 잘 할 수 있는 것을 찾아서 그 배지를 획득하기 위한 요건들을 숙지했다. 다음과 같이 시작되는 〈곤충의 생활〉에 관한 규범을 처음 읽었을 때 내 가슴은 뛰었다. 〈이 공적 배지를 얻으려면 스카웃은 심사관과 교외로 나가 특정 곤충들이 사는 자연환경을 보여주며, 살아 있는 곤충 표본을 찾아 제시해야 한다. 그리고 그들의 서식처와 특정 환경에서의 생활 적응성에 관해 말해야 한다.〉

나는 학교생활에 그럭저럭 참여했으나 모범적이지는 않았다. 과목은 그다지 어렵지 않았고 나는 낙제하지 않을 정도의 성적을 유지했다. 그러나 대부분의 교과 내용은 재미가 없었으며 요점도 없었다. 모빌의 머피 고등학교에 입학한 첫 해 내가 행한 가장 잊지 못할 사건은 한 시간의 수업시간 동안 25마리의 파리를 잡은 일인데, 그것이 내 개인 기록이기도 하다. 잡은 파리를 뒤의 학생이 볼 수 있게 일렬로 늘어 놓았는데 선생이 그것을 대신 보았고, 다음날 학급생 모두 앞에서 나의 공적을 추켜주는 은혜를 나에게 베풀었다. 내가 개발한 파리를 잡는 새로운 비법을 여기에 소개하겠다. 파리가 식당의 테이블이나 책 표지 위와 같은 평평하고 장애물이 없는 곳에 앉기를 기다려라. 손을 편 다음 앉아 있는 파리의 머리 앞에서 53내지 46cm 정도가 되기까지 조심스럽게 움직여라. 아주 천천히 똑바로 직선거리로 손을 가져가되 좌우로 흔들리지 않게 조심해라. 파리는 옆쪽으로의 움직임에 매우 민감하다. 대략

23cm 정도 가까워지면, 손의 가장자리가 파리의 앉은 지점보다 대략 3cm 내지 5cm정도 높은 곳을 지나가도록 파리를 향해 손을 휩쓸어 파리를 잡아챈다. 표적인 파리는 튀어 올라 손바닥의 가운데로 들어오는데, 손을 쥐면 주먹 안에 갇힌 파리의 윙윙거리는 감촉이 기분 좋게 느껴질 것이다. 자 파리를 죽이는 방법은? 두 손뼉을 마주 치는데 식당이나 강의실에서라면 조심스럽게 한다.

스카웃 활동은 체격이 왜소하고 내성적인 아이가 사회 생활을 익히는 이상적인 환경도 제공해 주었다. 우리 패거리는 대략 군대로 치면 분대 정도의 인원으로 구성된 스카웃 정찰대였는데 이들 몇몇이 모여 더 큰 단위인 대(隊, troop)를 이룬다. 스카웃에 참여하면 자동적으로 한 반(patrol)에 속하게 되며, 스카웃 규칙에 따라 자신의 실력에 근거하여 좋게 평가되기도 하고 비판되기도 한다. 나는 스카웃에서 약자를 못살게 구는 힘센 덩치를 본 적이 없고 허풍선이 친구도 비교적 거의 만나지 못했다. 소년 각자에게 주어진 물음은 〈20마일을 걸을 수 있는가? 적십자 인명보호 훈련에서 수영하는 사람을 구조할 수 있는가? 도끼와 밧줄만 가지고 어린 나무를 써서 견고한 다리를 만들 수 있는가?〉 등이었다. 나의 대답은 모두 그렇다였다.

스카웃 활동은 점점 넓어져 가는 나의 생활 터전에 또 다른 차원을 더 했다. 나는 가르치는 일을 맡았다. 1943년 여름 모빌 지역구에서 사용하는 보이 스카웃 여름 캠프인 시트로넬 근처의 캠프 푸쉬마타하에서 자연 지도교사의 일을 하도록 요청받았다. 그 당시 14살이었던 나는 가르치는 일에 경험이 없는 가장 나이 어린 지도교사였지만, 다른 소년들이 어디에 흥미를 느끼고 무엇이 그들로 하여금 자연사에 관한 이야기를 하게 하며, 무엇이 우리의 주제였던 뱀에 주의를 기울이게 하는지 금방 깨달았다. 여러 자원자와 나는 뱀의 우리를 만들고, 찾을 수 있는 대로 많은 종류의 뱀을 잡기 위해 주변 숲을 뒤졌다. 그 과정에서 나는 독이 있는 뱀을 사로잡는 법을 알게 되었다. 막대기로 가능한 한 머리에 가까운 부분을 누르고, 뱀 머리가 땅에 밀착하여 목 부위가 드러날 때까지 막대기를 앞쪽으로 돌린다. 뒤쪽의 턱 모서리 가까이 목을 움켜쥐고 몸 전체를 들어올리면 된다. 어떤 종류의 뱀이든 만져보려고 하는 소년은 거의 없었고, 따라서 뱀이 발견되면 〈뱀이야 뱀〉하고 소리쳐 나를 불렀다. 그러면 나는 대담한 행동을 보이러 달려갔고, 그런 뒤 그 뱀의 종류에 관한 간단한 강의를 했다. 얼마되지 않아 우리는 동물로 가득 찬 일련의 우리를 갖게 되었다. 이는 멕시코 만 연안의 5개 주에 서식하는 풍부한 동물상을 부분적으로 나타내는 것이었다. 나는 동물원 관리자처럼 일했고 방문객에게는 종의 다양성에 대해 설명했다. 그러고 나서 잇달아 교외를 포함한 푸쉬마타하 지역의 곤충과 식물에 관한 강의를 할 수 있었다. 나는 자연사 강사로 성공한 것이다.

그러나 나는 부족한 경험과 무모한 자신감 때문에 곧 망신당하고 말았다. 어느 오후 내가 가장 아끼던 몇 마리의 피그미 방울뱀(Pigmy rattlesnakes)이 들어 있는 우리를 청소할 때였다. 보호색을 띄는 이 동물(*Sistrurus miliarius*)은 성체가 되어서도 그 길이가 50cm를 넘지 않는다. 이것들은 같은 지역에서 볼 수 있는 조금 더 큰 사촌격의 마름모꼴 무늬(Diamond Back) 방울뱀이나 케인브레이크(canebrake) 방울뱀에 비해 독성이 덜 치명적이긴 하지만, 어느 정도 위험한 것들이다. 내가 잠시 부주의한 순간에 내 왼손이 또아리를 틀고 있는 방울뱀들 중 하나에 너무 가까워졌다. 석궁에서 튀어나오는 화살처럼 방울뱀은 몸을 쭉 뻗쳐 나의 손의 검지 끝을 물었다. 두 개의 엄니 자국이 벌침처럼 느껴졌다. 나는 곤경에 빠졌음을 알았다. 나는 즉시 어른 지도교사와 함께 가까운 읍내의 의사에게 갔다. 의사는 가능한 빠른 속도로 전래되는 방식의 응급조치를 시행했다. 물린 자국을 중심으로 하여 외과용 메스로 깊게 X자형 상처를 낸 후 고무컵을 이용해 피를 빨아냈다. 나는 그 방법을 알고 있었다. 〈파충류 생활〉에 대한 공적 배지를 받을 때 배운 것이었다. 나는 마취없이 치료를 하는 동안 눈물을 흘리지 않았다. 나는 손을 움직이지 않으면서 무고한 의사나 뱀에게가 아니라 멍청했던 내 자신을 향해 알파벳 네 자로 된 속어들을 큰 소리로 쉬지 않고 뱉어냈다.

그럼으로써 치료에 신경을 쓰지 않으려 했다. 나는 열네 살의 소년으로서는 좋지 않은 언어들을 많이 알고 있었으므로 나를 도와주던 어른들을 아마도 놀라게 했을 것이다. 다음날 아침 나는 회복을 위해 집으로 돌아왔다. 나는 일 주일 동안 부은 왼팔을 움직이지 않으며 소파에 우울하게 누워 있었다.

캠프 푸쉬마타하에서의 파충류 연구는 어려워졌다. 내가 다시 돌아갔을 때는 캠프의 책임자가 현명하게도 피그미 방울뱀을 모두 처리해 버렸다. 나에게는 독이 있는 종들과 접촉하는 일이 금지되었고, 이 사건에 대해서는 더 이상의 아무런 말이 없었다.

내가 한 설명에서 받을 수 있는 인상과는 달리 1940년대 초기의 남부 앨라배마 지역의 보이스카웃은 모든 면에서 이상적인 단체는 아니었다. 성과 인종이라는 괴물로부터는 무기력하게 물러섰다

성교육은 미국 보이스카웃의 의제에 들어 있지 않았으며, 그 점에 대해서는 어느 학교나 청소년 단체도 마찬가지였다. 1940년에 발간된 『소년들을 위한 핸드북』에도 소년이 어느 나이가 되면 일 주일에 한두 번 밤에 몽정을 경험한다는 정도로 씌어 있다. 책에 의하면 그것은 정상적인 일이므로 스카웃은 걱정할 필요가 없다고 했다. 스스로 흥분시켜 사정해서는 안 되며 그런 행위는 악습이라고 했다. 만일 충동이 너무 강해 곤란하면 엉덩이를 화씨 55도에서 60도 사이의 시원한 물로 식혀야 한다고 했다. 만약 이것과 관련된 문제에 대해 더 이상의 도움이 필요하면 〈현명하고 청결하고 강한 남자로부터 충고를 얻으라〉고 했다. 남색에 대한 경고는 없었다. 성인 지도자 계층 어딘가에 남색이 틀림없이 숨어 있었을 게다. 나는 그 중 한 사람에 대한 소문을 들었지만, 개인적으로 그를 만난 적은 없었다.

내가 어디서 외설스런 말들을 배웠겠는가? 다른 아이들에게서였다. 그들은 어른이 없으면 어디서나 대화에 멋을 부리기 위해 그것들을 사용했다. 성은 금기시되었고 개념적으로 흥분시키는 데는 충분할 정도로 이상야릇한 데가 있기 때문에 스카웃 또래의 아이들은 언제나 그것에

관해 이야기했다. 우리는 야비하고 우스꽝스러운 유머를 써서 그 문제에 대해 간접적으로 접근했다. 모닥불이나 오솔길 가에서 이루어지는 대화 중 많은 부분은 모든 상상가능한 성적 변태와 기괴한 일에 관해 쉰 목소리로 길게 말하는 농담이었다. 아기를 가지려고 하는 동성연애자, 여성의 시체에서 음부를 도려내 트로피처럼 갖고 다니는 시간증(역주: 시체에서 성적 매력을 느끼는 증상) 장의사, 동물과의 섹스, 남자와 여자가 모두 사용하기는 불가능하게 커다란 섹스 도구, 만족할 줄 모르는 성욕과 장시간의 간통, 환상적인 정신질환적 성행위(Psychopathia Sexualis)를 통한 그렇고 그런 얘기들. 모든 십대의 앨라배마 소년들은 발육기의 크래프트-에빙(Krafft-Ebing. 역주: 독일의 신경학자로 정신병에 관한 저술로 유명)인 것 같았다. 그러나 정상적인 이성 간의 성행위는 알려진 것이 거의 없었고 별로 언급되지도 않았다. 우리는 우리의 부모나 결혼한 누나가 밤마다 행하리라고 추측하는 것이나 우리들 스스로 소녀들과 경험해 봤으면 하는 희망 이상의 벽을 넘을 수는 없었다. 그런 일을 떠들어대는 것은 형편없는 사생활 침범 행위였다. 따라서 우리는 정통적인 것은 그냥 남겨둔 채로 명백히 금지된 온갖 것들로 성을 한정하면서 허용되는 행위에 대해서는 희미한 윤곽을 그릴 뿐이었다. 정상적 행위는 빛에 민감한 배경을 현상하여 얻어진 실루엣 사진의 영상과 같았다.

인종 문제 역시 공식적인 강령에 명확하게 나타나 있지 않았다. 『소년들을 위한 핸드북』에 나오는 모든 소년은 백인이었고 내가 아는 모든 스카웃도 백인이었다. 내가 다니던 학교와 교회에도 모두 백인만 있었다. 나는 인종차별과 그 비인간적인 결과에 대해 거의 의식하지 못하며 성장했다. 차별의 충격은 단지 간접적인 경험으로 나의 마음속에 있었다. 아니 전적으로 그렇지는 않았다. 1944년 앨라배마 주의 브루턴 근처 흑인 농촌지역에 그때 막 시작한 보이스카웃 분대가 있었는데, 고참 지도교사가 나에게 이글 스카웃의 복장을 갖추어 입고 방문하도록 초대했다. 교회의 회합실 앞에 서서 나는 스카웃 생활의 많은 유익한 점들을 간략히 이야기했다. 우리가 그곳을 떠날 때 나는 본보기로 그들 앞에 섰던 내 자신에게 자부심을 느낄 수 없었다. 나는 부끄러웠고 여러 날 기분이 나빴다. 대부분 나보다 두세 살 어린 그 소년들은 아무리 재능이 있고 열심히 노력해도 실제로는 유리한 점이 별로 없으리라는 것을 나는 가슴으로 알고 있었다. 나에게 열린 문들이 그들에게는 꽉 닫혀 있던 것이다.

그러고 나서 나는 그 문제를 점차 잊어 버렸다. 내가 무엇을 할 수 있었겠는가? 나의 마음은 다른 것들에 있었다. 나는 야망과 불안으로 가득 찼었고 강한 사회적 양심을 소유하지 못했다. 20년 후 구시대적인 남부는 끝났다. 인종차별을 깨기 위해 목숨을 걸었던 시민운동가들은 내가 좋아하는 것, 즉 오직 한 마음으로 도덕률에 진실하고 육체적으로 용감하며 인내하는 영웅이었다. 그때의 경험으로 인해 내가 사회적으로 물려받은 유산을 이러한 면에서 충분히 새롭게 볼 수 있었다. 그리고 그 무렵 나는 앨라배마를 떠났다. 세상은 변했고 나도 변했다. 그러나 내가 소년 시절이나 청년 시절에 진보적 성향의 자유주의자였다고 주장할 수는 없으며, 어떤 선견지명과 용기를 가졌던 사람도 분명히 아니다. 어쨌든 나를 과학으로 이끈 인생궤도는 달라지지 않았을 것이다. 그리고 나는 자연연구가의 길을 따라 이런 상황을 그대로 지나쳤으며, 이제 와서 자존심 강하고 고통받은 문화에 대해 겉만 번지르한 사과의 말을 전할 만큼 오만하거나 위선적이고 싶지는 않다.

6 앨라배마의 몽상가

　1944년 8월 나의 몸무게는 51kg이었다. 이것은 틀림없는 사실이다. 왜냐하면 바로 그 달에 친구 필립 브래들리와 함께 브르튼 고등학교의 미식 축구팀 연습에 참가하고, 탈의실에 있는 저울로 몸무게를 쟀기 때문이다. 열다섯 살인 나는 선수 중에서 아마 가장 어렸을 것이고 체구도 확실히 제일 왜소했다. 브래들리는 나보다 조금 더 무거워 53kg이였는데, 체중이 더 나가는 것이 그렇게 부러울 수가 없었다. 팀에서 가장 큰 아이는 73kg의 거구였다. 그 당시의 팀은 가능한 모든 사람(모든 소년)을 필요로 했기 때문에 나는 형편없이 큰 유니폼을 입고 옷 위를 끈으로 묶었다. 그리고 명백한 자격 미달임에도 불구하고 나는 팀에 남았다. 그곳이 앨라배마 주였기 때문에 가능했다. 주 안의 모든 소도시에서 미식축구는 열다섯에서 열아홉 살 사이의 소년들이 학교 수업이나 아르바이트 일이 없는 시간에 가장 하고 싶어하는 것이었다. 나와는 달리 단단한 어깨와 재빠른 손을 갖고 있어 통계적으로 선수로 성공할 가능성이 높은 아이들은 대학에서 운동 장학금을 받을 수도 있었다. 그러나 그 해에 우리 학교에서 대학에 선수로 입학한 학생은 하나도 없었다.
　브르튼은 그때나 지금이나 약 5천 명이 살고 있는 조용한 소도시로 플로리다와의 경계 부근에 위치하며 펜사콜라에서 북으로 40마일 떨어진 곳이다. 1944년 이래 그곳은 거의 변하지 않았다. 중년이었을 때 자동차로 주를 가로질러 가면서 두 번 정도 지났는데, 철로와 평행으로 놓인 바둑판 모양의 주거지역 거리를 지나 시 중심상가 지역까지 내려갔다. 고등학교 운동장에서 잠시 멈췄는데 낡은 태클 연습용 백에 부딪치고 툴툴거리며 어른처럼 흉내내서 농담을 주고 받던 소년들의 모습이 내 기억에서 선하게 떠올랐다. 한번은 청년 소방수에게 방향을 물어보려고 섰다가 내가 1944년 이곳 고등학교에 다녔다고 말하니까, 그 친구가 〈야, 정말 옛날 애기군요〉라고 말했다. 나에게는 그렇게 오래전 일 같지 않다고 대답했다. 특히 20세기의 격변적인 흐름에도 거의 변하지 않고 있는 조그맣고 아늑해 보이는 이 소도시에서는 오래 지난 일 같지 않았다. 눈을 감고 말라 붙은 진흙이 덕지덕지하고 고약한 냄새가 배인 유니폼을 떠올리면 더욱 그랬다.

그 해 미식축구팀에는 스물세 명이 있었는데 열한 명씩으로 1팀과 2팀을 만들었고 모든 멤버가 공격과 수비에 다 뛰었다. 2차 후보 레프트 엔드인 내가 유일하게 남는데, 나 혼자서 2차 후보팀을 이루었다. 나는 풋볼의 절반은 놓쳤고, 한쪽만 성한 눈으로는 나에게 패스되는 것조차 잘 보지 못했다. 거기다 상대를 막기에는 너무 가벼웠다. 내가 그럭저럭 해낼 수 있었던 것은 발목 태클이었다. 땅바닥에 넘어지면서 달려오는 상대 선수의 양쪽 발목 부분으로 나의 팔을 뻗치면 상대를 넘어뜨릴 수 있었다. 그저 상대가 내 위로 심하게 떨어지지 않기만을 바라면서. 어찌되었건 아마 상대팀이 우리보다 더 약했기 때문인지 우리팀은 호적수 그린빌을 제외한 다른 열 개 고등학교 팀을 물리쳤다. 그 시즌 내내 나는 딱 한 번 시합에 뛰었는데 마지막 홈 게임의 4쿼터에서였다. 그때 게임은 4쿼터의 막바지에 있었고, 상대가 도저히 역전시킬 수 없을 만큼 우리가 앞서 있었기 때문에 나의 출전이 가능했다. 〈윌슨, 레프트 엔드를 맡아〉라고 말한 코치의 명령을 나는 얼마나 따뜻하고 소중하게 기억하는지 모른다. 코치의 입장에서 보면 적선과 같은 것이었다. 코치의 이름은 잊었지만 나는 항상 그에게 감사하고 있었다. 그 덕분에 나는 당당하게 〈브르튼에서 미식축구 선수로 뛰었다〉라고 앨라배마의 그 지역에서는 말할 수 있었다. 마치 뉴욕의 기업체 중역이 센트리 클럽 식당에서 〈예일에서 조정경기를 했지〉라고 자랑스럽게 말하는 것처럼.

대부분 선수에게겐 부바(Bubba. 그 당시에는 놀리는 말이 아니었다. 부바란 미래의 훌륭한 졸업생과 시보레 대리점 지배인을 가르켰는데, 크고 다부진 체격에 성격 좋은 아이들을 말했다)라든가 J.C., 버디(Buddy), 스키터(Skeeter), 스쿠터(Scooter), 슈(Shoe) 등과 같은 별명이 붙어 있었다. 나의 별명은 스네이크(Snake)였는데 내 체격에 어울리는 별명이긴 했지만 그래서는 아니고, 더욱이 내가 종종 몽상했듯이 볼을 허리에 단단히 붙이고 머리부터 돌진해 오는 태클러들을 마술처럼 피해 달릴 수 있어서는 물론 아니었다. 내가 진짜 뱀들에 대해 매우 열성적이었기 때문이었다. 모빌에서 얼마 동안 산 뒤 아버지는 나를 펜사콜라의 벨 라웁 아주머니에게 다시 맡기고 펄과 함께 내가 모르는 곳으로 이사했다. 그리고 1944년 이른 봄에 브르튼의 작은 집에서 우리 셋이 다시 같이 살게 되었다. 그 해 여름 펜사콜라 만의 연안에 있는 빅하트 캠프에서 보이스카웃의 자연 지도교사로 일했다. 나는 뱀들을 통해 또 다시 활기를 띠고 자연사에 대한 관심을 갖게 되었다.

이때까지 파충류와 양서류는 나의 주된 관심사였다. 그 지역의 동물상은 나이에 관계없이 모든 파충류 학자들의 정열을 불러일으킬 만했다. 세계에서 가장 다양한 집단 중의 하나인 40종의 뱀들이 플로리다 주의 돌출부와 여기에 인접한 앨라배마 주 경계 지역에 서식하고 있었다. 1년여 남짓동안 나는 그들의 대부분을 잡을 수 있었다. 내가 사로잡을 수 없었던 대다수의 뱀들 중에 늪지에 사는 평평한 꼬리의 물뱀(*Natrix compressicauda*) 같은 것은 산 것을 멀리서 보았고, 그 밖의 다른 뱀들은 다른 사람들이 죽은 상태로 나에게 가져왔다. 그 중 가장 인상적인 것은 우리 집 근처에서 여러 사람이 죽인 커다란 마름모무늬 방울뱀이었다.

늪지대 옆 브르튼의 서쪽 변두리 지역에 미스터 페리라 불리는 친절한 60세 영국 노인이 운영하던 금붕어 부화장이 있었다. 예절 바른 남부 소년은 어른의 이름을 함부로 부르지 않았기 때문에 나는 그의 이름을 몰랐다. 그가 이 침체된 남부 소도시에서 남다른 직업을 어떻게 갖게 되었는지도 물어본 적이 없다. 그러나 우리는 매우 친해졌고 많은 시간 자유롭게 여러 가지 얘기를 했다. 내가 자전거를 타고 그의 부화장 끝으로 가면 그는 항상 나를 반갑게 맞아 주었다. 나 외의 다른 방문객은 한번도 본 적이 없었고, 그는 부인과 같이 부화장의 작은 집에서 조용히 살았으며 언제나 혼자서 일했다. 그는 후에 말라버린 깊은 우물에서 솟아 나는 물을 이용했고, 금붕어들에게는 근처 도살장에서 매주 얻어오는 돼지 피를 섞은 옥수수가루를 먹였다. 금붕어는 그 지역과 시외 지역에서 미끼로 팔렸다. 단색의 금붕어와 흰색의 대리석 무늬가 있는 금붕어 치어들이 깡통에 담겨 브르튼 역에서 정기적으로 열차에 실려 나갔다.

페리는 늪지대의 가장자리를 따라 20에서 30평방피트 정도의 연못들을 대충 두 줄이 되게 팠다. 잡초가 무성하게 가장자리를 메우고 있었고 키 큰 나무들이 늪지대 쪽에서 울타리를 이루고 있었다. 깊은 우물에서 솟아난 물이 폭이 6피트나 되는 내를 이루고 부화장 한 끝에서 늪지대로 흘러 나갔다. 그 전체 모습은 생태학 교과서에 나오는 그림에 정확히 들어 맞는 것이었다. 풍부한 영양분이 끊임없이 유입되어 조류(藻類), 수중식물, 어류들이 번성했다. 생물량의 순생산으로부터 곤충 집단은 먹이를 얻으며, 개구리나 뱀, 왜가리, 그리고 그밖의 더 큰 포획자의 먹이가 되었다. 먹이 잉여분과 온갖 배설물들이 늪지대로 배출되면서 멀리까지 동쪽으로 뻗어 있는 깊은 늪지대의 생물상을 풍부하게 했다.

나는 이 천국에 마음껏 빠져들었다. 그곳에서 지낸 시간이 내 인생에서 가장 행복했다. 기회가 있을 때마다 나는 부화장 연못으로 달려갔다. 나는 페리 씨와 함께 잠시 이야기를 나누었는데 대부분이 그의 양어법과 나의 탐험담에 관한 것이었다. 그러고 나서는 그가 물에 젖지 않도록 준비한 장비 중에서 무릎까지 오는 고무 장화를 꺼내 신고 나만의 세계로 걸어 들어갔다. 집에서는 계모의 잔소리를 적당히 무시했는데, 그녀는 내가 방과 후에 일자리를 찾지 못해서 마음이 상한 것 같았다. 그녀는 자신이 경험했던 대공황 시절의 암울한 일상 생활에 대해 나로 하여금 준비하도록 집요하게 강요했으며, 나는 그것이 점점 더 거북해지고 화가 났다. 나는 내 스스로 증명했던 바와 같이 그녀보다 훨씬 더 긴 시간을 이미 일했고, 지금은 나만의 공간을 필요로 했다. 펄은 나의 늪지대 탐험이 거의 가치가 없다고 여겼고 뒤돌아보면 그녀의 생각도 이해는 간다.

어른들은 사춘기 소년이 쉽게 빠지는 울적함의 깊이를 잊어버린다. 그들은 대체로 몽상이나 목적 없는 방황을 통해 이루어지는 정신적 성장의 가치를 낮게 본다. 나는 내 앞에 가로놓인 연못과 늪을 주시하면서 시간의 흐름을 잊는다. 손에 그물을 들고 어깨에는 카키색 수집 가방끈을 둘러메고 나는 연못 가장자리를 훑으며 관목 덤불과 풀섶을 찌르고, 때때로 얕은 곳으로 걸어 들어가 바닥의 진흙을 헤집어 놓았다. 종종 한참 동안 앉아서 비늘이 있는 덩굴이나 물 표면에 번지는 잔물결, 보이지 않는 곳에서 들려오는 물 튀기는 소리 등이 무엇인지 알아보기 위해 연못가와 식물들을 자세히 들여다 보곤 했다. 그리고 무더운 날에는 더 일찍 늪지대 깊숙한 곳까지 흘러 들어가는 개울을 따라 반 마일 정도 내려가서 개울과 평평한 숲을 가로지른 뒤 다시 부화장 쪽으로 되돌아왔다. 때때로 높은 나무들의 수관(樹冠. 역주: 숲에서 햇빛을 받는 나무의 상층부)이 피라네지 방식(Piranesian. 역주: 이탈리아 건축가인 피라네지의 건축방식)로 하늘을 가리고 있어 어둠 속에 숨어 있는 연못과 평평한 진흙땅을 탐색하기도 했다. 늪지대에 있는 나는 축소판 야생 지역의 방랑자였다. 그곳에서 단 한 사람도 만난 적이 없었고 멀리서 들려오는 차 소리와 비행기 소리도 들은 적이 없었다. 오로지 야생동물의 지나간 자국만이 진흙 속에 남아 있었다. 아무도 이 지역에 관심을 두지 않았다. 페리 씨도 마찬가지였다. 나에게 소유권은 없었지만 모든 의미에서 그 영역과 그 안의 보물은 완전히 나만의 것이었다.

물뱀들은 연못 주위와 물이 빠지는 개울을 따라 비정상적으로 많았다. 이들은 돼지 피를 먹은 물고기떼와 개구리 무리들을 잡아먹었다. 페리 씨는 물뱀들의 수를 조절하는 데 신경 쓰지 않았다. 물뱀들은 금붕어 사망의 원인 중 작은 부분일 뿐이라고 말했다. 우리 둘 다 그런 일을 표현할 전문용어는 모르고 있었지만 균형잡힌 생태계의 개념을 공유하고 있었다. 사람이 일부러 에너지를 더하거나 뺄 수도 있지만 그냥 내버려두어도 잘못되지 않는다는 개념이다. 페리 씨는 타고난 환경주의자였다. 그는 자신이 관리하는 땅을 조심해서 가꾸었다.

뱀으로 가득한 연못은 대부분의 사람에게는 끔찍하겠지만 나에게는 끊임없이 돌아가는 경이의 세계였다. 다른 15살짜리 소년들이 자동차의 생산연도와 모델 등에 저절로 정통해지듯 나는 뱀의 다양성에 똑같은 관심을 가졌다. 그리고 그것들을 잘 알기에 두려움도 없었다. 갈 때마다 나는 새로운 것을 발견했다. 산놈을 잡아서 집으로 가져와 나무와 철사망으로 만든 우리에 가두고 부화장에서 모아온 개구리와 피라미 등을 먹이로 주었다.

내가 좋아하는 것에는 동부의 리본 뱀(eastern ribbon snake. 역주: 얼룩뱀의 일종으로 북미의 동부, 중부산)이 있었는데, 녹색과 갈색의 무늬가 세로로 길게 나 있는 우아한 모습의 파충류였다. 대부분 시간 그것들은 연못의 수면 위로 늘어진 나무 가지에 여러 마리가 뭉쳐 있었다. 그들의 눈은 튀어나왔고 눈꺼풀이 없는데, 이 눈으로 상당히 먼 곳까지 볼 수 있으며 매우 조심스러웠다. 나는 연못가의 얕은 물속을 걸어 그것들과의 거리가 2-3피트 이내가 되도록 조심스럽게 접근해서, 그들이 물로 뛰어들어 헤엄쳐 도망가려 할 때 한 번에 한두 마리씩 잡았다. 그들은 잡히면 양순해졌고 작은 개구리를 쉽게 받아 먹었다. 녹색 물뱀(green water snake)은 또 다른 면에서 기억될 만했다. 이들은 연못가 수풀 속에 몸을 반쯤 숨기고 있는데 길이가 4피트 정도로 크고 무거웠다. 그의 머리 뒤를 재빨리 잡지 못하면 그것을 잡는 일은 불쾌한 경험이 될 수 있다. 대부분의 큰 뱀은 처음에 잡히면 물려 하는데, 물리면 바늘에 찔린 자국들이 발굽 형태로 피부에 남게 된다. 특히 난폭하게 반응하는 녹색 물뱀의 날카로운 이빨에 살을 베면 피를 많이 흘리게 된다. 잡아서 우리에 가둬 두는 것도 힘들었다. 한번은 침꼬리뱀(mud snake. 역주: 보는 각도에 따라 검정색, 붉은 색으로 색깔이 달라 보이는 미국 동남부, 중남부산 뱀)을 발견했다. 그 종은 꼬리 끝의 단단한 부분으로 커다란 앰퓨마 도롱뇽(amphiuma salamander)을 꼼짝 못하게 하여 잡아먹는다. 그 끝은 사람의 피부도 뚫기 때문에 〈쏘는 뱀〉이라는 이름으로 불리기도 한다.

반질반질한 물뱀인 유혈목의 *Natrix rigida*라는 종은 워낙 잡기가 힘들어서 특별한 목표로 삼았다. 크기가 작은 성체는 기슭에서 제법 떨어진 얕은 곳의 바닥에 엎드려 있는데, 조류가 번식하여 녹색을 띠는 물 밖으로 머리를 내밀어 숨을 쉬거나 사방을 훑어본다. 나는 파충류가 민감하게 느끼는 갑작스런 측면 운동을 최대한 피하면서 매우 천천히 물속을 걸어 그것에 다가갔다. 덤벼 들어서 그것을 잡으려면 적어도 90cm 내지 120cm 이내로 접근해야 하는데, 거리를 좁히기 전에 그들은 머리를 물 밑으로 감추고 더 깊고 탁한 물 밑으로 조용히 미끄러져 사라져 버렸다. 마침내 새총을 잘 쏘는 사람의 도움으로 그 문제를 해결했다. 그는 말이 없고 사람과 별로 어울리지 않는 내 또래로, 내가 그의 사냥 기술을 칭찬했기 때문에 나를 좋아했다. 그는 놀랄 만큼 정확하게 조약돌로 뱀의 머리 부분을 맞추었는데, 그러면 뱀은 내가 물 밑에서 잡아내기에 충분한 시간 동안 기절해 있었다. 뱀이 다시 정신을 차리면 나는 그것을 얼마간 내가 만든 우리에 가두었고, 접시에 물과 같이 넣어주는 피라미를 잘 먹었다.

이 장소의 호랑이 격이며 제왕이라 할 수 있는 독성 늪살모사 (cottonmouth moccasin)는 몸통이 굵고 세모꼴머리를 갖고 있는 커다란 반수생(半水生)의 살모사 종류였다. 어린 것은 대략 48cm 정도 크기로 홍갈색의 밝은 청색 무늬를 갖고 있다. 다 자란 것은 거의 전체가 단일한 갈색으로 띠무늬는 거의 사라지고 몸통 밑부분에만 남아 있다. 구석에 몰리면 늪살모사는 턱을 활짝 벌려 감춰진 독니를 앞으로 내밀면서 그 이름이 유래한 새하얀 치열을 드러낸다. 파충류학자 로저 코난트가 쓴 피터슨 출판사의 책『동부, 중북부 미국의 파충류와 양서류에 관한 야외 지침서』를 보면 다음의 경고가 있다. 〈절대로 살아 있는 것을 다루지 마라.〉 나는 실수할 리 없다는 열다섯 살 소년의 순진한 자신감으로 항상 그 경고를 따르지 않았다.

다 자라지 않은 늪살모사는 문제가 되지 않았다. 그러나 하루는 다 자란 커다란 놈과 마주쳤는데 그것은 쉽게 나의 생명을 뺏을 수도 있었다. 부화장 바깥으로 흘러나가는 물줄기를 따라 걸어 내려가는데 매우 큰 뱀이 내 다리 옆으로 풀숲을 가로질러 물로 들어갔다. 특히 그 움직임에 놀랐는데 그날은 종일 보통 크기의 개구리나 뱀이나 거북이 등이 진흙탕이나 통나무 위에서 매우 조용하고 긴장해 있는 것 같았다. 이 뱀은 거의 나만한 크기에 난폭하고 요란했다. 말하자면 이 세계에서의 나의 적수였다. 그것은 크게 몸을 흔들며 얕은 물길의 중심부로 빠르게 움직여 모래가 쌓인 얕은 여울에 정지했다. 야생으로 본 것 중 가장 큰 것이었다. 내 팔뚝 두께의 몸통은 150cm 정도 되었고 머리는 내 주먹만했다. 그 종의 알려진 최대 크기보다는 약간 작았다. 나는 그 모습에 전율했다. 그리고 그럼에도 불구하고 그놈을 잡을 수 있을 것도 같았다. 그것은 완전히 모습을 드러내고 얕고 맑은 물 안에 조용히 누워 있었다. 몸통은 물가의 잡초를 따라 뻗어 있고 머리는 빗각으로 뒤쪽을 향하여 나의 접근을 살피고 있었다. 늪살모사는 어린 놈이라 하더라도 그런 자세를 취한다. 대부분 보통의 물뱀과 마찬가지로 상대가 사라지지 않는 한 언제나 움직이지 않는다. 상대를 응시하며 반쯤 웃는 듯한 음산한 노란 눈은 아무런 감정을 나타내지 않지만 그들의 반응과 자세는 매우 오만한 분위기를 자아낸다. 마치 그들의 이런 위력 때문에 인간이나 몸집이 큰 다른 짐승이 조심스런 모습을 보인다는 것을 아는 것처럼.

나는 뱀꾼의 동작에 따라 머리 뒤 몸통을 찍어서 튀어나온 교근(역

주: 아래 턱을 당겨올리고 턱을 내려서 씹는 것을 돕는 짧은 저작근) 뒷부분의 목을 잡아채 물 위로 끌어올렸다. 그때까지 얌전했던 그 큰 늪살모사는 갑자기 난폭하게 반응했다. 그 무거운 몸통을 심하게 움직여 단단히 움켜진 손가락들 사이에서 약간 앞으로 머리와 목 부위를 비틀어 내밀고 입을 활짝 벌려 독니를 드러냈다. 그것의 항문샘에서 풍기는 악취가 공기를 메웠다. 몇 초 동안 우리는 점점 따가워지는 아침 햇살 속에서 엉켜 있었는데 마침내 상황을 현실적으로 인식하자 나는 정신이 들었고 어쩌자고 이 장소에 혼자 왔는지 회의가 들었다. 만일 물기라도 하면 누가 나를 발견하겠는가? 뱀은 턱으로 내 손을 누를 수 있도록 머리를 돌리기 시작했다. 내 체격의 소년들에 비해서도 힘이 약한 편이었던 나는 점점 힘에 부쳤다. 반사적으로 나는 뱀을 덤불에 던져버렸고, 뱀은 미친듯이 덤불을 헤치고 나가 완전히 시야에서 사라졌다. 마침내 우리는 서로가 서로를 떼어낸 것이다.

이 아슬아슬한 위기가 나의 부화장 탐험시절에서 가장 흥분되는 순간이었다. 그 후 나는 조금 뒤로 물러서서 내가 왜 늪지대를 탐험하고, 그렇게 헌신적이고 맹목적으로 뱀을 잡으려 하는지 이해하려고 나의 감정을 되돌아보았다. 그런 활동이 동료들 사이에서 나의 위치를 높여주지 않았다. 나는 아무에게도 내가 했던 일을 말하지 않았다. 펄과 나의 아버지는 참을성이 많았지만 특별히 관심을 갖거나 나의 용기를 북돋워 주지는 않았다. 나를 집 근처에만 머물도록 할지도 모른다는 두려움에서 어떤 경우에도 그들에게 많은 이야기를 하지 않았다. 내가 그런 행위를 하는 이유는 복합적이었다. 아름답고 복잡한 신세계로 들어가면서 느끼는 희열감이 부분적인 이유였다. 그리고 나만이 아는 곳을 갖고 있다는 강한 소유욕이 또 다른 부분적 이유였다. 누구도 나만큼 숲을 탐험하거나 뱀을 사로잡는 일에 능숙하지 못하리란 허영심도 있었다. 그리고 언젠가 전문적인 야외 생물학자가 될 내 자신을 훈련시킨다는 야심도 있었다. 마지막으로 내 속 깊은 곳에 자리잡고 있는 알 수 없는 그 무엇, 내 자신도 이해하지 못하며 말로 표현하면 사라져 버릴지도 모른다는 두려움에서 이해하고 싶지도 않은 열망 같은 것이 있었다.

이 황홀한 시기는 매우 빠르게 끝났다. 독일의 항복을 기념하는 사이렌이 울리고 나서 몇 주 뒤인 1945년 늦은 봄에 우리는 다시 앨라배마 중북부의 디커터란 도시로 이사했다. 이번에는 계모의 완고함에 굴복하여 일거리를 찾았다. 그 이듬 해 나는 여러 가지 일을 했다. 신문 배달부, 간이 식당의 종업원, 시내 잡화점에서 즉석요리를 만들기, 5시부터 10시까지 여는 백화점에서의 점원 등의 일을 했다. 대학에 들어가기 직전인 1946년 여름에 마지막으로 했던 일은 근처 제철 공장에서의 사환 일이었다. 일을 바꿀 때마다 수입은 꾸준히 올라가 주에 25달러 정도였다. 이 모든 일이 나의 정신수양에 유익했던 것 같다. 나는 펄이 기뻐하는 것을 알고 있었다. 그러나 그보다는 이런 경험으로 인하여 끝까지 일을 해내기 위해서는 나의 한계를 극복하고 어떤 과제를 마스터해야 하며, 전문적인 과학자가 되기 위해 어느 정도의 위험을 감수해야 함을 깨닫는 것이 더 중요하다. 그래서 그러한 단순하고 맥빠지게 하는 노동을 다시는 하지 않으려 했다.

그 해 여름과 가을 동안에 나는 시간을 부분적으로 내어 〈자연〉과의 관계를 계속했다. 따뜻한 날에 학교와 일에서 벗어날 수 있으면 디커터 북동쪽으로 흘러가는 테네시 강의 지류나 강둑을 돌아다녔다. 북미에서 가장 다채로운 수생환경 속에서 나는 담수 생태에 대해 관심을 가졌다. 나는 해면과 그 안에 서식하는 이상하게 생긴 물잠자리 유충을 발견하고 그에 관해 연구했다. 이사온 지 얼마 되지 않아 테네시 강 유역 개발 공사의 지역 연구소에 그 지역의 담수어들이 완벽하게 수집되어 있음을 알고 매우 기뻤다(다른 어떤 주보다 앨라배마 주에 가장 종류가 풍부하다). 그곳 직원과 친해지면서 나는 이 동물 군집의 종들을 하나씩 배우기 시작했다. 또한 테네시 강 유역에는 석회동굴이 있다. 자전거로 갈 수 있는 가까운 거리에 동굴 하나가 있다는 사실을 듣고 나는 박쥐와 지하동굴의 장님 곤충을 찾아 그 동굴을 탐색하기 시작했다. 뱀에 대한 직접적인 관심은 거의 없어졌는데, 남부 앨라배마에 비해 테네시 강 유역에 뱀 종류도 적었고 이들을 발견하기도 어려웠다.

이곳에서는 미식축구를 더 할 수 없었는데 이 점은 내게 안심이었다. 디커터의 고등학교는 브르튼보다 훨씬 컸고 천부적으로 재능 있는 육상 선수들이 많았기 때문이다. 따라서 나는 연습하러 나갈 필요도 없었고, 대부분의 남학생은 연습에 참여하지 않았다. 그래서 나는 내 체격 조건에서 오는 부끄러움을 감출 수 있었다.

1945년 가을 대학 입학이 1년밖에 남지 않은 열여섯이 되자 나는 곤충학자로서의 경력에 대해 심각히 생각해야 함을 불현듯 깨달았다. 내가 세계적 권위자가 될 수 있는 곤충의 종류를 선택해야 할 시기가 되었다. 나비는 논외였다. 그것들은 너무나 잘 알려져 있고 많은 능력 있는 과학자들에 의해 연구되었다. 그러나 파리는 장래성이 있어 보였다. 파리는 매우 다양한 형태로 도처에 있었고 환경적인 중요성도 있었다. 나는 파리의 깨끗한 모양과 비행기술, 태평한 행동양식이 맘에 들었다. 모기는 말할 것도 없고 집파리나 똥파리가 비록 쌍시류에게 악명을 높여주었지만, 대부분의 종은 자연의 시계 태엽 속에 들어 있는 작은 보석들과 같아서 성미가 까다롭다거나 주제넘은 짓을 하지 않으며, 찌꺼기를 먹어 치우고 꽃가루를 옮겨주며 다른 곤충을 잡아먹는 그들만의 일을 매우 효과적으로 수행한다. 특히 나의 관심을 끈 것은 장다리파리매(Dolichopodidae)과의 긴다리파리였는데, 대다수가 금속빛의 청록색으로 햇빛이 비치는 나뭇잎 위를 스치면서 움직이는 보석처럼 날아 다녔다. 그 당시에는 북미에 1,000종 이상이 존재한다고 알려져 있었고 틀림없이 수백 종 이상이 발견되지 않고 있었다. 나는 이 곤충을 수집하기 위한 장비를 갖추기 시작했다. 독병, 슈미트 표본상자, 체코에서 주로 생산되는 검고 긴 특수한 곤충핀 등이었다. 하지만 그때는 1945년이었다. 체코는 얼마 전까지 전쟁지역이었고 뒤이어 곧 소련에 의해 점령되었다. 핀은 더 이상 구할 수 없었다.

나는 나의 에너지를 쏟아 부을 수 있는 다른 곤충 종류를 찾기 시작했다. 이 지역에서 구할 수 있는 알코올이 담긴 작은 병에 보존이 가능한 곤충으로 곧 개미가 떠올랐다. 물론 개미는 나의 오랜 지기였고, 내가 초기에 열정을 쏟은 동물이다. 동네 잡화점에서 12개들이 5드램 (dram. 역주: 약 무게 3.8879g이 1드램이다) 조제병을 구입했다. 그것은 돌려 막는 금속마개가 있는 구형의 유리제품으로 그 안에 소독용 알코올을 채웠다. 나는 윌리엄 머튼 휠러(William Morton Wheeler)의 1910년판 고전 『개미: 그들의 구조, 발달, 행동』을 디커터 서점에서 구입해서 책에 나온 대로 관찰용 유리 개미집을 만들었으며 개미학자로서의 경력을 시작할 준비를 했다. 나는 자전거로 디커터 주변의 숲과 들판을 모두 탐색해서 제법 많은 종을 수집했고 각 종마다 서식처와 둥지에 관해 기록했다. 그러한 연속적인 박물관 표본 제작은 지속적인 가치가 있다. 거의 50년 후인 오늘날까지도 나는 때때로 분류나 생태에 관한 문제에 대해 그때 모았던 앨라배마 표본과 노트를 참고하곤 한다. 나는 유럽의 박물관에서 1832년에 수집된 개미를 연구한 적이 있다. 그것들은 모두 잘 보존되어 있었고 그것의 외골격은 완벽했으며 살아 있을 때처럼 잘 만들어져 있었다.

이 무렵 국립자연사박물관에서 일하는 매리언 스미스라는 개미학자에 대해 알게 되었다. 중년의 신사인 그는 미시시피에서 성장했고 초기에는 그 주의 개미에 대해 연구했음을 알았다. 나는 그에게 공들여 편지를 써서 앨라배마 주의 개미들에 대해 조사해보고 싶은 나의 생각을 전했다. 〈좋은 생각입니다〉라는 그의 답장이 지체없이 왔다. 그 자신도 미시시피 개미들을 조사했었다고 알려주면서 자신이 쓴 미시시피 주 개미의 종을 동정하기 위한 이원분류 검색표에 관한 책 한 권을 같이 보내주었다. 검색표는 일련의 두 가지 선택으로 되어있는데 표본의 특징에 따라 계속 선택해 가다 보면 그 종의 이름을 알 수 있게 한 것이다. 북미의 개미에 관해 윌리엄 크레이턴(William S. Creighton)이 1950년에 쓴 고전적인 논문 중에서 꼬마개미 종류인 *Monomorium*속의 개미를 동정하기 위한 분류표의 시작 부분을 예로서 여기 써보았다. 전문용어의 난해함을 줄이기 위해 몇몇 단어를 바꾸었다.

1. 더듬이(촉각)의 세 끝 마디는 더듬이 끝으로 갈수록 점차 굵어진다. 한 군체의 일개미들은 대체로 또는 같은 크기이다. ·········· 2항으로 가시오
아니면
이러한 마디들 중에서 첫번째 둘은 대략 크기가 같다. 각 군체의 일개미의 크기는 두 종류이다 ······························· *Monomorium destructor*
2. 머리에 작은 구멍이 촘촘이 나있어 표면이 매끄럽지 않다. 미국에서 흔히 볼 수 있는 집개미이다(〈파라오의 개미〉) ·········· *Monomorium pharaonis*
또는
머리에 단지 몇 개의 구멍만이 흩어져 나있어 표면이 매끄럽다.
································· 3항으로 가시오.

이런 식으로 미시시피 지역이건 북미 전 지역이건 아니면 전 세계를 포함하건 특정 지역에서 알려진 모든 종이 다 포함될 때까지 계속된다. 나는 바빠졌다. 수집한 개미 표본에 이름을 붙이고, 확인을 위해 이것들을 스미스에게 보냈다. 그는 즉시 〈당신은 반 정도 맞췄다. 초심자로서는 잘 한 것이다〉라는 반응을 보냈다. 결코 〈반이나 틀렸다〉라든지 〈몇 년 더 공부하고 다시 연락하지 않겠느냐〉라는 식으로 답을 보내지 않았다. 그는 계속 잘 해보고 다시 곧 연락해 달라고 썼다. 해가 갈수록 국립자연사박물관의 개미학자였던 스미스 박사의 추억은 따뜻함으로 더 소중해진다.
나는 다시 두 배의 노력을 기울여 흔치 않고 흥미로운 종을 발견하기 시작했다. 하루는 뒤뜰에서 일렬로 행진하는 군대개미를 보았다. 그 유명한 남아메리카 우림지역의 탐욕스런 개미 떼가 아니고, *Neivamyrmex* 속에 속하는 작은 규모의 군대개미들이었다. 이들은 10,000 내지 100,000 마리의 일개미들이 군체를 이루며, 집 근처 풀더미나 미국 남부의 낙엽 덮인 숲에서 먹이를 찾아 다닌다. 언뜻 보기에 *Neivamyrmex*의 습격대

는 다른 종에 속하는 짙은 갈색의 가냘픈 일개미들이 긴 행렬을 이루며 둥지와 죽은 동물이나 흘린 설탕 따위의 먹이 사이를 왔다갔다하는 것처럼 보인다. 하지만 좀더 자세히 보면 행진중인 군대개미들임을 알 수 있다. 이들은 다른 종류의 개미집을 공격하고, 자주 자신의 개미집 위치를 바꾸어 간다. 나는 여러 날 동안 이 무리를 추적하다가 결국 비에 축축이 젖은 어느 오후에 길을 건너 이웃집 뜰의 우거진 잡초들 틈으로 사라져간 것을 발견했다. 훗날 나는 캐롤라이나에서 아마존에 이르기까지 많은 곳에서 이 *Neivamyrmex* 집단을 여러 번 관찰하게 되었고, 전 세계 군대개미에 관한 글을 쓰기도 했다.

고등학교 마지막 학년 동안 점점 커지는 걱정으로 나의 전원생활은 침해받기 시작했다. 과학자가 되려면 대학을 가야 하는데 우리 양쪽 가계 중의 그 어느 누구도 대학에 진학한 적이 없었다. 그들은 사업가, 농부, 선박 소유주나 기술자로서 성공했는데 그 시절에는 고등학교 졸업장만 있어도 그러한 직업을 갖는데 충분했다. 대학은 여전히 돈이 많이 드는 사치로 여겨졌고, 평범한 중산층의 인생은 그때까지는 고등학교 졸업 후 바로 취업하는 것이었다. 나의 야망을 계속 키우기 위해서는 아무도 가 보지 않은 인생을 가야만 했다.

불행하게도 아버지의 건강은 악화되고 있었다. 5피트 9인치가 넘는 키에 체중은 130파운드밖에 나가지 않는 마르고 약해 보이는 체격의 아버지는 여러 해 앓아 왔으며 알코올 중독과 기관지염으로 쇠잔해 있었다. 기관지염은 만성이었으며 하루에 두세 갑을 줄담배로 피워 매우 심해졌다. 1945년 겨울에는 출혈성 십이지장 궤양에 걸려 고통을 받았다. 아버지는 남캐롤라이나의 찰스턴에 있는 해군병원에 입원했고, 치료비는 아버지가 일차대전 참전용사였기 때문에 무료였다. 작은 창자의 많은 부분을 제거한 수술은 그에게 거의 치명적이었다. 아버지는 장기 요양을 위해 집으로 돌아왔는데, 나에게 아무런 불평도 하지 않았고 미래에 대해 낙관적인 말만 했다. 그러나 나는 결코 그렇지 않음을 잘 알고 있었다.

나는 아버지를 사랑했지만 주로 내 자신의 일에 관심이 있었다. 나는 아버지로부터 도움 받을 수 없음을 깨달았고 대학 진학을 포기한 채 아버지와 직장에 다녀본 적이 없는 펄을 부양하기 위해 취업해야만 될까 봐 두려웠다. 나는 어머니가 지금은 성공한 사업가와 재혼했고 그 자신도 육군 보급부의 군속으로 근무하고 있으면서 필요하다면 나의 학비를 기꺼이 대줄 사람임을 그 후에야 알았다. 어머니는 그 후 어떤 경우라도 나에게 부분적으로 도움을 주었겠지만, 나는 자존심이 세고 말이 없는 아이였으며 솔직히 말해 그런 일에 어두웠다. 그래서 아버지의 어려움이나 내 자신의 걱정을 어머니에게 이야기하지 않았다.

　그렇다면 어떻게 대학에 갈 수 있을까? 우수한 성적이면 가능했다. 나는 그때 처음으로 학교 공부에 집중했고 A학점을 연속적으로 받기 시작했다. 이것이 재정적 지원이 될 것으로 생각했다. 나는 근처 테네시의 내슈빌에 있는 명문 사립대학교 밴더빌트 대학의 장학생 선발에 지원했다. 지원요건은 필기시험과 성적증명서, 선생님의 추천서로 이루어져 있었다. 나는 디커터 고등학교에 다닌 지 얼마되지 않았고 이전의 성적이 좋지 않았기 때문에, 밴더빌트 대학의 장학생 선발 위원회는 나를 쉽게 탈락시켰던 것 같다. 자연사에 대한 나의 정열과 전문적 지식을 표출시킬 길이 없었고, 그러한 것들이 정상적 학교 성적에 비해 더 중요시 될 것 같지도 않았다. 내 생각은 아마도 옳았을 것이고, 여하튼 나는 떨어졌다.

　미국 병사의 권리법안(GI Bill of Right)은 내가 대학에 갈 수 있는 방법을 제공했다. 내가 열일곱이 되는 즉시 군에 지원하면 나는 법적으로 이차대전의 참전용사가 되게 되며, 그 후에 대학 진학에 필요한 재정적 보조를 포함한 참전용사의 혜택을 받을 수 있는 것이다. 3년 동안의 군 생활과 4년의 대학 기간을 마치면 스물네 살에 대학을 졸업할 것이다. 아버지와 펄은 적극적으로 찬성했다. 그래서 1946년 6월 나는 앨라배마 주 애니스톤 근처의 포트 맥클릴런에 입대 신청을 하러 그레이하운드 버스를 타고 갔다. 나는 의료 기술자로 뽑혀 훈련받기를 희망했다. 그렇게 해서 군 복무기간 중에도 생물학을 공부할 수도 있고, 여행을 한다거나 남는 시간에는 곤충학에 필요한 기술을 연마할 수 있기를 원했다.

신체검사가 끝날 무렵 그곳에 있던 의사와 신병 모집 장교가 나를 옆으로 데려갔다. 그들은 나의 오른쪽 눈이 실명되었으며 군 입대 신청을 받아들일 수 없다고 통보했다. 그들이 말하기를 무력 전쟁이 끝남과 동시에 신체적 기준이 강화되었다고 했다. 등지느러미의 가시로 내 눈을 찔렀던 패러다이스 해안의 조그만 물고기가 또 다시 나의 인생항로를 바꾸어 버렸다. 나는 난간을 손으로 잡고 군행정 건물의 베란다에 서서 애니스톤으로 돌아갈 버스를 기다리는 동안에 밑에서 벌어지고 있는 신병 훈련 모습을 부럽게 바라보았다. 이 불공정한 결과에 매우 실망한 나는 그만 울었다. 나는 비록 여기에서는 실패했지만 계속 노력해서 다른 방법으로 대학에 진학하여 성공하리라 맹세했다. 필요하면 부업도 하고, 해야만 한다면 지하나 다락방에 살면서 장학금 신청을 계속하고, 부모가 줄 수 있는 도움은 무엇이든 받아들이며, 어떤 일이 있어도 나는 멈추지 않겠다고 맹세했다. 운명에 대한 사춘기적 반항의 불꽃에 휩싸여, 나는 대학을 졸업할 뿐만 아니라 언젠가 중요한 과학자가 되겠다고 맹세했다.

7 지식의 사냥꾼

결국 앨라배마 대학이 나를 구해주었다. 그 대학은 앨라배마의 모든 고등학교 졸업생에게 개방되어 있었다. 물론 자격은 백인 학생에게 국한되었고, 이런 배타적 관습은 그 후 20년 이상 지속되었다. 학비는 최소로 잡았다. 등록금이 한 학기에 42달러로 여름학기를 포함한 일 년 네 학기에는 168달러였으며, 방세로는 매달 7달러씩 지불했다. 세탁비는 거의 안 들었고, 교재는 권당 2달러에서 10달러 사이였는데 중고책을 사면 더 싸게 구할 수 있었다. 집에서 히치하이킹이나 그레이하운드 버스로 통학하는 데는 20달러도 들지 않았다. 나는 하루 세끼에 계란, 팬케이크, 그리츠, 순무 잎, 옥수수빵, 닭목과 날개 튀긴 것을 주로 식사로 제공해주는 하숙집을 발견했다. 1946-1947학년도에 앨라배마 대학에 다니는 데 드는 총 비용은 여름학기를 포함해서 대략 700달러 정도 되었다. 나는 속진 프로그램을 거쳐 3년만에 졸업함으로써 2000달러가 다소 넘는 비용으로 이학사 학위를 취득했다. 그 액수는 대략 그 당시 공무원이나 교사의 일년 수입보다 다소 적었다.

학자융자금이나 장학금은 한푼도 없었다. 모든 비용은 부모님이 대주셨다. 1946년 9월 입학할 당시만 해도 나의 운은 그런 대로 괜찮았다. 아버지의 건강은 다소 나아졌다. 아버지는 펄과 또 이사하였는데 이번에는 모빌 지역으로 다시 돌아갔다. 그곳에서 부모님은 노후를 맞은 고모 한 분의 소유인 2층집 복식 가옥으로 이주하여 그 집의 절반을 사용하였다. 아버지는 브루클리 공군기지에 회계사로 취직했고 나의 학비 중 일부를 조달해 주었다. 어머니도 이번에는 우리 가족의 재정 상태가 좋지 않음을 알고 부족한 학비를 대주셨다. 네 사람의 부모에게 있어서 유일한 자식이라는 점에서 나는 행운아였으며, 생각보다는 안정된 기반 위에서 학업을 계속할 수 있었다. 그렇지만 환경이 어려운 수천의 학생들과 마찬가지로 앨라배마 대학의 관대한 입학 허가 기준과 저렴한 학비는 나의 꿈을 실천하는 데 필요한 중요한 전제 조건이었다. 그 후로 줄곧 나는 충실한 동문이 되었다. 1980년 봄학기 입학식에 연설자로 초청되었을 때 나는 한 바퀴를 돌아 제자리로 되돌아온 느낌이었다. 나의 앞에는 백인 학생들 사이에 흑인 학생들도 있었으며, 이제 기회의 문이 모든 사람에게 열렸다는 점이 내 마음을 가볍게 해 주었다.

첫 학기인 그 해 9월에 나는 아버지와 함께 새로 산 허드슨 코모도어 세단형 자동차를 타고 터스카루사로 갔는데 대학 교정은 매우 어수선했다. 참전용사들이 GI 권리장전의 교육 혜택을 받아 대학에 몰려들고 있었다. 모든 시설은 사람들로 꽉 차 있었고 캠퍼스 주위의 교통 상황은 혼잡했으며 교직원들은 시간외 비상근무를 해야 만했다. 1865년 전쟁 당시 10대의 학생 생도들이 이미 전쟁터에 나간 남군에 합류했지만 패하고 나서 북군이 대학을 불태우는 광경을 지켜보았던 그 때 이후로 최대의 혼란기였다.

나는 나보다 열 살이나 많은 사람들과 같이 입학했고 그들 대부분은 일이 년 전만 해도 비참한 전투를 치루었던 사람들이었다. 그 중 휴 롤즈라는 생물학과 학생과 친해졌는데, 그가 전투 상황에 있었던 것은 단지 10분밖에 되지 않았다. 수륙양용탱크를 지휘하여 사이판 해변에 상륙했는데, 일본군 포탄이 해안으로부터 처음에는 왼쪽, 뒤이어 오른쪽, 마지막에는 탱크의 정중앙에 떨어졌다. 그와 사격병만이 탱크에서 기어나왔다. 그가 비틀거리며 물가 쪽으로 물러섰을 때 일곱 발의 저격수 총탄이 그를 맞혔고 그로 인해 그는 영구적인 장애인이 되었다. 또 다른 친구인 허버트 보청은 독일과의 전투 임무 중 세 번의 비행기 추락에서 살아남았다. 나의 동료들은 이런 일에 대해 별로 말하지 않았다. 그들은 새로운 인생을 시작했던 것이다.

앨라배마 주 밖에서도 많은 사람들이 왔는데, 고향 근처의 대학에는 정원 초과로 갈 수가 없었기 때문이었다. 나는 무리없이 그들과 어울렸다. 그들은 열일곱 살의 신입생들과 너그럽게 어울리는 데 익숙해 있었다. 그들 역시 나처럼 대학 생활에는 생소했고, 나는 그들의 당혹감 속에서 자신감을 찾았다.

대학은 2마일쯤 떨어진 터스카루사 교외에 있는 군 병원을 인수하고 그 일부를 개조하여 많은 학내 문제를 해결했다. 이렇게 해서 노팅턴 캠퍼스가 만들어졌고, 나는 그곳에 거주하면서 첫 학기 대부분의 강의를 퀸셋식 간이병사나 오락실에서 들었다. 병원은 전쟁중에 지어진 상당히 큰 건물로 우리 대부분은 독방을 배정받았다. 내 방은 정신과 병실로 쓰이던 것으로 벽면에는 자해 방지용 쿠션이 설치되어 있었다. 32년 뒤인 1978년에 나는 폭약으로 그 건물의 커다란 굴뚝이 무너지고 주변 건물이 파괴되는 것을 보았다. 버트 레이놀즈와 샐리 필드가 주연한 영화 「후퍼(Hooper)」의 절정부에서 그 광경이 나왔던 것이다. 노팅턴 캠퍼스는 이렇게 워너 브러더스 영화사에게 좋은 일을 시켜주고 사라졌다.

나는 비록 정신병동으로 사용했던 방에 기거했지만 학교 안에 또 다른 터전을 마련했다. 학기가 시작되자마자 나는 입구에 난간이 달리고 계단이 있는 나트 홀 건물로 갔다. 그것은 1920년대에 남북전쟁 이전 양식으로 지어진 건물이었다. 나는 내 자신을 소개하고 앞으로 경력을 쌓을 계획을 의논하기 위해 생물학과 학과장인 헨리 워커 교수를 찾아간 것이다. 이 대담한 행동은 특별히 내 자신이 대단하다고 생각해서가 아니고(나는 수줍은 소년이었으며 그 후에도 이러한 오만스런 행동에 대한 기억이 마음속에 남아 나를 괴롭혔다) 대학생은 입학하자마자 자기 전공을 바로 선택해야 하는 것으로 잘못 알고 있었기 때문이었다. 되도록이면 빨리 연구나 특별 과제에 대해 교수의 지도를 받아야 한다고 생각했다.

주위 퇴역군인들은 대부분 자신의 인생에 대해 뚜렷한 계획을 갖고 있었고 그들의 남자다운 대화로 인해 나의 선입견이 더욱 강화되었다.

워커 교수는 조금 마른 것을 빼면 워렌 하딩을 꼭 닮았다. 그는 푸른 눈을 가진 미남형의 중년 남자로 나이보다는 이르게 흰머리가 나있고 남부 신사의 전형에 어울리게 몸치장에 세심한 주의를 기울였다. 그는 부드러운 액센트와 절도 있는 손 동작을 사용했다. 나중에 알게 되었지만 그는 매사에 신중했다. 학과의 우표까지 사무실 금고에 보관할 정도였다. 그는 내가 가져간 표본용 슈미트 상자를 살펴보고 격려하듯 고개를 끄덕였으며 앨라배마의 개미에 관한 나의 연구 경험을 들어주었다. 그는 이제 막 곤충학자가 되려고 시작하는 신입생에게 상투적으로 해주는 말이겠지만 나의 의욕을 돋구어 주었다. 〈좋아 좋아. 아주 흥미롭군. 이보게 친구 아주 재미있어. 매우 잘 했는데,〉(그는 자기보다 어린 남자는 모두 〈이보게 친구(fella)〉라고 불렀다.) 그리고 그는 전화를 걸더니 나를 위층에 있는 버트 윌리엄즈의 연구실로 데려갔다. 윌리엄스 교수는 인디애나 대학에서 막 옮겨온 식물학 전공의 젊은 교수였다.

윌리엄스 교수는 키가 크고 호리호리한 30대 남자로 약간 구부정한 자세에 링컨 형의 얼굴을 가졌다. 그는 머뭇거림 없이 내가 마치 안식년 휴가에서 돌아온 동료 교수나 되는 것처럼 나를 따뜻하게 맞아주었다. 우리는 얼마 동안 개미, 자연사, 식물학 등에 관해 얘기했고, 그는 실험실의 한 테이블로 나를 데려가 그곳에서 내 나름의 연구를 하지 않겠냐고 제안했다. 그 뒤 그의 전폭적 지원은 한이 없었다. 그는 해부 현미경과 초자기구들과 알코올을 빌려주었다. 그는 앞으로의 야외 탐사에도 나를 데려가겠다고 제안했다. 그러고 나서 같은 해에 그는 식물 뿌리로부터 흡수된 방사선 인을 추적하는 연구의 보조원으로 나를 채용했다. 그가 나를 대학원생이나 박사후 연구원으로 대해준 이유는 아마도 그 당시 다른 연구 보조 학생이 없었기 때문일 것이며, 천성적으로 남을 잘 챙겨주는 편인 그의 성격도 틀림없이 부분적인 이유가 될 것이다. 심지어 나는 그의 아끼는 조카라도 되어 그의 아내와 어린 딸과 함께 그의 가족의 일부가 된 것처럼 느꼈다. 나는 그보다 더 친절하고 효율적인 스승을 알지 못한다. 47년 후인 1993년 그의 손녀가 하버드 대학에 입학하여 나는 그녀에게 도움을 줄 수 있는 큰 기쁨을 맛보았다.

생물학과의 다른 여섯 교수들도 덜 직접적이긴 해도 매우 나를 잘 대해주었다. 교수들은 의대 지망 학생들의 대단위 강의에 많은 시간을 뺏기고 있었는데, 이 학생들은 해부학, 생리학, 조직학, 기생충학 등에만 국한된 관심을 가지고 있었다. 이들은 형식적인 강의를 듣고 책대로 하는 실험을 주로 했다. 자기 자신의 길을 걸으며 순수과학자의 꿈을 이루려하는 학부 학생 수는 상대적으로 적었지만, 나는 일부 이러한 생각을 가진 선배들로부터 많은 지도를 받았다. 나는 교육적 훈련 말고도 초보자로서 그들로부터 매우 소중한 교훈을 얻을 수 있었다. 그들은 자신들도 모든 것을 이해하고 있는 것은 아니며, 그들이 모르는 정보를 내가 알아낼 수도 있고, 나의 노력에 따른 평가가 이루어짐을 일깨워주었다.

나는 생물학과 건물의 아래쪽 입구에 수족관을 만들어 야외 탐사 활동중에 사로잡은 거대한 앰퓨마 도룡뇽을 전시했다. 그놈이 앞뒤로 미끄러져 다니며 살아있는 가재를 잡아먹는 모습은 많은 학생들의 관심을 끌었다. *Neivamyrmex* 군대개미 한 군체를 통째로 채집해서 수천 마리의 일개미가 들끓는 개미집을 윌리엄스 교수 실험실 한쪽에 만들고 개미들과 함께 사는 기생성 딱정벌레와 파리들을 연구했다. 개미집 속에 찾아든 놈 중에는 거의 현미경으로 관찰해야 할 만큼 작은 *Paralimulodes*속의 딱정벌레가 있었는데, 그것들은 일개미의 등에 벼룩처럼 달라붙어 개미 몸에서 분비되는 기름성 액체를 핥아 먹는다. 이런 관찰들은 나의 초기 논문의 토대가 되었다. 교수들도 복도에서 마주치면 미소를 짓거나 짧은 대화를 함으로써 내가 하고 있는 일을 유용하고 중요하게 생각한다고 일러주었다.

대다수 미국인들에게 앨라배마 대학은 미식축구로 알려져 있다. 1930년대의 로즈 볼, 1970-1980년대의 슈거 볼, 오번 대학과의 치열한 경쟁 관계(280파운드의 태클로 격돌하는 하버드와 예일 대학처럼), 폴 윌리엄

〈베어〉 브라이언트의 전설적 경기 등이 유명하다. 하지만 이런 것들은 단지 매우 우수한 공립학교의 가장 겉으로 드러나는 면모일 뿐이다. 앨라배마 대학은 과거에나 현재에나 일류학자와 교육자들의 집으로, 내가 1946년에 그랬듯 그곳에 오는 학생들에게 세상을 배우고 전문 지식을 쌓게 하며, 구식 표현을 따르면 상당한 인물이 되도록 많은 기회를 제공해 주는 학교이다. 내가 선택한 과학 분야에서 학부 수준의 훈련을 시키는 데는, 내가 나중에 잘 알게 된 여러 대학 중 하버드나 프린스턴, 케임브리지 같은 대학에 비해서 손색이 없을 정도로 앨라배마 대학이 훌륭하다고 생각한다. 내가 받았던 개인적인 배려와 격려는 다른 무엇도 능가할 수 없었다.

과학자가 되는 데는 교수진과의 접촉이 가능하고 그들로부터 인정받는 것이 매우 중요하다. 하지만 진정으로 결정적인 것은 학생 본인의 열정과 능력이다. 그렇지 않으면 학습 환경이 어떻든지 실패가 기다리고 있을 것이며 그 점은 변명의 여지가 없다. 형편 없는 사냥꾼이 보기에는 숲이 항상 비어 있는 법이다.

부업의 필요가 없어진 나는 대학 과정을 통해 실력을 배양하기에 가장 적합한 시간 분배 계획을 세웠다. 정규 과정에서 대부분 A학점을 받을 정도로 충분히 집중했다. 그 밖의 시간은 연구와 독서, 교수나 다른 학생들과의 토론에 할애했는데, 주로 진화생물학에 관한 것이었지만 그 범위는 매우 넓어서 지질학, 철학, 창의적 작문기술 등과 같이 다양한 과목도 포함되었다.

나는 대학 사교생활의 주종을 이루는 우애회(fraternity)에는 참석한 적이 없는데, 한번도 입회 권고를 받은 적이 없다는 단순한 이유 때문이었다. 졸업 무렵 우수한 성적 덕분에 전국적인 명예 클럽인 파이 베타 카파에 뽑혔다. 졸업식 날 터스카루사에서부터 학교까지 중년 부부의 차를 얻어 탔다. 총장 사택 근처에서 내렸는데, 부인이 자기 아들은 시그마 엡실론 알파에 속해 있다고 하면서 내가 속한 우애회는 무엇인지 나에게 물었다. 나는 파이 베타 카파라고 응답했다. 부인은 〈그런 이름은 들어보질 못했는데〉라고 말했고, 나는 속으로 그것 참 안됐다고 생각했다.

첫 2년 동안은 ROTC 장교후보생이었는데, 앨라배마 대학의 모든 남학생들이 다 거쳐야 하는 필수과정이었다. 그 무렵 나는 십대 후반의 과격한 시기를 지나고 있었고, 검증된 바 없으나 절정에 도달한 내 자신의 도덕 기준에 세상이 따라오기를 갈망하고 있었다. 나는 대부분의 미국 문화를 높게 평가하지 않는다. 나를 급진주의로 이끈 책은 필립 와일리(Philip Wylie)의 『악인의 세대(*Generation of Vipers*)』와 『도덕에 관한 에세이(*An Essay on Morals*)』였는데, 그 책은 조직화된 종교, 속물근성, 숭배사상 등 다른 나라의 여러 잡다한 약점에 관한 이야기를 원망스런 어조로 재미있게 엮은 것이었다. 그 당시에 좌경 학생으로서 적극적인 활동을 했다면 아마도 매주 협상 불가능한 요구를 내걸고 시위에 참여했을 것이다. 하루는 ROTC 훈련을 받을 때 이곳 말단 근무처까지 와서 은퇴를 기다리고 있는 직업육군군인 교관에게 행진이나 소총 사격은 원폭의 출현으로 쓸모 없어진 것이 아니냐고 말했다. 연병장에서 받는 훈련은 오월절 기둥 주위에서 추는 춤과 같이 과거를 기념하는 행위일 뿐이라고 주장했다. 그는 별다른 얘기를 하지는 않았지만 무언가 낮은 소리로 의미 없는 말을 투덜거렸다.

그 당시 군대에 대한 나의 느낌은 복합적이었다. 2학년 때 주지사의 날에 그 당시 주지사인 제임스 폴섬 시니어(그의 아들도 1990년대에 주지사가 되었다)가 주의 수도인 몽고메리에서 ROTC 생도들을 사열하러 왔다. 주지사는 매우 인기가 좋았고 교육을 중시했는데, 큰 키와 우람한 체구 때문에 빅 짐이라는 애칭이 붙었다. 폴섬은 카멜리아 주에서는 전설적인 존재였다. 나는 장학금을 받는 생도로서 사열대 앞쪽에 별도로 마련된 줄에 소총 사격술이 우수한 생도들과 함께 서 있었다. 폴섬은 주의 기마경관, 군장교, 학교직원들에 둘러싸여 요란하게 도착했다. 그는 기분전환을 위해 약간의 술을 마신 듯했는데, 그가 아침 8시 이후의 공식행사에 나설 때 흔히 볼 수 있는 일이었다. 주지사는 수상자 앞을 지그재그 걸음으로 한 사람씩 지나가면서 메달을 수여하고 수상자와 대화를 나누었다. 내 앞에 왔을 때 주지사는 나에게 물었다. 〈자네는 어디 출신인가? 모빌이라고. 아주 멋진 곳이지. 아주 멋져.〉주지사는 보좌관이 들고 있는 상자 안으로 손을 뻗쳐 사격상 메달을 꺼내 나에게 주었다. 나는 이 뜻하지 않은 메달을 받고 잠깐 동안이나마 매우 기뻤다. 약골인 장학생에게 주는 메달보다는 훨씬 내가 원했던 메달이었지만 군인이 영문학을 잘한다고 상을 받는 것만큼이나 사리에 맞지 않아 보였다. 나는 싫지만 다음날 그 메달을 ROTC에 돌려보냈다.

좌익 급진주의와 ROTC의 경험은 내 인생에 있어 작은 궤도 이탈이었다. 생물학자가 되겠다는 나의 결심은 과학자가 되는 데 가장 이상적인 환경(적어도 여러 가능한 이상적 환경 중 하나)을 발견하고 나서 더욱 확고해졌다. 그것은 정치적 혁명과도 같았다. 처음에는 야심에 찬 한 무리의 학생들이 모여 함께 토의하고 작업하면서 특정 학문 분야에서 자신의 길을 찾기 위해 선배들의 업적에 도전하는 것에서 출발한다. 이 그룹은 2명에서 5명 정도로 구성되는데 다섯을 넘으면 결속감이 떨어진다. 그들에게 학문을 변화시키고 자신들의 야심을 이룰 수 있는 새로운 아이디어를 준다. 다른 사람이 알지 못하는 중요한 진리를 그들이 소유하고 있고 미래가 그들에게 있다는 신념을 주어보라. 그리고 멀리 떨어져 있는 권위자를 첨가하라. 이때의 권위자는 혁신적 교재를 서술한 과학자이거나 적어도 과학계에서 인정하는 정통 이론을 세워 이전 세대에 혁명적 업적을 이룬 일군의 과학자들이여야 한다. 이들이 신참 과학자들로부터 멀리 있다면 더욱 좋다. 이 20세기 중엽엔 유럽이 최상이었다. 특히 번역하기 어려운 내용을 구사하는(그래서 영어권 제자들의 주석이 필요한) 프랑스와 독일의 석학들이 특히 좋다. 거기에 지역의 모범적 행동 사례로 나이든 남성이나 여성 과학자를 제시하는데, 이들은 이데아를 발전시키며 그 사람의 성격과 작업 태도에 초기 학문의 이상적 특성이 그대로 드러나야 한다.

내가 2학년 때 가입한 모임은 나보다 두 살에서 일곱 살까지 나이가 많은 학생들로 이루어져 있는데, 그들은 모두 초보자였으며 자연연구가가 되려는 집념과 야심에 가득 차 있었다. 그들 중에 훗날 학자로 성공한 사람들이 포함되어 있었다. 디트로이트 출신인 조지 볼은 알버타 대학의 곤충학 교수가 되었고, 나의 고향 친구인 허버트 보청은 모교에 교수로 재직하다가 앨라배마 주 자연사박물관의 관장이 되었으며, 연체동물에 심취했던 휴 롤스는 일리노이에서 교수가 되었고, 뉴욕출신 배리 발렌타인은 오하이오 주립대학교 동물학과의 곤충학 교수가 되었다.

이 혼란스럽지만 격식을 갖춘 모임의 지도교수는 코넬 대학교에서 온 신임 조교수 랄프 체르먹이었다. 멘델의 유전법칙을 재발견한 세 사람 중 한 사람인 에리히 체르먹 폰 세이세네그의 친척이기도 한 그는 나비 분류에 있어 매우 우수한 전문가였으며 진화생물학에 관한 연구에 깊게 빠져 있었다. 체르먹은 겉모습에 있어 매우 인상적이었으며 단단한 체격과 굵은 팔의 아마추어 권투선수로 가끔 연구실 바닥에서 한쪽 팔만으로 팔굽혀펴기를 해서 우리의 기를 죽이기도 했다. 또한 줄담배를 피워대고 코웃음치거나 낄낄거리고 웃어대는 괄괄한 성격이었다. 그는 머리를 곧추 세우고 심리학자나 의심 많은 취업 면접자처럼 미묘한 미소를 지으며 다른 사람의 말을 열심히 들어 남을 당황케 하는 습성이 있었다.

아마 나를 대한 그의 특별한 태도 때문에 내가 그의 행동을 과장했는지도 모른다. 1947년에 그가 대학에 왔는데, 오자마자 내가 너무 많은 칭찬을 받아 버릇이 없고 자만하고 있다고 여겼다. 교정이 필요하다고 생각했던 것이다. 그는 진화이론 강의에서 내 자신은 매우 잘했다고 여겼는데(적어도 시험 답안을 다시 들춰본 30년 후까지는) A+학점 대신 A-학점을 주었다. 여하튼 그는 모든 기회를 이용하여 내 자존심을 꺾었다. 한번은 U자형 턱을 가진 개미인 *Strumigenys louisianae*의 먹이 선택에 관해 내 스스로 고안한 〈카페테리아〉 방법을 사용해서 매우 조심스럽게 실험을 끝내고는 나의 발견에 관해 쓴 보고서를 그에게 보여주었는데 그는 아무 말도 없었다. 그는 심각한 어조로 *Strumigenys* 개미집에서 죽은 채로 있는 똑같은 먹이를 확인하지 않으면 내 논문을 발표할 수 없다고 지적했다. 덤불에서 바늘 찾기와도 같은 일이지만 나는 날마다 이 조그맣고 발견하기 어려운 개미들을 찾아 그들의 집을 조심스럽게 열어 보곤 하는 탐사를 계속했다. 마침내 갓 잡혀서 아직 먹히기 전의 상태로 그 형태를 알아볼 수 있는 탐욕스런 유충들이 들어 있는 개미집을 발견했고, 체르먹은 누그러졌다. 내 인생에서 가장 좋은 스승들은 체르먹을 포함해서 나에게 최선을 다해도 아직 충분하지 않다고 말한 사람들이었다.

볼과 발렌타인은 랄프 체르먹과 함께 일하려고 앨라배마까지 왔다. 체르먹과 함께 그들은 코넬 대학의 신비한 분위기를 몰고 왔다. 코넬 대학의 곤충학 분야의 명성은 19세기의 위대한 개척자인 존 헨리 컴스턱(John Henry Comstock)까지 올라가는 역사에서 비롯되며, 곤충 연구에 있어서 가장 높은 수준이란 옛날이나 지금이나 국제적으로 인정받는 데 있다. 그 분위기에 압도되어 나는 가장 뛰어난 사람과 함께 있다고 느꼈다.

체르먹 그룹의 제창자들은 진화론의 현대적 종합(Modern Synthesis. 역주: 다윈의 진화론을 계통분류학, 유전학 및 고생물학적 증거에 의해 보완, 체계화한 이론으로 〈신다윈주의(Neodarwinism)〉라고도 함)을 이룩하였다. 1947년 당시에 그들은 모두 중년의 나이로 컬럼비아 대학, 시카고 대학, 뉴욕의 미국자연사박물관 등과 같은 명성 있는 기관에서 일하고 있었다. 언스트 메이어(Ernst Mayr)의 1942년도 저서 『계통분류학과 종의 기원』은 체르먹 그룹에게 성경과도 같았다. 메이어는 미국자연사박물관에서 조류(鳥類) 부분의 큐레이터였지만 공부는 독일에서 했다. 계통분류학과 생물지리학에 관한 메이어의 혁명적 주장은 세계적으로 퍼져나갔고, 특히 다윈의 진화 이론의 본거지라 할 수 있는 영국과 미국에서 널리 알려졌다.

신다윈주의가 엄청난 충격을 일으킨 이유를 설명해 보자. 1920년경 그러니까 내가 학생 신분으로 그 이론에 관해 알게 되기 25년쯤 전에 여러 잡다한 자연사적 관찰들이 진화생물학으로 설명되었고, 이때의 최고 이론은 통계적 상관관계에 바탕한 지리학적 경향과 몇 가지 규칙으로 이루어져 있었다. 다윈 이론의 핵심인 자연선택설은 당시 다소 의문시되었다. 유전학자들은 진화가 일련의 자연선택(크기, 본능, 소화 등과 같이 연속적 변이를 보이는 특성에 작용하는)의 점진적 누적에 따라 이루어지기보다는 불연속적인 단계를 거쳐 유전적 변화를 일으키는 돌연변이에 의한 것일지 모른다고 생각했다. 그러나 지금와서 생각해보면 이 두 가지 주장은 모두 옳은 것이다. 지금 우리가 잘 알고 있는 변이는 돌연변이에 의해 생기기도 하고 유성생식 과정에서 돌연변이의 재조합으로 나타나기도 한다. 변화는 결과적으로 클 수도 있고 작을 수도 있다. 어떤 돌연변이와 유전적 조합이 이들에 의해 발현된 크기, 본능, 소화 등의 형질의 우수성에 힘입어 살아남아 생식할 수 있는지는 생존과 생식에서의 차이에 작용하는 자연선택에 의해 결정되는 것이다.

이 종합이론의 관점은 결국 자연선택에 관한 다윈 이론에 유전자의 돌연변이 현상이 덧붙여진 것이다. 이렇게 다윈 이론과 밀접하게 연관되어 있으므로 현대 이론을 신다윈주의 또는 현대종합론이라고 부른다. 1920년대와 1930년대 초반에는 러시아의 세르게이 체트베리코프, 미국의 시월 라이트(Sewall Wright), 영국의 할데인(J. B. S. Haldane)과 로널드 피셔(Ronald A. Fisher) 등으로 대표되는 일군의 집단유전학자들이 수학적 모형을 사용하여 돌연변이로 생겨난 하나의 유전자 형태가 생존과 생식에서 1 내지 2 퍼센트 정도의 매우 낮은 정도만 유리해도 그 개체군 내에서 다른 유전자들을 대체하게 됨을 증명했다. 적어도 이론적으로는 이러한 치환은 매우 빠르게 진행되어 대부분의 경우 열 세대 정도의 짧은 시간 안에 완료된다. 한번에 하나 내지 적은 수의 유전자에서 일어나는 소진화는 점차 누적되어 눈이나 날개 같은 전혀 새로운 구조를 만들어내는 대진화로 나아갈 수 있다. 또한 하나의 종에서 둘 또는 그 이상의 자녀 종으로 분리될 수 있는데, 이 과정이 높은 수준의 생물다양성을 일으키는 근원인 것이다.

현대종합론은 세상을 보는 관점에서 나타나는 유전학자와 자연연구가 사이의 차이를 조정하여 조화롭게 했다. 종합론이 대두됨에 따라 두

부류의 과학자들은 진화적 사건들을 전반적으로 멘델 유전법칙의 연장으로 살펴보게 되었으며, 후에 분자생물학에 의해 보다 정교해진 유전이론을 적용하였다.

유전학과 자연선택 이론의 뒤를 이어 현대종합론의 자연사 단계가 따랐다. 그 시작의 시점을 잡아 본다면, 데오도시우스 도브잔스키(Theodosius Dobzhansky)가 기념비적인 논문 「유전학과 종의 기원」을 발표한 것이 된다. 처음으로 야외와 실험실에서의 새로운 자료들을 가지고 개체군 내에서 나타나는 염색체와 유전자의 다양성을 밝히면서 종과 품종 사이의 차이와 미시적 진화의 단계를 정확하게 규정했다. 진화는 유전학에 단단한 기반을 두고 있는 것 같았다. 적어도 내가 학생이던 1940년대 후반에만 해도 아무것도 현대종합론을 뒤엎지 못할 거라고 유전학자들이 말할 수 있을 정도였다. 아주 놀랍고 매우 중대하며 뜻밖에 나타난 그 무엇만이 그런 일을 가능케 할 것이다. 비록 많은 야심에 찬 생물학자들이 그 후 혁명적인 역할을 담당하려고 노력했지만 오늘날까지 그렇게 혁신적인 변화는 일어나지 않았다.

자연연구가에게 수렵허가증이 주어졌고, 도브잔스키의 책에 뒤이은 메이어의 『계통분류학과 종의 기원』은 체르먹 써클의 항시 휴대품이 되었다. 우리는 메이어의 책에서 종을 생물의 단위로 어떻게 규정하는지를 배웠다. 그리고 그 저서에 씌어진 내용의 도움을 받아 품종이 종으로 진화되는 과정에 대해 숙고했다. 우리는 계통학적 방법을 사용하여 분류에 대해 좀더 명쾌하고 논리적으로 사고할 수 있는 방식을 터득했다. 이 체계에서는 종들이 서로 분리된 이래로 어느 정도의 진화가 일어났는가에 따라 종간의 차이를 측정한다.

우리 그룹의 또 다른 주요 자료는 1944년에 발표된 조지 게일로드 심슨의 『진화에서의 속도와 양식(Tempo and Mode in Evolution)』이었다. 이 위대한 고생물학자는 화석 기록이 현재 생존하고 있는 종에서 관찰되는 진화의 진행 증거와 일치한다고 주장했다. 그리고 마지막으로 레드야드 스테빈의 『식물에서의 변이와 진화』라는 책이 발표되면서 식물학도 이러한 흐름에 흡수되었다.

우리는 이렇게 급진적인 권위자의 책으로 무장했다. 또한 우리에게는 야외탐사 안내서와 그 이전에 갖춘 우리 자신의 전문적 경험이 있었다. 보청은 어류, 양서류, 파충류에 능통했고, 롤스는 연체동물에 대해, 볼과 발렌타인은 딱정벌레에 대해, 그리고 나는 개미에 대해 전문 지식을 갖고 있었다. 그리고 우리 모두에게 큰 행운이었던 것은 발렌타인이 차를 갖고 있었다는 사실이다. 우리는 과학적으로 인가된 사냥꾼으로서 그 당시만 해도 자연연구가들이 단지 부분적으로만 탐사한 바 있는 다양한 생태적 특징을 지닌 주의 구석구석을 돌아다닐 수 있는 수단을 가진 것이다.

체르먹은 우리가 관심을 갖고 있는 것만 수집하지 말고 대학을 위해 양서류와 파충류도 수집하라고 충고했다. 주말이나 휴일이면 우리는 주를 횡단하며 가장 먼 곳까지 나아갔고 다시 돌아오고 다시 나아가곤 했다. 차를 길가에 대고는 만의 늪지대를 기어 내려가 진흙밭인 개울둑을 따라 지나서 먼 거리에 있는 언덕 중턱의 안팎에서 작업을 했다. 비가 오는 봄날 밤에 황량한 시골 뒷길을 따라 차를 타고 가면서 개구리들의 합창을 들으려고 조용히 침묵하기도 했다. 때로는 롤스나 발렌타인이 차를 서행으로 몰 때 앞 범퍼에 올라 앉기도 했다. 왼손으로는 헤드라이트를 껴안고 오른손에는 채집용 병을 든 채로 앉아서 자동차의 불빛 속에 개구리나 뱀들이 나타나기를 기다렸다. 하나가 발견되면 차를 멎게 하고 즉시 앞으로 달려가 목표물을 병 안에 담았다. 다른 밤에는 터스카루사 거리를 걸어다녔는데 가게 앞이나 주유소 등에 몰려드는 곤충을 관찰하고 수집했다. 이런 모험이 이루어지는 동안 나는 집게벌류, 강도래류, 투구게 딱정벌레, 털보 톡토기류, 왕도롱뇽, 돌지네류, 박각시, 잠자리류 등에 관한 새로운 지식들을 알게 되었고 생물다양성의 핵심에 깊이 빠져갔다. 체르먹은 우리의 전문가로서의 성장을 그다지 높게 평가하진 않았다. 그는 농담반 진담반으로 적어도 만 개 이상의 생물 이름을 알아야 비로소 생물학자라 할 수 있다고 말했다. 나는 그 역시 그렇게 많이 알리라곤 믿어지지 않았지만 그건 아무래도 좋았다. 우리 두

목의 그런 과장이 우리를 더욱 정진케 한 것이다.

열여덟이 되면서 나는 전문적인 과학자가 되어가고 있었다. 보이스카웃 시절이 얼마 지나지 않아 나는 공훈 배지를 받기 위해 했던 일들을 다시 추구했는데, 이번에는 연구와 발견과 발표를 통해서였다. 나는 과학이 사회 활동임을 이해하기 시작했다. 전에는 야생생물에 관해 배우거나 개인적 탐험을 즐기는 데 대부분의 시간을 쏟아 부었을 뿐 나의 활동을 다른 사람이 어떻게 평가하는가에는 관심이 없었다. 지금은 알프레드 노스 화이트헤드가 과학자에 관해 일반적으로 언급한 바와 같이, 배우기 위해 발견하는 것이 아니고 발견하기 위해 배운다. 나의 개인적 즐거움은 이제 사회적 가치에 따라 다소 변화되었다. 나는 항상 다음과 같은 물음을 던졌다. 이 연구를 통해서 단지 나에게만 새로운 것이 아니라 과학 전반에 있어서 어떤 새로운 것을 얻어냈는가?

앨라배마의 생태계는 별로 탐사되지 않았기 때문에 체르먹 써클원들은 최소의 훈련만으로도 무한히 많은 발견의 기회를 가질 수 있었다. 어느 날 밤 우리는 주의 중심부에서 플로리다의 돌출부로 서행해 갔다. 도중에 종종 멈춰서 빗물로 가득 찬 도로 주변 도랑에서 짝짓기를 하는 개구리들의 합창 소리를 들기다.(개구리 합창과 비슷한 소리를 내려면 주머니 빗의 가는 빗살을 따라 끝으로 긁으면 된다.) 우리는 특정한 트릴 패턴의 울음소리를 내는 북부 지역의 합창개구리 품종인 *Pseudacris nigrita triseriata*가 다른 패턴의 소리를 내는 남부 지역의 품종인 *Pseudacris nigrita nigrita*와 만나서 서로 품종간 교잡을 하는 지역을 찾고자 했다. 동틀 무렵 우리는 플로리다 경계선 부근에서 품종 전환이 나타나는 지역을 찾았고, 그 전환은 매우 갑작스럽게 나타남을 알았다. 우리는 그 두 유형의 개구리들이 상호교잡이 가능한 품종이 아니라 실제로는 생식적으로 격리된 별개의 종일 것으로 추리하고, 이들을 각각 *Pseudacris triseriata*와 *Pseudacris nigrita*라고 이름 붙여 공식적으로 구분해야 한다고 생각했다. 뒤에 그 분야 전문가들은 연구를 통해 우리의 추정이 옳았음을 증명했다.

또 한번은 북부 앨라배마의 한 동굴에서 지하로 흐르는 개울을 거슬러 올라가다 장님인 새로운 종류의 흰 새우를 발견했다. 또 다른 경우에는 활엽수와 소나무가 섞여 있는 숲에서 배리 발렌타인과 나는 희귀 곤충목인 절시목(Zoraptera)에 속하는 표본을 앨라배마 지역에서는 처음으로 채집하여 그 기록을 곤충학회지에 발표하기도 했다. 때로는 옛날 습관대로 혼자서 다니기도 했다. 터스카루사 근처 늪가에서는 토양을 파헤치다 몸통이 짙은 갈색이고 다리는 노란 아주 조그만 개미의 신종을 발견했으며, 그것을 터스카루사가슴개미 *Leptothorax tuscaloosae*라고 명명했다.

이런 초보적 단계에서의 과학적 발견은 매우 쉽고도 재미있었다. 나는 다른 대학생들이 왜 생물학자가 되려고 하지 않는지 이해할 수가 없었다.

그러는 동안 나는 1942년 모빌에서 처음으로 관찰했던 수입 불개미에 대해 새로운 연구 의욕을 강하게 느꼈다. 이 악명 높은 해충은 도시 밖으로 퍼져나가 야생지역과 농촌의 삼림지역으로 확산됐던 것이다. 1948년 ≪모빌 프레스 레지스터≫지의 〈야외 생활〉 담당 편집인이었던 빌 지배크는 농작물과 야생생물에 개미들이 주는 위협에 관해 연재물을 실었다. 그는 나에게 그 종에 관해 문의했고 신문에 나의 말을 인용했다. 그 결과로 1949년 초에 앨라배마 환경보존과에서 나에게 개미에 관한 연구를 수행하고 이것이 환경에 미치는 영향을 평가해 달라고 요청해 왔다. 나는 봄학기 동안 그 일을 시작하기 위해 대학을 떠났다. 열아홉 살의 나이로 정식 과학자로서의 첫 경험인 4개월에 걸친 곤충학자 역할을 해냈다. 또 다른 생물학자인 제임스 이즈와 같이 일했는데, 그는 다른 학우들과 마찬가지로 20대 중반의 참전용사였고, 무엇보다 자동차를 갖고 있었다. 짐(역주: 제임스의 애칭)과 나는 앨라배마의 남서부 지역과 플로리다 돌출부의 서쪽 카운티들을 훑고 다니면서 개미들이 퍼져나간 반원 모양의 범위를 지도에 표시하였다. 우리는 군체들을 파내어 개미집 구조를 분석했고, 밭에 나가 농작물 피해를 조사했으며 농부들과 인터뷰도 했다. 7월에 우리는 〈앨라배마 지역의 수입불개미 *Solenopsis saevissima* var. *richteri* Forel(역주: 한국산 *Formica yessensis*를 불개미라 칭하므로 이 책의 〈불개미(fire ant)〉와 혼동되나 이 책의 용어 표현을 그대로 살려 〈불개미〉로 쓴다)에 관한 보고)라는 제목으로 53쪽에 이르는 분석 보고서를 몽고메리에 있는 환경보존과에 제출했다. 그 보고서에는 오늘날도 사용하고 있는 개미에 관한 최초의 발견들이 포함되어 있다. 개미의 전파 속도(모든 경계를 따라 일 년에 5마일씩 퍼짐), 토종 불개미의 부분적 소멸, 개미들이 작물의 종자와 싹을 직접 먹어 치움으로써 야기되는 손상은 크지 않다는 보고 등이 그것이다. 이 악명 높은 곤충에 붙여진 일반 명칭에는 재미있는 일화가 있다. 몽고메리에서 주 공무원들과 처음 만날 때만 해도 그 개미는 아르헨티나 불개미라 불렸는데, 유래지가 그곳일 것이라는 추정 때문이었다.(현재 이 개미는 북부 아르헨티나 지역뿐 아니라 멀리 파라과이 경계에까지 널리 퍼져 있다고 한다.) 환경보존과의 누군가가 그 이름을 아르헨티나 사람들이 언짢게 여길 거라 말했다. 그러지 않아도 독일 바퀴벌레라든지 영국 참새 등으로 이런 유형의 이름이 너무 많다는 것이었다. 시간이 있을 때 다른 사람이 수입불개미가 어떠냐고 제시했고 보고서에 그 이름이 사용되었다. 그 후로 방송이나 과학문헌에도 그 이름이 사용된 것이다.

이듬 해 앨라배마 대학에서 석사 과정을 밟는 동안에 나는 수입불개미에 관한 연구를 강화했다. 이즈와 나는 국립자연사박물관의 매리언 스미스와 함께 다른 군체에 속한 그 종의 일개미들의 색깔이 진한 갈색에서 밝은 적갈색에 이르기까지 다양함을 관찰했다. 뿐만 아니라 조금 더 작은 크기의 밝은색 일개미 군체가 진한 색깔의 개미 군체를 몰아내고 있음을 발견했다. 1949년경에는 진한 색깔의 개미 군체는 대부분 앨라배마 주와 미시시피 주의 변두리 지역에만 한정되어 있었다. 첫 근원지였던 모빌에서는 완전히 자취를 감추었다. 나는 그 두 유형의 개미가 유전적으로 상이한지 알아보기 위해 실험을 시작했다. 내가 고안한 방법은 밝은 색의 여왕개미를 진한색 개미 군체에 집어넣고 사회적으로 변화된 환경에서 자라는 그 자손 개미들의 색을 조사하는 것이었다. 결국 그 색은 여왕개미와 같게 나타났으며, 이것이 명백한 증명은 아니라 해도 짙은 색과 밝은 색의 차이가 유전적이라는 증거가 되었다.

이 교환 실험 도중에 두 마리 이상의 여왕개미를 동시에 새 군체에 넣게 되면 일개미들은 한 여왕개미만 빼고 나머지를 침으로 쏘고 물어뜯어 죽였다. 일개미들은 결코 최후로 남은 여왕개미를 없애는 실수를 하지는 않았다. 만약 그랬다면 그 군체에는 더 이상의 일개미가 생겨나지 않을 것이다. 30년 뒤에 다른 곤충학자는 일개미들이 여러 여왕개미들 중 가장 건강하고 생식력이 뛰어난 것을 구별하여 선택하는 능력이 있다는 사실을 발견했는데, 나의 실험결과로부터 이런 발견을 예견할 수 있었다.

그 후 나는 1951년에 「수입 불개미의 역사」를 발표하면서 색깔 차이는 같은 종 내에서 나타나는 변이라고 추정했다. 1972년 윌리엄 뷰렌이 매우 꼼꼼한 연구를 거쳐 내가 찾아낸 일반적인 사실들을 확인했는데, 그는 밝은색 유형을 완전히 새로운 종의 위치로 올렸다. 그가 지은 이름은 *Solenopsis invicta*(역주: 우리말 이름은 〈침개미〉임)로 〈정복되지 않는〉 *Solenopsis*라는 의미였다. 1972년에는 1억 달러 이상의 비용을 들인 엄청난 박멸 노력에도 불구하고 불개미는 남부 미국 전역에 퍼져나갔다. 그 당시 널리 인용된 바 있는 인터뷰에서 나는 박멸 시도가 소용없음을 다음과 같은 어귀로 요약하여 말했다. 불개미 박멸 작전은 곤충학에 있어서의 베트남 전쟁과 같은 것이라고.

나는 초기 불개미 연구의 성공에 매우 흥분되었다. 소년 시절에 잡다하게 익힌 여러 가지 것들이 사회에서 흥미롭고 유용한 방향으로 집중될 수 있음을 알았다. 내가 갖게 된 자신감은 앞으로 있을 시련과 학자로 성장해 나가던 중요한 시기에 나의 힘이 되어주었다.

한편 대학 생활에서 잠시 동안 부차적인 일에 빠져들었다. 육상에서 깨질 수 없을 거라던 4분벽의 전설에 매료되었다. 1945년 군더 헤그가 4분 1초 4의 기록을 냈을 때 이 위대한 스웨덴 선수가 인간 인내의 한계에 도달한 것인지에 대한 많은 논란이 있었다. 그런 생각은 물론 전적으로 잘못되었다. 1마일 달리기 역사를 살펴보면 기록이 8년 동안 거의 직선적으로 단축되어 왔음을 알 수 있다. 헤그가 기록을 낼 때만 해도 한계에 도달된 조짐은 없었고, 그간의 기록을 가지고 간단히 추산하면 4분벽이 40년대 후반이면 언제라도 깨질 수 있었다. 영국의 로저 배니스터가 3분 59초 4에 1마일을 달리던 1954년 5월 6일이 그 순간으로 밝혀졌다. 그 뒤 수백 명의 선수가 4분 안에 달렸고 기록은 꾸준히 단축되었다. 지금 이 글을 쓰는 시점에서의 기록은 3분 46초 31이다.

하지만 전 세계 운동선수들이 2차 대전 후의 첫 올림픽을 준비하던 1948년까지도 장거리 달리기에서 4분벽 돌파는 여전히 비현실적인 분위기였다. 4분벽은 육상에서의 에베레스트 산과 같았다. 7월 10일자 ≪새터데이 이브닝 포스트≫지에 유럽 선수들이 장거리 달리기 종목에서 〈지친 미국 선수들을 압도할 것〉이라는 기사가 실렸다. 그 저자는 유럽 선수들이 나약해진 미국인보다 더 오랜 기간 연습했고 더 많은 훈련과 고통을 감수했기 때문에 메달을 휩쓸 것이라고 기술했다. 군더 헤그는 짙은 색의 긴 머리를 휘날리며 6피트의 보폭으로 트랙을 질주할 것으로 묘사되었다. 나는 의지와 훈련을 통해 기록을 깰 수 있을 거라는 생각에 사로잡혔다. 신체가 크지 않아도 강한 정신력으로 승리할 수 있다고 생각했다. 내 취향에 맞는 일이었다. 혼자 연습하면서 팀의 영향력을 배제하고 아무도 나의 시행착오를 보지 못하게 하여 마침내 무언가 경이적인 일을 해내는 것이다.

그리하여 나는 발에 무게를 더하고 신체의 인내력을 키우기 위해 육군의 잉여 군화를 샀다. 그리고 모빌의 뒷거리를 달려서 교외로 나가고 다시 터스카루사로 돌아와 노팅턴 캠퍼스를 거대한 트랙으로 여기면서 몇 바퀴 돌았다. 나는 1948년 늦 여름부터 그 해 겨울까지 대부분 밤에 혼자 연습했다. 학교 운동선수들이 운동을 마치고 떠나면 선수 훈련장의 철조망 울타리를 넘어 들어가서 고운 석탄재를 간 경주용 트랙 위를 뛰면서 400미터 거리의 감을 잡았다. 한 번에 한 시간 내지 두 시간 동안 뛰었다. 코치도 없었고 훈련 스케줄도 없었다. 그리고 아무에게도 나의 노력에 관해 이야기하지 않았다. 다만 무거운 신발을 신고 달리면서 나중에 가벼운 운동화를 신으면 발에 날개를 단 듯이 뛸 수 있을 것이라고만 생각했다.

2월에 나는 육상팀에 지원했다. 라커룸에 가서 등록하고는 내 생애 최초로 스파이크 운동화를 신고 트랙으로 나와 코치가 스톱워치로 시간을 재는 동안 1마일을 시험적으로 달렸다. 〈5분이 약간 넘는 시간〉이 걸렸다. 코치는 자비롭게도 정확한 시간을 언급하지 않았고 나 역시 듣고 싶지도 않았다. 나는 실망과 부끄러움에 비참한 기분이었다. 나의 육체만이 아니라 나의 철학이 실패한 것이었다. 하지만 좀더 노력하면 분명히 더 잘 할 수는 있을 것이다! 코치는 친절한 태도로 2마일 경주를 연습하는 것이 어떠냐고 제안했다. 그 당시 1949년 남부 육상 경기 연맹의 경기 종목에는 1만 미터 경주나 마라톤 같은 더 장거리의 경주는 없었다. 그렇게 하여 나는 매일 오후 인내력 훈련에 빠른 단거리 경주 연습을 더해 가면서 2마일 달리기를 연습했다. 하지만 이미 늦은 일이었고 명백히 희망이 없었다. 19살에 이미 대학 4학년이었던 나는 코치 입장에서 보면 가장 장래성이 없는 선수였다. 나와 코치 사이의 어색한 입장은 내가 앨라배마 주의 불개미 연구에서 임시직을 얻은 직후 해결되었다. 나는 코치에게 그만 두겠다고 하면서 스파이크화를 반납했다. 코치는 그다지 서운해하지 않았다.

그 뒤 수 년 동안 이 일은 나에게 상처로 남았다. 때때로 만약 열여섯이나 열일곱 살에 육상을 시작해서 제대로 지도받았으면 어땠을까 생각해 보곤 했다. 최소한 육상팀에 선발될 수 있었을까? 마흔한 살이 된 1970년에 나는 다시 조깅을 시작했고, 이제는 체중을 줄이고 건강을 유지하기 위해 단거리 속도 훈련을 시작했다. 이 목표들은 이루어졌다. 그리고는 예전의 열망을 다시 느껴 마흔 살 이상만 참가하는 경기에서는 선수급과 경쟁할 수 있지 않을까 하는 무모한 희망을 품었다. 이제 4분벽은 꿈꿀 수 없겠지만 5분 안에 일 마일을 달릴 수는 있지 않을까? 혼자 달리는 동안 기록이 점점 좋아짐에 따라 나는 아동부터 노인에 이르기까지 연령에 따른 세계 기록을 찾아보았다. 모든 기록이 전 세계에서 보고된 시간에 근거하여 거리별로 작성되어 있었다. 연령이 스물아홉, 서른, 서른하나 등으로 달라지면서 각 연령마다의 기록은 대부분 세계 방방곡곡에서 개최된 운동 경기에서 각기 다른 사람이 세운 것임에도 불구하고 이 기록들은 뚜렷한 경향을 보였다. 100미터 경주의 최고 기록은 20대 초반에 나타났고, 마라톤의 경우에는 20대 후반에 나타났다. 세계에서 가장 뛰어난 선수의 기록은 그가 누구든 언제 어디서 달리든 그 나이에 따라 통계 계산으로 매우 정확히 예측될 수 있었다. 연령만으로 세계 신기록의 추이를 잘 설명할 수 있는 것이다.

이 사실에 나는 깊은 인상을 받았다. 유전이 적어도 한 가지 중요한 점에서 운명처럼 보였다. 즉 인간 능력의 한계를 고려할 때 성취 결과는 미리 결정된 것이나 다름없는 것이다. 어떤 선수도 그 벽을 부술 수 없고 철의 의지를 지닌 장거리 선수라도 마찬가지이다. 나는 내 능력에다 이 생각을 적용시켜 보았다. 1949년에 5분이 약간 넘었던 나의 기록을 4분 정도인 그 당시 세계 기록으로 나눈 값을 구했다. 그 비율을 1970년 40대 초반 남자의 세계 신기록에 곱하게 되면 나의 개인 최고 기록을 얻게 되는데 약 6분 정도가 되었다.

얼마나 한심한가? 0.1퍼센트의 차이로 승패가 갈라지는 운동 경기에서 나는 유전적으로 이미 25퍼센트나 뒤져 있었다. 그러면서 나는 내 생애 마지막으로 사춘기 소년의 열망을 느꼈다. 유전의 한계를 뛰어넘어 1949년의 오명을 씻어보자고. 이 당시는 1970년대 중반에 몰아닥친 조깅 열풍이 있기 바로 전이었다. 테니스화를 신고 메사추세츠 주 렉싱턴의 거리를 달렸는데, 조깅하는 다른 사람을 결코 보지 못했다. 개들이 내 뒤를 따라오고 이웃들은 이상하게 쳐다 보았으며 십대의 소년들이 야유를 보내기도 했다. 나는 고등학교 트랙을 이용해서 호흡 조절을 위한 400미터 단거리 속도 훈련을 했다. 나는 경주를 시작해서 시간을 재 보았다. 나의 최고 기록 셋을 들면 두 번의 6분 1초와 6분 4초이다. 다시 육상기록표를 참고해서 2마일 달리기를 할 경우 나 자신의 가능한 최고 기록을 계산해보니 약 13분 정도였다. 하루는 최고 기록이 나왔는데, 12분 58초였다. 결국 유전은 운명이었다.

그 동안 나는 명망 있는 곤충학자인 동시에 챔피언급 장거리 선수이기도 한 나의 친구 번드 하인리히가 여러 대회에서 승리하는 것을 지켜보았다. 1980년 보스턴 마라톤에서 40세 이상의 경기에서 우승하기도 했고 50마일, 100킬로미터, 24시간 오래 달리기 등에서 여러 번 국내 기록과 세계 기록을 세웠다. 24시간 오래 달리기에는 한번도 쉬지 않고 달려 158마일을 주파했다. 하루는 그와 함께 4마일 달리기를 했는데 그는 인내심 있게 뒤쳐지는 나를 위해 속력을 늦추곤 했다. 〈에드, 발을 가볍게 굴리면 더 빨리 달릴 수 있지.〉 그는 팔을 잘 휘두르면 날아갈 수도 있겠다고 말했던 것 같다. 그는 알루미늄 관과 철사로 만들어진 사람이었다. 그의 폐는 그 표면이 가죽으로 된 것 같았다. 시샘에 찬 살리에르인 나에게 그는 모차르트였다.

이 경험으로 인해 나는 내 능력의 한계를 객관적으로 바라보게 되었으며, 좀더 일반적으로 말하면 내가 속한 종, 즉 인간의 능력을 객관적으로 인식하게 되었다. 집념과 야심을 가진 사람은 모든 방면을 탐색하여 자신이 비상한 능력을 가진 분야와 평범한 분야, 별로 재능이 없는 분야 등을 파악한 다음에, 가능한 한 가장 나은 결과를 얻도록 교묘한 책략이나 보완책을 강구하는 전략을 취한다. 그리고 운명이 예상할 수 없는 획기적인 진전을 가져다 줄 것이라는 희망을 버리지 않아야 한다.

나는 한쪽 눈의 시력을 잃었고 고주파 쪽 소리를 들을 수 없기 때문에 곤충학자가 되었다. 나는 문자의 절들을 잘 기억할 수 없고 철자를 하나씩 불러주면 그 단어를 잘 파악하지 못한다. 또한 종종 숫자를 읽을 때나 베낄 때 순서를 틀리곤 한다. 그래서 나는 다른 사람이 인용구나 공식을 암송하듯이 생각을 표현하는 여러 방법들을 고안했다. 이러한 보완책은 서로 다른 대상물을 비교하고 연관성 없던 정보들을 조직해내는 특이한 능력의 도움으로 가능했다. 나는 매끄러운 글을 쓰곤 하는데, 그것은 다른 이들의 진술이나 뉘앙스 등이 나의 기억을 덜 방해했기 때문이라고 믿는다. 나는 이러한 강점들을 최대한 발휘했으며 약점들을 피해갔다.

나의 수학 실력은 형편 없었다. 30대 초반 하버드에서 정식 교수로 있을 때 나는 2년 동안 수학 강의를 청강하면서 그 점을 보완하고자 했다. 하지만 별 진전이 없었다. 결국 장거리 달리기와 마찬가지 경우였다. 지금도 수학에는 반문맹이나 다름없다. 한 단계씩 밟아가면서 편미분 방정식을 풀기도 했고 양자역학의 기본을 이해하기도 했지만 대체로 금방 잊어버렸다. 나는 그 쪽 분야에 별 취미가 없었다. 그렇지만 일류 이론 수학자들과 같이 일하면서 이론적 모형을 세우는 데 어느 정도 성공하기도 했다. 계속되는 나의 연구 기간 동안 함께 일한 사람 중에는 윌리엄 보서트, 로버트 맥아더, 조지 오스터, 찰스 럼스덴 등이 포함되어 있다. 내 역할은 풀어야 할 문제를 제시하고, 나의 직관을 다른 사람의 직관에 결합시키며, 그들이 모르는 경험적 증거들을 제공해 주는 것이었다. 그들은 나에게 있어 지성적 보완책이 되었고, 나 역시 그들에게 같은 존재였다. 나와 함께 늪지대를 건너고 수풀진 산을 돌아다니는 동료 야외 생물학자들과 마찬가지로 우리는 무언가 새로운 것을 포획하려는 문명 사회의 사냥꾼으로 집에 가져가 부족 연회에서 내놓을 만한 귀중한 것을 탐색하는 것이다.

나는 내 자신에게 도움이 된 하나의 규칙을 찾았는데, 이것은 뛰어난 재능을 갖지 못한 이들에게 도움이 될 것이다. 수학 능력이 떨어져도 독창적인 이론을 세울 수 있는 과학 분야가 있다. 내가 과학 전공의 학생들에게 해주는 충고는 옆, 위, 아래 등 온갖 방향으로 움직이면서 모든 분야를 잘 살피라는 것이다. 의지만 있으면 성공할 수 있는 분야가 있다. 종사자가 아직 적고 기본적 지적 능력의 세밀한 차이가 별로 중요하지 않은 분야를 찾아라. 문제 해결사가 되지 말고 지식의 사냥꾼과 탐구자가 되라. 이 전략은 아마도 거리와 시간의 요소만 있는 육상 분야에는 절대로 적용되지 않을 수 있다. 하지만 유동하는 과학의 미개척 분야에서는 놀라울 정도로 잘 들어맞는다.

8 남부를 떠나다

내가 앨라배마 대학을 졸업한 1949년 무렵 아버지의 건강은 매우 급격히 악화되기 시작했다. 하루에 두 갑씩 피우는 담배로 악화된 만성 기관지염은 아버지의 육체를 늦은 밤까지 괴롭혔다. 담배 타르로 노랗게 변색된 손가락을 자랑으로 여기던 부류와 세대에 속해 있던 아버지는 담배를 끊으려고 하지 않았다. 또한 알코올 중독과 습관적 음용 정도도 과했다. 이 중독에 대해서는 아버지도 심각하게 여겼다. 아버지는 당신이 〈싸구려 술집의 건달처럼〉이라고 표현한 상태로 빠질까봐 두려워했다. 알코올 중독 방지협회의 회원이었던 아버지는 해독과 회복 시기에 나타나는 통증 때문에 재활센터에 이따금 참석했다. 하지만 지속적인 효과는 없었고 문제는 해결될 수 없어 보였다. 아버지는 이미 전문가의 도움이 필요했기 때문에 펄과 나는 동정하거나 설득을 시도해볼 뿐 다른 어떤 일도 할 수 없었다. 나는 내가 느꼈던 좌절감과 분노를 감추었다. 아들이 아버지에게 옳은 행동과 자기 절제에 관해 설교한다는 것은 쉬운 일이 아니다.

1951년 초 아버지는 눈에 띄게 의기소침해졌고 변덕스러운 행동을 많이 보였다. 나는 그 징후를 알아채지 못했다. 대부분의 시간을 나는 밖에서 지냈으며 어떤 일이 다가오고 있는지 생각해 보지 못했다. 3월 26일 이른 아침에 아버지는 가족 앞으로 사죄의 내용을 침착하게 적은 쪽지를 남기고 모빌 강 근처 블러드굿 거리의 사람이 없는 곳으로 차를 몰고 가서 길 옆에 앉아 아끼시던 권총으로 오른쪽 관자 놀이를 겨누고 당신의 고통을 끝내셨다. 48세 되던 해에 아버지는 돌아가신 것이다.

아버지의 장례식은 마그놀리아 공동묘지에서 치뤄졌다. 소총 발사와 관 위에 접혀져 있는 미국 국기가 그의 죽음을 애도했다. 그의 고통스럽고 무질서한 생애에 비해 격식에 엄격히 맞춘 그의 영결식은 나의 마음에 위안이 되었다. 아버지의 형제들 중 바로 윗형인 허버트 삼촌은 일 년 전에 심장 질환으로 작고했는데 아버지는 바로 그의 옆에 안장되었다.

며칠이 지나자 슬픔의 충격은 안도로 바뀌어갔다. 아버지의 고통이 끝나면서 펄도 힘들고 오랜 환자 간호의 굴레를 벗었고 내 자신도 몰락해 가는 가정을 떠 맡아야 할지 모른다는 두려움에서 벗어날 수 있었다. 임박한 비극이 마침내 모습을 드러냈고 일은 벌어졌으며 끝난 것이다. 이제 나는 내 자신의 새로운 인생에 전적으로 몰두할 수 있게 되었다. 이런 안도감으로 인해 슬픔과 함께 죄책감을 느꼈지만, 해가 지날수록 이 감정은 아버지의 용기에 대한 경의감으로 바뀌었다. 새로운 노력으로 자신을 추스르고 정상적인 생활로 복귀하고자 힘쓰는 것이 더 큰 용기라고 말하기는 쉽다. 하지만 나는 아버지가 매우 심사숙고하여 그런 식의 결론에 도달했다고 확신한다.

아들이 아버지를 이해하게 될 때는 이미 늦은 때이다. 나중에야 아버지를 조금씩 이해하게 된다. 나는 아버지가 잠재 능력을 최대로 발휘하지 못한 지성인이라고 여긴다. 아버지는 고등학교를 마치기 전에 가출해서 화물선의 보일러실에서 일했고 몬테비데오까지 한 번의 왕복을 마친 후 입대했다. 미국 육군의 보급부에서 아버지는 회계사 일을 배워서 그 지식을 바탕으로 여러 기업체에 취업했고 최후의 12년 동안에는 정부기관을 위해 일했다. 그는 천성이 충직했고 따뜻한 성격으로 동정심이 많았다. 그는 여러 사람들과 어울려 과거를 회상하며 개인적인 경험담을 멋지게 늘어놓기를 좋아했고 불현듯 화를 내는 일은 거의 없었다. 시를 좋아했지만 그럴싸하게 암송하기에는 나와 마찬가지로 암기력이 좋지 않았다. 사형제의 막내였던 그는 열세 살 때 아버지를 여의었고 가족 내에서는 거의 전설이 되어버린 할머니의 염세주의로 인해 정상적으로 성장할 수 없었다. 그의 평생에 걸친 자아탐닉은, 인생의 목표를 갖지 못했다는 사실에 기인한 듯 보이는 지속적인 불안감으로 인해 더 나쁜 방향으로 나아갔다. 그는 은퇴 후에는 특별한 소속항을 정하지 않은 채 지붕달린 배를 타고 대서양 해안을 따라 흐르는 내륙 수로와 멕시코 만 연안의 내륙 수로를 왕복하는 생활을 꿈꾸었다.

아버지는 잡지와 신문 외에는 아무것도 읽지 않았다. 음악이나 가족사를 제외하면 역사 따위에는 거의 주의를 기울이지 않았고, 시사 문제에도 아무 관심이 없었다. 사냥과 낚시를 좋아했지만 따로 시간을 들여 기술을 향상시키려 하지는 않았다. 그 대신 수집한 총으로 표적을 맞히는 사격에 더 만족해했다. 아버지로부터 나는 권총이나 엽총으로 이십 보쯤 떨어져서 울타리 기둥 위에 세워 놓은 깡통이나 병을 맞히는 법을 배웠고, 미 육군에서 사용하는 콜트 45구경을 쏠 때 양손을 사용하여 총이 덜컥 움직여 쏘는 방향이 어긋나지 않게 하는 법을 배웠다.

그의 강함은 남부 백인의 명예에 근거한 것이었다. 거짓말하지 말라, 약속을 어기지 말라, 다른 사람을 존중하라, 여인들을 보호할 줄 알고 명예가 걸린 일에는 물러서지 말라고 나에게 말해주었다. 아버지의 이런 신조는 아버지가 재구성하여 노상 말해주던 가계의 기억할 만한 전통에 기인한 것이다. 아버지는 이 신조들이 진정으로 옳다고 생각했고 이를 실행할 용기도 가졌다. 아버지는 자신이 모욕이나 불명예라고 여기는 일을 받아들이기보다는 죽음을 택할 것이라고 나는 생각한다. 실제로 그의 마지막 선택이 그러했다. 그가 살려고 했다면, 명예에 관한 행동 지침을 명확히 검증하기에 이 세상은 그에게 너무 제한적이고 애매하며 황폐한 상태였다.

때때로 나는 아버지와 찰스턴 거리의 옛집이 물리적으로 소멸되었을 뿐 아니라 공식적인 기록과 지금 느끼는 단편적인 추억 말고는 내게서 완전히 사라졌다는 사실에 대해 생각해 본다. 동네의 오래된 나무들과 낡은 빅토리아식 건물들은 철거되었고 신더 블록(역주: 골재에 석탄재를 써서 만든 건축용의 가벼운 콘크리트 블록)으로 지은 공공 주택이 그 자리에 들어섰다. 나와 몇몇 나이 많은 친척들이 죽으면 아버지와 우리 가족이 살았던 집은 마치 존재한 적이 없는 것처럼 사라져버릴 것이다. 이러한 인간 존재의 유한성에 관한 관찰은 평범하면서도 언제나 경이로운 느낌을 준다. 큰 백부의 아들이고 모빌에서 평생 살았던 사촌 잭 윌슨이 1993년 죽으면서 아버지 세대에 대한 많은 기억들을 간직한 두뇌가 사라졌다. 이 점은 나에게 작은 즐거움을 주었다. 물론 그의 죽음 때문이 아니고 이제 나만이 아버지의 존재를 물려받은 유일한 사람이라는 점 때문이다. 나는 불충분하게 기억되는 행동뿐 아니라 내가 재구성한 성격을 가지고 자유롭게 아버지를 재창조할 수 있었다. 그 일부는 내 속에만 존재할 것이고 나의 죽음과 더불어 망각될 것이다.

강한 아버지와 약한 아들, 약한 아버지와 강한 아들의 관계는 어느 쪽이든 아들의 인생에 고통스런 영향을 줄 것이다. 아버지의 존재가 나에게 얼마만한 영향을 미쳤는지 정확히 알 수는 없다. 그러나 아버지의 자아 개념이 본받을 만하다면 나는 그것을 실현하도록 노력하겠다고 아버지에게 말할 것이다.

나의 어머니 이네즈 린네트 프리만은 이혼한 후 더 나은 생활을 성취했고 내가 똑같은 성취를 할 수 있도록 나를 격려하고 도와주었다. 어머니는 많은 점에서 아버지와 비슷한 배경에서 성장했다. 어머니의 조상은 오래전부터 앨라배마에서 살았다. 영국계 후손인 그녀의 선조들은 미시시피 삼각주와 조지아 주에서 앨라배마 주의 북부로 이주해 정착했다. 선조 중 여러 사람이 19세기 초반과 중반에 브레멘, 포크빌, 홀리 폰드 등의 작은 마을이 생기는 데 기여했다. 그들 대부분은 농부였고 상인이었다. 이름이 로버트 프리만 2세인 나의 외증조부는 농부인 동시에 꽤 유명한(악명 높다고 하고 싶지는 않다) 말장수였다. 외증조 할머니 이자벨 〈이지〉 프리만은 시골 의사로 일했다고 하는데, 아마 의사가 부족한 농촌에서 간호사나 산파의 역할을 한 것이 아니었나 싶다. 목화 산

▶ 윌슨(왼쪽)과 그의 가장 친한 친구인 맥리어드(Ellis MacLeod)가 수도 워싱턴의 허버드 학교(Hubbard School)에서 1940년 당시 교내 교통정리 당번 임무를 띤 복장을 하고 있다.

▼3살짜리 장래 동물학자가 1932년에 이른 나이부터 동물과 친하다.

◀윌슨은 8살 때인 1937년에 아버지와 함께 애틀랜타에 있는 한 하숙집에서 몇 달 동안 살았다.

▶13살의 나이에 곤충학에 심취한 저자가 1942년 여름 앨라배마 주 모빌의 집 옆에 있는 공터에서 곤충 채집을 하고 있다.(엘리스 맥리어드 촬영.)

▲ 1944년 앨라배마의 브르턴에서 이글스카웃 복장을 하고 있던 저자.

▲ 저자가 뉴기니 휴언 반도의 산
지를 따라 장기간 답사하던
1955년 4월 11일 게메헹 근처
에서 경호 경찰과 함께 있는
모습.

◀ 1953년 7월 시엔푸에고스 근
처 애트킨스 식물원에서의 필
자. 그의 애완동물인 쿠바도마
뱀 메두셀라와 함께.

▶저자의 초기 공부 시절에 지
도 선배인 브라운(William L.
Brown)이 1955년 하버드 대학
의 비교동물학 박물관에서 연
구하는 모습.

▼1956년 11월, 기혼 학생과 소
장 교수를 위해 지은 하버드 대
학 홀든 그린관(Holden Green)
앞에 선 리니와 윌슨.

1966~1968년에 플로리다 키즈에
서 섬 생물지리학에 관한 실험을
하기 위해 야외작업중.

◀ 저자가 붉은 망그로브 나무 위 수
관부에 걸터 앉아 한 버려진 물수
리 둥지 안팎의 곤충들을 살펴며
동정하고 있다.

▼ 저자의 제자이자 공동연구자인 심
버로프가 재정착에 관해 조사하던
중 한 작은 망그로브 섬에 다가가
고 있다.

▲ 윌슨이 1961년 트리니다드 노스 레인지의 스프링 힐에서 개미를 조사하고 있다.

▶ 리니가 1956년 앨라배마 걸프 연안에서 나비채집망을 가지고 돕고 있는 모습.

윌슨이 1977년 11월 22일 백악관에서 카터 대통령으로부터 국가과학메달을 받고 있다.

출지대와 강 주류의 항구 북쪽에 꽤 넓은 땅을 소유했던 어머니의 선조들은 남부 연합과 남북전쟁에 대해 미온적인 견해를 지니고 있었다. 북군에 생포된 로버트 프리만 사병은 더 이상 군역에 종사하지 않기로 서약하고 포크빌 근처의 가족과 농장으로 돌아왔다.

어머니는 1938년에 테네시 경계 근처 앨라배마 주 스티븐슨 토박이인 해롤드 허들스톤과 결혼했다. 그는 성공적인 사업가였고 은퇴할 무렵에는 남동부에서는 가장 큰 은행 중 하나인 시티즌스 피델리티 신탁은행의 부사장까지 지냈다. 나는 십대 초반부터 대학을 졸업하기 전까지 9월이 되면 어머니와 해롤드의 집에 가서 지냈다. 그들은 처음에는 켄터키 주 루이빌에 살다가 그 후 인디애나 주 오하이오 강 건너 제퍼슨빌의 인접 지역에 거주했다. 그들은 대학에 진학해서 생물학자가 되려는 나의 계획에 찬동했고 도움을 주었다. 해롤드 자신도 앨라배마 대학을 다녔었다. 해롤드와 어머니 두 사람 모두는 전문 분야에서 성공하는 것을 가장 소중한 가치로 여기고 있었다. 그들은 종종 근처 공원으로 나를 데려갔고 나는 나비와 개미들을 수집했다. 내가 열네 살 때 어머니로서는 용기가 필요했을 켄터키 주의 매머드 동굴 탐사를 나와 함께 했다. 세계에서 가장 큰 동굴 중 하나인 그 동굴은 최근에 국립공원으로 지정됐다. 어둠 속을 내려가면서 나는 다른 여행객들의 뒤로 처지면서 통로 주변을 (불법적으로) 탐색하여 눈이 먼 황색 딱정벌레, 동굴 귀뚜라미 등과 그 밖의 동굴 속에 서식하는 곤충을 찾았고 어머니에게 이 표본을 맡겨 두었다. 하지만 어머니는 동굴 출구 가까운 곳에서 그것들을 잃어버렸고 나는 루이빌로 되돌아오는 내내 심통이 나 있었다.

어머니는 나의 대학 입학을 격려했을 뿐 아니라 재정적으로 지원해 주었다. 후에 내가 하버드 박사 과정 진학을 준비할 무렵 어머니는 의과 대학을 다니는 데도 충분한 재정 지원을 약속했다. 당신의 표현을 빌리면 어머니는 내가 의사가 되고 싶은데도 경제적 어려움으로 포기하는 것은 아닌지 분명히 알고 싶었다는 것이다. 하지만 나는 의사라는 직업에 아무 관심이 없었다. 나는 곤충학자이고 싶었고 내 스스로 그 목표를 이룰 수 있을 것으로 자신했다.

나는 앨라배마 대학에서 이학 석사를 마치고 하버드에서의 5년 간의 박사 과정 동안 내 스스로의 힘으로 생활했다. 장학금과 실험조교 수당으로 빚을 지지 않을 수 있었다. 장기 학자금 융자가 그 당시에는 드물기도 했지만 그 가능성을 한번도 생각해보지 않았다.

하버드로 가기 앞서 1950년 나는 넉스빌에 있는 테네시 대학으로 옮겨서 박사 학위를 받기 위한 일을 시작했다. 옮긴 주된 이유는 개미 분류의 전문가인 아더 콜 곤충학 교수가 그 대학에 있었기 때문이었다. 그 해 나는 근처 칠로위와 그레이트 스모키 산을 탐사하면서 내가 원하는 곤충들을 채집해서 개인적으로 소장한 표본들을 늘려갔고, 한편으로 미국, 필리핀, 인도 등지에서 콜이 수집한 곤충들을 연구했다. 나는 수입 불개미의 역사와 유전적 변화에 관한 전반적인 리뷰를 완성해서 학술지 ≪진화(Evolution)≫에 투고했다. 콜의 실험조교 일을 하면서 곤충 해부와 분류에 필요한 기술을 연마했다.

테네시 대학에서 학문적 도전감은 그다지 크지 않았고 나는 불안정해졌다. 따분함 때문에 나는 다소 무모한 행동을 했다. 그 주에서는 교과서에 진화론에 관한 내용을 다루지 못하게 하는 규정이 있었는데, 이러한 사실에 대해 나는 흥미를 느꼈다. 1925년에 테네시 주의회는 성경에서 말하는 인간의 기원을 문제 삼는 원리는 불법적인 것으로 선포했다. 그 해에 존 스콥스라는 젊은 고등학교 교사가 생물 시간에 진화론에 관해 강의했다고 해서 재판에 회부되었다. 미국 역사상 가장 논란이 많았던 재판 중의 하나인 그 재판에서 윌리엄 제닝스 브라이언이 검사였고 클래런스 대로우가 변론을 맡았다. 스콥스의 범법은 명백했으므로 그에게는 유죄 판결과 함께 100달러의 벌금형이 내려졌다. 하지만 진화론에 찬성하는 과학자들의 전문적 증언과 성경을 옹호하는 브라이언에 대한 대로우의 신랄한 법정 공박은 기독교 근본주의자 세계에 충격을 주었다. 주 대법원은 나중에 그를 사면했는데, 그 이유는 단지 벌금 액수가 과도했다는 것 때문이었다. 내가 넉스빌에 처음 왔을 때만해도 그 법은 여전히 유효했으며 상급 법원에서 검토되지 않았다.

그 해 가을 테네시 대학에서 일반 생물학 시간을 지도하던 시기에 나는 최초의 남아프리카 유인원의 발견이라는 놀라운 사실을 알게 되었다. 두뇌가 작은 이들 직립 유인원들의 발견으로 인류는 백만 또는 이백만 년 전에 아프리카 대륙에서 생겼을 것으로 추정되었다. 스콥스 재판 당시에는 가장 원시적인 형태의 진정한 인간으로 사람(Homo)속의 자바원인과 북경원인(지금은 이들을 모두 Homo erectus라는 같은 종으로 분류한다)이 알려져 있었는데, 원숭이와 유사한 먼 옛날의 인류 조상들과 이들 사이에 빠져 있던 연결 고리 역할을 이번 발견이 해준 셈이었다.

나는 이 사실이 금세기의 가장 중요한 과학적 발견의 하나라고 생각했다. 에덴은 다윈의 관점에서 보면 아프리카인 것이다. 나는 인류의 계통발생 과정을 완전히 밝힐 수 있는 가능성과 그것이 인류의 자아 개념에 깊숙이 미칠 영향에 대해 흥미를 느꼈다. 또한 이 일을 들쑤시면 어떤 일이 일어날지 하는 장난스런 마음도 있었다. 스콥스처럼 곤란을 겪을 수도 있겠지만, 나는 추측건대 이제 증거가 매우 확고하므로 별 문제 없이 헤쳐 나올 수 있으리라 여겼고 교수들도 나를 지원하리라 희망적으로 생각했다. 어쨌든 나는 남아프리카의 유인원에 관한 말을 하지 않을 수 없었다.

나는 초급 생물학 강의에서 그 문제에 관한 강의를 할 수 있는 허가를 얻었다. 나는 학생들에게 진화의 문제는 해결되었다고 말했다. 우리는 원숭이나 그와 비슷한 존재로부터 진화했고, 과학자들은 먼 과거의 조상이 언제 살았으며 어떻게 살았는지를 밝혀냈다고 말했다. 그들은 육식을 했으며 에덴은 더 이상 정원이 아니라고 말했다. 학생들은 대부분 신교도였고 몇몇은 내 또래였으며 그들 다수가 근본주의자 가정에서 성장했다. 틀림없이 그들 중 일부는 다윈이 악마의 전도사이고 사악한 이교도의 대변인이라고 배웠을 것이다. 그들은 노트를 했고 몇몇은 시간이 지남에 따라 시계를 훔쳐보았다. 마침내 강의시간이 지났고 나는 학생들의 반응을 기다렸다. 학생들은 자기들끼리 이런저런 잡다한 얘기들을 주고 받으며 강의실을 줄지어 빠져나갔다. 하지만 진화에 관한 토론은 내 귀에 한 마디도 들리지 않았다. 마지막으로 한 학생이 남았는데 체구가 크고 금발의 그 소년은 내 눈을 직시하며 〈기말시험에 나옵니까?〉하고 물었다. 나는 그렇지 않으니 걱정 말라고 했다. 그 학생은 외워야 할 것이 하나 줄어서 마음이 놓인 듯했다. 내 강의에 관해 그 이상은 아무 얘기도 들려오지 않았다. 마치 내가 한 시간 동안 초파리의 생활사에 대해 강의한 것처럼.

주의회는 논리성에 굴복해선지 아니면 단지 불가피한 일로 받아들여서인지 진화론 금지 법안을 1967년에 철폐했다. 진화 이론에 반대하는 종교 운동이 몇몇 다른 주에서 요란하게 일어났지만 성경에 나오는 창조론을 또 다른 이론으로 반드시 가르치게 하는 법안을 끌어내는 데는 성공하지 못했다. 어느 쪽이든 나는 테네시에서 내 나름대로의 교훈을 얻었다. 역사상 위대한 문제는 해결되는 것이 아니라 단지 잊혀질 뿐이라는 것을.

1951년 초에 나는 하버드로 옮겨가기로 결정했다. 그것은 나의 운명이었다. 세계에서 가장 광범위하게 수집된 개미 표본이 그곳에 있었고, 그 표본들을 중심으로 이루어진 곤충 연구의 전통은 깊고도 오래된 것이었다. 하버드에 가는 데 도움을 준 사람은 저명한 식물학자이며 테네시 대학의 교수인 아론 샤프였다. 그는 하버드 지원을 나에게 조용히 충고해 주었고 장학생으로 나를 하버드에 추천해 주었다. 두번째 후원자는 그 당시 하버드 대학의 생물학과 대학원생이었던 윌리엄 브라운이었다. 내가 브라운과 처음 연락을 취한 것은 1948년이었는데, 그때 나는 앨라배마 대학의 학부생으로서 매리온 스미스로부터 그가 개미 생물학에 관심을 갖고 있다고 들었기 때문이었다. 그는 정말로 개미에 푹 빠져 있었다. 또한 그는 내가 아는 한 가장 따뜻하고 가장 아량 있는 사람 중의 하나였으며, 지금도 그러하다. 그는 충고와 격려를 계속함으로써 이미 상당한 정도였던 개미에 대한 나의 열정을 더욱 증대시켰다.

뿐만 아니라 그는 나를 처음부터 한 사람의 성인으로 그리고 동료 전문가로 인정해 주었다. 그는 학문의 좋은 점에 관심을 집중시켰다. 그는 그 점에 관해 다른 사람과 열띤 토론을 벌였으며, 다른 사람들이 중요한 의미를 지닌 연구 주제를 선택하게 만들었다. 그가 나에게 보낸 장문의 편지 속에서 당신이 해야 할 일은 연구의 폭을 넓혀야 하는 일이라고 썼다. 앨라배마 개미들의 조사는 염두에 두지 말고, 중요한 개미 그룹에 관한 전공 논문을 시작해라. 그 연구를 전 대륙에 걸쳐서 진행하고, 사정이 허락하면 전 세계로 확장해 보라. 당신과 나, 그리고 우리와 뜻을 같이 하는 다른 사람들이 개미학 연구를 활성화시켜야 한다. 지금 당신은 남부 중심 지역에 살고 있다는 이점을 갖고 있다. 그곳에는 많은 침독 개미(dacetine)가 있다. 이것들은 정말로 흥미로운 곤충인데, 우리는 그들에 대해 아직 아는 것이 많지 않다. 무언가 독창적인 연구를 할 수 있는 기회이다. 당신이 할 수 있는 것을 살펴보고 나에게 알려주기 바란다.

나는 즉시 침독 개미의 연구에 뛰어들었다. 종을 하나씩 추적해가며 돌 밑을 뒤지고 썩은 통나무와 나무 그루터기를 파헤쳤으며, 개미집을 분해해보고 실험실에서 기르기 위해 개미 군체를 통째로 채집해 왔다. 침독 개미는 가는 몸통에 정교한 무늬가 패인 작은 개미로 길고 얇은 모양의 큰 턱을 갖고 있다. 몸에 난 털은 작은 곤봉, 비늘, 구불구불한 채찍 형태로 변형되어 있다. 많은 종의 허리 둘레에는 흰 색이나 노란 색의 스폰지 같은 깃이 둘러져 있다. 깨끗하고 장식적인 이 개미들은 현미경으로 보면 가장 미적인 쾌감을 주는 곤충 중 하나이다. 일개미는 톡토기나 다른 잡기 어려운 부드러운 몸체의 곤충들을 사냥하는데, 사냥감에 접근할 때는 천천히 다리를 들고 앞으로 흔들면서 매우 조심스럽게 다가간다. 먹이에 다가갈 때는 바늘처럼 날카로운 치열이 보이도록 턱을 활짝 벌리는데, 어떤 종은 180도 이상 벌리기도 한다. 사냥감에 근접해서 입에서 앞쪽으로 뻗어나온 한 쌍의 가느다란 털로 먹이를 더듬을 수 있게 되면 즉각적으로 턱이 곰덫처럼 닫히게 되며 이빨로 먹이를 물어서 꼼짝 못하게 한다. 침독 개미는 종에 따라 먹이 포획 방식을 여러 가지로 변화시켜 사용하는데, 변화는 주로 먹이에 다가갈 때의 속도나 조심하는 정도에서 나타나며, 각 침독 개미 종은 특정 범위의 생물종을 먹이로 사냥한다.

나는 손과 무릎으로 기어서 흙과 썩은 나무들을 파헤치길 좋아했기 때문에, 이것이 주된 이유가 되어 상당히 성공적으로 침독 개미를 추적할 수 있었다. 나는 남부의 여러 주에서 발견한 침독 개미들의 비교 행동에 관한 자세한 내용을 1950년과 1953년에 발표한 두 논문에 제시했다. 1959년에는 브라운과 함께 수집한 자료들을 종합하여 침독 개미 생물학을 준비했다. 우리는 전 세계의 많은 침독 개미종의 포식 습성과 사회조직 사이의 연관성을 찾았다. 남미와 호주가 원산지인 해부학적으로 가장 원시적 형태의 한 종은 땅 위에서 파리, 메뚜기, 애벌레 등 더 크고 다양한 종류의 곤충을 먹이로 사냥하는 것을 발견했다. 그것들은 큰 군체를 이루고 있고, 많은 경우 잘 분화된 카스트들을 갖고 있다. 머리가 큰 〈대형(major)〉과 머리가 작은 〈소형(minor)〉이 있는데 각각은 군체 내에서 다른 역할을 담당한다. 예를 들면 대형은 군체를 침략자로부터 방어하는 데 숙달되어 있는 반면에 소형은 유충을 돌보거나 여왕개미를 보살피는 역할을 하는 경향이 있다. 진화가 계속됨에 따라 해부적으로 더 진화된 현생종에서 볼 수 있듯이 개미는 다른 작은 곤충만 겨냥하는 쪽으로 한정되어 왔다. 그에 따라 일개미의 크기도 작아지고 각 군체 안에서는 거의 동일한 크기가 되었으며, 작업의 분업화도 줄어들었다. 군체의 총 개체수도 적어지고 개미집은 점점 땅 밑으로 들어가 눈에 띄지 않게 되었다.

우리의 연구는 행동학 연구에 있어서 새로운 접근 방식이었다. 내가 아는 한 동물의 사회 생태학에서 이루어진 진화에 관한 연구로는 침독 개미 연구가 처음이었다. 우리의 연구는 1960년대에 영장류의 사회 생태학 분야에서 이룩한 존 크룩 등의 연구보다 앞선 것이었다. 어떤 점에서는 우리의 연구가 더 확실하다고 할 수 있는데, 그 주된 이유로는 우리가 더 많은 종을 다루었고 먹이 선택에 관한 실험까지 포함했다는 점을 들 수 있다. 하지만 우리는 연구결과를 전 세계로 배포되는 유수한 학술지 ≪계간 생물학 리뷰(Quarterly Review of Biology)≫에 게재했음에도 불구하고 우리의 논문은 그다지 인용되지 않았다. 동료 곤충학자들만이 주로 인용했을 뿐이다. 그 후의 행동 생태학과 사회생물학의 발전에도 별 영향을 주지 못했다. 원숭이나 새 등의 다른 척추동물이 인간과 비슷한 크기이고 개미보다는 익숙하기 때문에 교과서나 인기있는 기사에서 그것들을 더 〈중요한〉 것처럼 다루었다는 점을 일부 이유로 들 수 있다.

나중에 젊은 곤충학자들에게 빌 아저씨라는 애칭으로 불리게 되는 윌리엄 브라운이 하버드에 한 번 오라고 나를 청했다. 1950년 6월 말에 나는 모빌에서 보스턴까지 그레이 하운드 버스를 삼 일 밤낮 동안 타고 하버드를 방문했다. 버스는 오만 명 이상의 인구가 사는 도시나 읍에는 모두 정차하는 것 같았고, 내가 비교동물학 박물관 내의 개미 연구실에 도달했을 때는 매우 지쳐 있었다. 빌과 그의 아내 도리스가 나를 친절하게 맞아주었다. 그들은 자신들의 케임브리지 아파트에 나를 묵게 해주었고 나는 그들의 두 살 난 딸 앨리슨의 아기 침대 옆 소파에서 잤다. 다음날 이른 아침에 막 끝낸 빌의 박사학위 논문 원고를 잡으려고 앨리슨이 침대 울타리 사이로 손을 내미는 모습을 나는 걱정스런 마음으로 지켜 보았다. 그 뒤 며칠 동안 빌은 야외 연구를 위하여 호주로 떠날 마지막 준비를 도리스와 함께 하는 가운데에서도 시간을 내서 수집된 개미 표본들을 나에게 보여주었다. 그는 또 다시 나에게 크고 비중 있는 문제를 선택하고 발표 가치가 있는 결과를 겨냥하라고 격려해 주었다. 그는 침독 개미 연구와 불개미 연구는 장래성이 있다고 말했다. 하지만 보다 폭 넓게 계획을 세워 연구를 효율적으로 수행하려면 먼저 하버드로 와야 한다고 말했다. 총체적인 안목을 지녀야 하며, 지역적인 연구나 한정된 목표에 안주하지 말라고 충고했다. 그는 교수이며 곤충 화석과 진화에 매우 권위가 있는 프랭크 카펜터에게 나를 소개시켰다. 그는 뒤에 나의 논문 지도교수가 되었다. 두 사람은 모두 내가 하버드 박사과정에 지원할 것을 강하게 권유했고, 나는 이미 테네시 대학에서의 1950-1951학년도 등록을 마쳤지만 그들의 말을 따랐다.

다음 해 봄에 나는 다가오는 가을학기에 하버드에 입학할 것을 허가받았고 학비를 모두 충당할 장학금과 교육조교 일도 얻었다. 1951년 8월 말에 나는 녹스빌의 중고 가게에서 내가 가진 단 한 벌의 양복을 10달러에 판 뒤 연구 노트와 다른 물건들을 트렁크 하나에 챙겨 넣고서 버스로 루이빌에 있는 어머니와 해롤드에게 갔다. 구세군 모양의 허름한 차림을 한 나를 보고서는 해롤드는 나를 양복가게로 데려가 1951년 당시 하버드 대학생에 어울리는 옷을 사 주었다. 나는 단추로 칼라를 채우는 옥스퍼드식 흰색 셔츠에 폭이 좁은 니트 타이를 메고 아이리쉬 트위드 재킷과 치노 바지를 입고 흰색 더크 구두와 양말을 신은 차림이 되었다. 상고 머리 형태로 이발을 하고 나니 새로운 생활을 시작할 준비 태세가 갖추어진 셈이었다.

나는 버스로 보스턴에 도착해서 하버드 광장까지 지하철을 탔다. 매사추세츠 홀 옆에 있는 하버드 야드 입구까지 건너가서 처음 만난 사람에게 캠퍼스를 가로지르는 길을 물었다. 그는 분명히 학생이었고 교양 있는 영어로 말했다. 이것이 그 유명한 하버드 말투라고 나는 생각했다. 여러 주 후에 2학년 학부생이었던 그 학생이 내가 가르치는 초급 생물학 실험에 나타났다. 그때 그의 이름이 존 하버드 베이커라는 것을 알았고, 그가 영국인이며 미국에는 최근에 왔음을 알았다. 그리고 그는 1636년 기부금을 내어 대학을 설립시킨 존 하버드의 삼촌의 후손이었다.(하버드 본인에게는 자식이 없었다.) 나는 우리의 만남을 언급함으로써 내 학자 생활의 남은 전 기간 동안 지내게 된 대학에 대해 적절하고도 상징적인 소개를 했다고 생각한다.

나는 9월 그날 하크니스 커먼스에 있는 대학원생 기숙사 중 하나인 리처드 홀에 가서 그곳 관리실에서 열쇠를 받았고, 내 방으로 배정된 101호로 갔다. 룸메이트는 이미 들어와 있었고 이름을 문에다 붙여 놓앉다. 헤제키아 올루와산미(*Hezekiah Oluwasanmi*). 무슨 이름이 이런가 하고 생각했다. 폴리네시아인인가? 아니면 사모아인? 그는 나이지리아 인이었고 박사 과정 학생이었다. 우리는 곧 친해졌고 그가 이페 대학 (*University of Ife*)에서 부총장이 된 이후로도 관계가 지속되었다. 1951년 가을 동안 나는 내 책상에서 책을 읽으면서 헤제키아와 뺨 위에 부족 표시의 상처가 있는 몇몇을 포함한 그의 친구들이 다가올 나이지리아 독립에 대해 토론하는 소리를 듣곤 했다. 그들은 영국령 아프리카에서 의 그런 운동을 계획하는 첫번째 지성인들인 셈이었다. 같은 방에 있었 기에 무언가 불법적인 일에 관련되는 것이 아닌가 하고 생각했었다. ≪모빌 프레스 레지스터≫지 첫 줄에 〈앨라배마 태생의 미국인이 FBI에 의해 아프리카 혁명가들과 함께 체포되다〉라는 기사가 게재되는 것을 상상할 수 있었다. 그것은 흥분되는 일이었고 내가 막 들어온 넓고 무 한히 흥미로운 세계에 대한 적절한 시작이었다.

9 오리자바

나는 거의 전 생애 동안 열대 지방을 동경해 왔다. 나의 소년 시절 환상은 소로와 뮤어가 탐험한 비교적 온화한 기후의 온대 지방 너머까지 뻗어 나갔다. 나는 북극의 빙산이나 히말라야 고지대에는 아무 흥미도 없었다. 그보다는 열대의 기이한 동물을 사냥하는 프랭크 벅과 이반 샌더슨이나 베네주엘라 정글을 탐험한 윌리엄 비브 같은 자연 탐색자들을 동경했다. 내가 좋아하는 소설은 아더 코난 도일이 지은 『잃어버린 세계(*Lost World*)』인데, 그 책에는 공룡이 아무도 등반한 적이 없는 남미 대륙의 테푸이 고원 정상에 살아 있을지 모른다는 내용이 암시되어 있었다. 나는 ≪내셔널 지오그래픽≫에 나오는 남생이 잎벌레와 나비의 기사에 흠뻑 빠졌다. 그것은 내가 커서 되고 싶었던 그런 부류의 곤충학자들이 발음하기 힘든 오지를 여행하며 채집한 〈날개 달린 보석〉이었다. 내 마음속에 자리잡은 열대 지방은 야성적인 창조의 세계였다.

내가 소년일 때만해도 대부분의 열대우림과 사바나는 여전히 19세기적 의미에서의 야생 지역이었다. 도보 탐험을 기다리는 황무지가 거대한 지역에 펼쳐져 있었고 군데군데 뗏목조차 지나지 않은 강과 신비로운 산들이 박혀 있었다. 아마존-오리노코 유역의 오지와 뉴기니 고원지대에는 백인과 만난 적이 없는 석기 시대인들이 살고 있었다. 하지만 하얀 물결, 무언가 의미를 전달하는 북소리, 천막 기둥에 꽂혀 떨리는 화살, 그리고 탐험가의 깃발이 꽂히기를 기다리는 처녀봉 등, 이 모든 것보다 나의 마음을 강하게 잡아 끈 것은 열대 지역의 동물상과 식물상이었다. 그것은 나의 꿈이 향하는 중심이었고 내가 들어가기를 갈망하던 아름다움과 복잡함이 섞여 있는 아찔한 세계였다. 십대 후반에 나는 참을 수 없게 되어 그와 비슷한 괜찮은 곳을 집 주위에서 찾으려 했다. 앨라배마 만의 늪지대와 강변의 참나무 숲이 나에게는 열대 우림의 축소판으로 여겨졌다. 대학에 들어간 후에는 모빌-텐소 삼각주 범람원 주위를 마음속으로 열대 우림과 비교하며 탐험했었다. 나는 관목들이 밀집해 있는 식물상과 항해가 어려운 얕은 진흙 바닥의 구불구불한 강 지류 등에 매력을 느꼈다. 그곳은 어떤 야외 생물학자도 탐사한 적이 없는, 어떤 이유로든 누구도 별로 들어와 본 적이 없는 장소였고, 나는 발견된 적이 없는 개미종과 다른 곤충들이 과학적으로 새로운 생태적 지위에서 살고 있을지도 모른다고 생각했다. 나는 그 안쪽으로 혼자 탐험해 들어가 보겠다고 결심했고 그럼으로써 최소한 마음만은 열대 지방 탐험가로서의 경력을 시작하는 것이라 여겼다.

나는 삼각주 안쪽으로 들어가지는 못했다. 앨라배마 대학교에서 대학 생활에 필요한 일들을 하기에 너무 바빴고, 계속되는 불개미 연구와 다른 연구 과제로 주 여러 곳을 다녀야 했다. 그리고 대학원 공부를 계속하려고 테네시 대학과 하버드 대학으로 잇달아 전학했기 때문에 그 지역의 탐사는 이루어지지 못했다.

하버드에서의 첫 해에 이 일은 또 다시 지연되었다. 나는 삼사 년이면 대체로 끝낼 수 있는 적절한 학위 논문 과제에 매달렸다. 그러고 나면 열대로 갈 수 있을 거라고 생각했다. 나의 연구는 북부 온대 지역 곤충들 중에서 가장 많으면서도 별로 연구되지 않은 *Lasius*라는 풀잎 개미 속에 관한 것이었다. 40종 이상이 유럽, 아시아, 북미 등의 시원한 서식처에 두루 분포하고 있다. 그 군체들은 미국과 캐나다의 옥수수밭, 잔디밭, 골프장, 보도의 깨진 틈 등에 산재하는 많은 개미집의 대부분을 차

지하고 있다. 필라델피아, 터론토, 보이시 등과 같은 도시의 거리에서 조그맣고 갈색이며 통통한 개미를 주의 깊게 찾아본다면, 먹이를 나르고 있는 풀잎 개미 종의 일개미를 첫번째로 발견할 가능성이 크다.

연구를 수행하는 데는 많은 양의 박물관과 실험실에서의 작업이 상당히 필요했지만, 탐험가가 되고자 하는 나의 욕구는 나를 야외로 내몰고 있었다. 1952년 여름 야외탐사에 결정적으로 다시 뛰어든 것은 토마스 아이스너와 공동으로 일하게 되었을 때였다. 그는 나와 같이 하버드 대학교의 대학원 일학년생이었다. 우리는 과학적 관심이 매우 비슷했고 바로 친한 친구가 되었다. 그는 다양한 문화적 배경과 강한 추진력을 갖는다는 점에서는 완벽한 하버드 지성인이었다. 독일의 유태인인 그의 아버지 한스는 화학자였는데, 1933년 히틀러가 집권하게 되자 아내 마가렛, 세살박이 톰과 톰의 누나 베아트리스를 데리고 독일을 떠났다. 그들은 바르셀로나에 정착했는데, 곧이어 벌어진 스페인 내전과 파시즘 세력의 확대 양상만을 목격한 셈이 되었다. 1936년 일곱 살이 된 톰은 도시를 폭격하는 폭격기의 소리를 들었고, 가족은 마르세이유로, 그리고 파리로 피난할 준비를 했다. 1937년 톰의 아버지는 가족을 우루과이의 몬테비데오로 데려갔고, 이 중립국가에서 톰은 상대적으로 평화롭게 나머지 소년 시절을 보냈다. 전쟁은 이제 지평선 너머로 사라졌지만 톰은 전쟁의 진행 상황을 알고 있었다. 〈그라프 스페 제독〉이란 이름의 소형 전함이 영국 순양함에 쫓겨 몬테비데오 외곽 플레이트 강에서 침몰되면서 내던 연기를 먼 곳에서 지켜보던 구경꾼 중에도 톰이 있었다.

우루과이에서 톰은 그의 평생 동안 지속될 나비와 다른 곤충에 관한 흥미를 갖게 되었다. 대학에 들어갈 나이가 될 무렵 그의 가족은 뉴욕으로 이주했고 톰은 독일어, 스페인어, 불어, 영어에 능통하고 이탈리아어를 약간 할 수 있는 상태로 하버드에 왔다. 그는 콘서트 피아노도 능숙하게 다루었는데, 나에게 있어서는 그가 입장이 뚜렷한 곤충학자라는 점이 가장 중요했다. 그 한 가지 중심 되는 추구 사항에 있어 우리는 정신적 친족인 셈이었다. 그의 어린 시절은 좀더 규모가 크다는 점만 제외하고는 나의 어린 시절과 비슷했다. 한 지역에서 다른 지역으로 이주해 다니면서 두렵고 불안했지만 우리는 자연사에서 안식처를 찾은 것이다.

아이스너는 가는 머리카락에 호리호리한 체격을 지녔으며(그의 모습은 세월이 지나도 놀랍게도 거의 변하지 않았다), 느슨하지 않고 정력적인 태도로서 한 과제가 끝나면 곧바로 다른 과제에 매달렸다. 그는 평생동안 비상한 노력을 했을 뿐 아니라 내가 점화법(點畵法, pointillist technique)이라고 이름 부르고 싶은, 진화생물학 분야에 놀라울 만큼 잘 적용되는 방법을 완벽히 터득한 덕분에 위대한 생물학자가 되었다. 아이스너는 곤충과 다른 절지동물이 의사소통과 자신의 방어를 위해 화학물질을 분비하는 방식의 어떤 측면에 초점을 맞추어 바늘 끝과 같이 언제나 정확히 분석함으로써 세밀한 노력을 요하는 연구들을 해치웠다. 따로 떼어내어 본다면 각각의 논문은 단지 소수의 종에만 적용한 것으로 결과적으로 한정된 흥미만을 갖는다. 그러나 각 논문들을 모아서 약간 거리를 두고 살펴본다면 생물학의 새로운 진화적 패턴이 나타난다.

1951년 가을 그를 처음 만났을 때 아이스너는 나처럼 학자로서의 경력을 쌓는 중요한 단계의 시발점에 있었다. 우리가 큰 성취를 이룰 학생들과 어울릴 수 있었던 것은 행운이었다. 그들이 우리에게 준 영향은 즉각적이었고 상당한 것이었다. 그들 중에는 스탠퍼드 대학의 총장이 된 도날드 케네디, 몬산토 회사의 연구 담당 부책임자가 된 하워드 슈나이더만, 세포학과 의학 연구에서 뛰어난 업적을 남기게 된 셸던 울프 등이 포함되어 있었다.

톰과 나는 1952년 여름에 북미 대륙을 빠르고 자유롭게 여행하면서 곤충들을 탐사하기로 했다. 6월 하순에 우리는 톰이 우루과이의 고대 아메리카 토인 전사 부족의 이름을 따서 샤루아 2세라고 이름 붙인 42년형 시보레를 타고 출발했다. 우리는 매사추세츠에서 북쪽으로 온타리오까지 간 뒤에 그레이트 플레인스(Great Plains. 역주: 록키 산맥 동쪽의 고원지대)의 주들을 횡단해서 몬타나와 아이다호에 닿고, 그곳에서 캘리포니아, 네바다, 아리조나, 뉴멕시코로 그리고 멕시코 만 연안의 주들을 거쳐 최종적으로 8월 하순에 북쪽의 집으로 향했다. 우리는 자연 탐색을 하는 방랑자로서 사회에서 근근히 살아가는 생활 형태를 따랐다. 매일 밤 우리는 노천에서 잠을 잤는데, 때로는 주립 공원의 무료 캠프 구역에서 지냈지만 트인 벌판의 가장자리와 길 옆의 식림용지에서 지낸적은 더 많았다. 우리는 깡통 음식을 먹었고 캠프장 수도에서 옷을 빨았으며, 얼마되지 않는 우리의 자금은 대부분 샤루아 2세의 유지와 기름값으로 쓰여졌다. 백 마일에 한 쿼트의 기름이 들어갔으며 닳아진 타이어를 자주 수리해야 했다. 내가 개미를 수집하고 관찰하는 동안 아이스너는 해부학에 관한 장래의 학위 논문 연구를 위해 개미를 수집하고 더불어 먼지뿔잠자리, 노랑줄약대벌레, 그리고 뿔잠자리(Neuroptera)목에 속한 다른 곤충들도 채집했다.

그 당시만 해도 국립공원에는 사람이 많지 않았고 많은 국내 주요 고속도로가 이차선으로 구불구불했다. 우리는 거의 무작정 삼나무 늪지와 고산 지대의 초지와 타는 듯한 사막을 곤충을 관찰하고 수집하며 돌아다녔다. 칠월의 찌는 듯한 밤에는 머리에 둘러쓴 물 적신 손수건만으로 열을 식히며 재빠르게 데스 밸리(Death Valley. 역주: 캘리포니아 동부와 네바다 주 남부에 위치한 건조 분지)를 횡단했다. 우리는 북미대륙의 주요한 생태계를 대부분 가까이서 관찰했고, 그 굉장한 여름에 배운 모든 것들로 인해 확고해진 야외 생물학에 대한 우리의 열정을 평생 유지할수 있었다.

몇 달이 지난 1953년 봄 나는 하버드 대학교 특별연구회(Fellow Society)에 신진 연구원(Junior Fellow)으로 뽑히는 일생일대의 기회를 잡았다. 이 연구회는 케임브리지 대학의 트리니티 대학 특별 연구원 제도를 본뜬 것인데, 특별한 장학생 자질을 갖춘 젊은 남자에게(훗날엔 젊은 여자에게도) 3년 동안 아무 제약없이 재정적 지원을 해주는 것이다. 신진 특별연구원은 아무 주제나 연구할 수 있고 어떤 형태의 연구조사도 행할 수 있으며 관심에 따라 세계 어느 곳이든 여행할 수 있었다. 이 연구회는 24명의 신진 특별연구원과 9명의 선임 특별연구원으로 구성되는데 선임 연구원은 뛰어난 하버드 대학의 교수들로서 젊은 청년들의 조언자 역할과 저녁 회식의 동반자 역할을 맡았다. 매년 선임 특별연구원들은 3년째 되는 졸업반 학생들을 대신할 8명의 새 연구원을 뽑았다. 1953년 운좋게 그 중 하나가 된 나는 로웰 하우스에 무료로 기숙할 수 있게 되었고, 충분한 장학금과 책 값, 그리고 신청만 하면 여행 자금을 받을 수 있었다.

가을 학기 첫번째 저녁 회식에서 신임 연구원들은 일어선 채 이 연구회 의장인 역사학자 크레인 브린턴으로부터 1932년 하버드 총장으로서 연구회 설립에 자신의 재산 중 상당 부분을 기여한 애버트 로렌스 로웰이 쓴 헌장 낭독을 들었다.

여러분은 자신이 선택한 분야에서 개인적 성취 가능성과 지식과 사고에 두드러진 기여를 할 유망함 때문에 이 구성원으로 뽑혔습니다. 여러분은 자신의 모든 지성과 도덕적 힘으로 그 기대에 부응해야 하며…… 여러분은 목전의 목표를 넘어 원대한 목표를 추구해야 하며 이미 이루어 놓은 일에 안주해서는 안 됩니다. 여러분은 자신이 이룩하거나 발견하는 모든 것을 각각의 독립된 접근을 통해 모든 진정한 학자가 찾고자 노력하는 전체의 한 부분으로 간주하여야 합니다.

충분히 타당한 말이다. 그 첫날 저녁에 나는 전문가가 골라낸 포도주, 살짝 익힌 쇠고기의 맛을 음미했고 식후에는 여송연을 피우며 자의식이 강한 학자들과 대화를 즐겼다. 대커레이(Thackeray) 소설의 배리 린든처럼 나는 영주들의 모임에 참석하도록 허가된 가난하지만 행복한 사람이었다. 연구회는 나의 자아개념과 경력을 변화시켰다. 가장 크고 직접적인 영향으로서 나에 대한 기대치의 갑작스런 상승이 나타났다. 나는 다양한 분야의 일류급 학자들에 의해 평가되었고 팽창하는 학문의 영역에서 비상한 연구를 해낼 수 있을 것으로 간주되었다. 나는 나에 대한 기대에 부응하는 데 3년의 세월이 있고, 그 시간은 내가 이글스카웃이 되는 데 걸린 시간과 같은 기간이라고 생각했다. 나는 문제없이 해낼 수 있다고 느꼈다. 연구회 소속의 졸업자와 선임 특별연구원들은 두드러진 업적을 이루었다. 그들 중에는 노벨상 수상자도 있었고 퓰리처 상을 받은 이들도 끼여 있었다. 겨냥할 만한 목표로 삼을 만하다고 생각했다.

특별연구회의 두번째 이점은 여러 광범위한 분야에서 두각을 나타내기 시작하는 20대의 젊은 사람들을 매주 만날 수 있다는 점이었다. 내가 새로 알게 된 사람에는 동물의 본능적 행동에 대해 같이 토론했던 노암 촘스키, 시인인 도널드 홀, 나중에 하버드 문리대학장을 지내게 된 경제사학자 헨리 로조브스키 등이 있었다. 내가 신진 연구원으로서 3년 동안 저녁 식사 시간에 만날 수 있었던 초대 손님 가운데에는 버나드 드 보토, T.S. 엘리엇, 로버트 오펜하이머, 이시도어 래비 같은 저명한 인사들이 포함되어 있었다. 특히 핵실험이 가져올 진화적 결과에 관한 래비와의 논쟁은 지금도 기억할 수 있다. 그는 방사능이 돌연변이를 촉진하여 진화를 가속시키므로 핵실험은 긍정적이라는 입장을 변론했다. 정말 긍정적이라 할 수 있는가? 그의 말이 진지한 것이었는지 확신할 수는 없지만 대화는 여러 정보를 가득 담고 있었고 양쪽 모두의 흥미를 불러일으켰다.

특별연구회의 마지막 선물로서 열대 지역을 갈 수 있는 기회가 마침내 나에게 주어졌다. 나는 6월 중순경 상황이 허락되는 즉시 쿠바로 떠났다. 마이애미에서 하바나까지의 비행기 여행 도중 기장이 젊은 승객들을 조종실로 초대했고, 그곳에서 나는 쿠바 연안이 시야에 나타나는 모습을 지켜보면서 나의 꿈이 현실로 다가옴을 실감했다.

하바나에서 나는 열대식물학 과정을 막 시작하는 소규모 그룹의 다른 하버드 대학원생들과 합류했다. 우리는 먼저 피나르 델 리오의 서쪽 지방까지 차로 가서 석회암이 울퉁불퉁하게 돌출되어 있어 사탕수수 밭으로 전환되기 어려운 모고테(mogotes. 역주: 카르스트 지역에서 침식을 면한 석회암 언덕) 지역에 군데군데 흩어져 있는 숲을 찾았다. 나머지 대부분의 땅은 먼지와 풀밭으로 변해 있었고 키가 큰 대왕 야자수만이 군데 군데 남아 있을 뿐이었다. 여러 날이 지난 후 솔리다드에 있는 하버드 대학 소유의 애트킨스 가든에 다달았는데, 이곳은 피그스 만에서 동쪽으로 40마일쯤 떨어져 있는 남서 해안의 시엔푸에고스 근처에 있었다.

가든에서부터는 로버트 드렉슬러와 퀜틴 존스 그리고 행로 지시자인 그래디 웹스터 등 세 명의 식물학자와 동행해서 라 빌라 지역에 남아 있는 쿠바 삼림을 탐사하러 떠났다. 이 탐사의 진짜 어려운 점은 섬의 생태계가 파괴되어 버린 충격적인 장면을 목격하며 나가는 것이었다. 수 세기에 걸쳐 쿠바의 지주들은 그 지역에 자생하는 동물상과 식물상에 대해 허가를 받지 않고 삼림들을 가차없이 쓸어버렸다. 마지막까지 남은 삼림을 찾아서 우리는 불도저와 체인톱이 미치지 않은 가파른 산기슭이나 강 협곡의 기슭까지 가야만 했다. 1953년 쿠바의 서쪽 중심부를 지나면서 열대에 관한 나의 개념은 근본적으로 달라지기 시작했다.

지프를 타고 그 지방에서 잘 알려진 블랑코 숲을 찾아간 날은 기억할 만하다. 그곳은 부유한 현지 비거주 지주가 어떤 이유에서인지 개발하지 않아 숲이 무성하게 남아 있었다. 블랑코 숲은 라 빌라 지역 전체에서 얼마 남아 있지 않은 비교적 자연 그대로의 저지대 삼림 중 한 곳이며, 아마도 쿠바 전체를 통틀어서도 마찬가지일 것이다. 우리는 사탕수수 밭과 소 떼가 있는 목장을 따라 마차자국이 난 먼짓길을 수 마일 달리고, 잡초가 열지어 우거져 있는 작은 여울을 건너고, 목본 식생이 이차림을 이루고 있는 지역을 통과해 갔다. 때때로 우리는 차에 내려서 축사 문을 엮어 본 뒤 다시 닫아두기도 했다. 우리는 가는 도중 길가의 굳어진 진흙땅에서 자생하는 식물과 곤충을 찾으려 했으나 거의 아무것도 찾을 수 없었다. 그 지방 특유의 쿠바 새와 다른 척추동물을 탐색하는 일도 마찬가지로 성과가 없었다. 그 근방에서 볼 수 있었던 것은 흔한 갈색 아놀 도마뱀으로 울타리 말뚝 위 등에서 눈에 띄었고, 가끔은 대왕 야자수의 수관 안에서 거대한 쿠바 아놀 도마뱀을 보았을 뿐이다.

마침내 블랑코 숲에 도달하고 보니, 그곳은 보통 우리가 기대하는 우

146

림지가 아니라 대부분이 부싯깃(역주: 썩은 나무가 균류에 의해 분해되어 생긴 불붙기 쉬운 물질)인 작거나 보통 크기의 나무들과 그 나무 밑을 빽빽하게 둘러싸는 관목들이 있는 장소로서 별 매력이 느껴지지 않았다. 나무들을 동정할 수 없었다면 아이오아 숲지대의 가장자리쯤에 있는 것으로 생각할 수도 있었다. 그래도 그 작은 숲은 쿠바 고유의 동물상과 식물상을 대표할 만큼 풍부한 종을 갖고 있었으며, 우리는 자생종의 연이은 발견에 매우 기뻤다. 모기들이 땀에 젖은 나의 얼굴과 팔에서 잔치를 벌이는 동안 나는 두 종의 귀중한 개미 세계를 발견했다. 하나는 쿠바 침개미인 *Thaumatomyrmex cochlearis*로 머리 주위를 감은 균형 잡힌 커다란 갈퀴 모양의 턱이 있어 그 중 가장 긴 가지가 후두부 너머까지 뻗어 있는 것이었다. 다른 하나는 전세계적으로 희귀한 개미 중의 하나인 *Dorisidris nitens*로서 광택 있는 검은 색 종으로 쿠바에서만 발견되는 종이며 이전에 한 번밖에 채집되지 않았던 것이다. 몇 시간 동안 모아진 이들 표본들과 다른 것들은 비교동물학 박물관의 개미 표본실에 귀중한 자료로 남아 있다.

우리는 그곳에 남아 있는 숲을 조사하기 위해 다음으로 들를 곳을 트리니다드 산맥으로 결정했다. 그곳까지의 자동차 여행은 블랑코 숲까지의 여행보다 훨씬 더 힘들었다. 우리는 남동쪽으로 이차선 도로를 따라갔는데 대부분의 구간이 비포장이었다. 이것은 시엔푸에고스에서 트리니다드의 읍까지 이어진 고속도로로서 리오 아리마오의 여울목에서는 트럭과 차들이 꽉 막혀 한 시간 동안 지체했다. 우리는 새로운 도로가 단층 지괴의 동쪽 기슭으로 뚫렸다는 말을 듣고, 그 도로가 숲지대가 있을 것으로 여겨지는 산 블라스 근방으로 통하는 지름길일 것이라 생각하고 잃어버린 시간도 벌충할겸 그 길을 택하기로 했다. 그 길은 결과적으로 진흙탕의 악몽 같은 길이었다. 우리는 어렵게 전진했고 때때로 깊이 패인 바퀴 자국에 빠진 사륜구동차를 밀어서 꺼내기도 했다. 우리는 땅을 고르는 장비와 갓 베어낸 통나무들(우리의 숲이었을 통나무!)을 싣고 내려가는 트럭들을 지나쳐 갔다. 마침내 우리는 정상에 이르러 휴식을 취하고 표본을 수집하려고 했는데, 한 무리의 사람들이 집에서 나와 우리에게 다가와 갈채를 보냈다. 우리가 새 도로로 꼭대기까지 올라온 첫번째였다는 것이었다.

이날 섬 반대 쪽에서는 젊은 피델 카스트로가 천 명의 바티스타 군대가 지키는 산티아고 드 쿠바의 몬카타 배럭스를 습격할 준비중에 있었다. 자살에 가까운 그의 공격은 일 주일 후에 벌어지게 된다. 그리고 7년 뒤 하버드 대학의 땅은 몰수되었고, 미국의 자연탐구자에게 쿠바는 금단의 땅이 되었다.

우리가 트리니다드 산맥에서 만난 작은 숲은 대부분 가족 소유의 조그마한 커피 농장인 카페탈스(cafetals)였다. 나는 몇몇 토종인 쿠바 개미들과 그곳에 서식하는 다른 곤충을 발견했고 당연스럽게 채집을 했다. 우리는 길을 벗어나 낭떠러지 가장자리를 따라, 그리고 날카롭게 돌출되어 있는 석회암 주위를 돌며 더 높은 비탈로 어렵게 올라갔다. 그땅은 너무 가파르고 울퉁불퉁하여 농사를 지을 수는 없었지만 충분히 비옥하여 자생 우림과 다른 식생들이 군데군데 남아 있었다. 산과 석회암만 아니었다면 쿠바는 온통 사탕수수 밭이 되었을 것이라는 생각이 들었다. 미나 카를로타에서 우리는 드디어 쿠바 산맥의 오래된 동물상과 식물상이 풍부한 지역에 들어섰다. 1953년인 지금 국립동물원 원장으로 있는 윌리엄 만이 40년 전에 개미를 공부하는 하버드 대학원생으로서 정확히 이 지점을 여행했다. 수 시간 동안 마구잡이로 채집하던 중에 그는 전혀 새로운 종과 마주쳤으며, 자신을 후원한 윌리엄 모튼 휠러 교수에게 경의를 표하기 위해 그 종의 이름을 *Macromischa wheeleri* 라고 명명했다. 1934년 그는 자신의 발견을 다음처럼 ≪내셔널 지오그래픽≫에 자세히 기술했다.

나는 쿠바의 시에라 드 트리니다드 주의 미나 카를로타에서 지낸 크리스마스를 기억한다. 나는 제법 큰 돌을 뒤집어서 그 밑에 무엇이 사는지 보려고 했는데 돌의 가운데가 쪼개지면서 바로 그 중심부에 차 스푼의 반쯤 되는 분량의 금속성 녹색을 띤 화려한 개미들이 햇빛 속에서 반짝거렸다. 그 후 그것들은 미지의 종임이 밝혀졌다.

열살 때 이 글을 읽은 이래 나는 살아 있는 에머럴드와 같은 개미를 머나먼 곳에서 조사해낸다는 생각에 줄곧 매혹되어 있었다. 지금 여기 내가 미나 카를로타의 가파른 수풀 기슭을 올라와 바로 그 장소에 와 있는 것이다. 개미를 찾으면서 나는 계속해서 석회암 돌들을 뒤집어 보았고 그 중 몇 개는 만의 손길이 닿은 것일지도 몰랐다. 몇 개는 쪼개지고 몇 개는 부스러졌지만 대부분은 그대로 있었다. 그러다 한 돌이 두 쪽으로 갈라지면서 구멍이 드러났고 그곳에서 티 스푼 하나 정도 되는 분량의 금속 느낌을 주는 아름다운 *Macromischa wheeleri*가 쏟아져 나왔다. 그렇게 긴 세월에도 불구하고 내가 만의 발견을 그대로 재현할 수 있었다는 데 특별한 만족감을 느꼈다. 자연 세계와 인간 정신이 모두 계속됨을 재확인한 것이었다.

동료들과 트리니다드 단층 지역을 가로질러 마야리로 나아가던 도중 나는 또 다른 종류의 개미인 *Macromischa squamifer*를 보았는데 일개미들이 햇살 속에 금빛으로 반짝거렸다. 그 색은 세계의 많은 지역에서 발견되는 남생이잎벌레의 반짝이는 색과 비슷했다. 이 있을 것 같지 않은 놀라운 색깔은 몸통 위에 미세하게 융기된 부분에서 강한 빛이 굴절되어 나타나는 것 같다. 밝은 색은 서인도 지역의 *Macromischa* 종들에게 널리 퍼져 있는 특성인데(*Macromischa* 속은 후에 가슴개미 *Leptothorax* 속과 한 그룹으로 재분류되었다), 아마 이 개미들은 이 색을 통하여 몸통 끝에 나있는 강한 침과 몸 속의 샘에 들어 있는 독성 물질에 관해 포획자에게 경고하는 것으로 추측된다. 자연 세계에서 아름다움은 보통 목숨을 위태롭게 하는데, 아름다움에 분별없는 행동이 추가되면 그 위태로움은 치명적이다.

그 특별한 날에 쿠바의 오래된 동물과 식물 등이 성스런 폐허 속에 살아남은 영혼처럼 계속해서 모습을 드러냈다. 고도가 천 미터인 나란

조 부근의 목성(木性) 양치류 위에서 녹색을 띠는 밝은 갈색의 아놀 도마뱀을 발견했는데, 그것은 등을 따라 크림색 장방형의 무늬가 새겨진 새로운 종이었다. 그것은 그 속에 속하는 대부분의 다른 종들의 달리는 모습과는 다르게 개구리처럼 뛰면서 도망쳤다.

그 도마뱀 종류의 기준으로 볼 때 거대하다고 할 수 있는, 30센티미터 정도의 길이인 또 다른 아놀 도마뱀 종류를 식물학자들이 나에게 가지고 왔다. 눈꺼풀은 부분적으로 붙어 있어 항상 조는 듯한 모습이고 머리 뒷면에 기묘하게 생긴 초생달 모양으로 융기된 부분이 있었다. 그 동물은 아놀 도마뱀으로서는 매우 천천히 움직였고 눈동자를 서로 다른 방향으로 자유롭게 움직일 수 있는 특별한 능력을 갖고 있었다. 후에 이 조그만 괴물이 *Chamaeleolis chamaeleontides*라는 이미 알려진 종이며, 쿠바 지역의 고유한 속의 유일한 종임을 알았다. 그것에 이름을 붙인 19세기 동물학자도 알고 있듯이 그 동물은 내가 방금 말한 그 특성에 있어서 아프리카와 마다가스카르에 사는 진짜 카멜레온과 유사하다. 하지만 겉으로 나타난 유사함은 이 도마뱀들과의 친족관계 때문은 아니다. 그것은 아프리카에서 대서양을 건너 서인도제도로 떠내려온 아프리카 종의 후손이 아닌 것이다. 그보다는 수렴진화의 결과로 그 특성이 나타났고, 그것은 그야말로 순수한 쿠바산인 것이다.

나는 그 도마뱀의 우락부락한 모습과 주름잡힌 회색 피부에 따라 메두셀라(Methuselah)라고 이름지었고, 그 해 여름의 남은 여정 내내 애완동물처럼 데리고 다녔다. 나는 메두셀라를 좋아하기도 했지만 이것이 독창적 연구의 좋은 기회임도 인식하고 있었다. 이전에는 아무도 살아 있는 *Chamaeleolis*를 연구한 적이 없었다. 이 종이 해부학적 모습뿐 아니라 행동 양식에 있어서도 진짜 카멜레온과 같은 방식으로 수렴 진화되었을까? 가을에 메두셀라를 하버드로 데려와 매일 연구했고 그것의 행동이 내 추측처럼 카멜레온의 행동과 정말로 수렴하고 있음을 발견했다. 그것은 매우 느린 움직임으로 파리나 다른 곤충에 다가가서 눈을 은밀하게 굴려 목표물을 추적하다가 놀라운 속도로 혀를 앞으로 내뻗고

턱은 잽싸게 움직여 그들을 잡는다. 메두셀라의 움직임은 먹이를 잡을 때 파리잡는 도구처럼 원래 자리에서 잽싸게 뛰쳐나왔다가 다시 제자리로 돌아가는 다른 아놀 도마뱀의 움직임과는 현저하게 달랐다. 이들은 공통 조상에서 유래했지만 행동방식이 달라진 것이다. 이렇게 해서 나는 전에 보고된 적이 없는 쿠바 자연사의 중요한 일부분을 차지하게 되었다. 그 후에 나는 나의 발견에 관한 논문을 발표했다. 나중에 나는 Chamaeleolis chamaeleontides가 멸종될 위기의 종임을 인지하게 되었고, 과학 연구를 위한 것이라 해도 한 개체를 제거한 것이 자랑할 만한 일이 아님을 느꼈다.

7월 하순 나는 로버트 드렉슬러, 퀜틴 존스와 함께 메두셀라 도마뱀을 갖고 하바나에서 멕시코 유카탄 반도의 메리다로 날아갔다. 그리고 즉시 프로그레소-캄페체 도로를 따라 나있는 산사나무 숲에 대한 일주일 동안의 탐사를 위해 출발했고 우즈말의 폐허도 도중에 들렀다. 숲을 부분적으로 없앤 마야 도시의 큰 사원과 광장을 둘러 보았다. 여행객이나 안내인은 볼 수 없었고 우리는 자유롭게 주위를 돌아다녔다. 개미들이 부서져가는 건축물 위와 주변에 가득 차 있었는데, 그곳에 돌이 처음 놓인 천사백 년 전에도 똑같았을 것이다. 나는 마법사의 사원 계단을 올라가 그 꼭대기에서 자라고 있는 무화과 나무로 갔고, 그 나뭇가지에서 복합형 가시 모양의 돌기를 가진 크고 빛나는 검정색의 Cephalotes atratus의 일개미를 채집했다. 나무 옆에서 잠시 휴식을 취하면서 나는 언제나 인간들의 작품들을 능가하고 있는 넘쳐 흐르는 곤충의 생명력에 대해 생각해 보았다.

우리는 뒤이어 메리다에서 멕시코시티로 날아갔고 그곳에서 일행과 헤어져 나만의 고독한 곤충 탐험을 시작했다. 나는 동쪽으로 가는 버스를 타고 소나무가 산재해 있는 멕시코 고원으로 올라가는 길을 지나 수천 피트에 이르는 구불구불한 내리막길을 거쳐 베라크루즈의 연안 평야와 도시에 도착했다. 제대로 된 정글이라 할 만한 곳에 처음으로 도착한 것이다. 이곳은 기묘하고 흥미롭기는 하지만, 한정된 동식물상이 있는 서인도제도의 섬 지역이 아니며 플로리다 주의 돌출부와 카리브해 연안의 홍수림 지역도 아니다. 이곳은 수많은 종들의 조합에 의해 생긴 광범위한 생물상이 있는 대륙 내부의 저지대 열대우림으로 진정한 신열대구라 할 수 있다. 멕시코의 탐피코에서 중남미 지역을 지나 아르헨티나 북쪽 미지오네 도까지 펼쳐져 있는 이곳의 습기찬 산림에서는 어디에서든지 한 시간이면 쿠바를 일 개월 동안 여행하면서 발견할 수 있는 것보다 더 많은 개미종을 찾을 수 있었다.

나는 사라지고 있는 우림의 잔재를 찾아 해안을 따라 탐색하였고, 엘팔마, 푸에블로 누에보, 산 앙드레 턱스틀라 인접 지역에서 그것을 찾을 수 있었다. 남아 있는 우림들은 모두 주변에서부터 엄청나게 훼손되어 가장자리의 삼림은 이미 대부분 사라졌고 내부에 밀집되어 있었다. 고속도로를 벗어나 멀리 있는 산꼭대기와 가파른 계곡 기슭에 남아 있는 다른 레푸지움(refugium. 역주: 빙하기와 같은 대륙 전체의 기후 변화기에 비교적 기후의 변화가 적어서 다른 지역에서 절멸한 생물이 살아남은 지역)들을 찾을 수 있었다. 열대 지방 어디에서나 방문객들은 이런 방식으로나 숲의 잔재에 접근할 수 있었고 지금도 그러하다. 표준이 되는 접근 경로 유형은 다음처럼 표현할 수 있다. 길에서 벗어나 철조망을 넘어가서 목초지를 지나고 개울가까지 경사를 따라 미끄러져 내려간다. 개울이 얕으면 개울을 건너고, 다시 올라가기 시작해서 숲의 가장자리에 닿는다. 더부룩하게 자란 이차림을 헤치고 나가면 나무 그늘로 들어서게 된다. 이쯤이면 대체로 목적지에 도달한 셈이지만, 그 가파른 언덕에서 굴러 떨어지지 않으려면 덤불과 작은 나무 줄기나 드러난 뿌리 등을 붙잡아야만 할 때가 많다.

이 위태로워 보이는 동식물의 보금자리가 마저 잘려 나가기까지 얼마나 지속될 수 있을까? 멕시코를 여행하는 도중 이런 생각이 내내 마음속에 자리잡고 있어 실망스럽고 마음이 아팠다. 마침내 베라크루즈 주의 우림 속에 들어갔을 때 나는 마치 하나의 진공청소기로 빨아들이듯 마주치는 모든 종류의 개미를 수집했다. 밤에는 그 종을 동정하여 표본

병에 라벨을 붙이고 자연사적인 기록을 했다. 곤충학의 기준에서 보면 나는 놀랄 만큼 빠른 성공을 이룩했다. 나는 전에 연구된 적이 없는 *Belonopelta*와 *Hylomyrma* 두 속의 군체를 손에 넣었고, 그것들의 사회 조직과 포식 행동에 관한 관찰 사항을 장래의 논문 발표를 위해 기록해 두었다.

두 주 후에 베라크루즈 해안을 떠날 준비를 하던 중 오리자바 시 정 북쪽에 있는 거대한 화산인 오리자바 산봉우리에 관심이 쏠렸다. 그것의 아름다운 대칭형 봉우리는 해발 5,747미터(18,855피트)이고, 그 정상은 만년설로 덮여 있었다. 오리자바 산은 포포카테페틀이나 장대한 아콘카구아와 같이 이미 우뚝 솟아 있는 산맥이나 고원 위에서 두드러지게 돌출된 산이 아니고 외따로 떨어져 있는 신비로운 산으로서 멕시코 화산대에서 태어나 중앙 고원의 남쪽 부분을 지키며 서 있는 외로운 거인과 같았다.

나는 그저 오리자바 산의 장관에만 끌린 것이 아니고 오리자바 산 그 자체에 끌렸다. 나는 그 산이 섬과 같다고 생각했다. 그 산은 고원지대에서 격리되어 있지만, 나는 혼자 산에 오르는 사람도 비교적 짧은 직선 경로를 택해 열대 삼림에서 한대 삼림까지 경험할 수 있고, 최종적으로는 정상 바로 밑에서 나무가 없는 그야말로 극지대의 자갈 투성이 산비탈에 이를 수 있을 것으로 생각했다. 섬이 선선한 기후의 서식처라고 한다면 주변의 열대와 아열대 저지대는 바다에 해당되었다. 오리자바의 고지대는 고원지대와 충분히 비슷한 조건이므로 중간 이상의 고지대에 적응된 동식물이 이곳으로 이입되어 살아갈 수 있으며, 그러면서도 그 곳에만 서식하는 독특한 품종과 종이 진화될 수 있을 만큼 충분히 고립되어 있었다.

내가 오리자바를 오르게 되면 무엇을 발견할 수 있을까? 조그만 육지 동물 중 혹시 훨씬 작은 진드기나 톡토기는 몰라도 가장 흔한 개미를 연구하기 위해 애써서 이 산비탈을 오른 사람은 아무도 없다. 새 한 마리 당 수십만 내지 수백만의 개미가 있을 테니까 한 번의 빠른 종단 여행으로 개미 표본을 효과적으로 채집할 수 있을 것으로 예상했다. 나는 열대에서 온대로 가면서 동식물상이 매우 극적으로 변해갈 것으로 알고 있었다. 오리자바 산이 위치하고 있는 멕시코 해안 벼랑의 남동쪽 측면은 아마 인도와 부탄의 히말라야를 제외한다면 세계에서 가장 생물지리학적 변화가 크게 나타나는 곳일 것이다. 고원지대에는 북미의 북쪽 변두리 전역에서 볼 수 있는 신북구(Neoarctic Region)의 전형적인 동물과 식물들이 많이 살고 있다. 푸에블라에서 고원지대를 거쳐 베라크루즈 평원에 이르는 구불구불한 길을 내려 오는 도중, 나는 너도밤나무, 떡갈나무, 풍향수, 소나무 등의 지역을 벗어나 신열대구(Neotropical Region)로 접어 들었다. 그곳에는 곧게 솟아 있는 나무 줄기에 천남성과 식물과 난초가 무리져 있고, 높은 곳에서 수평으로 뻗어 있는 가지에 열대산 덩굴이 로프처럼 걸려 있었다.

나는 오리자바 산을 오르기만 하면 이러한 모든 것과 그 이상의 것을 발견하리라 예상했다. 나는 그 일을 수행하도록 나 자신을 좀더 강력하게 밀어 부쳤다. 나는 그 일을 하도록 미리 운명지워진 것이다. 해발 3,000피트 상에 있는 라 페르라에서 출발하여 들은 바 있는 험난한 경로를 따라 11,000피트 상의 란초 소메클라의 부락까지 갈 것이었다. 나는 낯선 사람에게 친절하다는 그곳 사람들의 후한 대접만을 바라며, 다음 날은 약 16,000피트 상의 설선(snowline. 역주: 만년설의 최저 경계선)까지 진행해 갈 것이고, 등반하면서 계속 개미를 채집하고 그 환경에 관해 기록할 예정이었다.

지도 한 장 없이 몇 마디밖에 할 줄 모르는 스페인어 실력으로 고산지대를 혼자서 도보여행한다는 일은 무모했었다. 그렇지만 나는 대부분의 여정을 문제없이 통과했다. 팔월 하순의 청명한 날 아침 일찍 나는 오리자바 시에서 버스를 타고 라 페를라까지 간 뒤 도보여행을 시작했다. 산의 남쪽 기슭에는 거의 사람들이 살고 있지 않았다. 목적지인 란초 소메클라에 그날 오후 늦게 도착할 때까지 한 사람도 마주치지 않았다.

여행은 아열대 식생에서 시작되었다. 해발 5,500피트에 이르러 온대

지방의 나무인 서나무와 풍향수가 우점해 있고 그 나무 밑으로는 목생 양치류가 무성한 삼림으로 들어섰다. 조금 낮은 쪽에 열대 활엽수가 빽빽하면서 습기찬 작은 숲들이 군데군데 흩어져 있었다. 이 전이대(transition belt)는 신열대구에서 신북구로 가는 경로가 될 뿐이며, 이곳에는 열대종과 온대종의 개미들이 섞여 있었다. 즉, 군대개미와 불개미가 북부 온대 지역에 전형적인 불개미 *Formica* 속의 종들과 얽혀 있었다. 불개미류에 속하는 종 중 둘은 과학적으로 새로운 종임이 나중에 밝혀졌다. 8,000피트에 이르러 소나무와 활엽수가 혼재하는 지역이 나타났다. 소나무는 산등성이를 따라 나타나기 시작했고 경사면에는 주로 서나무가 우점종인 활엽수들이 분포하고 있었다. 숲지대에는 목초지가 바둑판 무늬로 널려 있었고 벌목꾼들이 최근에 베어 낸 빈터에는 나무 등걸이 흩어져 있었다.

란초 소메클라에는 10채 남짓한 집밖에 없었는데 그곳에 도착할 즈음 나는 매우 지쳐 있었다. 나를 맞으러 나온 사람들에게 내가 이곳에 온 이유를 최선을 다해 설명했다. 그들이 나의 몸짓이나 이야기를 제대로 이해했는지는 의심스럽지만 한 가족이 나에게 숙박을 제공해 주겠다고 나섰다. 닭고기로 만든 저녁 식사가 준비되는 동안 나는 휴식을 취했다. 그런 후 햇살이 스러질 무렵 나는 주변 소나무 숲으로 한 번 더 개미 채집을 하러 나갔다. 이때는 몇 명의 젊은이가 나와 동행했는데, 그들은 내가 왜 썩은 통나무 껍질을 벗기며 곤충을 병에 담는지 설명하는 동안 진지하게 듣고 있었다. 그들 중 한 명이 다음날 설선까지 나를 안내해 주겠다고 했다.

그날 밤 나는 한잠도 잘 수 없었다. 나는 테이블을 침대로 사용했는데, 나에게 제공된 한 장의 담요는 4℃까지 내려가는 기온을 감당하기에 부족했다. 나는 여러번 일어나서 문을 통해 구름 한 점 없는 밤하늘에서 환히 빛나는 보름달을 바라보았다. 담요만 많다면 살기에 훌륭한 곳이라고 생각했다.

다음날 아침 해가 뜰 무렵 나는 안내인을 따라 산으로 향했다. 우리가 해발 3,650에서 3,960m까지 올랐을 때, 우리는 광활한 구름 덮인 숲으로 접어들었다. 그곳의 소나무 줄기는 구부러지고 가지는 착생식물로 덮여 있었다. 나는 점점 흥분되었지만 더 이상 나아갈 수는 없었다. 해수면 근처에서 살았던 사람에게 너무 희박한 대기 상태여서 나는 숨을 헐떡였다. 나는 120m 거리 이내에 수목한계선이 있고, 눈 덮인 정상으로부터는 아마도 900-1,200m 정도 아래의 위치까지 왔다고 가늠했다. 물론 나의 육체는 한계점에 도달했다. 나는 누구든지 저지대로부터 36시간 안에 3마일을 곧장 올라가고도 계속 걸어갈 수 있을 거라고 순진하게 생각했었다.

여하튼 개미는 아침 해가 따뜻이 내려 쬐는 공터에서조차 거의 보이지 않았다. 나는 한 시간이나 탐색하여 나무 조각 밑에서 한 군체를 발견하였다. 그리고 나서 주위를 둘러본 다음 발길을 돌려 밑으로 내려오기 시작했다. 란초 소메클라에서 안내인과 작별의 악수를 나누고 나서 혼자 내리막길을 따라 이번에는 빠른 걸음으로 라페를라까지 내려왔다. 그리고는 오리자바의 호텔로 돌아와 만족한 탐험가처럼 열두 시간 동안 잠을 잤다.

제 2 부
이야기꾼

10 남태평양

　케임브리지에서 가장 황량한 계절인 1954년의 쌀쌀한 3월 어느 날, 필립 달링턴이 사무실로 나를 불렀다. 그는 나에게 뉴기니에 가보지 않겠느냐고 물었다. 특별연구회와 비교동물학 박물관이 장기간의 여행 경비를 지원하기로 동의했고, 그 지역의 엄청나게 풍부하면서도 거의 탐사된 적이 없는 동물상에서 개미를 수집해 본 전문가는 아무도 없다고 말해주었다. 그리고 뉴칼레도니아와 같은 다른 섬들을 도중에 들러도 된다고 했다. 나는 100년 전 젊은 알프레드 러셀 윌러스가 동물 분포에 관한 연구인 동물지리학을 과학의 한 분야로 승격시킨 바로 그 장소에서 일하게 된 것이다. 이번 경험이 동물지리학자로서의 나의 생각에 어떤 영향을 줄지 누가 알겠는가? 게다가 달링턴의 관심사인 딱정벌레를 몇 종 잡을 수 있다면 그 또한 괜찮은 일이다.

　지금 젊은 한 야외생물학자에게 성공의 기회가 주어진 것이다. 다음 세대의 연구자들이 팀을 이루어 뉴기니와 다른 남태평양 섬들을 충분한 자금 지원을 받으면서 조사하고 야외 스테이션을 세우기까지는 많은 시간이 지나가야 할 것이다. 나는 이제 개척자가 될 수 있다. 달링턴은 나보고 아직 매인 데가 없고 자유분방할 때 그곳에 가보라고 말했다.

　그러나 나는 그때 어디든지 마음대로 갈 수 있거나 자유분방한 상태가 아니었다. 나는 사랑에 빠져 있었다. 그 전해 가을 나는 보스턴의 백

베이 출신인 아름다운 리니 켈리를 만났고 우리는 결혼을 약속했다. 그녀는 내성적이었고 수 시간 조용한 대화를 즐겼으며 문학에 깊은 관심을 갖고 있는 막 피어나는 시인이었고 천성적인 학자 기질이 있어 과학자는 아니었지만 먼 지방의 탐사를 꿈꾸는 나를 이해하였다. 우리의 결혼은 그 후 행복하게 지속되었다.

1954년 당시 우리는 젊었고, 약혼 초기에 떨어져 있어야 한다는 것은 견딜 수 없을 것 같았다. 그러나 우리는 내가 뉴기니행을 놓치지 말아야 한다고 결론내렸다. 나는 열 달 간 머나먼 곳에 가 있어야 했다. 그당시에는 제트여객기로 왕복할 수도 없었고, 다른 수단을 이용할 경우 엄청난 비용 때문에 잠시 들른다는 것은 거의 불가능했다. 전화 연결도 어렵고 요금도 비쌌기 때문에 비상용으로 사용될 뿐이었다.

11월 24일 아침 보스턴의 로간 공항 이스턴 항공사의 샌프란시스코행 운송기가 천천히 활주로로 나아갔다. 나는 리니가 전송객용 창문에 바싹 붙어서 오른손을 흔드는 모습을 볼 수 있었다. 그녀의 목에는 하버드 밤색과 흰색 줄 무늬의 긴 양모 목도리가 감겨 있었고, 술이 달린 한쪽 끝은 바닥에 거의 닿아 있었다. 우리는 둘 다 눈물을 흘리고 있었다. 나는 열대에 대한 정열과 남녀 간의 달콤한 사랑에 마음이 찢긴 채 위험을 무릅쓰고 앞을 예측할 수 없는 긴 항해에 뛰어든 젊은 항해사인 셈이었다. 다시 돌아올 때까지 우리는 매일 서로에게 장문의 편지를 띄우고 600통 이상의 일기와도 같은 편지를 보내게 된다.

나는 멜라네시아 군도 바깥 쪽으로 해서 호주를 거쳐 뉴기니에 도달하도록 여행 경로를 잡았었다. 샌프란시스코에서부터는 프로펠라로 비행하는 팬 아메리카 수퍼 컨스틸레이션을 타고 태평양을 횡단했다. 비행기는 피지로 가는 도중에 재급유를 받기 위해 호놀룰루와 칸톤 섬에 기착했는데, 피닉스 제도에 속하는 칸톤 섬은 무미건조하고 쓸쓸했다. 다음날 아침 비행기가 비티 레부의 난디 공항에서 하강할 무렵 나는 청록빛 바다에 줄지어 있는 백색과 녹색의 환초를 내려다 보았다. 그 몇 분 동안 나는 내 평생 최고의 흥분감과 기대감이 고조됨을 느꼈다. 이

160

제 생각해보면 생물학에서는 한 시대가 마감되고 있었던 그 시기에 한 젊은 과학자가 탐험가로서 지구상의 저 먼 곳을 전적으로 자신만을 의지하여 여행했던 것이다. 나와 함께 동행하는 전문가 팀도 없었고 목적지에서 나를 기다리는 사람도 없었다. 무엇을 하건 내가 결정하는 대로였다. 그것은 내가 원하던 바로 그런 것이었다. 나는 첨단 장비들을 휴대하지 않았다. 다만 설파닐아미드, 돋보기, 핀셋, 표본 채집병, 공책, 퀴닌, 그리고 젊음, 정열, 끝없는 희망이 내가 지닌 모든 것이었다.

남태평양은 수천 개의 섬이 은하처럼 흩어져 있는 곳으로 그곳에서 진화생물학의 많은 발전이 이루어졌다. 다윈은 갈라파고스 섬에서 새들을 연구하던 도중 자연선택에 의한 진화라는 개념을 갖게 되었고, 월러스는 현재는 말레이지아, 브루네이, 인도네시아로 나눠진 구 말레이 군도에서 나비와 다른 생물들을 연구하여 동일한 아이디어를 갖게 되었다.

비티 레부 공항에서 비행기를 내려 주위를 둘러보는 순간, 나는 진정한 생물지리학적 의미의 섬은 그곳에 서식하는 생물들을 테두리 안에 단단히 잡아두는 세계임을 알게 되었다. 진화에 관한 연구를 하는 데 이상적인 단위인 것이다. 외부 생물이 날아오거나 헤엄쳐오거나 또는 해안에 표류되어 와서 그 섬에 자리잡을 가능성이 충분히 있으면서도 한 세대 동안에는 강력한 영향력을 행사하는 개체군을 구성할 만큼 많은 수가 오지는 않는다. 섬이 크고 오래되었으며 충분한 거리를 두고 떨어져 있다면, 섬에 유입된 생물의 후손들은 새로운 환경에서 독특한 새로운 품종으로 진화한다. 시간이 충분히 지나면 그 품종은 대륙이나 이웃 섬의 자매 개체군들과 더욱 달라져서 분류학적으로 별개의 종이 된다. 그러한 지역적 품종을 고유종이라 한다. 그것들은 그 섬에만 자생하며, 그 밖의 다른 곳에서는 찾아볼 수 없다. 하와이 매가 고유종의 좋은 예이며, 자메이카 거대 호랑나비와 노포크 섬 소나무도 그러하다. 생물학자들은 섬의 나이와 유입된 생물의 기원을 분석함으로써 그곳에 서식하는 동식물들의 진화에 관해 대륙에서보다 쉽게 재구성해 볼 수 있다. 섬은 그 단순성으로 인해 가장 훌륭한 자연 실험실이 되는 것이다.

이러한 실험은 일반적인 실험실 실험과는 상반되는 방식으로 이루어진다. 이것은 예측하기보다는 과거의 추적을 통해 이루어지는 것이다. 대부분의 생물학자들이 통제된 조건 아래에서 몇 가지 요인을 변화시키면서 그 효과를 관찰하는 반면에 진화생물학자는 자연사 연구를 통해 이미 나타난 결과를 살펴보고 어떤 요인이 과거에 작용했는지에 대한 추리를 시도한다. 실험 생물학자들이 실험의 결과를 예측하는 동안 진화생물학자들은 이미 자연 속에서 행해진 실험을 재구성하며 역사로부터 과학을 이끌어낸다. 그리고 진화의 흐름과 야생종의 탄생에는 매우 많은 요인들이 작용하므로 상대적으로 단순한 생태계에 재구성 방법을 적용해서 가장 좋은 결과를 얻을 수 있다. 그리하여 섬이 첫 손에 꼽히는 것이다.

실험 생물학자와는 달리 자연사에 능통한 진화생물학자들은 이미 풍부한 해답을 가지고 있으며, 그 중에서 그저 줍고 선택하기만 하면 된다. 그들에게 가장 필요한 것은 올바른 질문을 던지는 것이다. 가장 중요한 진화생물학자란 가장 중요한 질문을 창안해내는 사람들이다. 그들은 무엇보다도 이야기꾼이기 때문에 자연이 우리에게 말해주고 있는 가장 적절한 이야기를 찾는다. 그들이 만약 자연연구가이기도 하다면(뛰어난 진화생물학자들의 대다수가 자연연구가이다) 그들은 눈과 마음을 열고 야외로 나가서 큰 물음과 주요한 기회를 찾아 모든 방향을 둘러보는 철저한 기회주의자일 것이다.

자연연구가가 이런 수준에 도달하려면 적어도 한두 그룹의 식물이나 동물에 관해서는 속이나 종을 구별하는 데 문제가 없을 만큼 잘 알고 있어야 한다. 주요 관심 대상인 이 생물들이 바로 그가 그리는 극장의 주연배우들이라 할 수 있다. 이런 지식을 갖지 못한 자연연구가는 녹색의 안개에 뒤덮여 한 생물을 다른 것과 구별해내지도 못하고, 새로운 현상과 이미 잘 알려진 현상을 구분하지도 못하는 약점을 갖는다. 그러나 이런 능력을 갖추고 있는 자연연구가는 작업하는 매 시간마다 다음과 같은 질문들에 관해 꾸준히 생각하면서 신속하게 정보를 수집할 수 있다. 자료들은 어떤 패턴을 보이는가? 그것들은 어떤 물음에 대한 답을 제공하는가? 내가 무슨 이야기를 끌어낼 수 있는가?

이것이 내가 남태평양의 섬들에 가서 개미 동물상을 탐색하는 데 취한 전략이었다. 나는 발견한 모든 개미 종의 샘플을 모으고, 관찰된 모든 생태와 행동양식을 간단하게 기록하면서 동시에 지리학적인 경향과 환경에 대한 종들의 적응 속에 나타나 있는 패턴을 살펴보았다. 나는 현재 나와 있는 이론을 잘 알고 있었고 이 분야에서 통용되는 요령들도 숙지하고 있었지만, 관심이 가는 모든 현상을 살펴보려고 마음을 열어놓았다.

1954년 12월 비티 레부의 나달라에서. 피지에는 전반적으로 쿠바와 멕시코의 상황이 끔찍스럽게 재현되어 있었다. 그 지역 고유의 생물상은 이미 개발에 밀려 접근하기 어려운 지역에 군데군데 남아 있을 뿐이었다. 난디에서 나는 운전사를 고용해서 마을과 숲과 목초지를 통과하는 비티 레부의 북쪽 해안도로를 따라 여행했다. 그곳은 이주해 들어오는 동인도인들이 정착하면서 인구가 늘어나 내가 통과해 간 경로에 자연림은 거의 남아 있지 않았다. 우리는 피지 원주민만이 거주하는 지역의 자연림을 찾아 타부아에서 중앙 고원을 향해 남쪽으로 방향을 돌렸다. 내가 만난 한 노인은 40년 전 부근의 난다리바투에 개미를 수집하러 온 사람이 있었음을 기억하고 있었다. 노인은 그 사람의 이름을 기억하지는 못했지만, 나는 그 사람이 윌리엄 만이며 나보다 앞서 쿠바에도 가 본 적이 있을 뿐 아니라 비교동물학박물관의 표본을 모으러 1915-6년에 하버드에서 이 섬으로 보냈던 것을 알고 있었다. 내가 하루만에 가볼 수 있었던 숲은 그가 보았던 것과 비슷했지만, 그때에 비해 벌목으로 상당히 훼손되어 있었고 경작을 위해 벌채하고 태운 자리가 군데군데 널려 있었다. 나달라에서 나는 부석(浮石)이 흩어져 있는 가파른 경사면을 기어 올라가 자생중인 나무들이 모여서 그늘을 깊게 만들고 있고 그 위에 열대산 덩굴 식물들이 무성하게 늘어져 있는 곳을 찾았고, 그곳에서 고유종인 개미 동물상의 구성 요소들을 발견했다. 그 중 하나가 나를 흥

분시켰다. 피지에만 있는 것으로 알려진 *Poecilomyrma* 속으로서 이전에 단 한 번밖에는 채집된 적이 없었다. 물론 윌리엄만이 채집했다.

다음날 나는 코로보우에 인접한 해안도로에서 벗어나 그 남쪽에서 일을 하다가 보존과 관련하여 우울한 점을 또 다시 발견했다. 분명 자연림인 듯한 작은 숲에서 내가 볼 수 있었던 것은 외래 개미종뿐이었다. 그곳에 서식하는 토종의 다양성이 부족한 섬의 경우에, 생태계는 물리적으로 온전하게 남아 있다 해도 외래종의 침범에 매우 취약하다는 사실을 깨달았다. 태평양의 많은 동물상들이 인간의 교역 행위로 유입된 돼지, 양, 쥐, 아르헨티나 개미, 포아풀과 식물 및 고도의 경쟁력을 지닌 다른 종들에 의해 사라져 갔다. 낯선 침입자들이 세계의 섬들을 짓밟고 있는 것이다.

나는 피지에서 머뭇거리지 않았다. 그곳의 개미 생태는 윌리엄 만의 장기 체류 덕분에 이미 충분히 알려졌다. 나는 다음날 칸타스 비행정으로 수바에서 뉴칼레도니아의 프랑스 식민 본부였던 누메아로 갔다.

1954년 12월 뉴칼레도니아의 모우 산에서. 뉴칼레도니아에 도착한 후에 나는 그 후로 계속해서 좋아하게 될 연필 모양의 큰 섬을 만났다. 그 섬은 호주 동쪽 해안에서 천이백 킬로미터쯤 떨어져 있는 멜라네시아의 남단에 있다. 그 지역의 정확한 이름은 그때나 지금이나 나에게는 이질적이고 먼 나라 얘기일 뿐이다. 이전의 자연과학자들의 연구로부터 나는 그곳의 동식물이 수백만 년에 걸쳐 호주에서 동쪽으로, 그리고 뉴 헤브리즈를 거쳐 솔로몬 군도에서 남쪽으로 건너왔음을 알고 있었다. 그 동식물들은 섞이고 진화하면서 독특한 생태계를 이루었다. 토종 중에는 고대의 나무와 다른 식물들도 있었다. 몇몇은 곤드와나 대륙에 기준을 두고 있는데, 그들의 조상은 기후가 온화할 당시에는 남극대륙만큼 먼 곳까지 퍼져 있었다. 또한 현재 어느 곳에서도 볼 수 없는 극단적인 형태로 진화되어 온 동식물들이 있었다. 그 중에는 그것만으로 Rhynchochetidae 라는 조류의 한 과를 이루는 그 유명한 카구(Kagu. 역주: 뉴칼레도니아 섬의 특산으로 뜸부기와 비슷하나 날지 못함)도 포함되어 있었다. 밤하늘

을 찢어놓을 듯이 날카롭게 울어대는 이 날지 못하는 고유종 새는 프랑스가 1860년대에 이 섬을 식민지화 한 이후로 거의 멸종될 정도로 수가 줄었다. 초기의 기록을 살펴보면 개미의 경우에도 생물지질학적 패턴에서 혼합된 기원과 고유성이 나타나며, 매우 희귀한 몇몇 종이 존재할 것으로 지적된 바 있다. 나는 그것을 찾아내려고 했다.

한 여름인 남반구의 무더운 어느 날 나는 누메아에서 출발한 북쪽행의 버스를 잡아타고 파이타의 작은 마을로 갔다. 나는 좁은 먼짓길을 6킬로미터쯤 걸어 부르디넷 가족의 영지에 도착해서 여장을 푼 뒤, 전망대에 캠프를 세웠다. 부르디넷 가족이 마침 집에 없었기 때문에 별다른 도움을 얻을 수 없었다. 그것은 아무래도 상관없었다. 나는 전적으로 일에만 열중할 수 있어 기뻤다. 나는 1킬로미터쯤 걸어 고도가 삼백미터쯤 높은 지역에 있는, 그곳에서 가장 가까운 이웃인 펜티코스트 가족 집에 이르렀다. 나의 목표는 1,220미터가 넘는 모우 산 정상의 능선에 있는 숲이었다. 그곳에 가려면 널리 퍼져 있는 빽빽하고 건조한 고사리 덤불을 뚫고 가야 했다. 능선의 서쪽 정상에 도달했을 때에도 나는 여전히 고사리 덤불 속에 있었다. 그러나 적어도 정상으로 가는 길을 찾을 수 있었다. 그 후에는 좀더 쉽게 나아갈 수 있었고, 일 킬로미터 정도 떨어진 곳에 숲이 우거져 있는 산 정상이 완전히 내 시야에 들어왔다.

나는 혼자였고 파이타의 작은 마을에서부터는 한 사람도 보지 못했기 때문에 사고로 다치기라도 하면 누메아에서 만나기로 한 사람들의 눈에 띄기까지는 삼사 일이 걸릴 것이라는 생각이 문득 들었다. 나는 좀더 조심스럽게 올라갔다. 산 정상의 안개가 내 주위로 몰려들 무렵 숲에 이르렀다. 그곳에서 처음에는 낮은 관목과 띄엄띄엄 있는 나무를 보았고 이어서 줄기와 가지에 이끼와 다른 착생 식물들이 가득한 아라우카리아(Araucaria)와 포도카푸스(Podocarpus) 침엽수림이 줄지어 나타났다. 조금 더 간 다음에 정상 근처에 있는 진짜 구름 덮인 숲에 들어섰다. 이곳의 나무들은 마디가 많고 키가 작았으며 머리 위로 하늘을 덮은 수관은 불과 십 미터 높이였다. 나무들이 뿌리를 박고 있는 땅 표면과 나무 줄기에는 젖은 이끼가 손상되지 않은 채로 덮여 있었다.

나는 섬 안의 섬에 도달한 것이며, 그곳은 나만의 세계였다. 소년 시절의 따뜻한 정복감이 홍수처럼 밀려왔다. 나의 상상은 시간을 뛰어넘고 있었다. 그곳의 침엽수는 고대 남극지역에 있었던 것으로 지금도 호주 남부, 뉴질랜드, 남미의 온대지역과 뉴칼레도니아의 고원지대인 이곳에 분포하고 있다. 동물과 식물 중의 몇몇 종은 공룡들이 그들의 연한 잎을 뜯어 먹었을, 그리고 남극 대륙의 일부가 여전히 서식가능했을 중생대까지 거슬러 올라간다. 내가 개미를 채집하기 시작했을 때 머리 위가 붉은 조그만 녹색 앵무새가 가까운 가지에 내려 앉아 머물렀다. 그 놈은 간격을 두고 신비스런 앵무새 말로 꽥꽥거렸다. 우리는 이끼로 뒤덮인 숲속에서 자생종과 외래종이 순간적으로 조화를 이루는 완벽한 동반자였다. 나는 앵무새에게 말했다. 나는 너를 해치지 않으며 곧 떠날 것이다. 하지만 이곳은 영원히 내 기억 속에 남아 있을 것이라고.

개미뿐만 아니라 내가 본 모든 동물과 식물의 종이 나에게는 새로웠다. 이 생물들은 나에게 완전히 낯선 생물상이었고, 이제 고백하건대 나는 새로움과 다양함 그 자체를 주체할 수 없이 사랑한다. 그곳에서는 모든 것이 경이로웠고 원하기만 하면 언제든지 과학적 가치가 있는 발견을 해낼 수 있었다. 그곳에서 내 꿈의 원형이 분명해진 것이다.

신이여, 이 몸을 새로운 생명이 넘치는 미지의 혹성으로 데려가 주소서. 이 몸을 군데군데 언덕이 있고 인적이 닿은 적 없는 늪지대의 가장자리로 인도하시고, 내 마음대로 그곳을 가로질러 산책하고 가까운 산성을 올라서 정해진 길로 나아가 저편의 기슭을 지나 더 먼 곳의 늪과 풀밭과 산맥을 찾도록 하옵소서. 오로지 표본 상자와 식물채집용 양철통과 돋보기와 수첩만을 휴대한 카를로스 린네가 되게 하소서. 하지만 저에게 수 년의 시간이 아니라 수 세기의 시간을 주옵소서. 육지에서 지치게 되면 바다로 가서 섬과 군도들을 찾게 하시고 얼마간은 혼자서 가게 하소서. 때때로 주님과 사랑하는 이들에게 나의 일을 알리고 나의 발견을 동료들에게 발표할 것입니다. 주님이 저에게 이러한 영혼을 주셨으니 이 마음을 선하게 사용할 수 있도록 올바른 방법으로 인도하소서.

1954년 12월 뉴 칼레도니아 카날라 산 부근의 씨우에서. 나는 습기찬 저지대와 산기슭 작은 언덕의 숲에서 북부 해안의 개미 수집을 하기 위해 어딘지 모르는 곳의 가장 막다른 곳까지 가야 했다. 그곳의 곤충은 누메아 주변의 곤충들과는 다른 종에 속한 듯했고, 그 중에는 이전의 수집가가 관찰한 바 있는 두 종류의 희귀한 그 지역 고유속이 포함되어 있었다. 나는 카날라행 버스를 타기 위해 새벽 3시 45분에 일어났다. 이 고물차는 섬 중앙의 단층지대를 가로질러 170킬로미터에 걸친 구불구불한 노선을 따라갔다. 운전사는 뉴칼레도니아 원주민들을 태우고 내려주기 위해 우회와 정차를 수없이 반복했다. 10시 30분쯤 그날 내내 내리던 폭우 속에 카날라에 도착했다. 나는 카날라 호텔에서 점심을 먹고 침대에 몸을 던진 다음 푸른 하늘을 꿈꾸며 잠이 들었다.

1954년 카날라에는 20채의 낡은 집과 호텔과 성당이 전부였다. 이 마을의 사교 활동으로는 대나무를 두드리는 사람들의 응원을 받으며 남자와 여자가 한 팀에 섞여 즐기는 크리켓 게임을 꼽을 수 있다. 볼 만한 것은 그것이 전부였다. 카날라 호텔에는 부엌과 식당과 사방 3미터 길이의 정사각형 칸막이 방이 일렬로 여섯 있었다. 방에는 침대와 테이블과 세면대가 갖추어져 있었으며, 하룻밤 숙박료는 미화로 4달러 80센트였다. 내 옆방은 매춘부가 소란스럽게 거래를 하는 연회장이었다. 모든 숙박객이 하나밖에 없는 샤워실을 함께 이용했고, 음식은 무엇으로 만들었는지 알 수 없었고 종종 이해할 수 없을 정도로 식어 있었다. 그러나 별로 신경쓰지는 않았다. 와인을 곁들인 저녁 식사는 1달러 60센트밖에 되지 않았으며, 내가 원한 것은 이질에 걸리지 않고 근처 숲과 배후지대를 탐험하는 데 충분한 양분이었다.

다음날 아침 나는 샌드위치와 연한 붉은 포도주 한 병을 싸들고 씨우를 향해 남쪽으로 7킬로미터쯤 되는 1차선뿐인 먼지나는 길을 걸어갔는데, 내륙 숲지대의 변두리에는 농장이 몰려 있었다. 도중에 늪지대를 통과했는데 줄무늬의 *Aedes* 모기 떼가 뜨거운 태양 광선을 가로질러 저격수의 탄환처럼 쏟아져 나왔다. 다른 지역의 *Aedes*처럼 드러난 피부에 앉자마자 물어댔다. 몸에 뿌린 방충제도 그것들에게는 소용없었다. 나는 이 곧바른 구간을 〈모기 길〉이라 이름짓고 머리는 숙이고 팔로 몸을 감싼 채 태형을 받으며 뛰는 사람처럼 몸을 흔들며 걸었다.

나의 목적지는 앨라배마에서는 개울이라고 부를 만한 크기의 작은 강에 둘러 싸인 훼레 농장이었다. 나는 다시 한번 열대 숲에 접근해 가는 보편적 방식을 따랐다. 철조망 밑을 기어 들어가 가축 목초지를 가로지른 뒤 강의 얕은 부분을 건너(이번 경우는 상류 쪽 폭포의 장관에 감탄하면서) 비탈을 올라가 숲으로 들어갔다. 결과적으로 고생하면서 노력한 보람이 있었다. 나는 곧 선사시대 뉴칼레도니아 세계라 할 수 있는 자생림의 그늘로 들어섰다. 카날라-씨우 간의 도로를 걷는 동안 아무도 만나지 않았고 숲을 헤쳐나가는 동안 인간의 흔적은 볼 수 없었다. 고립감이 언제나처럼 기분 좋게 느껴졌다. 인간은 마음에 위안을 주는 존재이기는 하지만 야외생물학자에게는 시간의 손실과 집중력의 단절을 의미한다. 그리고 낯선 지역의 낯선 사람은 항상 어느 정도 개인적인 위험 부담을 뜻한다.

훼레 지역은 흔히 알려진 아마존 우림과 같은 진정한 우림지는 아니었다. 나무들이 단지 두 층을 이루고 있는데, 20미터 높이의 위쪽 수관에는 부분부분 충분한 공간이 뚫려 있어 햇살이 숲 바닥에 닿아 넓은 부분을 밝게 비추고 있었다. 개미에게는 이상적인 서식지였다. 순수한 뉴칼레도니아 종으로 가득 차 있었고 많은 종이 과학계에 알려지지 않은 것이었다. 나는 땅 위에서 먹이를 찾아 돌아다니는 일개미들이 주로 적색과 흑색인 점에 놀라움을 느꼈다. 누메아 근처의 샤포 장담에 있는 같은 종은 주로 노란색이었다. 이 지역적인 색깔 차이가 무엇을 의미할까? 아마 단순한 우연일지도 모른다. 하지만 내 생각으로는 의태(擬態) 같았다. 쿠바의 금속 빛깔 개미의 경우에도 그랬던 것처럼 그 종들 중 하나 또는 여럿이 독을 가졌을 것으로 추측했다. 밝고 뚜렷한 색은 새나 도마뱀 같이 볼 수 있는 잠재적 포식자에게 경고하는 것이다. 나를 잡아 먹을 생각은 안 하는 것이 좋다. 아니면 큰 코 다칠 것이라고. 이론적으로 한 지역의 유독성 종들은 같은 색깔로 진화하는 것이 유리하다. 이것은 광고주들이 연합을 이룬 것과 같은 효과를 낸다. 또한 독이 없고 맛있는 종이 같은 색깔을 획득하게 해서 그들이 흉내낸 종의 이점을 공짜로 누리게 할 수 있다. 그러나 나에게는 이 가정들을 검증할 만한 방법도 시간도 없었다.

내 관심은 보다 쉽게 즉각적인 연구를 해볼 수 있고 개미 진화의 특정 양상을 조사하는 데 중요할 만한 현상으로 곧 옮겨졌다. 누메아 근처에서 *Cerapachys* 속과 *Sphinctomyrmex* 속의 개미를 처음으로 수집했는데, 이것들이 뉴칼레도니아 지역에 있는 것으로 기록된 세라파키니(*Cerapachyini*) 개미류의 전체였다. 그들은 이곳 씨우에도 매우 많아서 도착한 지 한 시간도 되지 않아 관찰할 수가 있었다. 나는 특이한 원통형의 단단한 몸집을 한 일개미들이 다른 개미들을 잡아 먹는 것을 발견했다. 그들은 먹이가 되는 개미들을 제압하기 위해 대륙 열대 지방의 군대개미처럼 떼지어 다니며 사냥했다. 내가 본 그들의 습격은 소규모였고 덜 조직적이었으나 목표가 되는 군체의 방어를 분쇄하는 데는 효율적이었다. 무리지어 행진하는 아시아나 호주 지역의 진짜 군대개미들은 산토 해를 건너 이곳 뉴칼레도니아로 온 적이 없다. 장관을 이루는 정도가 덜한 세라파키니 개미는 어쨌든 살아남았고, 비록 덜 무시무시한 사냥꾼이지만 이곳에서 군대개미의 생태적 지위를 소유한 것이다. 바로 이것이 추측건대 뉴칼레도니아에는 많으면서도 대부분의 대륙지역에서는 이 개미가 희귀한 이유일 것이다. 이런 생각이 그 당시 내 마음속에서 명확했던 것은 아니었다. 나는 단순히 그 자체만으로도 흥미로웠기 때문에 세라파키니 개미의 습성을 기록했었다. 하지만 3년 뒤 군대개미의 진화적 기원을 재구성하는 데 이 야외 기록이 중요한 자료가 되었다.

1955년 1월 라타드 농장, 루간빌, 에스피리투 산토, 뉴 헤브리즈에서. 나는 호기심과 기회를 추구하기 위하여 이 외지고 거의 알려진 바 없는 남태평양의 큰 섬까지 오게 되었다. 여전히 대부분의 지역이 훼손되지 않은 우림지로 덮여 있는 뉴 헤브리즈에서 개미가 수집된 적은 없다. 따라서 나의 기록은 모두가 새로운 것이었다. 심지어 그곳 동물상을 전체적으로 한번 훑어보기만해도 나는 뉴 헤브리즈(지금의 바누아투 공화국)를 보다 확장된 생물지리학적 설명 체계 내에 집어 넣을 수 있는 것이다. 이곳은 훨씬 떨어진 서태평양의 섬들로 가는 데 있어 디딤돌 역할을 한다. 그리고 이곳은 북쪽으로는 완전한 열대 지역인 솔로몬 군도로부터 아시아적 요소를 받고, 남쪽으로는 아열대 지역인 뉴칼레도니아로부터 호주적 요소를 받을 수 있다.

그러나 이날 나의 탐험은 짧게 끝났다. 나는 고열로 침대에 드러누웠다. 그러자 기묘하게도 백조의 호수 첫 선율이 내 머릿속에 계속해서 울려 퍼졌고 내 생각은 마구 뒤섞여 혼란에 빠졌다. 3일 전 말레쿨라 근처의 진앙지에서 일어난 지진의 여진 때문에 나의 괴로움은 더했다. 가슴 부위에 여러 개의 원형 멍자국이 일정한 간격으로 생겼는데 그것은 루간빌의 한 의사가(그는 자기가 의사라고 했다) 강력한 흡입컵으로 열병을 뽑아내려고 시도하면서 생겨났다. 내가 이 고대의 유물 같은 무용한 치료법을 참고 받아야 했던 마지막 서양인 환자 중 한 사람이었음이 확실하다.

나는 오버트 라타드 씨와 그의 아내 수잔, 그리고 십대인 그들의 두 아들의 신세를 졌다. 라타드 가족은 에스피리투 산토에 코프라 농장을 갖고 있는 200여 프랑스 가족 중에서 가장 부유한 측에 속했다. 그들의 연안 쪽 소유지에서 길을 따라 내려가면 활주로, 콘세트식 간이 병사 및 2차 대전 때 미군 기지의 잔여물들이 남아 있었다. 미국 군인들과 뉴 헤브리즈 주민들을 소재로 해서 제임스 미치너는 『남태평양 이야기(*Tales of the South Pacific)*』를 쓴 바 있다. 미치너 역시 10년 전에 라타드 가족의 손님이었고 라타드 씨가 소설과 뮤지컬에 나오는 프랑스 농장경영자의 모델이었다. 저녁 식사 때 오버트는 지금도 에파테 섬의 빌라라는 행정 중심지에서 살고 있는 진짜 블러디 메리에 대해 말해주었다. 그는 농장 해안에서 실제로는 말로 섬인 세곤드 해협 건너 편의 발리하이를 가리켰다.

나의 관심이 주위의 야생림으로 다시 돌아갔을 때 문학적인 역사는 이미 내 마음속에서 사라졌다. 도착해서 아프기 전에 나는 모래해변까지 이어지는 우거진 우림 속을 들어갔었다. 인구가 조밀한 열대 지역에서는 찾기 어려운 숲이었다. 그곳은 앵무새들과 닭의 야생 조상종(crowing jungle fowl)의 보금자리였다. 과실 박쥐(flying fox)와 열매를 먹는 거대한 박쥐(giant fruit-eating bat)들이 나무 꼭대기에서 펄럭이고 있었다. 나는 곧 그곳에서 발견되는 개미종들의 근연 관계에 집중했다. 예측대로 멜라네시안이었고 대부분 솔로몬 군도에서 건너온 듯했고 따라서 아시아 계통이라 할 수 있었다. 나는 곤충들의 생태에 관한 일반적인 관찰을 기록했고, 이 기록들은 나중에 섬의 진화에 관한 종합설을 세우는 데 기여했다. 대략 그 내용을 소개하면 이러하다. 상대적으로 소수의 개미종이 에스피리토 산토에 서식하는데, 섬이 멀리 떨어져 있으며 지질학적으로도 형성된 지 얼마되지 않아 충분한 수의 생물이 흘러 들어오지 못했다. 경쟁이 그다지 극심하지 않아 몇몇 이주해온 동식물의 생태적 지위가 극적으로 확장되었고, 지역 환경의 넓은 범위에 걸쳐 둥지들과 개체군이 밀집하여 나타난다. 나는 이 현상을 나중에 〈생태완화(ecological release)〉라고 이름지었고, 이 현상은 생물 다양성이 증가하는 중요한 초기 단계가 된다.

1995년 1월-2월, 호주 서부 에스페란스에서 래기드 산까지. 나는 이제막 그 동물상 관찰을 시작한 에스피리토 산토를 떠나고 싶지 않았다. 하지만 훨씬 중요한 여행이 될 수도 있는 호주 여행이 몇 달 전에 계획되어 있었다. 나는 주 1회 운행하는 칸타스 비행선으로 누메아에 돌아

와서 시드니로 향했다. 그 도시에서 잠시 머물면서 도시 근교에서 약간의 수집 활동을 한 뒤 칼굴리로 날아갔다. 호주 서부 양 목축의 중심인 이 내륙 도시에서 다시 기차를 타고 노스먼으로 갔다. 동네 술집에서 한 무리의 건축노동자와 어울리게 되었는데, 그들은 공사장 부근의 유칼리 나무 숲에서 개미를 수집해 보자고 제안했다. 온 종일 숲을 헤맨 나는 완전히 탈진되었다. 습기찬 열대에서 두 달을 지낸 나의 신체는 거의 사막 같은 더운 환경에서의 수분 증발에 적응할 수 없었다. 그 날 오후 늦게 우리는 술집으로 되돌아 왔고 나는 한번에 네 잔의 맥주를 쉬지 않고 꿀꺽거리며 마셨다. 술 많이 마시기로 소문난 그들도 놀랄 정도였다. 과거의 나는 그랬지만, 지금 나의 주량은 기껏해야 가끔 맥주 한 병 마시는 정도이다.

그러고 나서 나는 더 남쪽으로 내려가 그레이트 오스트레일리아 만의 바로 서쪽 연안에 있는 외진 도시 에스페란스로 갔다. 여기서 캐릴 해스킨스와 합류하게 되는데 그는 동료 곤충학자로 최근 워싱턴에 있는 카네기 연구소 소장일을 맡았다. 우리는 이 지점을 출발점으로 삼고 주요 이론을 밝히기 위한 개미 조사를 하고자 했다. 모래밭의 히이스 평원을 가로질러 동쪽으로 백 킬로미터를 가니 과연 우리가 찾던 *Nothomyrmecia macrops*가 있었다. 이것은 알려진 개미 중 가장 원시적인 개미로 23년 전에 발견된 이래로 지금까지 관찰된 적이 없는데, 개미 사회생활의 기원을 밝혀줄 중요한 단서가 될 가능성이 높았다. 우리는 이 종을 다시 찾아내서 살아 있는 상태로 연구하는 최초의 사람들이 되고자 했다.

출발에 앞서 우리는 에스페란스 주변의 개미들을 찾아보기로 했다. 우리는 이 작은 마을을 벗어나 근처의 텔리그라프 언덕의 정상으로 갔다. 그곳은 나즈막한 화강암 동산으로 관목이 우거지고 군데군데 개미 서식에 알맞는 자갈 섞인 토양이 드러나 있었다. 화강암으로 이루어진 야트막한 동산인 텔리그라프 언덕의 정상까지 걸어갔다. 우리는 한참 동안 말을 잃고 남극에서 밀려오는 파도가 부서지는 에스페란스 만까지 이어진 관목 숲을 서서 바라보았다. 수평선 위로는 르셰르슈 군도의 무인도들이 점점이 보였다. 그 곳에는 엘라핀 독사들이 많다고 들었고 검 푸른 바다에서는 거대한 백상어들을 흔히 볼 수 있다고 했다. 우리는 집에서 참으로 멀리까지 와 있고 지구를 벗어나지 않는 한 보스턴과 아내 리니로부터 이 이상 멀리 떨어져 있을 수 없었다.

텔리그라프 언덕과 그 부근은 보기엔 기묘하고 아름다워 좋았으나 있기에 편하지는 않았다. 1월은 가장 더운 달이다. 불과 4일 전만 해도 에스페란스 지역의 기온은 섭씨 41도까지 올라갔다. 우리가 조사를 나간 날도 거의 구름 한 점 찾아볼 수 없는 하늘에서 태양이 이글거렸고 건조한 바람이 우리 뒤 편의 내륙 사막 쪽에서 강하게 불어왔다. 집파리보다 공격적인 숲파리가 머리 주위로 몰려들었고 얼굴과 귀에 달라붙어 눈, 코, 입에서 나오는 습기를 빨아먹으려 덤벼들었다. 우리는 파리들을 쫓기 위해 머리 주위로 손을 흔드는 〈호주식 인사〉를 계속했다.

캐릴은 즉시 자신이 좋아하는 불독개미 군체를 모으기 시작했다. 이일은 별 생각없이 할 수 있는 일은 아니었다. 길이가 거의 3센티미터가 되는 일개미들은 시력이 매우 좋은 튀어나온 눈을 가졌고, 톱니바퀴 모양의 긴 큰턱을 가지고 있어 물리면 꽤 아팠다. 이놈들은 세계에서 가장 호전적인 개미들 중 하나였다. 그 직경이 일 내지 이 미터에 이르는 분화구 모양의 개미집 가운데 그 폭이 7-8센티미터 정도의 구멍이 나있고, 그곳에서 말벌 크기의 붉고 검은 개미들이 들락거리는 광경을 상상해보라. 그들은 조금만 건드려도 무자비하게 공격해 온다. 심지어 둥지에서 10미터 넘는 거리까지 쫓아오는 놈들도 있다. 한마디로 이 개미들은 미국에서 집이나 소풍가서 볼 수 있는 작은 개미들이 아니다.

캐릴은 큰 위험을 무릅쓰지 않고 이 불독개미의 전 군체를 수집하는 법을 나에게 보여주었다. 여기에는 다소간의 용기와 고통을 참아내는 것이 필요하다. 그는 곧장 둥지를 향해 가면서 공격하는 개미들을 가까운 것부터 잽싸게 잡아서 개미들이 몸을 웅크려 침을 쏘기 전에 큰 병에 집어넣었다. 이 경우 보통은 문제가 없는데 가끔은 털어버리기 전에 발목이나 팔에 기어올라와 무는 경우가 있다. 바깥쪽을 지키는 개미들을 이렇게 처리한 다음 그는 개미집의 입구를 파헤치기 시작했다. 더욱더 분노한 개미들이 몰려 나오지만 그들은 병 속에 있는 동료들과 같은 처지가 될 뿐이다. 캐릴은 1미터 정도의 깊이로 파냈는데 이쯤이면 가장 깊숙한 방에 숨어 있는 여왕개미의 모습이 드러난다. 이렇게 하여 하나의 개미 군체가 깨끗하게 수집되어 실험실 연구를 위해 미국까지 옮겨질 준비가 끝나게 된다.

다음날 우리는 온통 *Nothomyrmecia macrops*에 관한 생각에 빠져들었다. 〈잃어버린 고리〉가 되는 개미는 곤충학자에게 가능한 가장 낭만적인 것이었다. 이 모든 이야기는 1931년 12월 7일 트럭과 말을 타고 일단의 사람들이 에스페란스 북동쪽의 호주 중앙 고속도로 상에 있는 양 목장과 맥주집하장인 밸러도니아에서 휴가를 맞아 출발하면서 시작된다. 그들은 광활하고 사람이 살지 않는 유칼리투스 숲과 모래땅의 히스 덤불을 가로질러 남쪽으로 175킬로미터의 거리를 여유 있게 여행했다. 그들의 여행 첫 단계에서 나무를 볼 수 없는 기괴한 화강암의 래기드 산 근처를 지나가게 되었다. 그들은 에스페란스를 향해 서쪽으로 나아가기 전에 해안에 있는 황폐한 토마스 리버 역에서 며칠을 묵었다. 에스페란스에서 그들은 기차와 자동차를 이용하여 집으로 돌아갈 예정이었다. 그들이 지나간 지역은 많은 관목들과 다른 곳에서는 찾을 수 없는 초본류들이 자라는 다양한 식물상으로 세계에서 꼽히는 서식지였다. 밸러도니아에서 살고 있었던 자연연구가이며 예술가인 크로커 부인이 가면서 곤충들을 채집하자고 제안했다. 그들은 채집한 것들을 알코올 병에 담아 말 안장에 매달았다. 크고 기이한 형태의 두 마리 노란 개미가 섞여 있는 그 표본들을 멜버른에 있는 빅토리아 국립박물관에 보냈다. 그곳의 곤충학자인 존 클락은 1934년에 이 개미들을 새로운 속과 종인 *Nothomyrmecia macrops*로 분류했다.

다음날 에스페란스를 떠나 1931년 그 일행이 지나간 경로를 거슬러 갈 무렵 우리는 희망에 차 있었다. 호주의 자연연구가인 빈센트 서벤트리와 에스페란스 토박이이며 캠프 관리와 요리를 맡은 밥 더글라스가 우리와 동행했다. 우리는 전쟁 당시 버마 통로(Burma Road. 역주: 버마에서 중국 중경에 이르는 자동차 도로)에서 볼 수 있었던 손으로 크랭크를 돌려 시동을 거는 큰 트럭의 짐칸에 앉아 갔다. 토마스 리버 농장까지 이어지는 비포장 도로는 거의 바퀴 자국을 찾아볼 수 없었고 도중에 한 사람도 보지 못했다. 태양은 푸른 여름 하늘에서 내려 쪼였고 숲파리들도 사정없이 떼로 몰려 내려왔다. 정지해서 들을 수 있는 소리는 모래밭 히스 덤불을 스쳐가는 바람 소리뿐이었다.

우리는 토마스 리버가 물이 마른 협곡으로 모래 평원보다 25내지 30미터쯤 내려앉은 강 유역임을 알았다. 그 바닥은 한때 키가 큰 호주산 유칼립투스 나무의 그늘이 드리워져 있었고 풀이 융단처럼 깔린 적이 있었다. 1890년대 첫 이민자들이 정착한 지 얼마 되지 않아 호주산 유칼립투스 나무들을 베어냈고 그들이 기르는 양들은 풀밭을 없애나갔다. 반세기가 지난 지금 작은 숲에는 호주산 유칼립투스, 페이퍼백, 호주산 아카시아 등이 뒤섞여 있고, 가축은 염분에 강한 다육질 초본을 먹이로 섭취하게 되었다. 그 크기가 5에서 10미터나 되고 수십만 마리의 커다란 흑적색 일개미들이 우글거리는 호주 왕개미의 둥지들이 나무들이 베어져 나간 나지에 산재해 있었다.

*Nothomyrmecia*는 그렇게 변화된 환경에서는 어디서나 있을 수 있었다. 땅 위를 한번 훑어보는 것만으로 과학의 황금을 찾을 수 있다는 생각에 나는 흥분과 긴장감을 느꼈다. 해스킨스와 나는 운좋은 발견자가 되기를 기대하면서 즉시 일을 시작했다. 우리는 통나무를 뒤집어보고 나무 줄기를 샅샅이 훑어보면서 그 지역의 숲을 이리저리 탐색하였다. *Nothomyrmecia*와 닮은 밝은 색의 움직이는 곤충을 모조리 살펴보았지만 *Nothomyrmecia*는 찾지 못했다. 우리는 모래 평원의 히스 지대로 가서 그물로 낮은 덤불을 이리저리 쓸면서 먹이를 찾아다니는 개미를 잡으려 했지만 역시 성공하지 못했다. 그 날 밤 손전등과 그물을 갖고 우리는 다시 모래평원으로 갔는데 이번에는 길을 잃었다. 무작정 헤매다 사막 같은 위험한 환경에서 캠프로부터 더 멀어질 위험을 무릅쓰기보다

는 한 곳에 자리잡고 해 뜨기를 기다리기로 했다. 놀랍게도 캐릴은 풋볼 크기의 돌을 찾아내 베개처럼 편한 위치로 놓더니 등을 땅에 대자마자 잠에 떨어졌다. 나는 너무 열중해 있어서 그처럼 잠에 빠지지 못하고 바로 인접한 곳에서 개미들을 찾으며 밤을 새웠다. 캐릴이 일어날 때 그에게 바로 표본을 보여줄 수 있다면 얼마나 근사하겠는가!

하지만 그런 운은 없었다. 북쪽 래기드 산으로 잠시 여행한 전후 토마스 리버역에서 보낸 4일 간의 탐사는 호주의 야생에 대한 좋은 공부가 되었다. 밤이 되면 우리 캠프 주변에서 호주의 야생 들개인 딩고의 모습은 볼 수 없어도 그 울음소리를 들을 수 있었다. 낮에는 멀리서 캥거루와 에뮤(emu. 역주: 호주산 타조 비슷한 새)가 모래 평원을 가로질러 가는 모습을 볼 수 있었다. 어느 날 아침 모래 평원에서 곤충들을 조사하는 데 몰두하고 있었을 때였다. 갑자기 우리의 뒤쪽에서 들려오는 동물의 콧바람에 놀랐다. 돌아보니 하얀 종마가 십여 미터 밖에 서서 마치 안장 올려주기를 기다리기라도 하는 듯 우리를 침착하게 바라보았다. 잠시 후 그 말은 돌아서서 달려갔다. 다시 작업을 시작하면서 우리는 가끔씩 고개를 들고 그 말이 저 멀리 회녹색의 히스 속으로 사라져 보이지 않을 때까지 그 말을 조심스레 지켜보았다.

토마스 리버 주변에서의 연구 활동은 최소한 보통의 야외 생물학적 기준에서 볼 때 빠른 진척을 보였고 만족스러웠다. 우리는 새로운 종들을 발견했고, 그 과정에서 밤에 낮은 식생에서 먹이를 찾아다니는 쪽으로 발달한 개미들의 생태적 길드(ecological guild. 역주: 생태학적 자원 요구와 먹이 채집 전략이 비슷한 종들의 모임)를 완전히 규명하였다. 눈이 크고 체색이 밝은 그 개미들은 왕개미(*Camponotus*), *Colobostruma*, *Iridomyrmex* 속에 속하는 것들인데, 이들은 건조한 생태적 지위에 수렴 진화되어 왔음이 명백했다. *Nothomyrmecia*도 눈이 크고 창백한 체색을 가지고 있기 때문에 우리는 그것이 같은 길드에 포함될 것으로 추정했고 그래서 집중적인 노력을 기울여 모래 평원을 탐색했다.

우리는 *Nothomyrmecia*를 찾는 데는 끝까지 성공하지 못했다. 하지만 그것을 찾으려는 우리의 노력 때문에 그 개미들은 유명해졌다. 우리의 뒤를 따라 미국이나 호주의 다른 팀들도 같은 지역을 뒤졌지만 모두 실패하였다. Nothomyrmecia는 자연사학계에서 거의 전설적인 존재가 되었다. 그러나 1977년에 마침내 한때 하버드에서 나의 박사과정 학생이었으며 그 무렵에는 호주국립곤충박물관의 관장이었던 로버트 테일러에 의해 이 문제가 해결되었다. 그는 토마스 리버에서 동쪽으로 천 마일이나 떨어져 있는 호주 남부의 작은 읍인 푸체러에서 유칼립투스 숲을 조사하다가 우연히 Nothomyrmecia를 발견했다. 그것은 완전한 우연의 산물이었다. 테일러는 순수한 호주 말로 다음처럼 외치며 캠프로 뛰어왔다. 〈이 망할 놈의 악당이 여기 있다! 내가 이 지독한 Nothomyrmecia를 찾았다!〉

그리하여 개미의 모든 면을 연구한 개미 전문가들 사이에 작은 소동이 일어났다. 많은 사람들이 푸체러를 답사했다. Nothomyrmecia에 대한 상세한 관찰을 통해 하버드의 곤충학 교수였던 윌리엄 모턴 휠러가 최초로 제시하고 해스킨스가 발전시킨 이론을 확인할 수 있었다. 이 이론에 따르면 순종하는 자손들이 둥지에 남아 어미가 더 많은 자매 개미들을 키우도록 도움으로써 개미들의 사회생활이 시작되었다고 본다. 현재의 더 강화된 이론에서는 지질학적으로 먼 과거 그 당시에 혼자서 생활을 하던 말벌이 개미로 진화되었다고 추정한다.

1955년 3월 파푸아의 브라운 리버 캠프에서. 기차로 다시 캘굴리로 되돌아간 뒤 나는 퍼스로, 그리고 시드니로, 계속해서 뉴기니로 날아갔다. 이 거대한 섬은 〈최고의〉 열대지역으로 내 모험 여행의 절정이었다. 칸타스 DC-3기로 포트 모레스비 항구에 도착한 즉시 조세프 젠트-이바니와 만났다. 그는 전후 공산화된 헝가리에서 피난와 이곳 위임통치령에 거주하는 유일한 곤충학자였다. 우리는 스탠리를 찾아갔다. 농장주로 이 곳에 오래 살아온 스탠리는 전쟁중에 연합군을 위해 일한 민간인 정탐병으로 이 곳 사람들이 〈숲돼지〉라고 부르던 사람이었다. 두 사람 모두 뉴기니의 야생 속을 여행하는 데 전문가였다. 그들은 나에게 두 끼

의 훌륭한 저녁식사를 대접해 주고 주의 사항을 잔뜩 일러준 뒤 나와 함께 포트 모레스비 근처 라로키의 지류인 브라운 강에 캠프를 세웠다. 그들의 적극적인 도움으로 나는 5일이 지나기 전에 원시 우림 속에서 일을 시작할 수 있었다. 나는 이 조그만 규모의 원정에서 한 원주민 요리사와 운전기사와 그리고 개인 조수 등을 채용하여 도움을 받았다. 내가 비록 집에서 멀리 떨어져 있는 가난한 박사후 과정에 있는 학생이었지만 이 사람에게 지불하는 급료는 크게 문제되지 않았다. 각 사람에게 주는 급료는 하루에 미화 33센트에 불과했으며 여기에 음식 제공이 포함되어 있었다. 이 정도가 통용되는 표준이었고 젠트-이바니와 스탠리가 그 이상 주지 말라고 충고했다.

우리의 천막은 커다란 나무들에 둘러싸인 공터에 자리잡았는데, 안정판 같이 생긴 널판지 버팀벽 때문에 나무 줄기가 막 날아오를 듯한 로켓처럼 보였다. 30미터 이상의 높이에 덩굴과 착생식물이 꽃줄처럼 길게 늘어져 있는 수관이 빽빽이 들어 차 있어 햇빛이 거의 차단되었다. 단지 몇 줄기 햇살만이 자연적으로 꺾여진 나무와 가지 때문에 생긴 구멍으로 바닥을 점점이 비출 뿐이었다.

나는 지옥 같은 생활 속으로 빠져 들어갔다. 앵무새를 비롯한 새들과 개구리와 곤충들의 시끄러운 울음소리는 쉬지 않고 내 고막을 두드려댔다. 완전한 불협화음이었지만 모든 소리를 한꺼번에 듣지 않고 한 소리에만 귀기울여 보면 놀라울 정도로 매끄러운 소리였다. 그보다 더 괴로운 것은 쉴새없이 내 머리 주위를 날아다니는 모기와 각다귀와 침없는 벌들이었다. 이것들에게 제공하는 내 체액은 열대에서 일하는 대신 내야 될 요금과도 같았다. 그러나 나는 이 세상에서 가장 내가 있고 싶었던 장소에 와 있으므로 아무런 불만이 없었다.

나무 줄기, 덩굴, 썩어가는 통나무 등에는 수천 종의 곤충들이 살고 있었다. 나는 며칠 동안 낮부터 밤까지 계속해서 주위를 샅샅이 조사했고, 빠르게 열광적인 아마추어 곤충학자가 되어가는 내 조수는 내 뒤를 바짝 따라다녔다. 우리 둘은 함께 50여 종 이상의 개미들을 모았고 대부분이 알려지지 않았던 것들이었다. 그 모든 시간 내내 나의 눈은 땅과 낮은 풀 위만을 맴돌았다. 거의 위를 올려다 본 적이 없었고 다만 새처럼 큰 날개를 지닌 나비들이 날아다니는 모습과 깃털이 갈색인 것, 녹색인 것, 노란색인 것 등 여러 종의 앵무새들이 무리지어 수관을 통해 이리저리 시끄럽게 날아다니는 모습을 가끔 올려 보았을 뿐이다. 한번은 극락조의 울음소리를 들었는데 하늘을 올려 보았을 때는 이미 늦어 그 모습을 보지는 못했다. 나도 모르게 여러 변종들의 근처를 지나친 적은 많았겠지만, 4개월 동안의 뉴기니 체류중에 한번도 그 새를 본 적이 없었다. 십대 후반부터 평생 동안 내 몸에 배어 있는 자세로서 머리는 숙이고 어깨는 웅크린 채 나의 시야는 항상 아래로 고정되어 있었다. 해가 지면 우리는 월러비와 야생 비둘기로 식사를 하고, 후식으로는 근처 썩은 나무 밑을 파헤쳐 찾아낸 견과류 맛이 나는 하늘소 유충을 마시맬로우처럼 꼬챙이에 꽂아서 구워먹었다.

뉴기니에서 나는 진짜 탐험가가 된 것 같았다. 적어도 곤충학의 세계에서 나는 탐험가였다. 브라운 강에서 되돌아오고 나서 소제리 고원에 있는 작은 언덕의 우림지대를(그곳에서 나는 놀랍게도 다른 종의 둥지에서 사회적으로 기생 생활을 하는 특이한 새로운 종의 개미를 발견했다) 일주일 정도 다녀온 뒤 조세프-이바니와 나는 린즐리 그레시트를 맞으러 포트 모레스비 공항에 갔다. 이 위대한 곤충학자는 뒤에 곧 하와이의 비숍 박물관을 태평양 지역의 곤충 연구의 중심지로 만들었다. 그는 이 지역 곤충들의 생물다양성에 관한 한 가장 앞서가는 전문가로 알려져 있었고 실제로도 그런 자격이 있는 사람이었다. 그는 그 날 처음으로 뉴기니에 온 것이다. 나는 그보다 2주일 동안 그곳에 먼저 와 있음으로써 그를 능가했고, 지금 돌이켜봐도 그에게 그 지역 곤충 채집에 관해 여러 조언들을 했던 일이 자랑스럽게 여겨진다.

1955년 4월 뉴기니 동북부 휴언 반도에서. 휴언 반도는 뉴기니 섬 동북쪽 산악지대에 이어져 솔로몬 해 쪽으로 뿔처럼 뻗어나와 있다. 사라와젯 산맥은 동쪽으로 롤린슨 산맥과 크롬웰 산맥으로 나누어질 때까지

척추처럼 반도의 길이를 따라 대부분 지역을 관통하고 있다. 이 돌출부 끝의 야산 아래 핀슈하펀이라는 조그만 해안 도시가 위치하고 있는데, 내가 이 곳에 도착하여 내 생애 최대의 모험을 시작한 것이 4월 3일이었다.

나를 그곳으로 초청한 사람은 밥 커티스로 그는 호주의 순찰 경관이었는데 정부에서 지원하는 내부 산악지대 여행을 같이 가자고 했었다. 그의 임무는 사라와젯 고원지대의 서쪽 끝인 훕 지역의 마을들을 공식적으로 시찰하는 일이었다. 그는 마을의 수장들과 협의하고 마을 내부의 갈등이나 마을끼리의 분쟁을 조정하며 농사일에 조언을 하는 역할을 수행할 예정인데, 가능하다면 두 명의 살인 용의자를 체포하여 핀슈하펀으로 연행하는 일도 포함되어 있었다. 그는 살인범을 체포하는 일이라 해도 별다른 위험이 있을 것으로 생각하지 않았다. 하지만 어떤 일이 일어날지 전혀 알 수 없는 일이었다. 비록 원주민들이 해안과 산악지대를 정기적으로 오고 가며 우편을 배달하지만 이 지역 마을들을 순찰 경관이 순시하는 일은 일이 년에 한 번 있을 뿐이었다. 어떤 마을에는 1952년 이래 한번도 방문한 적이 없다.

밥 커티스의 나이가 이 순시에 있어 가장 재미있는 점이었다. 그는 스물 셋밖에 되지 않았고 여행이 거의 끝날 무렵인 4월 19일에 스물 네번째 생일을 맞이할 예정이었다. 나와 함께 돌아볼 지역을 살펴보는 그는 자신의 나이 두 배인 사람처럼 침착하고 유능해 보였다. 커티스는 금발에 근육질의 체구를 갖고 있었고 배우처럼 잘 생겼다. 25년 전 태즈메이니아 출신의 에롤 플린도 뉴기니 순찰 경관으로 입신했다고 한 말이 생각났다. 밥은 휴언 반도에서 근무하기 전에 호주의 준 프로 미식축구팀에서 뛰었다. 호주 미식축구는 그 특유의 거칢과 몸싸움으로 알려졌는데 밥은 그때 위쪽 앞니를 잃었고 지금은 의치를 하고 있었다. 밥은 순찰에 대해 어떤 걱정이 있는지 모르겠지만 아무런 내색을 하지 않았다.

그는 나의 동행에 매우 기뻐했다. 하지만 내 기쁨은 더 컸다. 나는 그저 따라가면서 어떤 곤충학자도 가 본 적이 없는 외진 산악지대의 개미들을 관찰하고 수집하면 되었다. 커티스는 이에 더하여 해발 3,600미터의 중앙 산맥에도 오르자고 제안했다. 그곳의 정상과 산길은 거의 얼어붙을 정도로 춥고 나무가 없는 초원지대이다. 원주민들도 그곳을 넘다가 죽은 적이 있었고, 들리는 소문에는 일본군 병사가 1944년 호주군에게 쫓겨 핀슈하펜에서 이 곳 내륙으로 들어와 얼어 죽었다고 한다. 그시체들이 킬리만자로 산 위의 그 유명한 표범처럼 얼음 속에 여전히 미라로 보존되어 있을지도 모른다고 생각했다. 나는 그렇게 높은 지대에 개미가 있을 것 같지는 않았지만 그곳의 등반이 무척 기다려졌다. 등반은 힘들고 위험할 수도 있었다. 회고해 보면 그 당시 밥과 나는 19세기의 대담한 모험가였는지 아니면 장난을 즐기는 두 명의 흥분된 꼬마였는지 잘 모르겠다. 아마 양쪽 다였을 것이다.

우리는 47명의 짐꾼과 세 명의 캠프보조와 라이플을 지참한 한 명의 정복 차림의 원주민 경찰을 이끌고 핀슈하펜을 출발했다. 그 세력이 약해지던 식민지 시대에 원주민 경찰을 폴리스 보이라고 지칭했는데 여전히 그 용어가 사용되고 있었다. 다른 사람들에게는 요리사, 사냥꾼 등등의 여러 역할이 할당되었는데, 명칭 뒤에 〈보이〉을 붙여 불렀다. 하지만커티스의 소대 하사 같은 태도를 제외한다면 우리는 모두를 예의바르게대했고 일단 길에 오르자 우리 모두는 실제적으로 동료처럼 가까워졌다. 아마 그렇지 않았다면 위험했을 수도 있었다. 이 사람들은 아직 전쟁과 피의 복수가 미덕인 문화 속에 살고 있었던 것이다.

짐꾼들은 마을을 들를 때마다 바뀌었다. 짐꾼들에게 급료는 하루에 미화로 25에서 50센트 사이의 급료를 지불했다. 한번은 남자 어른의 수가 부족해서 커티스는 여자와 아이들을 모집해서 보충했다.

북쪽으로 메이프 강을 건넌 후 서쪽을 향해 홉 지역으로 들어가는 동안 우리가 지나친 곳은 사람들이 거주하는 지역이었다. 대부분의 지형이 우림으로 덮여 있고 마을 근처에 있는 경작지를 제외한다면 사람의 손이 닿은 흔적을 볼 수 없었다. 마을들은 걸어서 네 시간 내지 일곱 시간 정도 걸릴 만큼 떨어져 있었다. 각 정착지에는 700 내지 800명 정도의 남녀와 아이들이 살고 있었다.

마을은 모두 산등성이에 위치하고 있었기에 우리는 평평한 땅 위를 걸은 적이 거의 없었다. 대체로 우리는 아침 아홉 시에 출발하여 좁은 산길을 따라 고도가 거의 천여 미터씩 내려가는 길을 힘들게 나아갔다. 아래에 내려와서는 하얀 물살이 흐르는 강 위에 걸쳐진 다리를 건넜는데, 어떤 경우에는 다리의 폭이 겨우 손 한 뼘 정도였고, 균형을 잡는 데 도움이 되도록 대나무 난간이 붙어 있었다. 강을 건너면 다시 내려온 만큼 구불구불한 길을 따라 다음 마을로 올라갔다. 길은 진흙투성이에 미끄러웠고 군데군데 있는 돼지 구덩이처럼 깊고 어두운 진흙밭은 거의 건널 수 없을 정도로 넓었다. 그곳의 가파르고 미끄러운 둔덕은 덤불이 무성해서 길을 벗어나서 걷기란 거의 불가능했다. 대부분의 시간 우리는 한 줄로 늘어서서 걸어야 했다.

커티스나 나보다 짐꾼들에게는 더욱 힘든 길이었고 단지 소총과 약간의 개인 소지품을 운반하는 원주민 경찰도 우리보다는 힘들었다. 짐꾼들은 각자 20킬로그램이 넘는 짐을 운반했다. 잘 꾸려진 짐을 등에 지고 끈을 머리에 둘러 지탱하거나 두 사람이 나란히 짐을 대나무에 걸고 갔다. 하지만 그들은 변함없이 즐거워했다. 무거운 짐을 지고 산을 오르는 일은 산악지대의 파푸아인에게 일상적인 일이었다. 이번에는 나도 건강 상태가 무척 좋았지만 그들은 훨씬 더 강인했고 특히 고지대에서는 월등했다. 나는 그들 역시 살고 있는 이 지역의 거친 환경에 유전적으로 더 잘 적응한 것이라고 생각하게 되었다. 그리고는 이들이 뛰어난 마라톤 선수가 될 수 있지 않을까 궁금하기도 했다.

그 사람들은 또한 오래 걷는 동안 그들의 맨발과 다리에 붙는 땅거머리에 거의 신경쓰지 않았다. 가끔씩 멈춰서 빵빵해진 거머리들을 마치 느슨해진 신발끈을 고쳐 매듯이 무심하게 떼어낼 뿐이었다. 매우 거친 숲을 통과하면 종종 그들의 피부에 상처딱지가 길게 그어져 있었다. 그렇지만 그들이 이런 상처로 인해 병드는 경우를 본 적이 없다.

이 글을 쓰기 위해 그때의 여정을 다시 살펴보면서 나는 가장 자세한 최신 지도를 참고했다. 순시 기록과 1973년 항공 사진을 통해 그려진 공식적인 지형도였다. 나는 55년에 들렀던 마을 중 반밖에는 확인하지 못했다. 내 수첩에 기록된 마을들의 이름에는 마라루오, 보잉봉겐, 난두오 혹은 능간두오, 윤자인, 호모항, 조안겐, 진징구, 부루, 게메헹, 젠가루, 툼낭, 에바바앙, 와무키, 삼베앙, 부탈라 등이 있었다. 그것들 중 몇몇은 이미 사라졌을까? 1955년에 나는 그 후의 논문을 위해 몇 마을의 사진을 찍었었다.

흡 지역 깊숙이 들어갈수록 우리를 맞는 사람들은 더 흥분해 했고 더 기뻐했다. 진징구에서는 꽤 오랜 시간 동안 춤과 노래가 교묘히 어우러진 싱싱이라는 환영 잔치가 우리를 위해 있었다. 게메헹에서는 루루아이(luluai, 추장)가 검은 야자수 활로 1미터 길이의 대나무 화살을 쏘아 10보쯤 떨어져 있는 바나나 나무를 맞추는 궁술 대회를 열었다. 나는 한 번 쏘았는데 1미터쯤 옆으로 빗나가서 웃음거리가 될 거라 생각했다. 그러나 내 옆에 있던 사람이 〈그는 괜찮아〉라고 중얼거리는 소리를 들었는데, 아마 생계를 위해 일할 필요가 없는 사람으로서는 나쁘지 않다는 의미였을 것이다.

흡 지역의 사람들에게 커티스와 나는 첫째 가는 호기심거리였다. 가장 외진 곳에 있는 마을에서는 여자와 아이들이 우리 주변에서 뛰어다니고 숨고 하다가, 우리가 짚으로 된 집에 자리잡은 후에야 조용히 자기 집으로 돌아갔다. 하루종일 사람들은 우리의 거처 주위에 몰려와 우리의 행동 하나하나를 호기심 어린 눈으로 지켜보았다. 커티스는 피진 영어(역주: 멜라네시아 원주민 어법에 따라 쓰는 엉터리 영어)를 사용하여 그들과 대화하면서 그들 모두와 편안하게 어울렸다. 한번은 조안겐에서 아이들을 위해 일종의 마법쇼를 잠깐 보여주었다. 커티스는 집 입구에 서서 앞 이빨 의치를 빼서 거꾸로 들어보였다. 나는 돌아서서 안경을 머리 뒤로 쓰고 마치 뒤로 볼 수 있는 것처럼 뒤쪽을 가리켰다. 우리 둘 때문에 모두 놀라서 숨이 막힐 지경이었다. 한 아이는 울음을 터뜨렸고, 나는 그런 장난을 다시 하지 않는 게 좋겠다고 생각했다. 나는 오락을 제공하는 것이 아니라 사기치는 기분이었다. 더구나 우리가 어떤 금기를 범할지 알 수 없는 일이었고 귀신을 불러올 지도 모르는 일 아닌가!

나는 기회가 닿는 대로 개미를 채집했다. 나는 수백 미터 앞질러 가서 몇 분 동안 작업하고 다른 사람들이 오면 다시 합류하였고, 개미 채집 가능성이 있는 숲이나 공터가 나오면 뒤에 처져 살펴보고 빠르게 걷거나 뛰어 일행을 따라 잡았다. 마을에 도착하면 길의 끝부분까지 가서 져가는 오후의 햇살이 남아 있는 동안 부근의 서식처를 살펴보았다. 게메헹이나 에바바앙에서처럼 이삼 일 한 곳에서 머무르게 되면 조금 더 멀리까지 탐사했다. 나에게 가장 큰 문제는 날씨였다. 대부분의 날은 오후에 산지대 전역에 걸쳐 안개와 산발적인 가랑비가 내렸다. 밤과 낮 대부분의 시간 동안 기온은 쌀쌀한 섭씨 10°에서 견딜 만한 20°사이를 왔다 갔다 했다. 맑은 날 정오 무렵 햇빛이 잘 비치는 곳의 기온만이 20°이상이 될 뿐이었고, 이런 조건에서 개미들은 가장 활동적이고 수가 많았다.

나의 일에 방해가 되는 또 다른 것은, 호기심이 많고 도와주려고 하나 나를 답답하게 하는 훕 지역의 사람들이었다. 내가 숲에서 많은 시간을 지내므로 그들은 나를 〈숲사람(bush man)〉이라고 불렀다. 초기에는 다양한 나이의 소년들과 몇 명의 어른들이 내 뒤를 따라다니며 내가 하는 일을 보려고 너무 가까이 들러붙어서 거의 일을 할 수가 없었다. 그들은 나의 목적을 이해하면서 나를 위해 채집하기 시작했다. 그러나 그 결과로 별 다른 소득도 없이 부근의 나무와 그루터기가 모조리 파헤쳐졌다. 나는 최대한 정중히 그들에게 그만두라고 말하기 시작했다. 다만 몇 번에 걸쳐 그들에게 거미나 개구리나 도마뱀들을 잡고 개미나 다른 작은 곤충은 내가 채집할 테니 잊어버리라고 말했다. 그들은 사방으로 퍼져 내가 갖고 있던 여유분의 수집용 병을 순식간에 채워버렸다. 그들 중 한 소년이 특별히 기억에 남아 있다. 열두 살쯤 된 소년이 한 손에 커다란 은빛 거미를 움켜쥐고 나에게 달려왔는데, 거미는 엄니로 소년 엄지의 굳은살을 깔고 있었다. 소년은 환하게 웃으면서 거미를 주려고 내밀었다. 나는 약간의 거미 공포증이 있었고 한 순간 질겁했다. 그러나 곧 나는 크게 웃었고 열려진 도시락 가방을 내밀어 그 괴물을 받아 넣었다.

나에게는 다행스럽게도 커티스는 살인범을 잡지 못했다. 그리고 사라와젯의 고지대를 올라가지도 못했다. 부루에서 커티스는 핀슈하펜에서 달려온 사람에게서 전달문을 전해받았다. 더 좋은 조건의 직책을 위한 면접이 있을 것이니 최대한 빨리 포트 모레스비에 보고하라는 내용이었다. 다음날 우리는 불룸 강을 따라 남쪽으로 선회해서 사라와젯를 떠나 연안의 부탈라로 향했다. 그곳에는 한 대의 트럭이 우리를 핀슈하펜으로 싣고 가기 위해 준비되어 있었다. 이 마지막 여정 중의 어느 날 숙소로 걸어올 때 나는 열대 개미들의 다양성에 관한 통찰을 하게 되었다. 뉴기니에서의 체류 동안 나는 줄곧 길게 뻗어 있는 비교적 덜 훼손된 우림지역들을 탐사했었다. 처음에는 브라운 강에서, 그리고는 라에 부근의 부수 강에서, 그 후에는 휴언 반도의 길이를 따라 일부 지역에서 탐사를 했다. 나는 발견되는 개미들의 종류와 상대적인 빈도수에 세심하게 주의를 기울이면서 모든 군체에 대해 기록을 남겼다. 나는 같은 고도에서 일 킬로미터 정도 떨어진 숲들이 외견상 별 차이가 없는데도 불구하고 개미 동물상의 조성은 일반적으로 놀랄 정도의 변화를 보이는 점에 주목하였다. 말하자면 한 헥타르 넓이의 지역에서 50종의 개미들을 발견하고 조금 떨어진 한 헥타르 지역에서 또 다른 50종의 개미들을 발견했는데, 많아야 30에서 40여 종만이 두 곳에서 동시에 발견된다는 것이다. 이 차이의 일부는 서식처의 물리적 환경이 국소적으로 다르기 때문에 나타났다. 예를 들면 두번째 지역에는 조그만 사고 야자의 소택지가 있거나 나무가 쓰러져 공터가 있을 수 있다. 이것은 현재 생태학자들이 베타 다양성(서식처의 지역적 차이에 기인한 종의 변이)이라고 부르는 것으로 쉽게 이해할 수 있다. 그러나 변이의 많은 부분이 그렇게 쉽게 설명되지는 않았다. 오늘날에는 이것을 지리학적 거리 증가에 따른 종의 변화, 즉 감마 다양성으로 설명한다.

내가 이곳에서 관찰한 형태는 같은 정도의 감마 다양성이 수십 수백 킬로미터 떨어져야 나타나는 온대림에서와는 매우 달랐다. 나는 열대의 개미동물상 구조에 관해 무언가 새로운 것을 발견했다. 어쩌면 우림 지역의 동물상과 식물상이 놀라운 다양성을 지니게 된 기원을 발견한 것일 수도 있었다. 이 점에 대해 나는 1958년 공식적 논문에서 다음처럼 결론지었다.

비교생태학적으로 평가해 본다면 뉴기니의 개미상은 그 무엇보다 월등한 종의 다양함과 생물량의 엄청난 규모를 특징으로 한다. …… 그러나 단순히 생물량 규모에 있어서 뿐 아니라 또 하나의 요소가 전체 동물상에 복잡성을 더해주고 있다. 그것은 개개의 종이 서로 다르게 반상(斑狀)으로 분포한다는 것이다. …… 서로 일치하지 않은 반상 분포 때문에 두 지역이 정확하게 동일한 동물상을 보여주지 않는다. 칠팔백의 종이 이런 방식으로 얽혀 있음을 고려한다면 뉴기니 전체 동물상의 시공간적 구조는 거대한 만화경의 모습을 띠고 있음이 당연하다. 그러한 구조가 개미 개개의 종과 다른 동물들의 진화에 미치는 영향은 매우 클 것이다. 그것은 지역 개체군의 진화적 발산을 촉진하고, 열대의 진화를 특징짓는 〈넘처남〉과 충분함을 실현하는 데 큰 역할을 했을 가능성이 매우 크다.*

나는 후에 앙드레 오브리빌과 레지날드 어니스트 모로우가 나보다 먼저 아프리카의 우림의 목본류와 조류에 있어서도 비슷한 반상 분포가 나타남을 각각 기록한 사실을 알게 되었다. 내가 1955년에 추정한 바처럼 이러한 분포는 일반적인 현상이었다. 나는 내 나름의 직관에 힘입어 분류군 순환(taxon cycle)에 관한 이론을 발전시키기 시작했고 후에는 로버트 맥아더와의 공동연구를 통해 섬의 생물지리학 이론을 발전시켰

---

* 「뉴기니 우림지에서의 개미 종의 반상 분포(Patchy Distribution of Ant Species in New Guinea Rain Forests)」, *Psyche* 65(1)(1958): 26-38.

다. 더 중요했던 것은 생물학적 다양성이 그 자체로 연구의 가치가 있다는 점에 내가 관심의 초점을 맞추었다는 것이다.

나는 체계 없이 한 채집과 논문 조사를 통해서나마 광범위한 생태학적 패턴으로 보이는 것을 인식해냈다는 것에 만족을, 솔직하게는 의기양양함을 느꼈다. 하지만 이것은 예정된 필연적 과정이었다. 자연이 먼저 있고 그 뒤에 이론이 따라온다. 아니면 더 바람직한 것은 연구자가 그의 모든 지적 능력을 다해 한 주제를 파헤치는 과정 속에 자연과 이론이 서로 밀접히 연관되는 것이다. 먼저 생물을 그 자체만으로 사랑하라. 그리고 일반적인 설명을 찾으려 노력하라. 운이 좋으면 발견이 뒤따를 것이다. 그렇지 못하다 해도 사랑과 즐거움으로 충분하지 않은가!

서쪽의 불룸 계곡과 동쪽의 몬지 계곡을 가르고 있는 산등성이 위에 남향으로 자리잡고 있는 와무키에서 나는 이런 깨달음을 얻었다. 남으로 하루쯤 걸어가면 두 계곡의 개울이 합쳐져 몬지 강이 되고 이 강줄기는 부탈라에서 바다로 빠져나간다. 하루는 여행과 더불어 끝나가고 있는 나만의 탐사를 마치고 땅거미가 드리울 무렵 천천히 숙소로 돌아오면서 구름이 걷혀가는 불룸 계곡의 전경을 굽어 보았다. 자연림이 계곡 밑의 강까지 굴러가듯 이어졌고 건너편 롤린스 산줄기의 밑자락으로 15킬로미터쯤 계속되어 있었다. 전 지역을 덮은 안개는 청녹색을 띠었으며, 햇빛이 그곳에 투과되면서 계곡 전체가 하나의 커다란 웅덩이를 이룬 바다처럼 보였다. 300미터 아래의 개울 가장자리에는 한 무리의 유황색 장식털이 달린 앵무새들이 해류를 따라 움직이는 하얗게 빛나는 물고기처럼 나무 위를 여유롭게 선회하고 있었다. 그들의 울음소리와 먼 곳에서 희미하게 들려오는 물 흐르는 소리만이 들려왔다. 내가 그렇게 열중했던 진화에 관한 나의 빈약한 생각은 장엄한 광경의 존재 앞에서 사라져 갔다. 나는 천지창조 사일째 되던 날의 명령을 기억할 수 있었다. 〈물에서 많은 생물들이 생겨나게 되고 새들은 이 땅 위의 창공을 가로질러 날도록 하여라.〉

1955년 5월 사라오젯 산맥의 중앙봉에서. 뉴기니 동북부의 행정 중심

지이며 휴언 반도의 연안 저지대에 위치한 래이에 되돌아와서도 나의 마음은 사라와젯 산맥에 남아 있었다. 맑은 날 아침 거리에 서서 나는 북쪽을 향해 청회색으로 빛나는 산맥의 중앙봉을 쳐다볼 수 있었다. 이 렇게 빤히 보이는 곳에 솟아 있음에도 산맥의 가운데 부분을 등반한 유럽인은 아직 한 사람도 없었다는 것을 알게 되었다. 조류학자인 언스트 메이어를 포함해서 여덟 사람이 각자 독립적으로 핀쉬하펜에서 부분적으로 밥 커티스와 내가 갔던 경로를 거쳐 사라와젯 동쪽 끝에 닿은 적은 있었지만, 아무도 서쪽의 중앙봉으로 향해 간 적이 없었다. 1955년에는 이것이 그다지 놀랄 만한 일은 아니었다. 래이 지역은 1920년대 처음으로 정착민들이 들어갔고, 내가 그곳에 있을 당시만 해도 농장주, 벌목꾼, 식민지 관리 등의 수가 적었다. 분명히 그들은 다른 일에 바빴을 것이다.

나는 사라와젯의 정상에 오르고 싶었다. 중앙봉의 최고에 오르는 첫 번째 백인이 될 수 있다는 생각에 흥분되었다. 문제는 어떻게 그곳까지 가느냐였다. 분복 계곡을 반쯤 오르면 래이와 정상의 중간쯤 되는 보아나라는 곳에 루터교 선교회가 있다고 듣고서는 농산부에 가서 보아나에 대해 알아보았고, 그곳에 거주하고 있는 리버렌드 버그맨 목사가 나의 방문을 환영하며 등반을 하려 한다면 원주민들의 도움을 소개해 주겠다고 하는 말을 전해들었다. 버그맨 목사는 동쪽 끝을 등반한 여덟 사람 중 한 사람이었다. 그는 중앙봉 쪽을 오르는 일도 아주 어려울 것으로 생각하지는 않았다.

5월 3일 나는 분복 계곡의 주요 통행 수단을 제공하는 크로울리 항공사의 사무실에 갔다. 사장이면서 유일한 정식 직원인 크로울리 씨가 낡은 나무 책상 뒤에 앉아 있었다. 그는 일어나서 나와 악수를 한 뒤 몇 가지 서류를 작성했고 나는 보아나까지의 왕복 요금인 4파운드 10실링의 호주돈을 건네주었다. 며칠 후 나와 크로울리 씨는 타르와 자갈을 간 포장도로를 가로질러 주 1회 있는 보아나까지의 비행을 위해 그의 소유인 1929년형 복엽비행기에 탑승했다. 그는 앞쪽 조종실에 앉았고 나는 뒤쪽 승객용 좌석실에 앉아 분복 계곡을 향해 이륙했다. 나는 스쳐가는 공기와 낮은 고도에서 좌석실 너머 보이는 풍경을 만끽했다. 또한 양쪽에 붙어 있는 이중 날개가 비행 도중 약간씩 상하로 흔들리는 것을 보았다. 나는 이 새와 같은 움직임이 비행기의 정상적인 공기역학적인 것으로 추정했다. 아니 그럴 것으로 희망했다는 것이 더 정확한 표현이겠다.

보아나로의 접근은 까다로웠다. 전도관은 계곡 동쪽으로 솟아나온 산 위에 얹혀 있었고, 옆으로 갈라지는 작은 계곡을 통해서 남쪽으로 가야 간이 활주로에 착륙할 수 있었다. 그래서 비행기는 양쪽에 산이 솟아 있는 계곡의 물줄기를 따라 북쪽으로 올라가다가 오른쪽으로 방향을 틀어 작은 계곡으로 들어선 뒤 곧 바로 다시 우회전해서 이제는 남쪽을 향하게 되는데, 그랬더니 산등성이와 그 옆에 붙어 있는 활주로가 빠른 속도로 다가왔다. 비행기가 풀밭 위를 미끄러지듯 착륙하는 동안 크로울리 항공사의 두번째 비행기가 눈에 들어왔다. 그것 역시 1929년형 복엽비행기였는데 최근에 사고가 난 듯 활주로 가장자리에 코를 박고 있었다.

늦은 오전 시간의 사라와젯 정상은 내려오는 구름층을 배경으로 청회색을 띠고 있었고, 보아나에서 하루 정도 걸으면 닿을 듯이 가까워 보여 나는 빨리 출발하고 싶었다. 실제로는 5일 간의 여정이었다. 나는 이틀 뒤 안내와 짐꾼으로 고용된 여섯 명의 파푸아 청년들과 출발했다. 이 여행은 내 생애 가장 육체적으로 힘들었던 여행이었다. 최근에 끝낸 사라와젯의 순시 여행에서 가장 힘들었던 구간도 이번 여행에 비하면 아무것도 아니었다. 우리는 첫날 반당 마을에 닿았고 그 다음부터는 거의 길이 나있지 않은 미개지를 하루에 다섯에서 일곱 시간씩 행진하며 올라갔다. 편평한 땅을 똑바로 백 미터 이상 지나간 적은 거의 없었다. 지그재그로 나가고, 걸려 넘어지기도 하고, 물속을 걷고, 산을 오르고, 때로는 기어가기도 했다. 개울가를 따라 가기도 했고 짐승들의 자국을 따라 가기도 했으며 산등성이를 따라 가다 계곡 아래로 내려와서는 다시 올라가곤 했다. 안내인들이 가끔 길을 잃어 나를 당황케 했는데, 그럴 때는 한두 사람이 높은 곳으로 올라가 방향을 다시 잡을 때까지 기다려야 했다.

우리 일행은 간헐적으로 내리는 비 때문에 거의 항상 젖어 있었다. 비는 대개의 경우 오후 이른 시간에 내리기 시작하여 초저녁까지 계속되었다. 비에 젖은 우리의 의복은 이끼가 끼어 있는 축축한 진창을 힘겹게 나아가는 동안 묻은 자국으로 더러웠다. 고도 2,100미터가 넘어가면서 밤에는 기온이 섭씨 15도 밑으로 떨어졌고, 낮 동안에도 20도를 넘지 않았다. 땅거머리는 도처에 있었다. 검은 빛의 크고 지독한 거머리들은 피를 빨면 순식간에 엄지 반만한 크기로 커진다. 우리는 주기적으로 멈춰 서서 거머리들을 발과 다리에서 떼어냈다. 거의 탈진한 상태로 진흙 투성이인 개울가에 앉아서 장화와 양말을 벗고 대여섯 마리의 통통해진 거머리를 불로 떼어내면 빨린 자리에서 피가 방울방울 흘렀다. 몇 년이 지난 후에도 잊을 수 없는 경험이었다.

나는 때때로 사고가 나서 불구가 될까 두려웠고, 나와 거의 의사 소통이 이루어지지 않는 일꾼들을 혹시 믿을 수 없게 될까봐 두려웠지만, 말로 표현할 수 없는 미지의 것에 대한 두려움이 무엇보다도 컸다. 내가 육체적 능력이 부족하거나 의지력이 약해서 실패하지나 않을까? 오리자바의 설원지대 조금 못 미쳐 돌아섰던 멕시코에서와 같이 도중에 돌아가야 되는 것은 아닐까? 사라와젯 중앙봉을 오른 최초의 백인이었다고 말할 수 있는 점을 빼면 도대체 나는 왜 여기에 온 것일까? 분명 자랑거리가 될 만한 그런 목표를 부분적으로 가지고 있기는 했다. 하지만 나는 그 이상의 것을 기대했다. 나는 사라와젯 정상의 고산 사바나 지역을 걸어가서 그곳의 동물을 수집해 본 최초의 자연연구가가 된다는 독특한 경험을 원했다. 그리고 나를 사로잡았던 산과 정상에 대한 강박관념에서 해방되기를 원했다. 나는 기어가거나 실려 가는 한이 있어도 계속 가기로 결심했다.

우리는 끈기 있게 나아가 산 중턱의 우림지를 통과하여 해발 2,000미터의 이끼 덮인 숲지대로 들어섰다. 이곳에서는 마디가 많은 낮은 키의 나무들의 줄기와 가지에 양치식물, 난, 그 밖의 착생식물들이 두텁게 붙어 있었다. 해발 3,000미터에서는 이끼들이 한 장의 융단처럼 나무 줄기에서 숲의 바닥까지 연속적으로 덮여있었다. 이곳의 수관 높이는 고작 5미터 정도로 낮았고, 따라서 우리는 이끼 바닥과 이끼 벽과 이끼 천장으로 이루어진 넓은 나무 터널로 지나가야 했다. 그리고 마침내 중앙 산등성이로 접어든 3,200미터쯤에서는 이끼의 숲이 *Eugenia* 관목들과 고산 초지들이 분산된 형태로 바뀌기 시작했다.

5일째 되는 날 일찌감치, 구름이 내려와 차가운 비를 뿌리기 전에 우리는 걸어서 정상을 향해 2시간 동안 마지막 등반을 했다. 여기 해발 3,600미터에는 키가 큰 풀들 사이로 소철나무들과 중생대의 야자수나 대추나무를 닮은 키작은 나자식물들이 군데군데 흩어져 있는 사바나 지역이 있었다. 이 곳은 1억 년 전에도 지금과 비슷한 모습이었을 것이다. 산 정상의 땅은 대부분 늪지여서 걷기에 힘들었다. 나는 근처에서 가장 높은 곳에 올라가 앉아서 논문 한 쪽을 뜯어낸 종이에 이름과 날짜를 적어 병에 넣고 마개를 단단히 막아 작은 돌들이 쌓인 케른(cairn. 역주: 기념·이정표로서의 원추형 돌무덤) 밑에 묻었다. 그 위치에서 나는 남쪽으로 마크햄 계곡의 초지를 굽어볼 수 있었고 저 멀리 헤르조그 산맥도 보였으며 북쪽으로는 비스마르크해가 보였다. 갈지자로 다시 사바나 지대에 내려온 나는 다른 일행들이 활과 화살과 개를 이용하여 고산 지대의 월러비를 사냥하는 동안 새로운 종으로 보이는 작은 개구리를 포함하여 눈에 띄는 모든 곤충을 채집했다.

그리고 나서 우리는 뒤로 돌아 보아나로 향한 이틀 간의 귀로에 올랐다. 올라올 때보다는 훨씬 쉬운 여행이었다. 비탈에서는 미끄럼을 타면서 빠른 걸음으로 분복 계곡 상류쯤 내려왔을 때 사라지지 않고 나를 괴롭히던 그 무엇이 마침내 부서져 내 안에서 사라졌다. 춥고 겁나는 사라와젯 탐사는 나의 의지에 대한 시험이었고 가혹했던 만큼 만족스러웠다. 나는 내가 원했던 세계의 끝까지 갔었고 그 결과 내 자신을 훨씬 잘 이해할 수 있었다. 대양에서 정상까지 지나가는 동안 나는 마침내 꿈에 그리던 진짜 열대를 정복할 수 있었고 편안한 귀로에 오를 수 있었다.

11 미지의 탐구

뉴기니에서 나는 서쪽으로 세계 일주 여행을 계속했다. 호주 퀸즐랜드의 우림지에서 일주일 동안 야외 탐사를 한 뒤 나는 시드니에서 이탈리아 여객기를 타고 남쪽의 빅토리아 해안을 지나 서쪽으로 바이트 만을 따라 퍼스에 도달했다. 이 도시는 보스턴의 나의 집으로부터 지구에서 가장 멀리 떨어진 곳이다. 이곳에서부터 북쪽의 인도양을 건너 최종 목적지인 유럽까지 가는 배는 천천히 물살을 헤치며 나아갔다. 나는 지금은 스리랑카 공화국인 실론에서 내렸다. 〈아시아의 진주〉라 불리는 이 섬은 인도의 끝에 눈물방울처럼 매달려 있다.

나는 콜롬보 항에서 내륙 쪽으로 지구상에서 가장 희귀한 개미를 찾아 떠났다. *Aneuretus simoni*는 전 세계적으로 분포하는 두 집단의 개미인 황소개미아과(Myrmicinae)와 열대숲개미아과(Dolichoderinae)를 서로 이어주는 진화적 고리가 된다. 오천만 년 전 그 개미가 속하는 집단인 Aneuretinae아과는 북반구 전역에 걸쳐 많이 분포했다. 지금은 단 한 종만이 남았는데, 그것이 멸종되어 가고 있는 *Aneuretus simoni*이다. 이 종을 탐색하려는 생각은 페라데니야의 식물원에서 시작되었는데, 박물관에 소장된 이 종의 표본은 이곳에서 1890년경 채집된 것이었다.

나는 섬 중앙 부근의 최초 발견지에서 *Anueretus*를 발견할 수 있기를 기대했다. 하지만 행운이 따르지 않았다. 그 지역의 자연림은 이미 모두 제거되어 있었다. 달라다 말리가바에 인접해 있고 부처의 것이라는 거대한 이빨을 소장하고 있는 우다와다티켈리 사원 근처의 숲속을 3일 동안 조사했지만 헛수고였다. 부처의 자비를 얻지 못한 나는 버스를 타고 남쪽 라트나푸라의 보석 중심지로 갔다. 그곳 어딘가에, 스리랑카의 가장 높은 산인 아담봉으로 이어지는 도로 주변에 잔해처럼 널려 있는 우림지의 한 구석에 보물이 숨어 있을지도 몰랐다. 나는 정부의 휴양별장에 숙소를 정하자 빨리 일을 시작하고 싶어 참을 수가 없었다. 군용가방을 방에다 풀자마자 베로 된 때문은 수집용 가방을 어깨에 둘러메고 계단을 내려와 후문으로 나섰다. 도시의 보존구역 가장자리에 한 줄로 서 있는 나무까지 백여 미터쯤 갔다. 주위를 둘러보았고 땅 위에 떨어진 마른 나뭇가지를 주워 들어 부러뜨리자 그 속에서 내 손 위로 쏟아져 나오는 작은 노란색 개미들의 군체를 보았다. 아, *Aneuretus*다! 더할 수 없이 귀중한 라트나푸라 사파이어가 길에 떨어진 것을 보았어도 그때보다 더 기쁘지는 않았으리라. 방으로 돌아온 나는 표본이 든 병을 이리저리 천천히 돌리며 어뉴레틴(aneuretine) 아과의 으뜸 여왕개미와 애벌레들과 병정개미들을 살아 있는 상태로는 처음으로 바라보았다 (1890년대의 표본들은 모두 일개미들이었다). 내 생애 가장 흥분된 순간의 하나였다. 저녁 식사는 꿀맛이었고 그 뒤 편안한 잠에 빠져들었다.

그 후 며칠 동안 나는 아담봉 근처의 숲을 탐험했다. 비록 때로는 양동이로 퍼붓듯 또는 개구리를 익사시킬 것 같은 등으로 표현되는 몬순의 폭우 때문에 몇 시간씩 지체되기도 했지만 나는 용이하게 개미들의 군체를 확보했고 한 지역에서는 *Aneuretus*가 가장 흔한 종에 속하는 것도 알았다. 잠깐 동안에 나는 최후로 살아남은 어뉴레틴 개미의 사회 생활을 파악할 수 있었다. 20년 뒤에 내 밑에서 일하는 학부생이며 스리랑카 출신의 아눌라 자야수리야는 같은 지역에서 그 종의 개미가 희귀해졌거나 없어졌음을 알았다. 나는 *Aneuretus simoni*를 국제 자연 및 천연자원 보존연맹(International Union for Conservation of Nature and Natural Resources)의 『적색자료집(*Red Data Book*)』에 올릴 것을 추천했고, 따라서 그 종은 곧 위협받거나 멸종 위기에 있는 종이라고 공식적으로 등록된 개미종들 중에서 최초의 것이 되었다.

나의 야외 탐험은 이제 거의 끝나가고 있었다. 나는 계속해서 이탈리아 여객기 이등석에 탑승해(요금이 쌌기 때문) 제노아로 갔다. 그곳에서 시립 자연사박물관에 있는 카를로 에메리가 수집한 개미들을 조사했다. 그런 뒤 열차편으로 스위스와 프랑스를 횡단하여 마침내 런던에 도착했다. 도중에 여러 박물관의 개미 표본실을 둘러보았다. 이것이 젊은 학자로서의 나의 유럽 여행이었고, 전 세계적인 거대한 개미 표본들을 살펴본 여행이었다. 하버드의 다른 사람들이 하기아 소피아(Hagia Sophia)와 프라도(Prado)에서의 경험을 말할 때면 나는 제네바와 파리에서 살펴본 경이로운 개미들 생각이 떠올랐다.

1955년 9월 5일 나는 뉴욕으로 날아갔다. 보스턴으로 가는 4시간의 마지막 열차 여행은 그 주에 나온 ≪라이프≫지를 무감각하게 보고 또 보면서 마음이 다소 느긋해지기는 했지만 그래도 내 생애 가장 길게 느껴졌다. 마침내 카키색 작업복과 둔한 장화 차림, 짧은 머리와 20파운드쯤 빠진 몸과 말라리아 예방약인 키내크린 때문에 희미한 황색이 된 나는 리니의 품에 안겼다. 나는 훌라후프, 데이비 크로켓, 토미 맨빌의 아홉번째 이혼 등 1955년 서양 세계에서 일어났던 사건들을 전혀 모른 채 집으로 돌아왔다. 부통령인 리처드 닉슨이 〈진실성이 텔레비전 방송에 일관되는 특성입니다〉라고 말한 것도 듣지 못했다. 최근 유행하는 남성의 여가용 복장도 몰랐다. 혹시 알고 싶거나 기억해 보고 싶은 독자를 위해 묘사해 보면 그 차림새는 목이 긴 면 셔츠와 보트 넥(역주: 쇄골의 커브를 따라 어깨 이음매 가까이까지 크고 넓게 도려낸 뱃바닥 모양의 넥 라인)과 부드러운 가죽의 슬리폰 슈즈(역주: 매는 끈이나 걸이쇠가 없이 간단히 신었다 벗었다 할 수 있는 슈즈)를 유럽풍으로 품위 있게 조합해서 입는 것이다. 10개월 떨어져 있는 동안 미국 문화는 나에게 낯설어졌다. 하지만 나는 화이트 타워에서의 10센트짜리 햄버거와 장시간의 텔레비전 시청으로 빠르게 회복되어 갔다.

6주 후 리니와 나는 보스톤의 성시실리아 교회에서 결혼식을 올렸다. 우리는 신혼인 대부분의 젊은 하버드 학생 부부처럼 케임브리지와 소머빌 경계에 있는 대학 아파트 홀덴 그린으로 이사했다. 그곳에는 자리를 찾아 이사해 오고 나가는 젊은 거주자들도 있었고, 그곳에 계속 머물면서 하버드에 영원히 있고 싶어하는 오래 된 거주자들도 있었다.

이듬해 겨울 나는 하버드 생물학과 조교수직을 제안받았다. 내가 할 일은 원로 교수이며 균류 전문가인 윌리엄 〈캡〉 웨스턴 교수를 도와서 비과학전공자를 위한 초급 생물학 강좌를 여는 일이었다. 나의 박사 논문을 지도했던 학과장 프랭크 카펜터 교수는 임용 임기가 5년뿐임을 일깨워 주었다. 그 뒤에 임기가 연장될 가능성은 매우 작고 이 자리는 종신 재직권을 갖지 않는다고 말했다. 나에게 그 정도의 관심을 가질 뿐인가? 나는 이미 서른 군데에 편지를 보냈었고, 플로리다 대학과 미시간 대학에서 종신 재직권 자리를 제안받았다. 그 당시에는, 지금도 대부분의 대학에서 그렇지만 이런 제안은 첫 몇 년만 잘 보내면 종신 재직이 보장됨을 의미했다.

하버드에서의 자리가 일시적이라는 점에 나는 난처해 하지는 않았다. 나는 겨우 26살로 젊었고 세계 수준의 수집물과 도서관에서 나의 연구 영역을 넓히는 데 더 많은 시간을 갖고 싶었다. 나는 하버드에서의 자리를 받아들였고 첫 강의를 준비하기 시작했다.

그러나 첫 해 도중에 나는 심한 정신적 압박을 느꼈다. 일류 대학의 모든 조교수들처럼 나는 일회용이라고 느꼈다. 실제로도 내가 일회용임은 명백했다. 나는 5년의 기간이 끝난 뒤 거리로 쫓겨나기 전에 리니의 도움을 얻어 새로운 자리를 알아볼 계획을 세웠다. 그러자 아직 3년의 기간이 남아 있던 1958년 봄 운좋게도 스탠퍼드 대학에서 종신 재직이 보장된 부교수직을 제안해 왔다. 그 제안은 생물학과 학과장인 빅터 트위티의 편지에서 불쑥 튀어 나왔다. 편지는 평이했고 명확했으며, 시험삼아 문의해보는 말이 서두에 있지 않았고 방문을 하거나 세미나를 해야 한다는 조건도 없었다. 트위티의 말을 요약하면 여기 자리가 있는데

오지 않겠느냐는 것이었다.

곧 이어 스탠퍼드 학장인 프레드릭 터만이 생물학 실험동에 있는 내 연구실로 찾아왔다. 그는 나이 많은 한 신사와 같이 왔는데 나에게 월러스 스털링 씨라고 소개했다. 두 사람이 앉자 나는 스털링 씨에게 돌아서서 〈당신도 스탠퍼드에 있습니까?〉라고 물었다. 터만이 대신 대답했다. 〈우리 대학 총장입니다〉라고.

두 사람은 내가 다시 평정을 되찾을 만큼 시간을 준 뒤 생물학과 교수들이 내가 팔로 알토에 와서 곤충학 쪽에 새 과정을 만들기를 바란다고 부드럽게 설명했다. 깍지벌레의 전문가로 현재 재직중인 한 교수가 은퇴를 앞두고 있었다. 나는 강렬한 흥분을 느끼며 경청했다. 스탠퍼드는 서부의 하버드였고, 캘리포니아는 1950년대 황금의 주였다. 그들은 이 기회의 땅에 와서 우리의 발전을 도와달라고 말했다. 다른 사람들이 이런 요청에 따르고 있다는 것은 알고 있었다. 과학자와 다른 학자들이 오래 된 동부의 대학들을 떠나 서부로 몰려 가고 있다는 기사가 그 해 초 ≪타임≫지에 실렸던 것이다.

리니와 나는 스탠퍼드의 제안에 짜릿함을 느꼈다. 곤충학 분야에 대한 나의 전문적 기술과 개미를 사랑하는 나의 마음을 원하는 곳이 실제로 있다니! 봉급 역시 그 당시로는 상당한 연봉 7,500불이었고, 주택의 구입에도 보조가 있었다. 이는 하버드에서는 전례 없는 일이었다. 다음 날 나는 카펜터에게 스탠퍼드로 가겠다고 말했다. 그리고 당신이 베풀어준 모든 일에 감사한다고 말했다. 그러나 그는 확실한 결정을 내리기 전에 몇 주만 기다려 달라고 말했다. 하버드에서 무엇을 제시할지 보자면서. 그 뒤 두 달 동안 생물학과 교수진과 문리대 학장인 맥조지 번디는 나의 신분을 검토하고 스탠퍼드에서의 제안에 어떻게 대응할지 토의했다. 결정을 기다리는 동안 나는 이 문제에 관해 마음속에서 이리저리 생각했다. 하버드에서 젊은 교수에게 종신 재직권을 제안하는 대부분의 경우에 이런 과정을 밟았고 오늘날에도 그렇다. 외부의 위협에는 반발하는데, 그러고도 대다수의 기대주들을 탈락시켰다. 그 과정은 바티칸

교회에서보다도 느리게 진행되어 마무리되는 데 보통 일 년 이상의 시간이 걸린다. 하지만 나의 경우에는 유리한 결정이 신속하게 이루어졌다. 드디어 나는 맥 번디 학장으로부터 제안을 받았고 나는 이를 수락했다.

오늘날 케임브리지의 얼어붙을 듯한 1월의 아침에 자동차의 매연과 개들의 배설물로 지저분하고 눈 덮인 칸딘스키 그림 같은 풍경 속을 조심스럽게 걸어가며, 뉴잉글랜드의 겨울은 끔찍하지만 세계에서 가장 우수한 개미 표본들과 일할 수 있어 그만한 대가를 치를 만한 곳이라고 혼자서 회상하곤 한다. 하버드의 종신 재직을 받아 들인 후 35년이 지났고, 그 첫 9월 아침에 올스톤 버 홀의 강의실로 나와 함께 걸어가던 캡 웨스턴의 나이가 된 나는, 아직도 비전공 학생을 위한 대단위 초급 생물학 강의를 하고 있다. 이 되풀이되는 강의에 내가 만족하고 있는 것은 종신직이 보장된 학자의 마음 편한 직무여서는 아니다. 그보다는 하버드 대학생들은 놀랄 만큼 재능이 있음을 알았고 그들과 매년 새로 만나면서 내 자신이 새로워지기 때문이었다. 대부분의 학생들이 활동성과 낙관적 합리주의를 나와 같이 공유하고 있다. 우리는 서로 노력해서 열정적인 대화를 이끌어갔다. 나는 그들이 미래에 대학이라는 온실에서 처음 전공으로 택한 각 분야, 즉 법률, 행정, 사업, 예술 등의 모든 분야로 나아가는 모험을 시작할 것을 알고 있다. 그리고 그들 중 몇몇은 생물학 분야로 전공을 바꿀 것이다.(실제로 그런 일이 있었다.) 나는 마음속에 현재 상태가 아니라 그들의 장래성을 염두에 두면서 동등한 지성인을 대하듯 그들에게 얘기한다. 1992년 학부 학생으로 이루어진 학부 교육 위원회에서 나에게 대학에서 가장 뛰어난 종신 강의 교수에게 수여하는 레빈슨 상을 주었다. 비과학도에게 강의하는 또 다른, 좀더 이기적인 이유가 나에게 있었다. 강의 일정이 아주 빠듯해지지만 않는다면 대학 교수의 부르주아 생활은 창조적인 일을 할 수 있을 만큼 마음의 여유를 주기 때문이다.

1958년 나는 실험실과 박물관에서 연구에 몰두하느라 야외 작업을 일시적으로 중단했다. 첫째 목적은 뉴기니와 그 주변 지역인 아시아의 열대지방, 호주, 남태평양 등에 서식하는 개미를 분류하고 분석하는 일이었다. 나는 주로 기재하는 일이 대부분인 일상적 작업을 시작했다. 그 일은 시간이 걸리고 단조로우며 사실 중심적인 것이긴 하였으나, 그런 이유들 때문에 나는 그 일을 가치있게 생각했다.

분류학이 주는 특별한 만족감을 설명하기 위해 잠시 화제를 그 쪽으로 옮겨보자. 그것은 수도사처럼 몇 년간의 꾸준한 노력을 통해 생물학자의 머릿속에 형성되는 지식의 체계이며 기술이다. 분류학자들은 생물학자들 사이에서 기능공이며 기술자의 위치를 점하고 있다. 그는 자신의 전문적 연구를 통해 축적된 전문 지식이 없다면 대부분의 생물학 연구는 중단될 것임을 알고 있다. 연구 대상이 되는 종을 충분히 식별(〈아! 그것은 조롱박먼지벌레 속에 속하는 딱정벌레지〉)해낼 수 있는 전문가만이 그것에 관해 이미 문헌 속에 알려진 모든 것을 풀어낼 수 있다. 그는 전문지의 내용과 박물관의 표본으로부터 이미 발견된 것과 가슴을 뛰게 하는 미지의 것을 신속히 구별할 수가 있다. 생물학자가 종들의 이름을 모른다면 그는 길을 잃은 신세가 된다. 중국 속담과 같이 지혜로 가는 첫 걸음은 옳바른 이름을 아는 것이다.

그 밖에 또 다른 점이 많이 있다. 숙련된 분류학자는 그저 단순히 박물관에서 라벨이나 붙이는 사람은 아니다. 그는 세계적 권위자이다. 때로는 자신이 선택한 종류에 관한 분류학자의 수가 아주 적은 관계로 세계적 권위자가 되는 경우도 있다. 그는 수백 또는 수천 종을 다루는 지배인이고 그것들의 대변인이다. 다른 과학자들은 그가 다루는 분류군에 진입하려고 그에게 도움을 청한다. 분류군은 상어, 윤충, 줄동애애, 바구미류, 소나무류, 와편모충, 남조류 등의 백만이 넘는 종의 기다란 명단으로 구성된다. 그는 분류만 하는 것이 아니라 그 생물 그룹에 관한 해부학, 생리학, 행동학, 생물지리학 및 진화사에 관한 세부 사항들을 발표의 유무를 떠나 잘 알고 있다. 그는 대화할 때 다음처럼 말할 것이다. 〈글쎄 생각해보니 온두라스에서 빨간 빛의 실지렁이를 본 적이 있는데 그 색깔이 바로 당신이 찾는 무척추동물의 헤모글로빈 같군요.〉

또는, 〈아니 아니 저 특별한 과에 속하는 나방은 주로 칠레 남부의 온대 지역에 서식하는데 저 종은 아직 연구된 적은 없어요. 하지만 1923년 헨슬리 원정대가 수집한 표본이 국립자연사박물관에 많이 있죠. 한번 찾아볼까요.〉 CD-ROM도 백과사전도 분류 전문가를 대신할 수 없다. 한번은 그러한 연구로 일본에서 상을 받았을 때 수상식 후에 망둥이의 분류에 관해 일가견이 있는 일본의 국왕 아키히토와 저녁 동안 대화하는 영광을 누릴 수 있었다. 나는 곧 그가 망둥이와 멸종 위기에 처한 일본의 어류에 대해 얘기하는 것을 편안하게 경청할 수 있었고, 한편으로 그와 그의 가족들은 나에게 개미에 대해 물었다. 하버드에서의 세미나 같았다. 때때로 나는 누구하고 얘기하고 있는지조차 거의(결코 완전히는 아니지만) 잊는다.

1958년 나는 생물학 실험동의 1층 연구실에 앉아 가끔 창문 밖의 인도 흰 코뿔소의 청동상 너머를 바라보면서 이런 분류 작업에 되돌아온 데 대해 일시적이나마 직업적인 안정감을 느끼고 있었다. 이 작업은 일련의 구체적 결과를 보장해주고 있었고 연구 지원비나 연구 수당이 주어지는 그런 종류의 일이었다. 스물아홉의 나이에 내가 이미 발표했거나 발표 예정중인 학술 논문들이 55편이나 되었다. 이 무렵 철저한 학자로서의 태도가 몸에 밴 나는 젊은 과학자라면 모두 이런 종류의 생산성의 증거를 보일 필요가 있다고 보았다. 그렇지 않으면 국립과학재단과 구겐하임 재단 심사위원회가 지원 신청을 받아 들이지 않을 것이다. 하지만 정말로 창의적인 것이라면 위원회는 비용에 집착하지 않는다. 구겐하임은 성공을 보장할 수 없는 위험스런 연구에도 계속해서 지원하는 모험을 감행하며, 항상 적극적으로 추세를 주시하면서 연구에서 조금이라도 가능성이 엿보이면 즉시 지원할 준비가 되어 있는 것이다.

그렇다면 나는 과연 무엇들을 내걸어야 할까? 바로 그것들이 매일 평범한 연구를 하는 중에 짜임새를 갖추지 않은 형태로 매우 다양하게 나에게 다가왔다. 개미 생물학에 관한 사실들을 축적해 나가는 동안 희미한 개념들이──구조, 정의, 이제 희미하게 나타나기 시작한 패턴(정확한 표현이 떠오르지 않는다)─── 마치 셀틱해의 안개처럼 내 마음속에 떠다녔다. 나의 몽상은 대부분 생물 다양성의 기원에 관한 것이었다. 대부분은 일관된 모습을 갖추면서 사소한 것이거나 별 의미가 없는 것으로 판명되어 희미하게 사라져 갔다. 몇 가지는 나의 상상 속에서 점점 강해졌다. 그러면서 그들은 구체적으로 서술되기 시작했고 나는 그들을 마치 이야기처럼 속으로 되뇌이기 시작했다. 나는 그 문제들을 다른 사람에게 말할 준비를 했다. 나는 그 이야기들을 글로 표현하면 어떻게 보일지 그리고 회의적인 청중 앞에서 강연하면 어떻게 들릴지 상상했다. 나는 반복해서 생각하고 뜯어 고치고 혼자서 연습했다. 나는 이야기꾼이 되어 여러 조각의 사실들을 분류하고 정리하면서 틈이 나면 상상력을 발휘해 메워나갔다. 그런 뒤 나는 진짜 청중 앞에서 그런 연출을 시도했다.

나의 첫 구상 중의 하나는 생물 분류에서 일반적으로 통용되는 품종의 형식적 범주인 아종(subspecies)에 대한 비판이었다. 이 과정에서 나의 공동 저자는 나보다 칠 년 선배이며 나를 하버드 대학원에 입학하게 만든 윌리엄 브라운이었다. 1952년에는 우리 둘은 거의 매일 점심 때 만나 진화생물학의 논제에 대해 토론했고 사색했다. 브라운은 그의 신랄한 어조에서 곧 알게 되었지만 과학적 심술쟁이였다. 그는 학계를 주도하며 뽐내는 석학들의 명성에 도전적인 견해를 말할 때 제일 행복해했다. 그는 모든 과학적 생각을 두 더미로 나누었는데, 하나는 그가 정열적으로 받아 들이는 것들이고 또 하나는 그가 경멸하는 것들이었다. 그는 정열적이었고(지금도 그렇다) 동시에 철저히 프로였다. 그리고 정신적으로 허영과 위선을 싫어하는 프롤레타리아였다. 유명한 교수가 옆을 지나가면 그는 장난꾸러기 같이 웃으면서 가상의 〈엉터리 자〉을 대고 눈금을 읽었다. 적색 눈금! 눈금을 벗어났다! 전생에 그는 사령관의 약점을 재치있게 비꼬아대는 일등 하사였거나 행정 관리자의 무능을 불평하면서 뒷감당해주는, 공장의 기계 속에서 기름칠로 범벅이 된 기술자였을 것이다. 그는 비교동물학박물관에서 일과가 끝나면 근처 술집에서 노동자들과 어울려 맥주 한 잔 마시기를 즐겼다. 때로는 두세 잔이 되기도 했다. 그는 내가 같이 가지 않는 데 대해 〈맥주를 좋아하지 않는 사람은 믿을 수가 없다〉면서 곤혹해 했다. 그 자신이 지배계급에 속해 있다는 생각이 그에게는 전혀 떠오르지 않는 듯 싶었다. 하지만 그건 중요한 일이 아니다. 그의 비평은 항상 정곡을 찔렀다. 관리자층은 많은 경우 무능했다. 우리가 공동연구를 시작하던 그 해 그는 아종 문제에 대해 흥분해 있었다.

그것은 면밀히 검토할 만한 주제였다. 모든 곳의 분류학자들이 아종을 객관적 범주로 취급했고 진화상 핵심적 단계의 하나로 간주했다. 그들의 논리는 이러하다. 종은 아종으로 나뉘고 아종은 충분한 시간이 지난 뒤 종으로 진화하는데 종은 분명 실재하는 객관적인 개념이므로 아종도 실재하는 객관적인 개념으로 가정해야 한다. 아종에는 분류학자들에 의해 공식적인 라틴어 이름이 주어졌다.(지금도 여전히 그러하다.) 예를 들어 분류학자들은 대머리 독수리인 *Haliaeetus leucocephalus*를 두 품종으로 나누었다. 남부의 대머리 독수리는 *Haliaeetus leucocephalus leucocephalus*로, 그리고 북부의 독수리는 *Haliaeetus leucocephalus washingtoniensis*로 명명되었다.

그 당시에는 브라운과 내가 그 이유를 즉각적으로 밝혀내지는 못했지만 아종은 비실제적이고 임의적인 개념 같았다. 우리는 아종을 도입한 전제들을 실제 경우를 살펴보면서 비판적으로 검토하기 시작했다. 그 근거는 우리가 생각했던 것보다도 취약한 것으로 드러났다. 우리는 아종의 지리학적 경계가 종종 불분명하거나 아니면 경계짓기가 불가능한 것을 발견했다. 아종을 나누는 형질들이 제각기 달랐기 때문이다. 가상적이기는 하나 다음과 같은 전형적인 예를 통해 이것을 쉽게 이해할 수 있다. 나비의 색깔이 동에서 서로 변해가고, 북에서 남으로 갈수록 그 크기가 작아진다고 하고, 중앙부 근처의 몇 국지적 지역에서는 뒷날개에 띠무늬가 하나 더 있다고 하자. 이와 같이 분류에 이용될 수 있는 거의 무한한 목록 중에서 분류학자는 임의 개의 형질들을 계속 선택한다.

결과적으로 나비종을 세분하는 아종의 독자성은 아종을 규정하기 위해 선택된 형질에 의존하게 된다. 색깔을 선택하면 나비종은 동-서의 두 품종으로 나누어지고, 색깔에다 몸의 크기를 더하면 네 품종이 네 지역으로 나뉘어 생겨난다. 뒷날개의 띠무늬를 추가하면 품종의 수는 다시 두 배로 늘어난다. 그러므로 아종은 임의적이다. 1953년 우리는 아종에는 공식적인 이름을 붙이지 말자고 제안했다.* 우리는 지질학적 변이가 있음은 분명하지만, 그보다는 형질 하나하나에 따라 분석되어야 한다고 주장했다. 형질들에 초점을 맞추는 것이 그것들로부터 조합되어 만들어진 아종에 초점을 두는 것보다 더 유용한 정보가 된다.

아종에 대한 우리의 비판은 계통 생물학의 학술지에 격렬한 논쟁을 촉발시켰다. 여러 해가 지난 뒤 논쟁이 가라앉을 무렵에는 사람들의 의견은 우리 쪽으로 기울었다. 그 후부터는 공식적으로 세 개의 이름이 붙는 아종의 수가 줄어들었고, 독립적으로 변화하는 형질들의 속성에 더 많은 중점이 주어졌다. 그렇지만 지금 생각해보면 브라운과 나는 1953년 당시 우리의 주장을 지나치게 내세운 것 같다. 어떤 개체군들은 분명 제 각각이 아닌 방식, 즉 서로 일치되는 방식으로 변해가는 몇 가지 유전적 형질에 의해 명확하게 정의될 수가 있기 때문이다. 더 나아가서 아종은 종종 유전적 위치가 애매한 경우라도 중요한 개체군을 암시하는 편리한 약어가 된다. 예를 들면 플로리다 흑표범이란 무엇인가? 그것은 한때 전 미국에 널리 분포하던 일련의 개체군들의 거의 사라져가는 후손들이다. 지금은 플로리다 남부에서 야생으로 풀려난 남미 원산의 흑표범과 교잡되어 더욱 변했다. 생물학자가 플로리다 군집에 대해 그 유전적 독특성을 주목하여 말할 때 *Felis concolor*의 플로리다 아종(또는 품종이라 해도 같은 의미이다)이라고 똑떨어지게 말하는 것은 타당하다.

---

* E.O. Wilson and W.L. Brown, 「아종 개념과 분류학적 적용(The Subspecies Concept and Its Taxonomic Application)」, *Systematic Zoology* 2(3)(1953), 97-111.

그 바로 뒤 브라운과 나는 두번째 개념적 발견을 하였는데 이번에는 논란을 야기하지는 않았다. 우리가 발견한 것은 형질 이동(character displacement)이라고 불리게 되는 생물 다양성의 새로운 현상이었다. 이 과정은 교잡의 정확한 역과정이었다. 교잡은 두 종이 서로 조우하는 장소에서 유전자를 교환하는 것이고, 그 결과 서로 더 유사해진다. 형질 이동에서는 두 종이 서로 마주치면 마치 같은 전하를 띤 입자들처럼 서로 반대로 튀어 나간다. 내가 이 수수께끼 같은 효과를 처음 접한 것은 박사 학위 논문에서 다루었던 풀잎개미 속(Lasius)에서다. 브라운과 나는 점심 식사 때의 대화들 속에서 가능한 원인을 탐색해 보았고 비슷한 유형의 현상이 다른 종류의 생물에서도 나타나는지 문헌을 조사하였다.

우리는 영국의 조류학자인 데이빗 랙이 갈라파고스 군도에 서식하는 다윈의 방울새에 관한 자신의 1947년도 연구에서 이미 형질 이동에 관해 묘사하고 있음을 발견했다. 이 후 1970년대와 1980년대에는 프린스턴 대학의 피터 그랜트가 자기 부인 로즈메리와 학생들을 이끌고 갈라파고스의 그 새들을 오랜 기간에 걸쳐 야외조사하면서 형질 이동 현상에 관해 매우 상세히 관찰하였다. 이렇게 이 작은 새는 진화생물학의 역사에서 가장 뛰어난 세 건의 야외 연구, 즉 다윈, 랙, 그리고 그랜트의 연구 대상이 되었다. 브라운과 내가 1956년 보고서를 통하여 주로 기여한 바는 서로 배척하는 효과가 동물 세계에서 광범위하게 일어난다는 것과 종의 짝짓기에서 경쟁이나 잡종 형성을 적극적으로 기피함으로써 그 효과가 나타남을 보인 것이다.* 우리는 형질 이동을 생물학의 중요 개념으로 끌어 올렸고 현재 일반적으로 사용되는 이 이름을 붙인 것이다.

우리는 또한 생태계 내에서 종들이 더욱 단단히 구획화되게 하는 요인이 형질 이동임을 깨달았다. 종간의 차이가 커져가는 진화가 일어남으로써 한 종이 경쟁이나 잡종 형성을 통하여 다른 종을 일소시킬 확률

---

* W.L. Brown and E.O. Wilson, 「형질이동(Character Displacement)」, *Systematic Zoology* 5(2)(1956), 49-64.

을 줄이게 된다. 경쟁과 잡종 형성을 피하는 쪽으로 서로 잘 적응한다면 보다 많은 종이 무한히 공존할 수 있을 것이다. 그러므로 군집 전체에서 진화가 일어난 결과로 생물 다양성은 더욱 커지게 된다. 1959년 생태학의 대가인 예일 대학의 이블린 허친슨은 우리가 제시한 형질 이동을 매우 영향력 있는 그 자신의 논문에서 핵심 개념으로 사용했다. 〈산타 로잘리아(Santa Rosalia)에게 경의를, 그렇지 않다면 그렇게 많은 종류의 동물이 어떻게 존재하겠는가?〉 그가 던진 이 물음은 그 뒤 생물 다양성의 근거를 좀더 정량적으로 분석하려는 생태학자들의 주요 메뉴가 되었다. 그들은 플로리다에는 왜 특정 수의 나비만이 있는가, 왜 다른 수가 아닌가? 트리니다드의 뱀은 어떤가? 호주의 유대류는? 등의 질문을 던진다. 단순히 그런 질문을 던지기만 해도 종의 형성과 멸종의 원인에 대해 깊히 이해하려는 노력이 시작되는 것이며, 1980년대에 와서는 이것이 생물학에서 가장 두드러진 사회적 논란거리가 되었다.

1950년대 후반부터 나는 이 이론에 대해 더 많은 흥미를 느꼈다. 하지만 내 마음속 깊은 곳에는 여전히 마법의 숲을 헤매는 사냥꾼이라는 단순한 자아 의식이 자리하고 있었다. 다만 이제는 동물만이 아니라 개념까지 사냥하여 집으로 귀환하는 사냥꾼으로 생각했다. 실제적이며 나아가서 수사적이고 문명화된 사냥꾼으로서의 자연탐구자인 나는 문제 해결보다는 기회가 나는 대로 포착하는 쪽으로 운명지어졌다. 내 속에 들어 있는 소년은 여전히 나의 인생 항로에 큰 영향을 미쳤다. 나는 무엇이라도 그것을 가장 먼저 찾아내는 사람이고 싶었다. 그것이 중요한 것이면 더욱 좋았다. 하지만 어떤 것들은 종종 다른 이에게 내주기 전에 한 동안 나 혼자 소유하고 싶기도 했다. 나는 어느 정도 불안해 했고 동시에 야심에 차 있었다. 나는 과학에서의 발견이 가져올 인정과 지지를 갈구했다. 이런 점을 인정한다는 일이 지금은 어렸을 때만큼 곤혹스럽지는 않다. 내가 아는 모든 과학자들은 자신들의 업적이 합당하게 인정받기를 원하는 공통점을 지닌다. 인정받음이 그들의 금과 은이며, 그들이 다른 이에게 우선권을 내줄 때는 그렇게 인색하면서 자신들의 것을 방어하는 데는 매우 격렬한 이유이다. 새로운 지식은 사회적으로 인정되기 전에는 과학이 아니다. 과학 문화란 꼼꼼한 검토를 거쳐 그에 걸맞는 자격이 주어져 배포되고 확실해진 새로운 검증 가능한 지식이라고 정의될 수 있다.

내가 믿기에 과학자들은 두 범주로 나누어진다. 인생에 성공하기 위해 과학을 하는 사람과 과학을 하기 위해 성공적인 인생을 이끄는 사람이다. 후자야말로 평생 동안 연구에 종사할 사람들이고 나는 그들 중 한 사람이다. 내 생각에 후자에 속하는 나의 동료들은 나와 마찬가지로 어떤 종류이던 간에, 어쩌면 내 추측보다도 훨씬 나와 비슷할지도 모르는 소년 시절의 꿈에 이끌려 온 사람들이다. 진화생물학이란 자연 탐험가의 마지막 은신처이기 때문이다.

그리하여 나는 이번에는 진화생물학의 덜 밝혀진 부분에서 추상적인 원리들을 찾아나섰다. 동물지리학에서의 경험의 결과로 나는 진화의 원산지, 즉 우점종 집단이 나타나서 세계의 전 지역으로 퍼져나가는 장소라는 개념에 마음이 끌렸다. 그 현상의 본격적인 토론은 1915년 윌리엄 딜러 매튜로부터 시작되었다. 그는 미국 자연사박물관의 무척추동물 고생물학 분야의 큐레이터였으며 후에는 버클리에 있는 캘리포니아 대학의 고생물학 교수가 되었다. 그의 단행본 저서『기후와 진화(*Climate and Evolution*)』에서 그는 포유동물과 다른 척추동물에서 나타나는 우점종 양상을 설명했다. 매튜는 독자들에게 지구를 북극에서 투사하는 방식으로 살펴보라고 말했다. 유럽, 아시아, 그리고 북미 대륙이 아주 가깝게 놓여 거의 하나의 초대륙을 이루는 것이다. 포유동물의 화석에 대한 그 자신의 연구와 이전의 연구들을 증거로 대면서 그는 우점종 집단은 이 초대륙에서 생겨나서 바깥 쪽으로 퍼져나갔으며, 이전의 우점종 집단들을 남쪽의 열대 아시아, 아프리카, 남미 등의 변두리 지역으로 몰아냈다는 대담한 주장을 펼쳤다. 현재 시점에서 승리자 집단에는 사슴, 낙타, 돼지, 가장 흔한 종류의 들쥐와 생쥐들, 쥐 과(Muridae)에 속하는 것 등이 포함되어 있고, 변두리로 쫓겨난 패배자 집단에는 말, 맥, 코뿔소 등이 있다고 언급했다. 진짜 아리안 생물학자처럼 매튜는 우점종 집단이 북방 지역의 견디기 어렵고 항상 변해가는 기후에 더 잘 적응한 결과로 경쟁에서 우월했다고 추론했다.

그런 뒤 필립 달링턴이 새로운 제안을 내놓으면서 등장했다. 먼저 1948년 ≪계간 생물학 리뷰(Quarterly Review of Biology)≫에 논문을 게재 했고, 그 뒤 1957년 「동물지리학: 동물의 지리학적 분포(Zoogeography: The Geographical Distribution of Animals)」라는 본격적인 논문을 발표 했다. 달링턴은 매튜의 견해가 반만 맞다고 기술했다. 그가 조사했던 화석은 고생물학의 초기 시절에 대부분의 발굴이 이루어진 북반구 쪽에 치우쳐 있다는 것이다. 『기후와 진화』가 출판된 지 30년이 지난 지금은 조사할 화석 자료가 더 많이 있고 매튜가 말한 〈변두리〉 지역을 포함한 세계의 전 지역에서 화석이 발굴되었다고 달링턴은 주장했다. 게다가 현존하는 집단의 분포로부터 얻어지는 증거들을 좀더 면밀하게 검토해 야만 하는데, 특히 어류, 개구리, 그 밖의 냉혈 척추동물 등 더 많은 새 로운 증거가 나올 수 있는 집단들을 고려해야 한다고 주장했다. 이 모 든 조각들을 맞춰볼 때 진화의 격전지는 북부 온대 지역이 아니라 구 세계의 열대 지역임을 알 수 있다. 지난 5000만 년 동안 척추동물의 집 단들이 남부 아시아, 사하라 남쪽의 아프리카, 그리고 최근의 지질학적 시간까지는 중동의 대부분 지역 등을 포함하는 거대한 온실 지역에서 생겨났다. 동물 집단 중 가장 우세한 것들이 북쪽으로 나아가 유럽과 시베리아로 퍼졌고, 지협들의 융기로 인하여 주기적으로 균열되어 장벽 을 이루는 베링해를 건너 신대륙으로 퍼져갔다. 오늘날 북미와 유럽에 사는 사람들은 주위를 둘러보기만 해도 현재의 우세 동물들인 사슴, 개, 고양이, 쥐와 새앙쥐, 개구리, 두꺼비, 그리고 아이들에게 친숙한 다른 개척자 동물 집단들을 볼 수 있다. 이들 종은 자신들의 영역을 기후가 열악한 지역으로 넓혀가는 것이지 그 지역에서 퍼져나온 것이 아니다.

나는 우점종 동물이라는 개념과 동물 왕조의 천이에 매력을 느꼈다. 진화의 중심은 주로 육지에 있었고 달링턴이 매튜보다는 그 점을 분명히 한 것 같다. 여하튼 또 하나의 중요한 의문이 남아 있었다. 우점 현상에서 생물학적 특성은 무엇인가? 좀더 자세하게 말하면 한 무리의 종이 새로운 영토로 전파되어 그곳의 고유종을 압도하게 만드는 유전적 특성은 무엇인가? 고유 집단이 어떻게 패배할 수 있는지 수수께끼 같은 일이다. 고유종은 침입자가 나타나기 전 이미 수천 수백만 년의 세월 동안 그들의 서식 영역에 적응하여 오지 않았는가!

내가 뉴기니와 인접 지역의 개미에 관한 논문을 집필하면서 내 자신의 생물지리학적 연구를 시작할 때만 해도 우점종의 생물학적 원인에 대한 이런 질문을 내 마음속에 분명히 가지고 있지는 않았다. 그러나 매튜와 달링턴이 이 질문을 직접적으로 자신들에게 던진 것은 아니지만 나에게 이 문제를 분명히 하도록 일깨웠다. 회상해보면 나에게 필요했던 것은 나의 무의식 한 구석에 이런 물음이 형성되게 하는 약간의 자료였다. 그러고 나서는 매튜와 달링턴이 원형을 보여준 신화적 정복자의 힘에 이끌려 나는 그 모든 것을 표현하는 각본과 줄거리와 구절들을 가상하여 셰익스피어처럼 읊을 수 있는 것이다.

> 상상이 알려지지 않은 사물의 형태를 구체화하면서,
> 시인의 붓이 그들의 모습을 드러내고,
> 공기같은 비존재에 서식처와 이름을 주리라.

나는 물음을 던졌고 설득력 있고 검증할 수 있는 대답을 얻었다. 단조로운 분류 작업을 통하여 나는 개미종의 지리학적 범위를 하나씩 종이 위에 그려 놓았고 많은 양의 정량적인 자료를 갖고 있었기 때문에 가능했다. 나는 문제를 잘 인식하고 있었다. 매튜와 달링턴은 동물종의 전체 속과 과의 수준에서 문제를 고찰하였기에 세밀성이 떨어지는 관념을 가질 수밖에 없었다. 나는 육지 척추 동물들의 모든 대집단들을 알고 있지는 못했지만 그들보다는 더 자세히 서태평양의 개미들을 이해하고 있었다. 다방면적 접근의 한 방편으로서 나는 개미종의 서식 장소,

집의 위치, 군체의 크기, 먹이의 종류, 그리고 그 밖에 언제 어디서 어떻게 사용할지는 모르지만 소용이 있을 것으로 기대되는 모든 것들에 관한 많은 양의 자료들을 모아놓았다. 나는 그 나름대로 가치가 있는 정보는 모두 고려했기 때문에 그 분야의 표본들을 진공 청소기처럼 모조리 훑었고 박물관의 자료들을 면밀히 검사했다. 나의 궁극적인 목표는 흥미로운 진화의 패턴을 찾는 것이었다. 하지만 특출나게 중요한 가치를 기대할 수 없었다 해도 나는 나의 기재 작업을 끝까지 계속했을 것이다.

그러나 패턴은 정말로 나타났다. 진화생물학에서는 열심히 찾으려고만 하면 항상 패턴을 찾을 수 있다. 왜냐하면 수백의 변수와 수천의 패턴이 검토를 기다리고 있기 때문이다. 그것이 한 종씩 지도 위에 범위를 그려나가는 동안에 이번에는 분명하게 나타났다. 나는 몇 종의 개미들이 뉴기니와 동부 멜라네시아 군도로 침범하는 초기 단계에 있음을 보았다. 이전의 침범을 극복했음이 분명한 다른 종들은 한두 섬에 불과한 제한된 영역으로 흩어져 있었다. 어떤 것들은 많은 고유 거주종으로 분할되었다. 그리고 다른 종들이 퇴각하는 기미는 분명했으며 그 개체군들은 이제 섬 계곡의 여기저기 구석진 곳에 흩어져 있었다. 마침내 적은 비율의 종이 다시 팽창하기 시작하고 이번에는 뉴기니에서 시작되었다. 나에게 떠오른 생각은 진화의 전 주기, 즉 팽창과 침범에서 고유종의 지위까지 진화되고 마침내는 퇴조하거나 새로운 팽창으로 이어지는 그런 형태의 주기가 매튜와 달링턴이 상상했던 범세계적인 주기의 축소판이 아닌가 하는 것이었다.

그러한 축소판 생물지리학적 양상의 발견은 지금 생각해 보면 거의 자명해 보이지만 그 당시에는 놀라운 일이었다. 어떤 이유에서였는지 그 당시에 나는 그런 특정 연쇄 과정을 예기하지 못했다. 그것은 1959년 1월의 어느 날 아침 생물학실험동 입구 옆의 내 연구실에 앉아서 새롭게 그려본 지도들을 여러 가능한 순서로(초기 진화에서 말기 진화로) 정리하다가 몇 분 되지 않아 내 마음에 떠올랐다. 무엇이 먼저 왔고 무엇이 나중에 왔는가? 나는 때때로 창문 밖 커다란 코뿔소 금속상과 간헐적으로 지나가는 학생들과 교수들을 바라보았다. 집과 박물관과 야외 여행과 강의 등에 관한 생각들이 내 마음속에서 이리저리 떠다녔다. 나는 다시 지도를 내려보다가 다시 위를 쳐다보고 그리고 어느 순간엔가 유일하게 가능할 수 있는 하나의 패턴이 명백하게 드러났다.

나아감과 물러남의 주기가 있음을 발견하자 곧 또 다른 생태적 주기(ecological cycle)를 인식하게 되었다. 종의 팽창과 위축에 대해 곰곰히 생각해 보면서 뉴기니에서의 긴 산보 여행을 기억해냈다. 나는 팽창함으로써 나타난 우점종이 생태적으로 볼 때 개미의 종수가 상대적으로 적은 변두리 지역에 적응하는 것을 보았다. 사바나나 몬순 지역의 숲, 해가 잘 비치는 저지대 우림의 가장자리 지역, 염분이 많은 해변 등이 그런 지역에 포함된다. 그 지역들은 단순히 개미의 종수가 내륙 우림에서보다 적다는 점에서 만이 아니라 순수한 지리학적 의미에서도 가장자리에 해당한다. 그 지역들은 강둑이나 해안에 위치함으로써 바람이나 떠다니는 식물에 의해 한 섬에서 다른 섬으로 퍼져나가기 쉬운 발판에 해당된다. 또한 나는 그 변두리 종들이 매우 융통성 있게 여러 장소에서 서식할 수 있음을 깨달았다. 그것들은 단지 적은 수의 경쟁자만을 상대하므로 생태적으로 〈완화〉되어 있고 더 많은 서식처에서 생존할 수 있으며 다른 경우보다 더 조밀한 개체군을 이루게 된다. 이 개미들은 쉽게 이동할 수 있을 뿐이 아니라 더 오래된 토착종들을 우림의 내부로 쫓아버림으로써 그들의 전파 능력을 축소시키고 그 개체군을 조각내어 고유종으로 진화하게 만드는 것 같았다.

나는 내가 생물지리학의 새로운 원리일 수 있는 것을 찾았음을 알았다. 아직 명확하지 않고 개미라는 단 한 동물 집단에만 해당되지만 적어도 분명한 자료들에 기초하고 있었다. 나는 지도들을 주워들고 내 연구실 옆방인 쿠바에서의 오랜 친구였던 그래디 웹스터의 연구실로 가서 펼쳐놓았다. 그리고 내 생각을 설명했다. 그가 무슨 생각을 했을까? 그는 말했다. 일리가 있어, 괜찮아 보이는데! 축하해!(그가 진짜 무슨 생각을 했는지 그건 중요하지 않았다. 그런 걱정을 하기에는 나는 내 자신에게 너무 기뻐하고 있었다.) 그 뒤 몇 달에 걸쳐 나는 동물지리학 분야에서 가장 박학하다고 생각되는 진화생물학자들에게 정식 보고서를 작성하여 회람시켰다. 빌 브라운, 필 달링턴, 유전학자 테오도시우스 도브잔스키, 언스트 메이어, 선배 곤충학자인 알프레드 에머슨과 칼 린드로스, 엘우드 짐머만 등이 그들이다. 발표에 앞서 이런 과정을 거쳐야 하며, 특히 젊은 과학자의 경우에 그러하다. 그리고 이들 권위자들은 모두 〈좋다. 명백한 오류는 보이지 않는다〉라고 답신해 왔다.

나는 이 현상을 분류군 순환(taxon cycle)이라 이름지었다. 여기서 분류군에 대해 잠시 설명하면, 분류군은 공동 자손으로서의 유사성을 갖는 것으로 인정된 아종, 종, 그리고 속과 같은 종의 모임을 일컬으며, 이들에게 분류체계상 붙여진 이름이다. 회색곰 *Ursus horribilis*는 종으로서 하나의 분류군이며, 회색곰뿐만 아니라 서로 상당히 밀접하여 최근에 공통조상에서 비롯된 것으로 보이는 흑곰이나 갈색곰 같은 다른 종의 곰들을 모두 포함하는 *Ursus* 속 역시 하나의 분류군이다. 나는 종에 대해 적용되는 원리라면 다른 분류군에도 마찬가지로 적용될 것으로 추측했다. 두 논문에서 나는 분석을 보다 정밀히 했다.* 팽창하는 종은 변두리 서식지에서의 생활과 결부되는 어떤 특성들을 갖고 있다고 나는 보고했다. 개미 군체들은 더 많은 개체수로 이루어져 있으며, 썩어가는 통나무나 땅 위에 떨어진 나뭇가지보다는 흙 속에 집을 짓는 경향이 있다. 일개미들은 변두리 서식지의 트인 공간에서 적에 대항하는 데 사용하는 무기인 가시를 몸에 더 많이 갖고 있다. 그들은 척후 개미가 땅에 뿌려놓은 냄새의 흔적에 더욱 자주 반응하여 방향을 가늠한다.

하지만 이런 특성들이 우점종의 근원은 아니다. 그들은 단지 변두리

---

* 「열대 개미상의 적응적 이동과 분산(Adaptive Shift and Dispersal in a Tropical Ant Founa)」, *Evolution* 13(1)(1959): 122-144 ; 「멜라네시아 개미상의 분류군 순환의 본성(The Nature of the Taxon Cycle in the Melanesian Ant Founa)」, *American Naturalist* 95(1961): 169-193.

서식지에서의 생활에 적응한 것일 뿐이다. 나는 병정 개미의 혈관에 강력한 신의 체액을 주입해주는 〈우점성 유전자〉라는 특별한 것이 존재한다고 추정할 어떤 근거도 갖고 있지 않다. 동물상의 역사에서 중요했던 모든 사건은 우연이었다. 우점종들은 변두리 서식지에 적응하였고 이곳이 잠재적인 확산의 중심지가 된다. 어떤 섬들의 문화를 이룩한 사람들처럼 몇몇 종의 개미는 단지 바다를 건널 수 있다는 점만으로 우점종을 확보한 것이다.

분류군 순환은 나로 하여금 자연의 균형이라는 매우 오래된 개념에 대해 다시 생각해보게 했다. 한 종이 정착하면 다른 종은 결국 사라져야만 한다. 하지만 교체가 그렇게 정확하게 일어나는 경우는 드물다. 그리고 사실상 진화에서도 정확한 것은 아무것도 없다. 원리는 통계적으로 일반화된다는 것이 좀더 정확한 표현이다. 만일 백 가지 종들, 예를 들어 야간에 비행하며 과일을 먹이로 하는 것이라든지 난의 꽃가루를 옮기는 벌들이 특정 생태 길드를 침범하면 특별한 장소와 특별한 시기에 기인하는 많은 예외도 있지만 대략 백 종의 유사종이 사라질 것이다. 이 법칙은 멜라네시아 섬의 면적과 그 섬에 서식하는 개미종의 숫자 사이에 나타나는 간단한 관계를 발견하면서 더욱더 내 마음속에서 분명해졌다. 면적이 넓을수록 종의 수는 많아진다. 대수법으로 그래프를 그려보면 점들이 직선으로 나타난다. 면적과 종수 간의 곡선을 간단히 표시하면 $S = CA^z$이 된다. 여기서 S는 섬에서 발견된 종의 수이고 A는 섬의 면적, C와 z는 상수이다. 1957년 달링턴은 동일한 관계가 서인도의 파충류와 양서류에 대해서도 성립함을 발견했다. 그는 수식을 사용하지는 않았고 다음과 같은 일반적 법칙으로 서술했다. 섬의 면적이 열 배가 되면 섬에 사는 종의 수가 두 배가 된다. 예를 들어 자메이카에는 대략 40종의 파충류와 양서류가 있는데, 대략 그보다 열 배 넓은 인접 쿠바에는 85종이 있다. 그의 표현은 해당되는 많은 경우에 보다 쉽게 이해되기는 하겠지만, 대수 방정식이 훨씬 정확하고 융통성 있는 표현으로 더 일반적인 진실성을 갖는다.

그 당시 모든 의미를 파악한 것은 아니었다. 하지만 달링턴과 내가 규명한 면적과 종수와의 관계는 종의 다양성의 균형에 대한 더 깊은 이해를 가능하게 만들었다. 하지만 이후의 발전을 좀더 분명하고 설득력 있게 기술하려면 먼저 전 생물학계에서, 특히 하버드 생물학과에서 '50년대와 '60년대에 벌어졌던 일들을 서술해야 할 것이다.

12 분자 전쟁

역설(逆說)의 뜻을 조금도 담지 않고 말하지만 나는 진실로 재기 넘치는 적들을 만나는 축복을 받았다. 이 적들이 나를 고통스럽게 만들었으나(그래서 결국 그들은 여전히 적으로 남았지만) 나는 그들에게 큰 빚을 진 기분이다. 왜냐하면 그들 덕택에 나의 에너지 생산은 두 배로 늘어났고 나를 새로운 방향으로 몰고 갔기 때문이다. 실로 창조적 삶을 살기 위해서는 그러한 사람이 필요한 것이 사실이다. 존 스튜어트 밀이 말했듯이 적이 없으면 선생이나 제자나 제자리에서 잠들고 말기 때문이다.

DNA 구조의 공동 발견자인 제임스 왓슨은 바로 나의 반대 쪽에 있는 그러한 영웅이었다. 1950년대와 1960년대에 내가 보기에 그는 내가 만난 그 어떤 사람보다 불쾌한 인간이었다. 그는 1956년에 하버드 대학에 조교수로 부임했는데, 나 역시 그와 같은 조교수로 부임한 첫해였다. 그는 당시 28살로 나보다 단지 한 살 위였다. 왓슨은 생물학이 분자와 세포 수준에서 연구되는 하나의 과학으로 변모되어야 하며 물리학과 화학이라는 언어로 다시 씌어져야 한다는 신념을 갖고 있었다. 말하자면 이미 가버린 〈전통〉 생물학 분야에는 아직도 근대과학으로 탈바꿈할 지혜를 갖지 못한 우표수집가들이 들끓고 있다는 것이다. 그는 하버드 대학 생물학과의 다른 24명의 교수 요원 대부분에 대해 마치 한 혁명가가 나타낼 만한 열렬한 경멸을 과시하였다.

왓슨은 과 교수회의에서도 모든 사람에게 멸시를 보냈다. 그는 초보적인 예의와 겸손한 대화도 기피했는데 분명 예의를 갖춰서 대하면 전통 생물학자들이 계속 과에 남아 있도록 고무될 뿐이라는 생각 때문에 그런 것 같았다. 이러한 그의 고약한 태도는 오직 그가 이룩한 위대한 발견과 이 발견이 몰고 올 여파 때문에 용납될 수 있었다. 1950년대와 60년대에 일어난 분자적 혁명은 전 생물학에 걸쳐 하나의 노도처럼 밀려들었다. 왓슨은 이미 젊은 나이에 역사적인 명성을 얻게 되자 생물학에서 악명 높은 황제가 되었다. 그에게는 마음속에 떠오르는 어떤 말도 뱉을 수 있는 면허증이 주어졌고 그 말은 또 진지하게 받아들여졌다. 이에 따라 그는 불행히도 그런 식으로 처신했고 게다가 늘 저돌적으로 행동했다. 그의 DNA 구조 발견 회고록의 제목이 『이중 나선(The Double Helix)』으로 바뀌기 전 초벌 원고의 제목은 『정직한 짐(Honest Jim)』이었는데, 그의 머릿속에선 그 자신을 분명 그 제목 자체로 생각했던 것 같다. 감히 그를 나무랄 사람은 아무도 없었다.

왓슨의 태도는 특히 나에게 고통스러운 것이었다. 과 교수회의가 열린 어느 날 나는 순진하게도 이 과에는 생물학 전문 분야의 균형상 젊은 진화생물학자가 더 필요하다고 주장했다. 사실상 우리는 나 한 명에서 적어도 두 명으로 늘려야 했다. 나는 그 자리에서 교수들에게 최근 매우 창의력 있고 유망한 집단생태학자인 프레드릭 스미스가 미시건 대학으로부터 하버드 대학 디자인 대학원에 영입되었다는 말을 해주었다. 나는 스미스의 강점과 환경생물학 강의의 중요성을 강조하였다. 이어 과의 소정 절차에 따라 스미스가 생물학과에 겸임 발령되도록 할 것을 제안하였다.

이때 왓슨이 조용히 말했다.

「그 사람들 정신이 나갔나?」

「아니 그게 무슨 뜻이오?」

나는 완전히 어리둥절해 물었다.

「생태학자를 채용하는 사람은 정신나간 사람이란 말이오」

이것이 분자생물학의 화신이라 할 왓슨의 대답이었다.

그 후 잠시 방안은 조용하였다. 내가 영입할 후보자를 지명한 데 대해 아무도 말이 없었지만, 그렇다고 이렇게 대꾸한 왓슨에 대해서도 아무런 반향이 없었다. 그때 학과장인 폴 리바인이 끼어들었다. 이 제안에 대해 우리는 현재 논의할 준비가 안되어 있으니 서류를 갖춘 다음에 검토하기로 하자는 말이었다. 그러나 그 후에도 물론 그 검토는 이루어지지 않았다. 스미스는 그 후 분자생물학자들이 그들의 과를 새로 만들어 떨어져 나간 후에야 과 교수진에 선임되었다.

이 모임이 끝난 후 나는 네모진 생물학 실험동을 지나 내가 일하는 비교동물학 박물관 쪽으로 걸어갔다. 엘소 바그훈이 급히 나를 따라왔다. 진화생물학의 원로 교수인 그는 선캠브리아기의 미화석(微化石)을 발견한 세계 일급의 고식물학자로서 정직한 사람이었다. 그는 말했다. 〈에드, 이젠 생태학이란 말을 더 이상 쓰지 말아야 할 것 같아. 생태학은 이제 한물 간 말이 되어버렸어.〉 아닌 게 아니라 사실상 그 후 거의 10여 년 동안 우리는 〈생태학〉이란 말을 쓰기를 거의 중단했다. 이러한 사건의 인류학적 의의를 깨달은 것은 그 후의 일이었다. 즉 한 문화가 다른 문화를 뭉개버릴 때 지배자가 제일 먼저 하는 일이 바로 피지배자의 모국어 사용을 금하는 일인 것이다.

분자 전쟁은 계속되었다. 왓슨의 이러한 태도와 철학에 정도는 다르지만 과 내에 있는 일단의 소장 생화학자와 분자생물학자들이 가세하였다. 그들의 이름을 들자면 곧 시각의 생화학적 기초 연구로 노벨상을 받을 조지 월드, 선구적인 단백질 화학자로서 늘 웃으면서 고개를 많이 끄덕이지만 그 뜻이 잘 이해가 되지 않는 젊은 나이의 정치수완가인 존 엣설, 캘리포니아 공과대학에서 갓 영입된 뛰어난 머리의 젊은 생물학자 매튜 메이즐슨, 그리고 1950년대에 왓슨과 나와 함께 유일하게 종신 교수직으로 승진한 폴 리바인 조교수이다. 리바인은 곧 집단생물학을 집어치우고 그 자신의 새로운 영역으로 파고들기 시작했다. 나는 그의 방향 전환에 대해 열정이 대단하다고 혼자 생각하였다.

학부 교수회의에서 우리는 마치 유목민 추장들이 문제의 우물 하나를 두고 서로 다투기나 하듯 긴장된 형태로 대치하였다. 그리고 〈웨트모어 교수가 방금 상기시킨 바와 같이……〉라는 말투로 서로를 옛날 식으로 지칭하였다. 명성, 종신 교수직 임명, 실험실 공간 문제가 항상 위태롭게 다뤄졌다. 우리들 사이의 다툼은 일상적인 것이 아닌 학문적인 것이었는데, 로버트 메이너드 허친슨이 한때 말한 것처럼 져봤자 잃을 것이 별로 없어서 더 치열했던 것 같다. 생물학 분야 전체에 걸쳐 어지러울 만큼의 변화와 권력 이동이 일어남을 느낄 수 있었고 따라서 우리는 하나의 소우주를 이루고 있는 셈이었다. 하버드 대학의 전통 생물학자들은 처음엔 이러한 혁명적 변화를 지지했다. 그래서 교과 과정에 분자생물학과 세포생물학이 더 들어가야 한다는 데 동의하였다. 총장과 그 후 몇 대에 이은 문리학부 학장들까지도 교수의 전공 배분에 큰 변화가 있어야 한다는 점을 납득하였다. 분자생물학자와 세포생물학자들의 지위가 급속히 향상되었다. 한바탕의 인사작전 과정에서 그들은 8명의 교수직 가운데 7명의 임명을 받아냈다. 그러나 적어도 이론적으로 보아 그와 같은 일이 그럴 만하기 때문이라는 데 대해 아무도 의심을 두지 않았다. 문제는 그들이 다른 분야가 사라지게 될 만큼 생물학과를 통째로 지배해 버리는 것을 방지할 방법을 그 어느 누구도 알아내지 못했다는 데 있었다.

나의 처지는 내 연구실이 생물학 실험동에 있음으로 해서 더욱 불편했다. 이 생물학 실험동은 말하자면 생물학에 물리학과 화학이 쳐들어온 교두보로서 연구비를 많이 타는 분자생물학자들이 쏟아져 들어오고 있었다. 나는 이곳의 분위기가 침울할 정도로 긴장되어 있음을 보았다. 왓슨은 홀 안에서 서로 지나칠 때 근처에 누가 없어도 나의 존재를 아는 척하지 않았다. 그러나 나는 나 역시 그가 있음을 알지 못한 척 함으로써 앙갚음하여야 할지(그럴 수는 없음) 아니면 남부 특유의 겸손을 고집함으로써 자존심을 상해야 할지(역시 그럴 수도 없음) 갈피를 잡을 수 없었다. 결국 입 속으로 적당히 중얼거리는 인사말을 건네는 것으로 낙착되었다. 왓슨의 측근들의 태도를 보면 무관심에서 쌀쌀맞은 데까지 여러 가지였으나 조지 월드만은 달랐다. 그는 당당하고 매우 우호적이었다. 그러나 지극히 침착하고 연극에서나 보는 자선가의 태도를 보였다. 몇 번 만나서 이야기한 적이 있는데 그는 마치 내 뒤쪽으로 수백 명이나 앉아 있어서 그들을 향해 말하고 있는 게 아닌가 하는 느낌을 줄 정도였다. 사실상 그는 1960년대 말에 마치 그것이 직책인양 군중 앞에서 정치적이고 도덕적인 연설을 곧잘 하였다. 그는 하버드 대학 등 다른 곳에서 학원 소요가 한창일 때 학생 운동가들이 군중을 이뤄 환호하는 모임에 선호되는 연사였다. 그리고 그는 품위 있고 때묻지 않은 지성인으로서 혁명의 불길을 일으키는 인물이었다. 그러나 그는 그가 일으킨 혁명의 집행자들이 쏜 총알에 제일 먼저 희생된 인물이기도 하였다. 한편 과학의 미래에 관한 의견으로 말하자면 그는 왓슨과 완전히 일치하였다. 그는 한때 생물학에는 오직 한 가지가 있으니 그것은 바로 분자생물학이라고 선언하기까지 하였다.

나는 1958년에 왓슨보다 몇 달 앞서 종신교수직을 받았지만 그렇다고 분자생물학자들 속에서의 나의 입장이 나아진 것은 아무것도 없었다. 시간적으로 우연히 일치된 일이긴 하지만 나는 스탠퍼드 대학으로부터 종신교수직을 제안받았고 나로서는 그러한 제안을 받을 자격이 왓슨에게 더 있다고 생각했으나 일이 이렇게 되자 이 소식을 듣고 왓슨이 어떤 심정이었을까를 상상하기는 어렵지 않다. 필경 그는 기분 나쁜 소식으로 받아들였을 것이다.

사실상 나는 짐 왓슨과 잘 아는 사이라고 정직하게 말할 수 없다. 스미스의 초빙 문제로 있었던 그와의 작은 다툼은 그가 하버드 대학에 있었던 12년 동안 나와 가졌던 대여섯 번의 직접 대화중 하나에 불과하였다. 한번은 1962년 10월에 나는 그에게 악수를 청하며 말했다. 〈짐, 노벨상 수상을 축하해요. 정말 과 전체에 멋진 경사군요〉. 그는 대답했다. 〈고마워요.〉 그리곤 아무 말도 없었다. 또 한번은 1969년 5월이었다. 그가 손을 내밀며 나에게 말했다. 〈에드, 학술원 회원 당선을 축하해요.〉 나는 대답했다. 〈고마워요. 짐〉 나는 그의 예의 있는 행동이 기뻤다.

그러나 왓슨에겐 적어도 교활한 책략 같은 것은 없었다. 그는 어떤 면에서 과학 발전을 위해 일하고 있다고 믿는 게 분명했다. 그리고 그러기 위해서는 무딘 연장이 필요했다. 말하자면 오믈렛을 만들기 위해선 달걀을 깨야 하는 것이다. 사실 나는 그가 마음 깊이 무엇을 꿈꾸고 있는지 안 적이 없다. 다만 그의 발견이 좀더 적은 규모의 것이었다면 그는 하버드 대학에서 그저 한 사람의 재기 있는 괴짜에 불과한 것으로 통했을 것이고 그의 정직성에 대해서는 잘못된 판단으로서 간과되고 말았을 것이라는 점만을 확신할 뿐이다. 그러나 그가 프랜시스 크릭과 해낸 DNA 분자의 해독은 우리 나머지 모두가 해 왔고 앞으로 할 그 어떤 것을 합친 것보다 뛰어나기 때문에 사람들은 그에게 경청했고 몇몇 젊은이들은 그의 태도를 흉내내기까지 하였다. 그 발견은 하느님이 준 지혜처럼 번갯불 같이 다가왔다. 연극의 주인공은 짐 왓슨과 프랜시스 크릭이었고 그렇다고 그러한 자리가 그 어떤 요행으로 얻어진 것도 아니었다. 왓슨과 크릭은 비범한 지혜와 진취적 발상을 갖고 있었다. 그 후 한 인터뷰에서 왓슨이 말한 바처럼 다른 어떤 자질 있는 사람이 전력 투구할 생각을 가진 바 없는 이 문제에 관심을 쏟았다는 것은 과학이 어떻게 수행되어 나가는가를 말하는 중요한 이야기이기도 하다.

사실상 1950년대 초에 생물학 공부를 하지 않은 사람은 DNA 구조 발견이 당시 우리의 세계관에 얼마나 큰 영향을 미쳤는지 상상할 수 없을 것이다. 유전학에서의 형질전환 이상으로 생물학 전 분야에 환원주의에 대한 새로운 믿음을 불어넣어 준 것이다. 이 발견이 의미한 것은 아무리 가장 복잡한 과정이라 할지라도 우리가 생각한 것보다는 간단할 수 있다는 사실이다. 이 발견은 젊은 생물학자들에게 야심과 용기를 불어넣어 주었고 또 다음과 같이 종용한 것이다. 즉 〈지금 당장 해보시오, 그리고 생명의 비밀을 향해 빨리 그리고 깊숙이 파고 드시오〉라고. 1951년에 내가 하버드 대학 대학원생으로 왔을 때 생화학 전문가를 제외한 대부분의 사람들은 유전자란 추적 불가능한 단백질 덩어리로 생각했다. 그래서 그 화학적 구조와 그것이 효소 조립을 지시하는 방법이 밝혀지려면 다음 세기에나 가능할 것으로 보였다. 그러나 증거들이 쌓이고 강력해져서 유전물질은 대개의 단백질보다 훨씬 덜 복잡한 거대분자 DNA인 것으로 밝혀졌다. 왓슨과 크릭은 1953년에 이중나선 속에 짝결합이 존재하며 멘델 유전과 일치함을 보여주었다.(그들은 1953년 말 ≪네이처(Nature)≫지에 보낸 글 끝머리에서 〈우리는 우리가 가정했던 특이적 짝결합이 유전물질의 복제 메커니즘을 암시할 가능성이 큰 것임을 결코 간과하지 않았다〉라고 은근 슬쩍 비쳤다.) 그리고 곧 이 뉴클레오티드 쌍이 매우 간단한 암호를 만들기 때문에 어린 아이도 그것을 해독할 수 있음을 알게 되었다. 이러한 사실들은 개체생물학과 진화생물학 분야에서 적어도 젊고 모험적인 연구자들 사이에 파문을 일으켰다. 만약 유전현상이 4개의 분자 글자들의 사슬로 환원될 수 있다면 이러한 글자 수십억 개를 가지고 생물 개체 전체를 규정할 수 있고, 더욱이 생태계나 동물의 행동과 같은 것을 환원시켜 매우 빠른 속도로 분석할 수 있을 것 아닌가? 나 역시 이때 초기의 분자생물학 발전에 가장 흥분되었던 하버드 대학원생 중 하나였다. 왓슨은 자연과학 분야에서 소년들의 영웅이었다. 그야말로 서부 개척시대에 한 젊고 재빠른 총잡이가 한 마을에 나타난 셈이다.

그러나 왓슨과 그의 분자생물학 동료들이 내가 이미 편안하게 정착한 생물학의 한 분야에 대해 그토록 예찰력이 없었다는 것은 유감이었다. 내가 그들의 선언에서 건질 수 있는 것이라곤 기껏해야 혁명신조로서 낡은 생각을 말끔히 씻어버리고 어떤 질서가 새로 등장하는지를 지켜보자는 것이었다. 나는 그들에게 이토록 비전이 없는지에 대해 실망한 것은 물론이다.

왓슨이 1968년에 콜드 스프링 하버 연구소의 소장이 되었을 때(그는 1976년까지 하버드 대학 교수직을 겸했다) 나는 친구들에게 씁쓸히 말했다. 나라면 그에게 레몬음료 진열대 하나도 맡기지 않겠다고. 그러나 그는 이러한 나의 짐작이 틀렸음을 입증했다. 그는 10년 사이에 이 유명한 연구소를 영감과 재원 조달 능력, 그리고 매우 재능 있는 연구원들을 선택, 영입함으로써 더욱 높은 수준으로 끌어올렸다.

그 사이 나의 마음속에서는 새로운 제2의 왓슨이 천천히 움트기 시작했다. 1982년 10월 하버드 대학 생물학 실험동 50주년 기념리셉션에서 그는 많은 사람들 사이를 헤치고 나에게 와서 그날 오후에 내가 한 강연 중에 한 하찮은 말을 칭찬하였다. 나는 〈철학의 역사는 주로 뇌가 만든 잘못된 모델들로 이루어집니다〉라고 말했던 것이다. 그 후 나는 그 표현이야말로 그가 20년 전에 이미 별것 아닌 투로 했음직한 말임을 알게 되었다. 나는 과연 그 동안 타락한 것인가? 그렇다. 아마 조금은 그랬을지도 모른다. 나는 왓슨이라는 인물에 대한 경의를 억제할 수 없었던 것이 사실이다. 그는 용기와 과시로서 그러한 업적을 쌓아올린 것이다. 그와 다른 분자생물학자들은 그의 세대에 자연과학에서의 환원주의적 방법에 대한 새로운 신념을 심어 주었다. 이것은 자연주의(naturalism. 역주: 문학과 미술에서의 자연주의와 다른 뜻이나 편의상 이렇게 번역함)의 승리로서 1970년대 내가 사회생물학이라는 새로운 분야를 체계화하여 생물학을 사회과학에 도입하려 한 동기의 일단이 되기도 하였다.

이러한 갈등은 분자적 혁명의 또 다른 그리고 궁극적으로 긍정적 효과를 태동시켰다. 1950년대 말에 하버드 대학 생물학과는 일상적인 회의 때마다 너무나 숨막히는 분위기여서 생물학의 미래를 차분히 계획할 수 없었다. 그래서 개체 및 진화생물학 분야의 교수들은 빠져나갈 준비를 하였다. 우리는 한 모임을 만들어 장차를 설계하기 위해 비공식적으로 만났다. 결국 전례가 없는 태도로 생물과학에 있어서의 우리의 미래의 위치에 대해 생각하기 시작하였다. 이러한 진전은 지금 나에게 또 다른 인류학적 원리를 상기시키고 있었다. 야만족들에서 인구가 어느 정도 커지면 그들은 갈라져서 그 중 한 그룹이 새로운 영토로 이주한다. 이러한 분리의 시기는 언제 도끼 싸움이 급격히 증가하는가로 판가름된다. 우리 모임은 1960년 가을에 기초가 좀더 다져진 상태에서 거대

생물학 위원회(Committee on Macrobiology)로 발전되었다.

그러나 거대생물학이란 말은 좀 이상하다. 1960년에 우리는 개체들의 집단을 취급하는 동물학, 식물학, 곤충학 등 전문 분야들이 사실상 생물학의 현실을 제대로 반영하지 못하고 있음을 인식하였다. 생물과학은 바야흐로 생물학적 조직화의 수준에 따라 분자, 세포, 개체, 집단, 생태계로 횡단면을 따라 잘리고 있었다. 생물학은 이제 생명의 본질에 접근하는 데 90도를 회전한 상태로 짜여져 나가고 있었다. 전문가들은 새나 선충 또는 균류에 대해 그 다양성을 포함해서 그들에 대해 모두 알려고 신경을 거의 쓰지 않고 있었다. 그들은 이 조직화의 수준 한두 개에서 작용하는 일반적인 원리를 찾는 데 초점을 맞췄다. 따라서 전국의 대학들이 연구와 교과과정을 재구성해서 대개 분자생물학과, 세포생물학과, 발생생물학과, 집단생물학과나 그와 비슷한 명칭의 과를 만들어 나갔다.

1960년대에서 1970년대까지 계속된 이 과도기에 〈진화생물학〉이란 표현은 널리 통용되었다. 이 말은 생물학적 조직화의 상층들을 환경, 동물 행동, 진화에 대한 다단계 접근 연구와 결합시키는 것을 말한다. 내 기억에 확실하지 않고 또 내가 고문헌 조사를 토대로 그 위에 진화생물학 발전을 시키지는 못했으나, 〈진화생물학〉은 하버드 대학에서 출발하였고 아마도 그곳에서 기원되었다고 믿고 있다. 나는 사실 1958년에 스스로 그 말을 만들어내고 그 다음 해에 강의할 제목으로 교과과정표에 넣었던 것이다. 그 다음에 이 말은 대학 내에 다음과 같이 퍼져 나갔다.

이 과목을 3년 동안 가르치고 난 다음인 1961년 가을 어느 날 나는 새로 지은 식물표본관의 세미나실에서 조지 게일러드 심프슨과 테이블을 마주하고 우리가 일상적으로 갖는 거대생물학 위원회 모임에 올 사람들을 기다리고 있었다. 세계 최고의 고생물학자로 알려진 심프슨은 당시 하버드 대학에서 교수직 말년을 보내고 있었다. 침묵만 지키고 바라보고 있으면 결코 먼저 말을 꺼내는 법이 없는 G.G.(우리가 심프슨을 부르는 식)인지라 내가 말문을 열었다. 그는 수줍고 극도로 자기 수양이 된 사람으로서 자신의 연구에만 몰두해 있는 상태였다. 그는 다른 사람과 이야기할 시간을 1분 1분 모아 놓았다가 논문이나 책을 쓰는 데 투입하는 게 아닌가 생각될 정도였다. 그는 위원회 일에 대해선 단호히 피하였고 대학원생을 받아들이지 않는 것은 물론 이 대학 교수들의 교만스런 수준에 비쳐도 인색하리만큼 강의를 조금밖에 맡지 않았다. 그러나 그날 나는 그에게 도전적으로 다가섰다. 나는 생물학 한끝에서 전투태세를 갖추고 있는 우리 위원회에 대한 적절한 명칭을 찾아보는 데 초조해 있었다. 우리는 도대체 거대생물학이란 말은 사실상 끔찍한 표현이라는 데 의견 일치를 보았다. 분자생물학 분야의 적들이 부르는 칭호이기도 한 고전생물학은 이미 퇴장하였다. 그렇다면 그저 〈보통 생물학(plain biology)〉, 아니 〈참 생물학(real biology)〉이라면 어떨까?

아니, 그게 아니야. 그럼 〈집단생물학(population biology)〉은 어떨까? 정확한 표현이긴 한데 너무 제한적이야. 드디어 나는 〈진화생물학(evolutionary biology)〉이라면 어떠냐고 했다. 말하고자 하는 테두리를 꽤 괜찮게 나타낸 것으로 생각되었다. 진화가 물리학과 화학의 응용 범위를 떠난 생물학에서의 중심적 조직화 개념이라면 이 말을 한 전문 분야의 이름으로 쓸 경우 지적인 독립성을 보호할 하나의 부적으로 쓰일 수 있을 것 같았다. 나는 이 말을 곧 다른 사람들에게 써 보았다. 그랬더니 잘 받아들여졌다. 1962년 가을에 우리는 드디어 〈진화생물학위원회〉라는 공식 기구를 발족시켰다.

과가 완전히 분리될 때가 가까워지자 분자생물학 교수들과의 갈등은 새로운 교수진 영입을 두고 열기와 고통을 더해 갔다. 하버드 대학 교수진은 과학 분야에서 시간과 주제를 가리지 않고 언제나 들끓는 증기 압력솥이라는 점은 잘 알려진 사실이다. 종신직 교수들 사이의 상호 평가 제도는 교수진의 수준을 높게 유지하려는 학장과 총장의 단호한 의지를 강하게 나타내고 있었다. 이러한 의지들의 결합이야말로 하버드 대학의 명성을 높이는 한 요인이 되고 있다. 모든 관계자들의 공공연한 목표가 바로 모든 분야에서 세계 최고 실력자거나 적어도 최일선에서 일에 열중하는 사람을 뽑는다는 것이다. 교수진이나 행정직 모두 한결 같이 던지는 질문은 그가 어떠한 중요한 것을 발견했는가? 그는 그 분야에서 최고인가? 조교수의 절반 이상이 이러한 시험대 앞에서 견디지 못해 종신 교수직을 얻지 못하고 다른 데로 가버린다. 1950년대와 1960년대 초반에 생물학과는 바로 이런 상태에 있었다. 두 편 중 어느 한 편에서 추천된 후보자는 상대 편에 의해 매우 의심스럽고 면밀하게 살펴졌다.

점점 더 증대되는 긴장은 단지 거대 동물의 자만심 사이에 일어나는 충돌 때문만이 아니었다. 갈등의 골이 더 깊어져 생물학에 대한 정의를 둘러싸고 일어날 정도였다. 분자생물학자들은 미래가 그들에게 있다고 확신했다. 그들은 진화생물학이 살아남으려면 무엇인가 매우 다르게 변하지 않으면 안 된다고 생각했다. 그리고 그들이나 그들의 제자들이 분자에서 세포를 통해 개체로 옮겨가면서 모든 것을 밝혀내리라고 생각하였다. 그들이 말하는 메시지는 분명했다. 우표수집가들은 박물관으로 돌아가라는 것이었다.

그러나 진화생물학자들은 붉은눈떼까치를 땅강아지와도 구별 못하는 시험관 운전사 집단으로부터 물러나려 하지 않았다. 우리는 아직 형상도 없고 증명된 바 없는 분자적 미래를 기다리면서 개체와 개체군, 그리고 생태계 특유의 원리와 방법론을 모르고 있는 것은 얼빠진 짓이라고 주장하였다.

우리는 전에는 그런 적이 없으나 우리의 지적 정당성에 대해 부득이 생각해 보지 않을 수 없었다. 우리는 복도에서 이루어지는 대화나 위원회 모임에서 개체 및 진화생물학의 위상을 높이고 그 최상의 것을 세계에 소개할 장차의 연구와 교육에 대한 지침에 대해 합의를 도출하려고 애썼다. 그러나 분자생물학이 승승장구하던 당시 초기에 우리의 처지는 취약하기만 하였다. 더욱이 우리 각자는 관심과 희망 사항이 너무나 달랐다. 각자 너무 전문화되어 있고 가는 길이 고정되어 있거나 저항하기엔 너무나 약했다. 과 교수회의 때엔 모두들 마비된듯 조용했고 다만 누가 입문과정을 가르칠 것인가? 아놀드 수목원은 현재 어떤 상황에 있는가? 우리는 기껏 새로 생기는 열대연구기구에 적극 참여할 수 있을 것인가 등 별로 대수롭지 않은 문제에 머물면서 공동의 대화를 갖고자 했다. 그들 분자생물학자들에겐 그들 자신의 집요한 전진으로 미래가 열려 있음이 분명했다. 그리고 실제 이야기로 나오지는 않았지만 어디 우리 한번 노벨상 수상자의 수를 세어 보자는 식의 냉소적인 계산이 짙게 깔려 있었다. 나의 소년기의 영웅이며 진화의 신종합설의 거장인 언스트 메이어와 조지 심프슨에게는 과거에 노벨상이 진화생물학에 주어진 적이 없다는 이유로 상 수여가 거절되었거니와 우리의 중심 주제들을 공식으로 논의하기를 이상하리만치 꺼려했다. 내가 보기에 그 이유는 분자생물학자들이 무관심에서 경멸에 이르는 편협한 태도를 보였기 때문이 아니었나 생각된다. 따라서 어째서 분자생물학자들의 비위를 거스르고 가뜩이나 불쾌한 상황을 더 나쁘게 만들 필요가 있느냐 하는 것이다.

진화생물학 쪽에 강력한 정치력이 결여되어 있는 상태에서 우리의 잠재적 동료들은 하나 둘씩 떨어져 나갔다. 당시에 개체 생물학자로 가장 유명한 두 사람 중 하나인 도널드 그리핀은 동물의 초음파 발성을 발견한 사람이거니와 분자생물학자들의 철학에 일찌감치 물들어 있었다. 그는 한 모임에서 〈우리는 모두 진화생물학자들입니다. 안 그렇습니까?〉라며 열변을 토했다. 즉 모든 수준에서 우리가 배우는 것이 결국 진화를 이해하는 데 기여하지 않느냐는 것이었다. 한편 탁월한 곤충생태학자인 캐롤 윌리엄스는 온건한 중립을 취했다. 성년 시절을 하버드 대학에서 보낸 예의바른 버지니아 주 출신의 그는 고향 사투리를 그대로 간직한 채 옛날 생물학과에 팽배했던 태도를 줄곧 지켜 나갔다. 그러나 각자 성격보다 더 중요한 사실이 있었다. 진화생물학자들은 《네이처》, 《사이언스》, 《학술원회보(Proceeding of the National Academy of Sciences)》 같은 유명 학술지를 두껍게 만드는 분자 및 세포생물학의 업적에 견줄 만한 것으로 이렇다하게 내놓을 만한 최근 발전이 없었다는 사실이었다.

그 시기의 분위기는 내가 젊은 진화생물학자로 나의 친구가 된 로렌스 슬러버드킨에게 1962년 11월 20일자로 쓴 편지에 잘 나타나 있다. 그는 그전에 미시건 대학에서 멀리 하버드 대학까지 생태학 특강을 하기 위해 용기있게 여행해 온 적이 있다.

당신은 이곳 학부와 대학원 학생들 모두가 이구동성으로 당신의 특강을 칭찬한 것을 알고 기뻐할 것입니다. 그들에게 강의 주제와 당신 특유의 스타일은 신나는 것이었습니다. 반면에 교수들에겐 별로 인상적이지 못했습니다. 당신의 연구는 아찔할 만큼 독창적이었으나 당신이 내린 주장과 데이터는 설득력을 갖지 못했습니다. 이러한 느낌의 까닭은 복잡합니다. 그렇게 된 이유는 내가 받은 인상으로 말하면 교수들이 생태학에 대해 옛날 편견을 갖고 있는 데서 오는 것 같습니다. 그들의 고정관념 속에서는 생태학이 〈알차지〉 못한, 즉 철저히 실험적이지 못하다는 생각이 들어 있습니다. 만약 어떤 저명한 생화학자가 좀더 〈알찬〉 주제에 관해 당신과 같은 식의 강의를 했더라면 그는 연구에서 발휘한 유연한 상상력과 대담성으로 인해 아마 갈채를 받았을 것입니다.

이러한 상황 전개를 제대로 보는 데 도움이 될 원리를 사회행동에서 찾아볼 수 있다. 억압받는 사람들이 다른 방도가 없을 땐 유머로 넘긴다는 것이다. 나는 1967년에 『분자생물학어구사전(*Glossary of Phrases in Molecular Biology*)』을 편집했는데 이것은 곧 전국의 생물학과로 퍼져 정복자들의 오만을 무력화시킨 공로로 진화생물학자들의 칭찬을 받았다. 이러한 나의 지하출판 속에는 다음 구절들이 들어 있는데 원래의 알파벳 순서 배열을 바꿔 논리적으로 전개되도록 배치하였다.

고전 생물학(Classical Biology). 생물학 가운데 물리학과 화학으로 아직 설명되지 않는 부분. 고전 생물학자들은 고전 생물학에도 분자생물학자들이 모르는 부분이 매우 많다고 주장하기를 좋아한다. 그러나 우리가 생각하기에 그에 관하여 알아야 할 만한 가치가 없을 것처럼 생각되기 때문에 상관없다. 어쨌든 문제될 것이 없는데, 그것은 그러한 것들이 결국엔 물리학과 화학으로 설명될 것이고 그렇게 되면 분자생물학이 될 것이며 그때가 되면 알 만한 가치의 대상이 될 것이기 때문이다.

탁월한 발견(Brilliant Discovery). 생물학의 주류에서 얻어진 발표할 만한 결과.

생물학의 주류(Mainstream of Biology). 나와 나의 동료들이 일하고 있는 모든 연구 프로젝트. 〈현대생물학〉과 〈21세기 생물학〉으로도 알려져 있음.

특별한 청년(Exceptional Young Man). 〈탁월한 발견(Brilliant Discovery)〉을 한 초년생 분자생물학자.

일급(First-rate). 생물학의 주류에서 연구 프로젝트에 종사하는 생물학자를 말함.

분자생물학(Molecular Biology). 고전 생물학의 일부를 물리치고 대신 들어선 생화학의 일부분. 상당량의 분자생물학이 〈탁월한 발견〉을 하는 〈일급 과학자〉들에 의해 수행되고 있다.

삼급(third-rate). 고전 생물학자를 가리킴.

독자는 믿기 어렵겠으나 〈일급의〉, 〈탁월한〉, 〈미래의 물결〉 따위는 사실상 실제로 쓰였던 말들이다. 그러나 전에 흔히 들리던 축문들이 오늘날엔 부서지기 쉬운 고물의 둔탁한 소리로 들려 오고 있다. 그 동안의 30년 세월이 분자생물학과 진화생물학 사이의 분할을 많이 좁힌 것이다. 내가 이 글을 쓰고 있는 현재를 기준으로 보면 생물체 집단에 대한 외로운 전문가인 계통분류학자들은 대개 새로운 분야의 침입에 밀려 대학에서 대개 제외된 상태이다. 이런 일이야말로 분자혁명이 초래한 최악의 피해이다. 생태학자들도 여러 해 동안 벼랑 끝까지 몰렸으나 전 세계적으로 환경 위기에 대한 인식이 넓어짐에 따라 이제 막 부활하기 시작하였다. 분자생물학자들은 과거에 공언한 대로 생물의 이름을 가르쳐 줄 계통분류학자를 발견하기만 하면 언제나 진화 연구에 착수하여 중요한 공헌을 하고 있다. 아직까지 살아남은 진화생물학자들도 그들의 다윈주의 연구에 의례히 분자적 데이터를 쓰고 있다. 때론 이 양편이 서로 다정하게 이야기를 나눈다. 사실상 이 양 진영 사람들은 날이 갈수록 이젠 안심하고 주류 생물학의 일부라 부를 수 있는 영역에서 일급 연구를 함께 수행하고 있다. 이제 건물 복도에서 들리는 분자생물학자들의 말하는 소리는 전보다 더 차분해지고 드물어졌다. 그들 중 오직 골수의 원리주의자들만이 생물학적 조직화의 높은 수준, 즉 개체군 집단에서 생태계에 이르는 수준들이 분자생물학으로 설명될 수 있다고 믿고 있다.

나는 1960년대에 진행된 대변혁에 휩싸여 장차 그처럼 분자생물학과 진화생물학이 서로 화해하리라는 것을 예견하지 못하였다. 나는 생물학 실험동에서 분자생물학과 세포생물학자들 사이에 갇혀 더욱 곤혹스러웠다. 그들은 가장 우수한 연구에서 재료로 사용하는 대장균과 기타 미생물처럼 번식하는 것 같았다. 약 100피트 밖에는 원로 진화생물학자들의 공국과 영지가 있었다. 그들은 대개가 이른바 하버드 대학의 부설 연구소인 비교동물학박물관, 식물표본관, 식물학박물관, 아놀드수목원, 하버드 대학산림을 담당하는 연구원과 교수들이다. 그들은 표본과 책더미 속으로 피신할 수 있으며 19세기 앵글로색슨 이름을 붙여 이뤄지는 거룩한 기부와 찬조들에 의해 계속 지탱될 수 있었다.

나는 길 건너 비교동물학 박물관으로 옮겨가 곤충 담당 큐레이터가 되기를 가장 바랬으며, 그럼으로써 진화생물학에 맞는 분위기에서 생각이 비슷한 학생과 동료들 사이에 파묻히고 싶었다. 그래서 다시는 복도에서 분자생물학자와 마주치지 않기를 원했다. 그러나 나는 언스트 메이어가 비교동물학박물관 관장으로 있는 사이 10년 동안이나 이러한 요청을 하지 못하고 보류하였다. 게다가 나는 너무나 수줍어했던 것 같고 이 위대한 학자는 나에 대해 말할 수 없이 딱딱하고 냉정하였다. 더욱이 나이 차이가 25살이나 되었고 그의 책『계통 분류학과 종의 기원』을 성경처럼 읽은 것이 내 나이 18살 때여서 그에 대해 부모같은 경외감을 가졌던 것도 원인이었던 것 같다. 그러나 우리는 결국 좋은 친구가 되었고 나는 그에게 나의 모든 일을 솔직히 말하곤 하였다.(그는 이 글을 쓰는 지금도 90살 나이에 한참 일하고 있다.) 그러나 그래도 그의 건물에 나의 피난처를 만들어 달라고 하는 것은 너무나 무모한 요구인 것으로 생각되었다. 지금 생각해도 나의 자존심은 터무니없이 연약했던 것 같다. 나는 메이어가 분명 나를 대수롭지 않게 여긴다고 생각하였다. 그러나 거절당하는 수모를 감당하면서까지 요청할 용기가 나지 않았다. 그에게 허락을 받을 가망성을 기껏 50:50으로 보았다. 그러나 새 관장으로 크롬프턴(일명 〈퍼즈〉, A W.〈Fuzz〉 Crompton)이 들어서고 별명이 말하듯이 개인적으로 대하기가 편하다는 것을 알게 되자 나는 그에게 그곳으로의 입주를 희망했다. 그는 즉시 나를 박물관에 새로 붙여 짓는 실험실 건물에 들어오도록 했고, 〈에드, 대환영이네〉 하며 곧 나를 곤충학 큐레이터에 임명하였다. 나는 이때 분자생물학자들 역시 내가 떠나는 것을 좋아했으리라는 것을 의심하지 않는다. 하루 일과가 다 끝나가는 어느 날 책상에 앉아 있는데 이 건물의 놀라운 돌격 부대의 일원인 마크 타쉰이 아무 예고도 없이 건축 부장과 함께 들이닥쳤다. 그리고 장비를 들여놓을 자리를 자로 쟀다.

이때쯤 나는 생물학의 미래에 대해 상당히 진보적 생각을 갖고 있었다. 나는 그저 길 건너에 있는 녹색 블라인드로 잘 보호되고 곤충 침으로 잘 정리된 곤충 상자들이 많고 또 야외조사를 위해 필요한 파나마 왕복 비행기 표가 언제라도 갖춰진 그런 성역보다도 더 이상의 것을 원했다. 나는 젊은 진화생물학자들의 위상에 어떤 혁명이 일어나기를 바랬다. 나는 진화의 신종합설의 원로 기수들 이상으로 돌진해 나가야 하고 또 그리 되도록 도와야 한다는 충동을 억누를 수 없었다. 나는 생각했다. 그것은 최고의 분자생물학자만큼이나 야심 있는 내 나이 또래의 남자들(이 분야에 여자는 거의 없었으므로)이 최대로 노력하면 가능하리라 생각하였다. 나는 이러한 모험이 어떻게 하면 시작될 수 있을지 몰랐다. 그러나 무엇보다 필요한 것은 참신한 비전을 가진 젊고 야심 있는 친구들이었다. 나는 이런 사람들을 다른 대학에서 찾기로 하고 탐색에 나섰다.

사실은 허술한 유대의 틀이나마 이미 이루어지고 있었다. 1960년 1월 유명한 과학교과서 출판업체인 홀트 라인하트 및 윈스턴사에서 연락이 왔는데 래리 슬러버드킨이 지은 얇은 책의 원고를 검토해 달라는 부탁이었다. 책 제목은 『동물 집단의 생장과 조절(*Growth and Regulation in Animal Population*)』이었다. 원고를 훑어보다 나는 그의 생기 있는 글과 생태학에 대해 연역적 접근을 시도한 데 대해 흥분을 감출 수 없었다. 그는 간단한 수학 모델로 집단 동태의 주요 현상들을 기술했고 거기서 얻어지는 전제와 등식으로 새로운 질문을 던졌다. 그는 생장과 연령 구조, 경쟁과 같은 복잡한 현상들이 최소한으로 분해될 수 있으며 그래서 전통 과학이 쓰는 가설-연역적 방법으로 실험을 설계할 수 있다고 주장하였다. 한걸음 더 나아가 그는 가설과 실험적 결과들은 자연선택에 의한 진화적 설명으로 상당히 보강될 수 있다고 했다.

슬러버드킨은 그러나 생태학의 활성화를 위해 이러한 전망을 열어 놓은 첫번째 과학자는 아니다. 그의 명료한 문장 스타일과 교과서 체제에 내포되어 있는 권위가 그러한 아이디어를 매우 설득력 있게 만들었다. 그리고 생각건대 생태학은 전에 진화론에 도입된 적이 없다. 이제 슬러버드킨이 그 길을 열고 있는 것이다. 그는 또 글에서 생태학이 유전학과 생물지리학에 연결될 수 있는 방법을 제시했다. 내가 유전학을 들먹이는 이유는 진화가 집단의 유전적 변화이기 때문이다. 또 생물지리학을 말한 것은 유전적으로 적응한 집단이 종들의 공존 여부를 결정하기 때문이다. 종들의 군집은 종들이 유전적으로 변하여 모이고 또 환경적으로 조절된 종간 상호작용에 의해 집합되기 때문이다. 유전적 변화와 상호작용에 따라 어떤 종이 살아남고 또 멸종할 것인가가 결정된다. 따라서 진화를 이해하기 위해선 집단의 동태를 포함시켜 연구할 필요가 있다.

나는 이러한 생각에 잠겨 있는 데다 슬러버드킨이 진화생물학의 지도

자로 부상할 것이라는 기대에 부풀어 출판사 편집자에게 열광적인 투로 심사 보고서를 썼다. 얼마 후 나는 슬러버드킨에게 연락해서 바야흐로 집단생물학에 관해 좀더 포괄적인 교과서를 쓸 때가 왔다고 말했다. 그가 과연 나와 함께 쓰는 일에 흥미를 느낄까? 공동으로 쓰게 된다면 그는 집단동태학과 군집생태학을 쓰고 나는 유전학, 생물지리학 그리고 사회행동을 덧붙여 쓸 수 있을 것이다. 그러면 그 책은 중급 수준의 교과서로 쓰일 수 있을 것이다. 그리고 생태학과 수리 모델 작성에 기초한 진화생물학에의 새로운 접근을 촉진할 것이다.

그는 관심이 있다고 대답해 왔다. 그리고 이 문제를 나와 함께 이야기하고 싶어했다. 곧 우리는 케임브리지에서 만나 장차의 작업의 윤곽을 잡았다. 우리는 쓸 장들의 제목을 써가며 각자 쓸 부분을 할당하기까지 하였다.

슬러버드킨은 당시에 미시건 대학 조교수였다. 그는 누구나 인정하는 바와 같이 이렇다 할 사람이 없는 미국 생태학계의 떠오르는 별로서 후에 뉴욕 주립대학의 스토니 캠퍼스로 옮겼다. 그리고 그곳에서 새로운 진화생물학 교육프로그램을 개설했다. 그는 나를 만나기 직전과 직후에 시행한 일련의 절충적 연구로 연구자로서의 명성을 안전하게 닦아놓고 있었다. 그는 유독성의 쌍편모류 원생동물이 주기적으로 번식하여 물고기와 다른 해양생물을 죽게 하는 적조 현상에 대해 연구하였다. 그는 또 열량계(bomb calorimeter)를 사용해 생태계 내 영양단계들에 걸쳐 흐르는 에너지 측정술을 개척하였다. 또 이론면에서는 〈신중한 포식자〉와 〈효율적인 피식자〉 사이의 균형관계 개념을 읽어내었다.

그 후 몇 년 동안 나는 슬러버드킨을 볼 때마다 눈길을 끄는 무엇이 있음을 놓친 적이 없다. 즉 붉은 머리라든지 말끔히 면도했다가 그 다음엔 극적인 모양으로 턱수염을 키우고 나타나는 일, 또 몸이 곰처럼 느슨하게 퍼져서 학자의 수수한 모습을 그대로 나타내는 일 따위이다. 쉽게 웃음을 터뜨리지 않는 그는 재미있는 이야기보다는 아이러니컬한 속담을 좋아했다. 그의 말씨는 무엇엔가 몰두한 듯하고 자기방어적이며 과학과 인간 조건에 관해 일반화를 하는 경향이 있어 한 젊은이로서는 어느 정도 보기 드문 면이 없지 않았다. 그의 말투는 친구들과 같이 있을 때엔 종잡을 수 없는 문장과 조각조각 튀어나오는 거친 유머로 부풀어오르며 마치 듣는 이의 균형 감각을 일부러 깨려는 듯 하기까지 한데, 대화를 끊어 버리기 위해 사용하는 친절한 철학자 이야기도 꺼내서 섞어 이야기할 때 더욱 그렇다. 이러한 여담이 의미하는 바는 무엇인가? 우리가 하는 농담에는 그 이상의 무엇이 있다. 훨씬 더 말이다. 그것을 알아 맞출 수 있는지 어디 보자. 슬러버드킨은 사실상 한 사람의 철학자였다. 나는 그가 과학적 생애를 걸어오면서 과학철학의 어딘가에 그의 운명을 정하고 드디어는 자연사의 경전을 풀이하는 해설자요 율법사로 발전하였다고 생각하게 되었다. 나의 친구 가운데는 그의 꾸민 듯한 태도에 대해 불평하는 사람이 더러 있었는데 아마 어느 정도는 그런 것 같다. 그러나 나는 슬러버드킨의 예민하고 꿰뚫는 듯한 심성이 마음에 들었고 따라서 그의 말벗이 되기를 즐겼다. 중요한 것은 우리가 문화적 배경에서 상반되기 때문에 나에게는 그가 더 재미있게 비춰졌다는 사실이다. 그는 뉴욕의 지성인으로서 유태인이며 또 기질과 스타일면에서 1960년대 초기 내 자신이 꿈꾸던 땀에 흠뻑 젖은 야외 곤충학자의 모습 그대로였다.

슬로버드킨은 예일 대학의 그의 박사과정 지도교수인 이블린 허친슨의 영향을 크게 받았는데, 허친슨 교수는 그와 나 사이에 다른 만큼이나 그와 달랐다. 그래서 우리 셋은 서로 정삼각형의 관계에 있다고 할 만했다. 허친슨은 1903년에 아서 허친슨의 아들로 태어나 나중에 케임브리지 대학교의 핌브로크 칼리지 학장을 지냈다. 그는 가까운 사이에선 〈허치〉라고 불렸는데 말하자면 영국의 일급 과학이 만든 창조물이었다. 그는 옥스퍼드 대학과 케임브리지 대학의 장학생 사이에 내려오는 전통에 걸맞게 박사 학위를 따느라 안간힘을 쓰지는 않았다. 그러나 그는 그 스스로를 무서운 박식가로 훈련시켰다. 그는 하나의 자유인이며 절충주의자로서 많은 조각들을 모아 하나의 큰 개념을 형성하는 데 탁월한 능력을 발휘하였다. 그는 어떤 수필을 쓰거나 적어도 각주를 붙일 때 그가 쓰기 좋아하지 않는 것이라곤 없는 사람처럼 보였다. 그는 그의 생애를 전문가들이 노린재라고 부르는 곤충, 특히 송장헤엄치게를 다루는 야외곤충학자로 시작하였다. 그는 티벳과 남아프리카에 이르는 먼 곳에까지 조사를 다녔다. 그리곤 호수와 연못에 사는 조류(藻類)와 식물성 플랑크톤 분야를 개척하는 길로 방향을 바꾸었다. 그는 범위를 넓혀서 이런 물속에서 생물이 의존하는 영양물질의 순환과 층서형성 (stratification)을 다루었다. 그는 육지, 물, 생물을 통합적으로 분석하는 복잡한 분야인 생지화학(biogeochemistry)의 초기 학도 중의 한사람이었다. 그는 그후 1945년에 예일 대학교 동물학 교수가 된 다음 집단동태학의 진화 연구로 돌아섰고 이 분야는 그의 강점이 되었다.

허친슨은 깊고 독창적인 통찰력의 소유자이며 흔히 과용되는 진부한 비유가 되긴 하지만 가히 생태진화학의 아버지라 부를 만하다. 그가 창안한 개념 중에 가장 파급 효과가 컸던 것으로 〈허친슨 지위(Hutchinsonian niche)〉라는 것이 있다. 이것 역시 과학에서 성공적인 아이디어가 대개 그렇듯이 매우 간단하다. 즉 한 종의 생활은 그것이 살 수 있고 번식할 수 있는 온도 범위와 그것이 먹어 치우는 먹이의 분포 범위, 그리고 그것이 활발하게 사는 계절, 활발하게 먹이 활동을 하는 하루 중 시간 그리고 기타 생물학자들이 헤아릴 수 있는 여러 가지 면에서 살아갈 수 있는 범위로 적절히 기술될 수 있다는 것이다. 바로 종이란, 이들 생물학적 성질들의 각각이 제 차원에서 놓일 수 있는 범위의 한계에 의해 결정되는 공간 내에서 살고 있는 것으로 볼 수 있다. 간단히 말해 허친슨 지위란 n-차원의 상위공간인 셈이다.

허친슨은 분자생물학의 개선 나팔에 흔들림 없이 자기를 지킬 정도로 독립심이 강했다. 적어도 나는 그가 하버드 대학 생물학과의 그 과열된 분위기에서 그의 동료들이 하는 식의 반항을 하는 것을 들어본 적이 없다. 야외생물학자였던 그는 말년에는 가냘픈 백발과 눈을 가진 한 힌두교 지도자의 모습으로 우아하게 변신하여 연구실 생활을 계속하였다.

그의 자리 옆에는 거대한 갈라파고스거북의 박제표본이 버티고 있었다. 그는 거의 30년에 이르는 교직생활 중 세계적으로 최상의 생태학자와 집단생물학자 40명을 박사로 길러냈다. 그 가운데는 에드워드 디비, 토마스 에드먼슨, 피터 클로퍼, 에그버트 리, 로버트 맥아더, 토마스 러브조이, 하워드 오덤, 그리고 물론 래리 슬러버드킨이 있다. 이들 모두는 허친슨 교수를 존경하고 사랑하는 것 같았으며 그로부터 힘과 기세를 얻어내는 것 같았다. 이들은 여러 가지 생태학 분야를 대표하며 전국에 퍼짐으로써 미국의 생물학에 결정적인 영향을 미쳤다.

나는 그들이 나의 친구가 된 다음 허친슨 교수가 제자들에게 그런 모험을 하도록 돋구기 위해 무슨 일을 하였는지를 물었다. 그러나 답은 언제나 〈없다〉였다. 그가 한 것이라곤 제자들이 한 일을 모두 칭찬하고 약간의 통찰력이 있으면서 학자적인 잡담을 던지며 가장 미숙한 연구 계획서에 대해서도 잘된 점을 알아내 지적해 주는 것뿐이었다. 그는 때론 우리를 모두 따돌리고 하늘로 솟구쳤고 때로는 놀라운 은유와 비밀스런 사례를 사랑하며 멀리 떨어져 홀로 방황하였다. 그는 남에 의해 스스로 파헤쳐지는 데서 오는 품위 하락에 성공적으로 저항하였다. 그는 제자들 각각이 스스로 항해에 나서도록 격려하였다. 그가 1991년 타계하기 전 예일 대학교에서 강의할 때 나는 몇 번 그를 만나 그의 축복을 받은 일이 있는데 나에겐 퍽 행복한 일이었다. 약간 올라간 두 어깨 사이에서 머리를 끄덕이는 이 지혜로운 인간 갈라파고스거북이 허친슨 교수는 그저 〈멋있군, 윌슨, 잘했어, 매우 재미있군〉 등의 말을 연실 중얼거렸다. 전에 그보다 자상한 학자적 아버지라곤 만난 적이 없는 내가 그런 허친슨 교수와 함께 더 지낼 수 있었다면 얼마나 흐뭇했을까! 나는 지나치게 관대한 그의 칭찬이 결코 우리 모두의 기질을 약화시키지 않았다는 것을 후에 알게 되었다. 그의 제자들은 나를 포함해서 서로 비판하곤 했고, 그 비판은 각자 멍청하게 어리석음을 범하는 일을 막아주기에 충분하였다.

허친슨 교수와 슬러버드킨은 오늘날 우리가 부르는 이른바 진화생태학자였다. 내가 공부하던 시절 그들은 나 역시 그런 사람이 되도록 영향을 주었다. 나는 그들을 통해 환경과학이 생물지리학과 진화 연구에 어떻게 잘 맞물릴 수 있는지 알게 되었고 따라서 나는 진화생물학의 지적 독립성을 더욱 확신하게 되었다. 나는 종들 간의 균형이라는 중심 문제에 좀더 접근하도록 고무되었고 이 문제는 1960년대 나의 연구 대상이 되었는데 이때쯤 분자 전쟁은 아리송한 결론 속으로 잠잠히 머리를 숙여 가고 있었다.

13 섬들이 열쇠다

래리 슬러버드킨은 1961년 뉴욕의 빌트모어 호텔에서 있은 미국과학진흥협회 주최 세미나 중간 휴식시간에 내가 만나야 할 사람이 있다고 말했다. 우리가 이야기했던 집단생물학 집필을 위해 끌어들여야 할 사람을 말하는 것이다. 이 공동 집필을 위해 우리들이 만난 지 이미 두 달이 지났을 무렵이었다. 래리는 말했다. 〈로버트 맥아더인데 매우 뛰어난 진짜 이론가입니다. 내 생각엔 책 쓰는 일을 돕는 데는 좀더 나은 수학적 배경을 가진, 그러면서도 순수 이론에 가까운 누군가가 필요하다고 생각합니다.〉

내가 알기로 맥아더는 펜실베이니아 대학에서 일하는 30살의 조교수였다. 그는 1957년에 이블린 허친슨 교수 지도로 박사학위를 받았다. 그리고 옥스퍼드 대학에서 영국의 조류학자 데이비드 랙의 지도를 받으며 1년 동안 공부한 뒤 곧장 눈부신 연구 생애를 시작하였다. 그러나 래리나 나 모두 그를 그렇게 기다려 왔던 당시까지 그가 과연 얼마나 뛰어난지 그리고 장차 10년 후엔 학계내 영향력에서 과연 허친슨 교수에 필적할 만한 인물이 될 것인지를 짐작도 할 수 없었다. 맥아더는 사실상 집단 및 군집 생태학을 유전학에 좀더 접근시키고 있었다. 그는 생태학, 생물지리학, 그리고 유전학의 주요 매개변수들을 기초 이론의 공동틀 속에서 다시 체계화함으로써 1960년대라는 결정적인 시기에 그 누구보다 먼저 집단생물학을 통일시키기 위한 기반을 닦아 놓았다. 그러나 그 후 그는 치명적인 신장암으로 쓰러졌고 마침내 전설적인 인물이 되었다. 오늘날 진화생물학에 몸담고 있는 중견 과학자로서 가장 흠모의 대상이 되는 명예는 미국 생태학회의 〈맥아더 강좌〉에 초빙되어 강의하는 일이다.

우리는 그와 합류하였는데 몸이 마르고 숫기없는 젊은이로서 미국 말투가 들어 있으나 아마도 옥스퍼드 대학에서 얻은 듯한 영국풍의 조심스런 말을 하였다. 그는 이 저술이 매력 있는 생각이라고 하였다. 그는 이에 관해 더 말할 법도 했으나 머리가 아파 집으로 가려고 하였다. 우리는 악수를 한 다음 헤어졌다.

그 후 거의 1년 동안 아무 일도 진행되지가 않았다. 그렇게 된 것은 사실상 나의 실수였다. 나는 저술을 완전히 제켜 놓고 야외조사 작업으로 돌아간 것이다. 열대지방이 다시 나를 끌어들였다. 내 마음속의 꿈이 발동하였으며 그 누구도 건드린 적이 없는 큰 보물이 그대로 남아 있는 곳으로 나는 가야만 했다. 1966년 2월에 리니와 나는 트리니다드에 갔다. 그곳에서 애사 라이트라는 아이슬란드 출신의 과부집에 머물렀다. 그녀의 땅 스프링 힐은 북방산맥(North Range)의 아리마 계곡머리 가까이에 자리잡고 있었다. 그곳은 세계의 모든 자연연구가들과 진지한 조류관찰자에겐 인기 있는 기착지가 되어 있었다. 울퉁불퉁한 모습의 다우림이 계곡을 따라 뻗어 윌리엄 비브가 설립한 연구관찰소인 심라(Simla)에 이르렀다. 이 위대한 자연연구가는 그의 말년을 그곳에서 보내고 있었으며 나로선 그를 만난 것이 매우 고마웠다. 리니와 나는 가끔 그와 그의 조수 조슬린 크레인과 함께 저녁식사를 했다. 우리는 비브가 그의 친구 러드야드 키플링에게 받은 은촛대를 감상하고 많은 연구 주제가 잉태되었던 이곳 열대의 자연사에 대해 이야기하였다.

이 시절의 열대지방은 기이한 일단의 지식인들에게 영향을 주었다. 스프링 힐에서 우리는 차양으로 가려진 베란다에 앉아 또 한 사람의 유명한 방문자인 리처드 마이너자건 대령의 이야기에 귀를 기울였는데 그는 처음엔 빅토리아 여왕 시대의 장교로서 근무했고 제1차 세계대전 때는 중동에서 로렌스와 싸웠다. 나는 후에 로렌스의 책『지혜의 일곱 기둥(*Seven Pillars of Wisdom*)』속에서 그의 이름을 찾아보았고 과연 리니와 나에게 이야기해 준 것과 같은 일화들이 적혀 있고 그 속에 그의 이름이 들어 있음을 확인하였다. 마이너자건은 동굴에 사는 오일 새를 보고 자생지 숲의 나무 열매를 채집하기 위해 스프링 힐에 있었다. 이런 말을 듣고 늙은 애사 라이트가 트리니다드 흑인들을 향해 과거 역행의 식민지 시대적 태도를 취하는 것을 보면서 우리는 과거로 50년은 거슬러 간 것처럼 느꼈다.

한편 이번엔 리니와 함께 경험한 재미난 모험이 있었다. 한번은 귀염둥이 나귀 한 마리가 스프링 힐의 베란다를 거쳐 활짝 열린 식당으로 들어와 말굽으로 딱딱한 마룻바닥을 울리며 초콜릿 케익을 먹어 치웠다. 하녀가 나귀를 재빨리 쫓아냈다. 곧 애사가 나귀 소동 이야기를 듣고 다음과 같이 이야기했는데, 내가 들에서 돌아오기를 기다리며 베란다의 한구석에 앉아 있던 리니가 이것을 엿듣지 않을 수 없었다. 〈오! 저런, 유트리스, 윌슨 부부도 이걸 알아?〉〈부인, 아네요.〉유트리스는 거짓말을 하였다.

이 당나귀는 밤이면 베란다의 말뚝에 매여졌다. 그리고 때로는 저녁에 보통 근처 숲으로부터 흡혈 박쥐가 찾아와 이 당나귀에 붙었다. 그래서 다음날 아침에 보면 당나귀 옆구리엔 피가 흘러 말라붙은 자국을 한두 개 볼 수 있었다. 이러한 방혈은 이 지방 가축에서 흔한 문제가 되었으며 더욱이 박쥐는 광견병을 옮기기도 했다. 마이너자건과 나는 손전등을 들고 베란다에 앉아 밤 늦도록 흡혈 박쥐가 오기를 기다렸다. 그러나 한 마리도 보지 못했다. 이렇게 찾으면 피하는 것이 흡혈 박쥐의 장기였다.

이곳에 온 지 두 달 후에 리니와 나는 남아메리카 본토에 대한 조사 작업을 펼치기 위해 수리남으로 떠났다. 우리는 스페인 항에서 다시 화물선을 타고 모엥고의 복사이트 광산촌으로 갔다. 그리고 그곳에서 다시 수도 파라마리보로 돌아갔다. 우리는 남쪽으로 잔더리즈에 이르기까지 깊숙이 산림을 탐험하는 동안 그곳에 하숙하고 있었다. 그런 다음 우리는 스프링힐에 잠시 돌아왔다가 마지막으로 6월에서 8월까지 3개월간 나머지 여행을 마치기 위해 토바고로 향했다. 리니는 특히 흡혈 박쥐 이야기를 들은 다음부터 편안하지 못했지만 나는 더운 기후와 썩는 퇴비 냄새 덕택에 완전히 고향집에 온 것 같은 편안함을 느꼈다. 더구나 열대 숲에 오면 언제나 그렇듯이 여러 가지 새로운 것을 쉽게 발견할 수 있었다. 나는 수리남의 나무의 높직한 곳에 나 있는 개미 집에서 원시성의 몸집 큰 큰침독개미류 종인 *Dacetone armigerum*의 군체를 얻어 그의 사회조직에 관해 첫번째 연구를 할 수 있었다. 나는 중앙 트리니다드의 한 동굴에서 본 분명 〈진짜〉동굴 개미인 *Spelaeomyrmex urichi*를 다시 발견하고 이 종은 수리남의 열린 숲에서 살며 따라서 이 종은 반드시 동굴에서만 사는 개미가 아님을 알아냈다. 나는 나를 인도하는 기회주의적 식성에 사로잡혀 여기저기 닥치는 대로 돌아다녔다.

그러나 이 야외 여행을 시작한 초기, 즉 트리니다드에 대해 연구하기 시작하는 동안 열대지방이 천당만은 아님을 알게 되었다. 나는 스스로 보기에도 실망스럽게 난생 처음으로 우울에 빠졌다. 즉 생태와 진화의 보다 넓은 영역을 앞에 두고 걱정이 되기 시작한 것이다. 그리고 내가 진화주의자로서의 개념적 혁명을 끝내 이뤄낼 필요가 있느냐에 대해 회의하기 시작하였다. 그리고 그에 따라 나 스스로 자연 연구에 대한 열정이 식어감이 싫었다. 나는 수학에 적합하지 못한 게 걱정스러웠다. 미래의 진화생물학 원리는 가장 깊숙한 통찰을 수리적 모델로 나타내면서 수식으로 씌어지리라는 것을 의심하지 않았다. 나는 곧 트리니다드와 토바고의 베란다와 해변가 초막 처마에서 교과서를 읽으며 대수학, 확률론, 그리고 통계학을 공부하면서 나의 결함을 메우기 시작하였다. 그러나 지지부진을 면치 못했다. 나는 소질을 타고나지 못한 것이다. 걱정이 더 되었다. 나의 나이 이미 32살로 시간과 기회가 도망치려 하고 있다. 아니 그래 보였다. 진짜 기회가 다가오는데 나는 이를 놓치고 말 것인가?

리니와 나는 8월 말에 집으로 돌아오자마자 케임브리지 서쪽 10마일의 렉싱턴이란 교외에 있는 마을에 2층짜리 작은 집을 처음으로 사들였다. 집 값은 1,900달러로 당시 나의 연봉의 2배 가량 이었다. 나는 안식년 여행 때 돈 지출을 아껴 제1차 할부를 함으로써 최소한 3,000달러를 절약할 수 있었다. 우리는 이제 결혼 생활 5년째에 들어서면서 드디어 뿌리를 내려 안전을 느낄 수 있었다. 나는 일과 지식에 대한 확신으로 인해 나머지 일생 동안 아마도 하버드 대학에 머물 수 있으리라 생각하게 되었다. 그래서 수학에 대한 걱정도 사라졌다.

그 후 맥아더와 슬러버드킨은 우리의 집단생물학 책을 쓰는 일을 다시 계획하기 위해 곧 하버드 대학으로 왔다. 우리는 윤곽을 잡고 장별 분담을 한 다음 헤어졌다. 나는 슬러버드킨을 존경하는 것만큼이나 맥아더에게도 강한 인간적 매력을 느꼈다. 그 이후 편지와 만남을 통해 우리 사이에는 공통의 관심이 놀라우리만치 폭넓게 드리워져 있음을 발견하였다. 그 관심 속엔 동식물의 지리적 분포를 다루는 생물지리학에 관한 열정이 들어 있었다. 그러나 평생 동안 내가 빠져 있던 이 전통적인 분야는 혼란스러웠다. 모든 생물학 가운데 물리적으로 가장 큰 차원의 주제를 다루기 때문이다. 즉 이 분야는 생명의 전체 역사에 걸쳐 있는 것이다.

맥아더와 내가 이 문제에 초점을 맞췄던 1961년 당시 생물지리학은 아직도 기재적인 단계에 있었고 가장 흥미로운 이론으로는 〈매튜-달링튼의 우점과 대치의 순환(Matthew-Darlington cycle of dominance and replacement)〉이 있었다. 그 밖의 주제로는 서인도 제도의 동식물의 기원에 관한 것으로 그곳 생물들이 한때 대륙을 연결했던 육교를 따라 이입된 것이냐 아니면 물이나 대기를 타고 우연히 도달한 것이냐 하는 문제였다. 생물지리학은 집단생물학에서 싹터 나오고 있던 새로운 생각으로 성숙되어 있었던 것 같다. 나는 맥아더에게 기록철에서 각 섬의 넓이와 그곳에 서식하는 개미와 다른 생물들의 종수가 갖는 관계를 나타내는 곡선을 보여주었다. 나는 그에게 분류군 순환과 종의 균형에 관한 나의 생각을 이야기해 주었다.

맥아더가 이 주제와 유사 제목에 대해 느낀 관심은 급속도로 커갔다. 우리들의 토론이 깊어지고 넓어지자 일반적인 뒷얘기나 개인적인 일화도 말하게 되었고 이에 따라 우리는 가까운 친구가 되었다. 과학적 공동작업에 가장 중요한 사항이지만 우리의 배경은 몇 가지 점에서 비슷하다는 것을 알게 되었다. 그는 말보로 대학에서 수학을 전공하고 상당한 재능도 보였지만 그의 마음은 조류 연구에 있었다. 말하자면 그의 천직은 자연연구가이며 실제 자연에서 쌍안경과 야외 편람을 보아 가며 새 패턴을 탐색하여 발견할 때 가장 행복한 사람처럼 보였다. 즉 자연의 엉클어진 배열을 살펴나가며 자신과 다른 사람 마음속에 핵심적인 추상적 특징을 추려 나가는 것이 그가 하는 일이었다. 그는 수학과 자연연구가를 겸한 사람으로서 독특했고, 따라서 그의 지도교수인 이블린 허친슨만이 그에게 충고할 수 있었다. 그의 관심영역이 허친슨 교수만큼 넓은 것은 아니지만 전략지점에 이르는 데는 더 빠르고 깊이 파고들었다. 그는 위대한 수학자인 하디(G.H. Hardy)와 신념이 같았을 뿐 아니라 기질과 철학도 비슷해서 〈수학자란 아이디어의 패턴을 만드는 창조자이며 아름다움과 진지함은 그의 패턴들을 심판하는 기준이었다〉. 그는 무엇보다 아름답고 진실된 생명의 패턴을 발견하기를 원했다.

맥아더는 대화 중에 흔히 최고의 과학은 자연현상에 대한 새로운 분류를 창안해내는 데서 비롯되는데, 이때 새로운 분류는 가설과 일련의 새로운 데이터 수집을 시사한다고 하였다. 그는 피카소의 말, 즉 〈예술이란 우리가 진실을 보도록 돕는 거짓말(Art is lie that helps us see the truth)〉을 인용하기를 즐겼다. 그가 쓰는 방법론은 진짜 자연연구가가 갖는 힘을 반영하고 있었다. 즉 다른 사람이 자연이나 그 자신을 어떻게 생각하는가에 대해서보다는 자연의 얼개와 그것을 독립적으로 보는 힘에 대해 더 관심을 기울였다.

맥아더는 인내와 전문가의 기교를 발휘해 가며 새로운 관찰을 해나갔다. 그는 열대지방을 가능한 한 자주 방문하였고 자연사에 끝없이 들어 있는 사실들을 서로 연관지우는 데 기쁨을 느꼈다. 이렇게 무작위적으로 모아진 정보와 이들이 얽히고 섞여서 만드는 패턴들이 그의 이론 연구에 영감을 불어넣었고 이렇게 하여 그는 생물학적 다양성의 기원이 어떻게 진행되었는가를 기술하였다.

내가 처음 만났을 때 그는 펜실베이니아 대학의 조교수였으며 곧 부교수, 다음엔 교수로 승진할 차례였다. 그러나 그후에 그는 프린스턴 대학으로 옮겼고 얼마 안 있어 오스본 생물학교수(Henry Fairfield Osborn Professor of Biology)가 되었다. 그의 태도는 부드럽고 유쾌했다. 적당한 키에 잘 생기고 네모진 얼굴을 한 그는 사람을 만나면 부드럽게 미소지으며 눈을 크게 활짝 떴다. 그가 말할 때엔 바리톤인데 문장과 구절을 또박또박 말하고 중요한 부분에선 머리를 약간 치켜올리며 침을 꿀떡 삼킨다. 그는 조용하고 절제된 태도를 보이는데 이것은 인텔리들의 경우 단단히 다져진 힘을 암시하는 것이다. 대부분의 학자들이 다변인 것과는 대조적으로 언변은 의도적이랄 수 없는 자연스러운 권위를 풍기게 하였다. 그는 사실상 기본적으로 수줍어하였고, 또 조심성 없는 데서 오는 실수라면 질색하는 사람이었다. 그러나 그는 동료들 사이에서의 자기 위치를 의식하였고 그럼으로써 스스로 안도감을 느꼈다. 비록 그가 중요하게 생각하는 연구에 관해 사적으로 이야기할 때 본능적으로 관대할 뿐 아니라 허친슨 교수와 비슷하게 남을 극구 칭찬하긴 하지만 남의 결점과 약점을 정확히 지적하는 일도 서슴치 않았다. 그러나 나는 그에게서 어떤 악의도 발견할 수 없었고 단지 다른 학자들을 분류하는 데 관심을 보였다. 그러고는 흔히 실망해서 그의 열변은 누그러지기도 하였다.

그는 탁월한 재능에 비상한 창조적 추진력과 야심을 겸비했다. 그에겐 가족들 즉 베찌와 네 아이들이 다른 무엇보다 우선이었다. 그 다음이 자연계, 새, 그리고 과학의 순서이다. 어느 날 우리들이 플로리다 키즈의 어느 길을 걷는 동안, 나는 다른 몇 사람과 함께 비교적 원형이 보존된 카리브 산림을 가진 몇 안 남은 플로리다 섬 하나를 보존하는 데 애쓰고 있다고 말했다. 그는 놀랍게도 그 말에 따뜻이 반응했고 그래서 나를 놀라게 했다. 일찍이 내가 이에 관해 말할 생각을 해본 적도 없었는 데도 말이다. 그는 주요한 과학 이론을 창출하기보다는 차라리 위험에 빠진 서식처를 구하겠다고 선언하였다.

맥아더는 그의 과학적 생애를 두 개의 논문 발표로 시작했는데 이 논문들은 그가 지닌 비상한 힘을 보여주고 있었다. 1955년에 나온 첫번째 논문은 정보이론(information theory)을 이용해 동식물 군집의 안정성을 예언하는 방법을 제시한 것이다. 이 논문은 당시까지는 구술적 기재로만 표현될 수 있었던 개념을 구체화한 것이다. 그 얼마 후 1957년에 두번째 논문에서 새의 상대 수도(相對數度, relative abundance)에 관한 유명한 가설 〈부러진 작대기〉 모델을 내놓았다. 그가 시도한 접근의 핵심을 파악하기 위해 예를 들어 어떤 숲에서 발견되는 방울새들의 한 길드의 수를 모두 합친 것을 한 작대기의 길이로 나타낸다고 생각하자. 막대 길이를 1미터로 만들어 100,000마리의 방울새를 나타내면 방울새 각각은 작대기 어딘가의 1밀리미터의 일부가 될 것이다. 이번엔 한 길드가 방울새 10마리로 이루어진다고 치자. 그리고 작대기를 아무렇게나열 조각으로 부러뜨린다면 부러진 조각들의 길이는 제멋대로가 된다. 이번엔 이렇게 부러진 조각 각각이 어떤 특정 종을 이루는 개체들의 수를 나타낸다고 하자. 예를 들면 한종은 200밀리미터를 얻게 되어 작대기의 20%를 차지하게 된다. 그래서 여기에는 20,000마리의 새가 배당된다. 또 다른 종은 5밀리미터에 해당되어 5,000마리가 배당된다. 이런 식으로 10조각 모두와 새들이 작대기 조각의 길이가 나타내는 대로 배당된다. 이 작대기 조각들과 종들은 중복이 허용되지 않으므로 방울새 10종 전체의 개체수들은 마치 실제 방울새들이 산림의 자원 분배를 경쟁적으로 하여 자원공동 소유가 일어나지 않는 것처럼 변동이 없을 것이다. 그리고 각 종이 얻은 몫은 무작위적인 변량이다. 각 종의 생태적 지위 또한 독특하다. 만약 진짜 방울새들이 이처럼 숫자적으로 들어맞는다면(좀더 기술적 용어로 말해서 만약 이들의 〈종 빈도 분포〉가 부러진 작대기 모델에 들어맞는다면) 우리는 이 방울새들이 자원을 둘러싼 경쟁으로 인해 분리되었다고 정당하게 가정할 수 있다. 우리는 적어도 이러한 가능성을 들어내어 다른 종류의 생물 연구에서 확인될 수 있도록 해야 한다. 이러한 배제 모델(exclusion model)에 대한 대안으로는 무엇을 들 수 있는가? 맥아더는 그 대안으로 종들은 길이가 무작위적으로 결정되는 작대기의 조각들을 얻지만 이 조각들은 중복될 수 있다는 것을 제안하였다. 다른 말로 하면 새의 종들은 각각 경쟁에 의해서 서로를 배제하지 않는다는 것이다. 배제 모델은 실제 새에 관한 한 조의 데이터와 맥아더의 첫번째 처리에서 그 대안에 비해 보다 잘 부합하는 것으로 밝혀졌으므로, 그는 경쟁이 새의 빈도를 결정하는 데 중요하게 작용할 수 있다는 결론을 내렸다.

부러진 작대기 분포가 말하는 특정 경쟁 가설은 그 후에 많은 논란을 일으켜 맥아더로 하여금 내가 보기엔 너무 이르게도 그의 방법론적 접근을 진부한 것으로 보고 포기하게 만들었다. 그러나 이렇게 수그러져 가는 와중에도 그의 이론은 생태학 이론 발전에 하나의 돌파구를 마련하였다. 군집생태학의 한 중심적 문제에 관해 다른 선배 이론가들은 막연하게 말로써 체계화했는 데 비해 맥아더는 이 문제에 관해 3쪽에 걸쳐 대조적으로 경쟁 상태에 있는 다른 가설들에 숫자로 나타낸 가설을 제시하며 대응하였다. 그는 이 문제를 다루되 논리적으로 가능한 다른 대안들이 시험되어 선택이 이루어지도록 하는 식의 특징을 나타냈다. 그는 이런 시범을 해냄으로써 어떤 분명한 가정을 야외에서 얻은 데이터로 검증하려는 노력이 있는 한 자연사 연구의 가장 깊숙한 신비들도 도약적 상상력의 발휘로 해결될 수 있음을 보여주었다.

결국 이런 식으로 그의 작업 가설 방법은 종의 군집 전체에 관한 생태학 분과에 도입되었다. 1957년에 낸 맥아더의 논문은 그가 그 후에 낸 모든 연구의 줄기를 이뤄나갔다. 일부 생태학자들은 그의 부러진 작대기 모델뿐 아니라 그가 사용한 모든 접근 방법이 지나친 단순화로 치달았다고 비판하였는데 이 점은 옳은 지적이다. 그러나 그것은 역사의 긴 여정에서 볼 때 큰 결점이라고 할 수 없다. 올바른 길로 가는 과정에 서있는 한 단계일 뿐이다. 그것은 실제 응용상 맞건 안맞건 젊은 집단 생물학자 세대에게 힘을 불어넣어 주었고 생태학의 모습을 상당 부분 바꿔놓은 것이다.

나는 맥아더와 대화를 나누는 동안 나 자신이 갖고 있는 신념 세 가지를 털어놓았다. 첫째는 섬들은 생물지리학을 급속히 발전시키는 데 열쇠가 된다는 것이다. 섬 속에 갇힌 군집들은 바다에 둘러싸인 독립된 단위체들이어서 반복하여 연구될 수 있다. 둘째로 모든 생물지리학은 동식물의 역사까지 포함하므로 집단생물학의 한 분과가 될 수 있다는 것이다. 끝으로 섬에 사는 종들은 정량적으로 모델화될 수 있도록 어떤 식으로든 균형을 잡고 있다는 것이다. 맥아더는 이에 대해 동의하고 곧 내가 보여준 데이터를 향해 그의 추상 능력을 발휘하기 시작했다. 그 후에 나는 대화와 편지를 통해 그에게 종의 평형 이론을 만들어가는 데 결정적인 단계들에 관해 말해주었다.*

월슨 : 나는 생물지리학이 과학이 될 수 있다고 생각해. 아무도 설명한 바 없는 굉장한 규칙성들이 있거든. 예를 들면 섬이 크면 클수록 그곳에 사는 새나 개미 종수는 많단 말야. 예를 들어 발리나 롬보크 같은 작은 섬에 가보고 또 보루네오나 스마트라 같이 큰 섬엘 가보면 무엇이 다른지 금방 알 수 있지. 섬 면적이 10배 커지면 그 섬에 사는 종의 수는 약 2배로 늘거든. 이 점은 우리가 상당히 갖고 있는 다른 동식물 데이터를 볼 때 대개 맞는 것 같아. 더구나 아시아와 호주로 새로운 개미 종들이 퍼져나가 이 두 대륙 사이에 있는 섬들에 도달하면 개미들은 이 섬들에 일찍이 정착했던 토종들을 없애버리거든. 이러한 패턴은 종 수준에서

---

* 나는 이 이야기를 나의 수필집 『바이오필리아(Biophilia)』(하버드 대학 출판부, 1984)에서 처음으로 소개하였다.

는 필립 달링턴(Philip Darlington)과 조지 심프슨(George Simpson)이 말한 견해와 꽤 일치해. 그들은 일찍이 모든 사슴이나 돼지를 통틀어 주요 포유류 그룹들이 남아메리카와 아시아에 들어와 그곳의 주요 토종들을 갈아치우고 그들의 생태적 지위를 대신 채워 나간 점을 증명하였지. 그래서 종들이 대치의 파도를 일으키며 전 세계에 퍼져 나가기 때문에 자연의 균형이 종 수준에까지 유지되는 것 같아.

맥아더 : 종 평형 현상이 있다는 것이 맞아. 섬마다 많은 종이 살고 있는 것 같지만 한 종이 한 섬에 들어가면 전에 있던 토종은 멸종되지. 이 모두를 하나의 물리적 과정인 것처럼 취급해 봅시다. 예를 들어 어떤 섬이 비어 있다가 종들이 들어와 한계에 이를 때까지 이 섬을 채워 나간다고 생각해 보지. 그저 하나의 은유이긴 하지만 무언가 밝혀줄 것 같아. 더 많은 종들이 정착함에 따라 종들의 절멸 속도는 빨라질 거야. 다른 말로 바꾸면 많은 종들이 이 섬에 빽빽히 들어설수록 종의 절멸률은 올라간다는 거지. 종마다 몇 마리씩 바람이나 바다 위에 뜬 나무토막을 타거나 새처럼 스스로의 힘으로 섬에 도달하지. 이제 섬에 도달하는 종들을 봅시다. 많은 종들이 섬에 정착할수록 보다 적은 수의 종들이 섬에 발을 들여놓게 되는데 그것은 단순히 그 섬에 이미 있지 않은 생물종이란 더 드물게 되기 때문이지. 바로 여기에 물리학자나 경제학자가 상황을 표현할 여지가 생기는 거지. 섬이 만원이 되면 절멸율은 올라가고 이입률은 내려가는데 이러한 변동은 이 두 가지 과정이 같은 수준에 이를 때까지 계속되지. 결국 이른바 역동적 평형(dynamic equilibrium)에 이르는 거야. 절멸과 이입의 진행 속도가 같아지면 종의 수는 여전히 동일하게 머무는데 이것은 그 지역 동물상을 이루는 어떤 특정 종에 어떤 변화가 꾸준히 일어나도 마찬가지야.

이제 상승과 하강의 커브를 조금씩 이리저리 바꾸었을 때 어떤 일이 일어나나 보도록 합시다. 우선 섬이 작아진다고 하면 집단의 크기가 작아지고 따라서 절멸되기 쉬운 상태가 되기 때문에 절멸률은 올라가야 하겠지.

만약에 나무들 위에 어떤 새 종류가 단지 10마리만 앉아 있다면 이들은 100마리 있을 경우보다 모두 없어질 확률이 더 크지. 그러나 신종이 도착하는 비율은 대개 마찬가지가 될텐데 그 이유는 본토에서 멀리 떨어진 섬들은 이 섬들을 향해 달려오는 생물들에게 수륙접촉선의 길이가 크게 다르지 않으면서 실제 섬의 크기는 많이 달라질 수 있거든. 그 결과 작은 섬일수록 빨리 평형에 도달할 것이고 보다 적은 종수로 평형상태에 이르겠지. 이제 순수거리를 한 변수로 보도록 합시다. 예를 들어 하와이는 뉴기니보다 아시아로부터 멀리 떨어져 있는데 이처럼 섬이 기원지역으로부터 멀수록 매년 이 섬에 도착하는 신종수는 줄어들거야. 그러나 절멸율은 여전히 마찬가지인데 그것은 동물이나 식물의 한 종이 일단 어떤 섬에 정착하면 그 섬이 본토에서 멀든 가깝든 상관 없기 때문이지. 그래서 먼 데 있는 섬들의 생물종수가 더 적어질 것으로 기대하게 되지. 결국 모든 것은 기하학에 관한 사항이라 할 수 있어.

몇 주가 지난다. 우리는 맥아더의 집 거실의 벽난로 옆에 앉아 있다. 커피 테이블 위에는 마구 쓴 종이와 그래프가 널려 있다.

윌슨 : 이제까진 잘 되고 있어. 새와 개미의 종수는 섬의 크기가 작고 본토에서 멀어질수록 적어진단 말이야. 이제 이 두 가지 경향을 각각 〈면적 효과〉과 〈거리 효과〉라 부르기로 하지. 그리고 당분간 이러한 경향이 맞는다고 칩시다. 그러나 이제 이들이 평형 모델을 입증하는지를 어떻게 알아내지? 내 말은 이 면적 효과와 거리 효과를 설명하는 다른 대응 이론이 나올 게 거의 틀림없다는 뜻이지. 만약 우리가 예상한 결과들을 가지고 그 모델을 입증한다고 주장하면, 우리는 결국 논리학자들이 말하는 결과긍정 오류(Fallacy of Affirming the Consequent)를 범하는 셈이지. 이런 문제를 피하기 위해선 다른 어떤 모델에 의해서도 아니고 우리의 모델만이 특유하게 예언하는 결과를 얻는 길뿐이야.

맥아더 : 좋았어. 이제까진 순전히 추상적으로만 생각해 왔는데 더 나아가 봅시다. 어디 이렇게 한번 해보지. 절멸과 이입곡선을 그리되

이들이 서로 만나 평형점을 갖는 곳에서 이 곡선들이 직선이 되고 거의 같은 각도로 기울게 하는 거지. 기초 미분학을 써서 한 섬이 감당할 수 있는 한도의 90%까지 채우는 데 걸리는 연수가 평형점에서의 생물종의 수를 매년 절멸종 수로 나눈 값과 거의 같다는 점을 보여줄 수가 있어.

월슨 : 그러면 크라카타우의 경우를 봅시다.

크라카타우는 수마트라와 자바 사이의 작은 섬으로서 1883년 8월 27일에 일어난 화산 대폭발로 모든 생물이라곤 말끔히 사라진 곳이다. 당시 네덜란드 식민지였던 이곳에는 주로 네덜란드와 인도네시아 등의 몇 나라 과학자들이 폭발 뒤 1년 이내의 흔적을 보려고 방문하기 시작했다. 이들은 황량한 화산 언덕에 새와 식물과 기타 약간의 생물들이 돌아오고 있는 상황을 용케도 이런저런 식으로 쓸 만하게 기록으로 남겨 놓았다. 우리가 개발한 모델에 의하면 그래도 데이터가 가장 낮게 수집된 새들은 약 30여 종에서 평형을 이룰 것으로 보았다. 즉 이 수준에 가까워지면 그 섬엔 이입에 의해 매년 1종씩 늘어나지만 원래의 토종을 1종씩 잃게 되어 있다. 초기 조사자들이 새에 대해 남겨 놓은 자료에 의하면 새들은 역시 30종에서 종수를 그대로 유지하는 것으로 나타났다. 그러나, 회전율의 기록을 보면 매년 1종이 아니라 매 5년당 1종씩 바뀌는 것이었다.

그렇다면 우리의 모델이 실제보다 5배의 속도를 나타내고 있는 걸까? 아니면 표본 추출에 착오가 있어서 그런 차이가 나타나는 걸까? 여기에 대답할 길은 없었다. 여기에서 우리는 평형 이론을 진지하게 발전시키기 위해서는 데이터를 다시 모아볼 필요가 있다고 생각했다. 1965년에 나는 플로리다키즈의 가장 작은 섬들에 사는 곤충과 기타 절지동물을 써서 실험적 시스템을 고안하기 시작했다. 이것은 우리의 야외 생물학 활동 중에 해본 비범하고도 괴상한 모험이었는데 별도의 이야기이므로 다음 장에서 이야기하려고 한다.

나와 맥아더가 섬 생물지리학 연구를 진행시키고 있을 때 느슨하게 시작되었던 한 소장 집단생물학자 모임이 계속 커지고 있었다. 그 중 5명이 1964년 7월 하순에 버먼트 주의 말보로에 있는 맥아더의 호숫가 집에 모여서 각자 연구 계획을 말하고 집단생물학의 장래 발전에 어떻게 기여할 것인가를 의논했다. 젊은 수학자인 에그버트 리가 함께 합류했는데 그는 동식물 군집의 구조에 특별히 관심을 가졌고 스미소니언 열대연구소에 연구원으로 부임했다. 이밖에 당대에 유명했던 이론 집단생물학자로 후에 하버드 대학교 보건대학원 교수로 온 리처드 레빈스가 들어왔다. 또 이론과 실험유전학 분야에서 떠오르는 스타였던 리처드 르원틴도 들어왔는데 그는 1973년에 하버드 대학 동물학 교수로 부임했다. 또 이외에 우리와 늘 가깝게 연락하였으나 호숫가 집 모임에는 오지 못한 사람으로는 슬러버드킨과 시카고 대학의 고생물학자이면서 일반 진화생물학자인 라이 밴 밸린이 있다.

이 북쪽지방 삼림에서 산보하며 지낸 이틀 사이에 우리는 모두 진화생물학을 이론 집단생물학 위에 올려놓아 그 기반을 좀더 단단이 하려는 야심을 품기에 이르렀다. 각자가 진행하고 있던 연구에 대해 차례로 말했다. 그리고 난 후 우리는 그 연구 주제가 중심 이론으로까지 확장되어 그와 어깨를 나란히 할 수 있는 방법을 함께 토의했다. 나는 또 당시 섬 생물지리학 이외에 내가 하고 있는 개미와 기타 사회성 동물의 연구를 이 사업에 첨가시키는 일을 생각하고 있었다. 나는 동물사회란 하나의 집단(개체군, population)이므로 그 구조와 진화를 집단생물학의 일부로서 분석하는 일이 가능할 것이라고 주장했다. 나와 나의 제자인 스튜어트 알트만은 이미 1956년 초에 영장류와 곤충의 사회를 설명하는 공통 원리를 발견할 수 없을까에 대해 논의했었다. 우리는 이런 노력을 가리켜 〈사회생물학(Sociobiology)〉이란 용어를 쓰기까지 했다. 그러나 이 문제를 어떻게 진척시켜야 할지 어떤 통찰도 거의 떠오르지 않았으며 따라서 우리의 공통 노력도 전혀 진척을 보지 못했다. 나는 내가 나중에 부르게 된 이름 〈말보로 써클〉이란 이 새로운 그룹이 이 문제에 대해 다 같이 생각하면 어떤 실마리가 나올 수 있으리라 기대했다. 이에 대해 큰 격려의 말을 던지는 사람도 있었으나 그렇다고 변변한 단서가 나오지는 않았다. 그러나 바로 그 해에 사회생물학의 초석이 되었던 윌리엄 해밀턴의 혈연선택과 이타주의에 대한 논문이 발표되었다. 그리고 당시 나나 그 누구도 그 논문을 아직 읽어보지 못한 때였다.

사회생물학적인 작업과 다른 유사 작업의 중복을 어떻게 해결하면서 진행시킬 수 있을까? 우리는 자유분방한 토론 끝에 우리의 일들을 통합하는 것이 좋겠다는 의견이 나왔다. 우리가 일련의 논문을 써서 발표하되 1930년대 이후 니콜라 부르바키(Nicolas Bourbaki)라는 이름으로 계속 출판하고 있는 프랑스 수학자들을 모방해 필명 〈조지 맥시민(George Maximin)〉이란 단일명으로 내는 것이다. 맥시민은 로마의 군인이며 황제였던 인물을 기려 지은 이름이 아니라 최적화 이론(optimization theory)에서의 최대최소점(point of greatest minimum)을 따서 쓴 말이다. 그리고 조지는 임의로 따온 것이다. 우리는 맥시민이란 이름을 씀으로써 자기중심과 저자를 둘러싼 질투로부터 벗어나는가 하면 이 그룹이 결정한 바와 같이 대담하고 상상력 있게 써 나갈 수 있는 여유를 누릴 수 있어, 익명성에서 오는 두 가지 목표를 모두 달성할 수 있다고 생각했다.

그러나 맥시민은 조사(早死)하고 말았다. 바로 잘못 잉태된 프랑켄슈타인 괴물이었던 것이다. 8월 중순경 맥아더가 편지로 심각한 의문점을 제기해 왔다. 그는 우리 각자가 개진한 아이디어에 대해 공과 책임을 함께 져야 한다고 주장했다. 사실상 슬러버드킨도 이 생각을 처음부터 싫어했다. 그는 말하기를 맥시민이 다른 사람들에겐 마치 하나의 비밀결사처럼 보일 것이라고 했다. 나 역시 마음 깊이 이러한 걱정을 함께 하고 있었음을 인정하지 않을 수 없었다. 각자 개인의 특성이 맥시민에 종말을 가져온 것이다. 맥아더는 자신의 능력을 특히 믿는 편이어서 아무런 장애를 받지 않고 일하려는 듯했다. 그는 언제고 혼자서나, 그룹과 함께이거나 아이디어를 낼 수 있다고 믿는 것 같았다. 슬러버드킨으로 말하면 이론을 통합하고 수학적 모델을 개발하는 데 반대하는 쪽으로 기울고 있었다. 나 자신은 기질적으로 맥시민 계획에 부적합했고 오히려 혼자 일하거나 기껏 다른 또 한 사람과 일하기를 바라는 쪽이었다. 그래서 이 계획은 무산되었고 이 음모에 가담했던 자들은 각기 제갈길을 갔다. 그 후 우리는 한 그룹으로 다시 모이지 않았다. 그러나 맥시민의 도깨비 같은 발상에서 많은 것을 얻은 것도 사실이다. 다른 사람의 경우에 대해 말할 수는 없으나 내 생각엔 우리가 모두 진화생물학의 미래와 우리 자신에 대해 새로운 확신을 갖고 헤어진 것 같았다.

연말이 되면서 맥아더와 슬러버드킨 사이는 멀어지기 시작했다. 맥아더는 편지로 나에게 이렇게 말했다. 〈슬러버드킨은 반이론적 성향이 강한 사람이야.〉 그 당시 슬러버드킨은 자연은 이론을 이긴다고 말하는 것으로 널리 알려졌다. 드디어 8월에 접어들자 맥아더는 3년 전에 계획했던 생물학 교과서 집필 계획에서 빠져나갔다. 그때 슬러버드킨의 발표는 저조했고 나 역시 당분간 다시 여러 가지 다른 연구에 매달려 있어 나을 게 없었다. 그 결과 집필 계획은 맥시민 건을 뒤따라 어둠 속으로 사라지고 말았다. 우리는 그에 관해 더 이상 말하지 않았다. 맥아더가 1966년에 죠셉 코넬과 함께 1학년 과정을 위한 짧막한 입문서를 출판하자 슬러버드킨이 사정없이 혹평을 가했다. 우선 그 책이 나타내고 있는 과학철학 자체를 반대한 것이다. 그러나 맥아더 쪽에선 그 스스로 이유없는 적개심이라고 보고 언짢아했다. 그는 오히려 과거를 되돌아보는 사상가들에 의해 자신이 오해되고 있다고 믿었다. 그는 깊이 생각에 잠겨 나에게 말했다. 〈나는 스스로, 어째서 들에는 감자가 있고, 어디에 감자들이 있는지 대답할 수 있다고 생각하네. 그러나 사람들은 그것이 좋지 않다면서 감자의 크기와 모양을 말하라는 것이거든.〉

그러나 이런 식의 어떤 것도 내가 맥아더와 공동으로 책을 쓰는 일에는 영향을 미치지 못하였다. 나는 환원주의의 힘을 크게 믿었고 뒤이어 세부사항들이 종합되어 재구성되는 점도 믿었다. 나는 1964년 12월에 새로운 모델들을 세우고 우리의 추리 방식을 가능한 대로 생태학 영역으로 많이 확장하도록 하는 목표 하에 섬 생물지리학에 관한 본격적인 책을 쓰자고 제안했다. 맥아더는 곧 동의했다. 그러나 이미 그때쯤 그는 이 주제에 매혹되어 있었고 스스로 생태학자 대신 생물지리학자라고 불렀다. 여기에 바로 그 동안 발견하기를 원했던 패턴들이 가장 쉽게 정의될 수 있는 상태로 존재하고 있었다. 그가 1972년 단독 저술로 내놓았을 때엔 제목을 『지리학적 생태학(Geographical Ecology)』이라고 붙일 정도였다.

말보로 모임이 있은 후 나와 맥아더는 다음 2년 동안 틈틈이 섬 생물지리학에 관한 확대 이론의 단편들을 주워 모았다. 섬, 호수 그리고 기타 격리된 서식지들에 정착하는 데 있어 종의 평형이 나타내는 의미를 여러 가지로 탐색하였다. 또한 이미 나와 있는 발표 자료를 통해 크라카타우 섬과 기타 황량한 섬들이 재정착되는 과정을 추적해 갔다. 우리는 종들이 진화와 경쟁을 위해 적응하는 형태들과 생태적 지위의 일반적 성질들을 살펴보았다. 우리는 한종 한종씩 바닥에서부터 위쪽으로 훑어보았는데 바로 동식물이 가장 효율적으로 결집되어 여러 가지 군집을 창출하는 수단을 조사한 것이다.

1967년에 우리의 책 『섬 생물지리학의 이론(The Theory of Island Biogeography)』이 출판되자 여러 과학 잡지들이 다투어 호평해 주었다. 어떤 평자들은 이 책이 생물학 발전에 큰 걸음을 내딛었다고까지 선언하였다. 내가 지금 이 글을 쓰고 있는 현재는 그 책이 나온 지 한세기의 1/4이 지난 후이지만 그 책은 아직도 진화생물학에서 가장 많이 인용되는 책으로 남아 있다. 『섬 생물지리학의 이론』은 다음 이유로 인해 보존생물학 분야에서 큰 영향을 미치고 있다. 우선 전 세계적으로 야생의 땅이 인간의 활동으로 점점 더 조각 조각 나뉘고 있고 이 조각들은 계속 크기가 줄어들면서 서로 격리되고 있다. 자연보존 지구라는 것은 사실상 섬들인 것이다. 이 이론은 섬들의 크기와 상호 격리가 섬들이 갖고 있는 생물 다양성에 미치는 충격을 개념화하는 데 유용한 도구로 쓰이고 있다. 물론 1967년 당시에 만들어졌던 공식의 일부가 그 후 학자들에 의해 정당하게 폐기되고 또 많이 변경된 부분들도 있다. 그 후의 학자들이 새롭고 강력한 통찰과 당시 우리로서는 얻을 수 없었던 결정적인 데이터를 새로 추가하기도 하였다. 그러나 바로 나와 맥아더가 모든 것을 성취했다고 해도 과장된 말은 아니리라. 우리는 생물지리학과 생태학을 집단생물학의 한결 같은 기반 위에 통합시켰고, 아니면 적어도 통합을 개시했던 것이다.

1960년대와 1970년대에 생태학과 수학 모두에서 훈련된 일단의 집단생물학자들이 미국, 캐나다, 그리고 영국에서 박사과정을 이수하였다. 그리고 그들은 분자 및 세포생물학자들의 존경을 받았고 1970년대와 1980년대 과학의 후퇴가 밀어닥치기까지 얼마 동안 재정 지원도 잘 받았다. 그들은 말보로 서클의 구성원인 그들의 직접 선배들이 가졌던 야심과 낙관을 함께 나눠 가졌다. 나는 그 어떤 재주보다도 하버드 대학에 있다는 이유 때문에 그 다음 단계에서 어떤 역할을 수행할 수 있었다. 1958년에 〈진화생물학〉으로 이름 붙여진 나의 강좌는 1963년엔 〈집단생물학〉으로 바뀌었고 좀더 기초적인 이론에 치중되었다. 내 생각에 처음엔 자연사를 젖히고 대신 모델 구성을 너무 밀어 나갔기 때문에 실패했다고 생각했다. 학부 학생 하나는 무검열이면서 사정없이 후려치는 학생평론지에 이 강좌가 그저 싱거운 숫자 연습이라 불평하였다.

물론 일부 학생들에겐 그렇게 보였을 것이다. 그러나 나는 드디어 이 강좌의 영향을 크게 받은 학생이 많고 또 몇몇 학생은 집단생물학으로 생애를 잡아갔다는 것도 알게 되었다. 그 가운데는 현재 지도급에 있는 학자들이 있는데 윌리엄 보서트, 조엘 코엔, 로스 키스터, 조나단 러프가든, 다니엘 심버로프, 토마스 슈너 등이다. 1971년에 나와 보서트는 공저로 자습서인 『집단생물학 입문(A Primer of Population Biology)』을 출판했는데 20년이 지난 후에도 아직 인기를 누리고 있다.

로버트 맥아더는 1971년 봄 애리조나로 야외조사를 가는 여행길에서 복통 증세를 경험하였다. 프린스턴에 있는 집으로 돌아오자 신장암에 걸렸다는 것을 알게 되었다. 그래서 암조직이 있는 신장을 곧 제거하고 화학요법에 들어갔다. 그러나 너무 늦었다. 의사는 그에게 몇 달 아니면 잘해야 1-2년 더 살 수 있다고 말했다. 그러나 맥아더는 오히려 전보다 더 열성적으로 살았다. 애리조나, 하와이, 파나마로 야외조사를 떠나는 것은 물론 대학에선 학생지도도 계속하였다. 그는 또 한 차례의 이론 연구를 시작했는데 이번엔 로버트 메이와 함께 하였다. 메이는 호주 출신의 뛰어난 물리학자로 그 후 곧 프린스턴 대학의 교수진으로 들어왔다. 그는 맥아더의 영향을 받아 전공을 생물학으로 바꿨고 이후 전 세계적으로 가장 영향력 있는 생태학자의 한 사람이 되었다. 메이는 그 후 옥스퍼드 대학의 왕실학회 교수직으로 옮겼다.

맥아더는 프린스턴 대학에서 1972년 가을 학기가 시작되었을 때까지도 꽤 괜찮게 견뎌내고 있었다. 그는 암이 폐에까지 퍼지자 자주 기침을 했다. 그래도 그는 연구실에 나와 잠깐씩 학생들이나 친구들과 이야기를 나누었다. 그러나 10월 초가 되자 건강이 급속히 나빠졌다. 이때쯤 나는 제임스 크라우, 달링턴, 허친슨, 유진 오덤 등 미국의 몇몇 중견급 진화생물학자를 만나 미국 과학상 수상자를 지명하는 문제를 논의했다. 우리는 그가 살 날이 얼마 남지 않았다는 소식에 꽤 서둘렀다. 맥아더는 허친슨 교수를 통해 수상 지명을 환영하며 아울러 〈나의 친구들이 나를 좋게 생각해 주는 것이 기쁘다〉고 전했다. 그의 책『지리학적 생태학』도 막 출간되어 그는 첫 서평이 어떻게 나올지 기다리고 있었다.

10월 30일 월요일 오후에 프린스턴 대학 생물학과 과장인 존 타일러 보너가 하버드 대학에 왔던 길에 잠깐 나에게 들렀다. 그의 말로는 맥아더의 상태가 매우 나빠서 수 시간 아니면 수 주 안에 목숨을 거둘 형편이라고 했다. 또 이 시점에서 맥아더에게 가장 문제된 것은 가족 문제 말고는 국가메달 수여 여부와 그의 책에 대한 서평이라고 전했다. 나는 모든 일을 제치고 그 두 가지에 대해 알아보았다. 국립과학재단의 심의위원회 사무실에선 메달 수여에 관해 어떤 진전도 없었다. 그러나 그의 책『지리학적 생태학』에 대한 두 가지 서평이 ≪사이언스≫지에 막 나왔다. 하나는 토마스 슈너가 썼고 또 다른 하나는 스코트 부어맨이 썼는데 둘 다 중요한 소장 집단생물학자들이다. 나는 서평 편집자인 캐더린 리빙스턴을 전화로 불렀다. 그녀는 서평이 난 것을 곧 맥아더에게 직접 보내겠다고 했다.

그러나 서평은 너무 늦게 도착하였다. 다음날 아침 나는 맥아더의 집으로 전화를 해 보았다. 알 수 없는 외국식 영어를 하는 간호사가 맥아더는 현재 자고 있다고 말했다. 나는 오후에 다시 걸었다. 이번엔 맥아더가 받았다. 그의 목소리는 가늘었으나 한결같았다. 그는 자주 기침을 했고 말하는 도중에 자세를 고쳐 잡기 위해서인듯 두 번 이야기를 멈췄다. 나는 우선 그의 정신이 아직 맑고 차분한 것이 안심이 되었다. 나는 ≪사이언스≫지에 난 서평을 보았느냐고 물었다. 아직 못 보았단다. 나는 서평 중 하나인 부어맨의 원고(부어맨은 당시 나의 지도로 공부하는 중이었다)를 찾아내어 읽어주었다. 원고의 본문은 길고 자세하고 찬사로 가득했다. 맥아더는 황홀해서 어쩔 줄 몰랐고 몇 번 내 말을 멈추게 한 다음 서평에서 제기된 몇 가지 기술적 문제를 설명하였다. 그는 서평을 한 부어맨은 확실히 뛰어난 사람이라고 말했다. 슈너의 서평도 마찬가지로 좋게 나왔을까? 나는 그에게 틀림없이 그럴 것이라고 말했다. 나는 슈너의 원고도 보았는데 그는 모델 구성의 일반적 방법론을 살펴본 다음 맥아더의 저서야말로 이 분야를 종합한 중요한 작품이라고 하였다. 맥아더는 대답했다. 〈좋아요. 내가 기초생물학 교과서를 썼을 때 슬러버드킨에게서 받은 서평보다 낫군요.〉

나는 국가과학메달 소식을 그 후에 더 들었던가? 아니다. 다만 18사람의 추천 위원만이 지명되고 수상 발표는 11월 7일에 있을 대통령 선거 후에나 있을 예정이란다. 맥아더는 실망했다. 나는 그가 생물학에서의 자신의 위치를 걱정하고 있다는 것을 감지했다. 그 다음 우리는 여러 가지 화제와 뉴스로 화제를 돌렸다. 그리고 그의 신체적 상태에 관한 이야기를 피하면서 보통 이야기를 차분히 해나갔다. 마치 그가 아직도 여러 해를 살 것처럼 말이다. 그러나 그는 지쳤고 마침내 말을 하지 않았다. 나는 그가 전화를 끊고 모든 것을 마저 끝내는 것이 두려운 나머지 대화의 대부분을 내가 이끌어 나갔다. 나는 동료 곤충학자인 버트 휠도블러가 다음 학기에 하버드 대학 교수로 부임하기 위해 온다는 등, 비교동물학박물관에 새로 붙여 지은 실험동이 개관된다는 등, 또 시카고에서 있은 미국과학진흥협회 모임에서 르원틴이 정치적 데모를 하고 또 이미 널리 알려진 바와 같이 미국학술원 회원을 사퇴했다는 등 여러 가지 말로 수다를 늘어놓았다. 우리는 또 최근 버뮤다 섬의 유해 조류인 키스커디(kiskadee)를 제거하기 위한 최근의 제안에 대해서도 이야기를 했다. 맥아더는 나의 말에 중얼거리며 끄덕였다.

맥아더는 이제 이야기를 많이 했으니 그만해야겠다고 했다. 그러나 우리는 계속 연락을 취하기로 했다. 그의 부인 베찌의 후일담에 의하면 그날 저녁식사 때 맥아더는 매우 조용하고 행복해 했다고 한다. 그는 특히 ≪사이언스≫지에 난 그 서평이 좋았던 데 대해 즐거워하며 이야기하였다. 그러나 다음날 아침 일찍 그는 아무 고통없이 자다가 숨을 거뒀다. 오늘 나는 그처럼 남을 북돋우며 굉장한 창의의 발자취를 남긴 지성인으로 그렇게 짧게 살아서, 동학과 후배에겐 큰 손실이 된 인물을 생각할 수 없다. 나는 그가 죽을 무렵인 말년에 생물학에서의 그의 위치가 끄떡없었음을 알고 있기를 바랄 뿐이다. 나는 그에게 이루 말할 수 없는 빚을 지고 있다. 적어도 내 인생에 처음으로 나는 그의 덕으로 제1급의 과학대열에 참여할 수 있었다는 점 때문이다.

14 플로리다 키즈 제도에서의 실험

도대체 어디에서 크라카타우만한 섬을 발견할 수 있을까?

1963년 섬 생물지리학에 관한 첫 논문을 발표한 이후 이 질문이 몇 달 동안이나 우리의 머릿속에서 떠나지 않았다. 우리는 새로운 정착종 들이 결국엔 절멸될 토종들과 균형을 이루어 종의 동적 평형상태를 이 루는 그럴 듯한 장면을 생각해내긴 했으나 이것을 직접 증명하는 증거 를 거의 내놓지 못했다. 전 세계를 통틀어 생물학자들이 이러한 평형 도달 현상을 대규모로 연구할 수 있는 장소는 거의 없다. 크라카타우 섬 크기에서 일어날 사건, 즉 맨해튼 크기의 섬에서 큰 화산 폭발이 일 어나 생물이 모두 제거되는 사건은 기껏해야 한 세기에 한 번 정도 일 어날 뿐이다. 그리고 퇴적물이 식어서 생물이 재정착하기까지의 전 과 정이 관찰되려면 사건이 일어난 후 다시 100년은 더 걸려야 한다. 그러 나 어떻게 하면 빠른 시일 내에 데이터를 얻을 수 있을까? 예를 들어 10 년 안에 말이다.

나는 이 문제를 곰곰이 생각해보고 또 여러 종류의 시나리오를 상상 하다가 마침내 한 가지 해결 방안에 도달했다. 즉 섬 생물지리학의 〈실 험실〉이 그것이다. 바로 작은 크라카타우 섬을 마음대로 만들어낼 수 있는 하나의 열도가 있으면 그곳에서 정착이 일어나는 과정을 천천히 지켜보는 것이다.

그러나 나의 꿈은 생물지리학의 새로운 실험방법을 찾는 것 그 이상이었다. 나는 다시 야외로 돌아가서 내 젊은 시절과 같이 몸소 행동하는 기쁨을 즐기고 싶은 충동에 사로잡혀 있었다. 즉 수많은 동식물 사이로 다니면서 그들을 보고 만지는 기회주의자로 남고 싶은 것이다. 나에게는 여생 동안 돌아가서 쉴 뿐 아니라 자연연구가이자 과학자로 계속 남아 있을 장소가 필요했다.

그곳은 내가 이전에 즐겨 갔던 곳의 위치와 배경과는 달라야 한다. 나의 새로운 이 실험을 위해 뉴기니로 다시 돌아갈 수는 없었다. 그곳으로 가서 일한다는 것은 케임브리지의 빡빡히 짜여진 일과에서 손을 떼고 몇 달이건 떠나 있어야 한다는 것을 의미한다. 게다가 나는 이미 개미의 사회행동에 관한 작업을 훌륭한 실험실에서 시작해 놓았다. 지금 그 일을 중단하기엔 그 동안의 진행이 너무 잘 되어 왔다고 할 수 있다. 게다가 내게는 리니는 물론 새로 낳은 딸 캐더린이라는 가족이 딸려 있었다.

도대체 나는 집에 가까이 있으면서 어떻게 야생의 섬을 찾아낼 수 있단 말인가? 그리고 찾았다 해도 어떻게 그것을 실험실로 바꿀 수 있을까? 그러나 해결책이 있다면 그것은 오직 이 시스템을 축소화하는 것뿐이리라! 다시 말해 수백 평방킬로미터의 넓이면서 보통 사람들이 살기 마련인 크라카타우만한 크기의 섬들을 찾아 실험을 하기보다는 차라리 기껏 수백 평방미터의 작은 섬들을 쓰는 것이 어째서 안된단 말인가? 이러한 작은 섬들엔 물론 도마뱀 크기 이상 나가는 포유류와 새 따위의 육상 척추동물이 있을리 없다. 척추동물학자들이라면 매우 제한된 생태학적 의미에서라도 그런 곳을 섬으로 치지 않을 것이다. 그러나 이런 작은 섬들에도 곤충, 거미 등의 절지동물 집단이 많이 번식하고 있다. 몸 크기가 사슴의 100만 분의 1밖에 안 되는 개미 한 마리에게 한 그루의 나무가 하나의 큰 숲과 같을 수도 있다. 이런 벌레들은 항상 접시 크기만한 작은 영토에서 보내며 일생을 마칠 수도 있다. 일단 시야의 차원을 이렇게 작은 쪽으로 낮추자 나는 비로소 미국 내에도 해안가

260

를 따라서나 내륙의 호수와 강 가운데에 그런 섬들이 무수히 널려 있다는 것을 알게 되었다.

나는 이제 드디어 완벽한 방법을 얻었다고 생각했다. 그런 장소를 찾아냄으로써 나 스스로의 정서적, 지적 필요를 함께 충족시킬 수 있을 것이다. 그래도 가장 잘 아는 곤충을 다룸으로써 나는 생물지리학적 연구에 가속도를 내어 진행시킬 수 있다. 아니 성공하건 실패하건 나는 하버드 대학과 내 가족에 가까이 머물 수 있지 않은가?

실험할 장소 선택에서 나는 호수나 강보다는 바다 쪽을 택했는데 그것은 순전히 심미적인 관점에서였다. 나는 지도로 대서양에서 멕시코 만에 이르기까지, 메인 주 동쪽의 쿼디 헤드 주립공원에서 텍사스 최남단의 패드로 섬 국립해안공원에 이르는 모든 연안을 따라 있는 섬들을 살펴보았다. 나는 푸에르토 리코 둘레에 난 섬들도 눈여겨 보았다. 제트비행기로 비교적 빨리 갈 수 있는 곳이기 때문이다. 그러는 사이 드디어 결정적인 곳이 나타났다. 플로리다 키즈 제도가 만약 북쪽으로 이웃한 플로리다 만의 섬들과 서남쪽 본토 연안을 합쳐서라면 이상적인 장소로 보였다. 나는 좀더 자세히 알아보고자 항해도와 사진들도 들춰 보았다. 섬들은 단 한 그루의 나무가 오롯이 서 있는 크기에서 1킬로 평방미터와 그 이상 가는 것까지 여러 가지였다. 뿐만 아니라 이웃 땅으로부터 떨어져 있는 거리가 수 미터에서 수 백미터에 이르는 등 다양하였다. 이 섬들에 난 숲은 대개 붉은 망그로브 나무만으로 이루어진 단순한 것이었다. 에버글레이즈 서쪽으로 뻗어 있는 수많은 작은 섬들은 그 이름 그대로 텐 타우젠드(일만) 제도였다. 이들 모두가 하루면 갈 수 있는 곳이었다. 즉 아침 일찍 보스턴에서 마이애미행 비행기를 4시간 탄 다음 렌트카를 타고 미국 1번도로를 따라 플로리다 키즈 제도에 이른 후 배를 잠깐 타고 실험장소인 섬으로 가면 되는 것이다.

나는 1965년 6월에 나의 이 새로운 섬의 세계로 들어가기 위해 비행기로 마이애미로 갔다. 그때 나는 아내 리니와 또 아무렇게나 말하며 움직일 수 있는 물건이라면 닥치는 대로 모두 끌어내리는 20개월짜리 딸 캐시를 데리고 갔다. 나는 10주 동안 스턱 섬과 슈가로프에서 북쪽으로 키 라고에 이르기까지 작은 망그로브 섬들을 조사했다. 나의 사기는 충천했다. 드디어 오고 싶었던 곳에 당도한 것이다. 나는 아침마다 모터가 배 밖에 노출된 14피트 길이의 보트를 빌려 해안가 도크로부터 바다 쪽으로 밀어낸 후 망그로브 늪지를 뚫고 낸 뱃길을 따라 플로리다 만의 바다로 향했다. 나는 작은 섬 하나하나를 모두 찾아 다녔다. 어떤 때는 맑은 물속에 잠겨 있거나 특히 바람 많은 날엔 바닥을 휘저어 우유 빛이 되어버린 거북의 풀섶 집 위를 지나갔다. 나는 하루에 한두 번 멀리 고기잡이 배나 동력선이 깊은 바다를 향해 나아가는 것을 보았다. 그러나 내가 선택한 늪지의 섬들엔 감히 오는 사람이 거의 없었다. 바로 1마일 밖에 플로리다를 따라 최남단의 키 웨스트 제도에 이르는 1번 국도는 교통 혼잡으로 숨이 막힌다. 게다가 이 도로변엔 고약한 냄새가 나는 모텔과 트레일러 주차장, 유원지 공원, 보트 정박소, 낚시도구 상점, 간이식당들이 늘어서 있다. 그러나 자동차의 덜컹거리는 소음이 미치지 않는 이곳의 숲과 작은 섬들은 원시의 처녀지 바로 그것이었다. 자연연구가나 탈출한 죄수가 아니면 아무도 끈적거리는 진흙밭을 지나 망그로브 나무의 엉켜진 버팀뿌리와 줄기를 타고 나올 엄두를 내지 못할 것이다. 결국 나는 갖고자 하는 모든 걸 다시 한번 가진 것이다. 즉 인간이 만들어낼 수 있고 그 무엇보다 복잡하고 아름다운, 그러면서 내가 잘 알고 있던 세계를 말이다.

나는 작은 섬들의 안으로 들어가 그곳에 살고 있는 절지동물들을 살펴보았다. 때로는 작은 숲들의 한가운데가 탁 트였고 그 위에는 기근(氣根)과 조류(藻類)들의 덮개가 약간 위로 치켜진 채 널려 있었다. 또 때로는 내 자신이 시끄러운 왜가리와 백조 그리고 흰머리비둘기들의 집 더미 아래 쪽에 있음을 발견하기도 하였다. 나는 이곳 저곳을 떠다니며 표본을 채집하고 지도를 살피고 관찰한 바를 노트에 적었다. 지금 이 답사는 물론 세계적 규모의 여행은 아니다. 그러나 나는 비글 호를 타고 여행하는 다윈만큼이나 흡족했다. 나는 작은 섬들의 가장자리를 따라 나 있는 풍부한 해양생물을 옆으로 응시해가며 점심을 먹었다. 썰물 닿는 곳의 아래 쪽에는 망그로브의 버팀뿌리들이 따개비, 우렁쉥이, 말미잘, 조개, 녹조와 홍조류들의 덩이로 덮여 있었다. 물퉁돔과 어린 바라쿠다의 떼가 버팀뿌리들 사이와 조류로 덮인 진흙 언덕의 구멍 사이를 헤치고 드나들었다. 차라리 해양생물학자가 되었어야 하지 않을까? 지금 이렇게 생각하기엔 너무 늦었다. 그러나 나는 그저 평화로웠다. 들리는 소리라고는 새들의 울음과 뱃전을 찰싹찰싹 때리는 물결 소리뿐이었다. 그러나 이따금 높이 지나가는 제트기는 나에게 이렇게 일깨워주었다. 〈너는 지금 꿈속을 헤메고 있지만 결국 돌아오고 말꺼야. 네 인생은 네가 바로 멀리 도망치려 한 그 인조물들에 달려 있으니까 말이야.〉

내가 여기까지 와서 얻고자 한 것을 이 망그로브 섬들에서 비로소 발견하였다. 나무에는 수많은 종의 작은 생물들이 득실거렸다. 개미, 거미, 응애, 지네, 다듬이벌레, 귀뚜라미, 나방애벌레와 기타 절지동물들이다. 대개가 한창 번식중인 집단으로 바로 실험 생물지리학을 확립하는 데 필요한 요소들이다. 더구나 망그로브 숲은 저마다 독특한 종들을 갖고 있었다. 개미의 경우 분포 경향을 보면 경쟁배제의 원리와 일치하였다. 섬의 크기가 일정 수준 이하로 내려가면 어떤 종의 징착은 다른 종들의 정착을 배제하는 것 같았다. 나는 이 축소판 경향 연구에서 하나의 기회를 포착한 것이다. 새들의 분포를 연구하기 위해 수 개월이나 수 년을 소요하며 태평양 제도의 한 섬에서 다른 섬까지 먼 거리를 여행하는 대신 나는 이 섬들 사이에 14명의 보행자들을 안내함으로써 절지동물의 분포 분석을 단지 수 일 또는 수 주 사이에 해볼 수 있었다.

그러면 이 망그로브의 작은 섬들이 어떻게 하면 작은 크라카타우 섬으로 바뀔 수 있을까? 궁리했으나 쉽지 않아 다른 방안을 찾아보았다. 나는 드디어 다음 결정을 내렸다. 망그로브 섬 조사를 그대로 하는 것이다. 그리고 한 걸음 더 나아가 생물 제거를 쉽게 하기 위해 나무가 없는 다른 섬들을 취하는 것이다. 나는 가까이 있는 드라이 토르투가스에 있는 나무가 없는 모래섬들이 가끔씩 허리케인으로 인해 홍수가 나기 때문에 키 작은 식물들은 말끔히 청소된다는 사실을 알았다. 폭풍 전후에 이 섬들의 생물상을 모니터할 수 있다면 아마 재정착의 과정을 관찰할 수 있고 또 평형을 이루는지도 알 수 있을 것이다. 말하자면 카리브의 폭풍 많은 기후를 화산으로 치자. 그것은 한번 해볼 만한 시도였다.

나는 내 생각을 설명하기 위해 에버글레이즈 국립공원의 자연조사관인 윌리엄 로버트슨을 방문했다. 그는 활동범위가 넓어 플로리다 제도의 가장 먼 끝에 있는 섬에까지 새 집을 짓는 검정제비갈매기를 연구하러 드라이 토르투가스를 자주 찾아가고 있었다. 그는 그런 조사 방식이 효과가 있을 것으로 동의하고 나를 플라밍고의 에버글레이즈 도크에서 문제의 지역 조사를 위해 떠나는 다음 여행에 초대하였다. 옛날의 연방 요새였으며 가든 키의 감옥이었던 포트 제퍼슨 소재의 토굴 같은 방에 일단 여장을 푼 다음 우리는 소형 보트를 타고 드라이 토르투가스의 작은 섬들로 향했다. 나는 파도를 타고 올라갔다가 작은 모래섬들 위로 기어오르곤 하였다. 그래서 희귀한 식생과 절지동물을 기록할 수 있었다. 나의 노트는 곧 가득 찼다. 내가 이제 할 일은 심한 허리케인이 지나가서 재정착에 대한 연구를 시작할 수 있게 되기를 기다리는 것뿐이다.

한 생물학자의 심술궂은 관점으로 말해, 그 다음 10개월 사이에 허리케인은 운좋게도 두 번씩이나 드라이 토르투가스를 강타했다. 1965년 9월 8일에 허리케인 베찌가 포트 제퍼슨에서 시속 125마일의 돌풍으로 몰아쳤다. 그보다 좀 약한 앨마는 1966년 6월 8일에 강풍을 몰고 왔다. 이 두 개의 폭풍은 내가 바란 대로 작은 모래섬의 식생을 모조리 훑어 갔다. 그러나 그때 쯤에 나는 계획을 바꿔 더 대담한 방법을 생각했다. 어째서 아무렇게나 분포된 몇 개의 먼 섬에 대해서만 조사를 한담? 더욱이 드라이 토르투가스에는 보통 매 10년마다 겨우 두 번씩밖에 지나가지 않는 허리케인에 의존해야 하지 않는가? 현재의 이 방법은 어쨌든 철저히 실험적이지 못하다. 통제 불능이기 때문이다. 나는 생각하기를 어째서 1번 국도 가까이 있는 수백 개의 망그로브 섬들 가운데 적절히 위치한 섬들을 뽑아서 해보지 않는단 말인가? 그래서 살충제를 뿌리면 될 것 아닌가? 그러면 곤충과 기타 절지동물을 모두 죽여 없앨 수 있을 것이다. 게다가 섬의 크기와 본토에서 떨어져 있는 거리 면에서도 적당한 섬들을 골라서 할 수 있을 것이다. 다른 작은 섬들에 살충제를 뿌리지 말고 일부 놔둔 채 마찬가지로 조사한다면 대조구로서 쓸 수 있을 것이다.

1965년 바로 이때 다니엘 심버로프가 공동연구자로 나에게 합류했다. 이 망그로브 섬들을 실험실로 바꾸는 일은 대학원 2년차였던 이 학생의 새로운 비전과 영감 어린 노력이 보태져 가능했다. 댄은 이런 일에 안성맞춤인 사람이었다. 그는 하버드 대학에 다닐 당시 수학을 전공했고 우등으로 졸업했다. 그래서 수학이나 물리과학으로 나갔어도 쉽게 성공했을 사람이었다. 그러나 조지 월드가 담당한 비전공학생을 위한 생물학 과목인 자연과학 5번 강좌를 들은 후 그 과학 분야가 더 마음에 든다고 판단했다. 그는 4학년 때 빌 보서트와 나를 면담한 다음 물었다. 용기는 있지만 생물학에 관한 학부 공부가 부족해도 대학원에서 생물학을 할 수 있느냐고? 이 질문을 받은 우리 둘은 특히 수학을 했다면 물론 그럴 수 있다고 대답했다. 만약 집단생물학 쪽으로 들어 선다면 수학적 재능으로 모델 구성과 정량적 분석을 할 수 있다는 보상을 받을 수 있을 것이다. 이제 생물학 훈련에 전력 투구하는 일만 남았다고 말해 주었다.

심버로프는 1964년 가을 나의 지도로 박사과정을 시작했다. 사실 나는 흔히 하는 말로 〈내 밑에서 공부했다〉라는 식의 표현을 꺼리는 바이다. 왜냐하면 그 다음 몇 해 동안 나는 그가 내게서 배운 것만큼이나 내가 그에게서 배웠기 때문이다. 우리는 곧 파트너가 되었다.

댄은 적어도 야외생물학을 관리해 나갈 수 있을 것으로 보였다. 마치 구부정한 걸음걸이에 단단한 근육 체질로 받쳐져 있어 매 같은 모습을 하고 있었다. 그는 고등 수학이나 중국 역사를 너무 고지식하게 공부했기 때문에 운동선수가 될 수는 없었으나 아이비 리그의 쿼터백 정도로는 무난히 뽑힐 수 있는 인물이었다. 그는 그 당시의 뛰어난 학생들이 많이 그랬던 것처럼 급진 좌경이었고 정치운동가이기보다는 사상가로서 모든 권위를 의심하며 엘드리지 클리버를 대통령 후보로 지명할 만큼 열성가였다. 그러나 그런 일이 나와는 전혀 상관이 없었다. 1965년에는 민권운동이 아직도 이상주의를 의미하고 그 용기가 위험스런 미시시피의 뒷거리에서 시험되는 판국이었다. 오늘날의 역사에서 핵무기 대치의 유일한 장소가 된 쿠바는 그 당시엔 언급 안해도 우리 모두를 오싹하게 만들던 상황이었다. 게다가 베트남 전쟁이 천천히 기세를 올리고 있었다. 플로리다 키즈 제도는 양쪽으로 홈스테드와 키 웨스트 섬에 있는 기지들에 의해 보호되고 있고 이 지역 전체엔 군사 활동으로 소음이 끊이지 않았다. 그 해 여름 나는 처음으로 그린베레의 한 소대가 군용차량을 타고 키 웨스트 거리를 지나가는 것을 보았다. 나의 군에 대한 동경과 막연하지만 정치적으로 중립적인 신념으로 인해 나라가 굴러가는 방향에 대해 불안을 느꼈다. 나와 댄은 곧 린든 존슨 대통령을 비난하는 농담도 나눴다. 헬리콥터가 사령관들을 군함에서 해안가 집으로 나르느라 머리 위를 지나갈 때마다 우리는 못마땅한 눈길로 바라보곤 했다. 또 우리는 망그로브의 가지에 걸터 앉아 거미와 귀뚜라미를 채집했고 형편없는 예산을 써가며 생태계들이 어떻게 서로 연계되는지 알려고 노력했다. 군대에서 헬리콥터를 여나 번 타는 데 드는 지출이라면 우리의 연구 계획 전체를 감당하고도 남을 것이다. 그러나 시민 100명 중 한 사람도 우리가 애써 하고 있는 것이 과연 무엇인지 이해하지 못하리라. 당시는 환경의 안전보다 군사적 안전 쪽으로 매우 기울어져 있는 때였다. 도대체 이런 불균형이 언제나 시정될지 전혀 알 수 없었고 생태학이 과학으로서 국가적 우선 순위가 될 것은 기대하지도 못하던 때였다. 우리는 미국과학재단이 적은 돈이나마 주어서 이렇게 연구할 기회를 갖게 해준 것이 고마울 뿐이었다. 더구나 감사한 것은 이렇게도 아름다운 자연환경에 묻혀 있을 수 있게 해준다는 것이었다.

댄은 이 연구에 참가함으로써 자신의 발전에 지장을 가져올 지도 모를 모험을 감행했다. 그 계획의 결과로 말하면 불투명하기 짝이 없었다. 왜냐하면 아무도 이런 일을 이전에 시도한 적도, 생각해본 적도 없기 때문이다. 만약 이 섬들에서 절지동물을 완전히 제거할 수가 없다면 우리는 문제에 휩싸일 것이다. 더구나 이 섬들에서 발견된 수많은 종들을 동정하여 학명을 붙일 수 없다면 우리가 얻은 데이터는 무의미하게 된다. 단 생물 제거가 이루어진 섬들에 정착이 상당히 진행되는 데 10년이나 20년 또는 그 이상 걸린다면 댄은 박사논문을 완성하기 위해 다른 연구감을 찾아야 할 것이다. 대학원생들은 6-7년 안에 완전히 잘 다듬어진 연구논문을 포함해 학위수여 필수과목을 모두 마쳐야 하게 되어 있다. 그래서 학생들은 대개 어떤 의의 있는 결과를 낼 수 있을 만큼 새로우면서도 기존 지식과 실제 적용 가능한 증명된 테크닉에 가까운, 그래서 위험 부담이 적은 연구 계획을 받아들였다. 그러나 심버로프에겐 어떤 보장도 주어지지 않은 상태였다. 그래도 그는 1965년 9월 실험 대상이 될 섬을 선택할 임무를 띠고 플로리다 키즈 제도를 향해 떠났다.

우리는 그 다음 몇 달 동안 일을 분담하여 수행하였다. 댄이 플로리다 만 바다에서 일하면서 몸이 점점 말라가고 피부가 까매지는 동안 나는 이 계획의 행정 사항에 주의를 기울였다. 나의 임무는 보통 볼 수 없는 것에서 괴상한 것까지 가지가지였다. 우선 이런 일을 하기 위해서는 무엇보다 먼저 직업적인 해충구제회사를 고용해야 한다. 다행히 마이애미에는 이러한 회사들이 많았다. 처음 전화해 본 두 회사의 간부들은 남쪽 사투리로 대답했는데 분명 내가 농담을 하거나 미친 것으로 보았음에 틀림없다. 그러나 세번째 전화에서 국민구충회사의 스티븐 텐드리치 부사장과 통화했는데 그는 북쪽 사투리를 써서 나에게 어느 정도 희망을 주었다. 나는 조심스럽게 물었다. 그가 플로리다 만의 망그로브 숲들에 모든 곤충을 죽일 강력한 살충제를 뿌릴 수 있느냐고. 살충제에 무딘 나무달팽이나 기타 큰 동물들은 우리가 직접 손으로 잡을 생각이었다. 그는 주저 않고 그렇게 할 수 있다고 대답했다. 그러면 그렇지! 그에게 분무 방법에 관해 궁리할 시간을 주자. 그러나 그는 일은 가능할 것으로 보이지만 여름 동안에는 이곳 마이애미에서의 성수기여서 그 기간이 지난 다음인 가을이 되어서야 야외 작업을 제대로 진행할 수 있다고 하였다.

일이 이쯤 진척되자 나는 심버로프와 함께 섬의 동물제거 허가를 받고자 국립공원관리청의 삼림 상주 경비원인 잭 왓슨을 찾아갔다. 실험 대상 후보 섬들 대부분이 에버글레이즈 국립공원과 큰흰왜가리 국립야생서식처 영역에 포함되는데 그가 일부 권한을 갖고 있기 때문이다. 연방정부가 보호하는 땅에서 동물집단을 없앨 수 있게 허락받는다는 것이 불가능한 꿈처럼 생각되겠지만 비교적 쉽게 이뤄졌다. 왓슨은 단지 우리가 그에게 수시로 보고하기 바란다면서 서슴없이 허가해 주었다. 국립공원관리청의 접촉 상대였던 빌 로버트슨 역시 우리의 연구 계획과 그 타당성에 관해서 설명을 듣고는 동정적으로 나왔다. 그는 우리의 대상 섬들이 플로리다 만에 흩어진 수백 개의 섬들 가운데 붉은 망그로브 숲들 몇 개뿐임을 알았다. 이 섬들에 사는 생물들은 이웃 다른 곳의 생물과 다를 게 없었다. 우리는 왓슨과 로버트슨에게 우리가 이 섬들의 식물을 보호할 뜻과 우리가 지금 부르는 〈동물제거〉 처리를 한 다음에도 이 섬의 나무에는 곤충과 기타 절지동물들이 완전히 재정착할 것으로 본다는 말을 전했다. 이어 나와 심버로프는 이 실험이 성공되면 장차의 공원 관리정책에도 도움이 될 것이라고 주장했다. 드디어 우리의 열성이 그들을 설득시키는 데 주효했고 우리는 정부관리나 일반인들로부터 어떤 반대도 받지 않았다.

마지막으로 나는 망그로브 섬들에 사는 곤충과 기타 절지동물 종들을 살충제 분무 이전과 재정착 진행 도중에 동정할 전문가들을 확보하기 위해 접촉하기 시작했다. 결국 이 일이 가장 어려운 작업임을 알게 되었다. 미국에는 플로리다 키즈 제도의 곤충들을 동정할 수 있는 곤충학자가 기껏해야 수백 명에 불과하다. 이 일은 더구나 이 섬들에서 발견될 곤충 중엔 특히 이웃 쿠바와 바하마 군도 등 서인도 제도에서 들어온 종들이 많을 것이므로 더 복잡할 가능성이 있다. 더구나 미국 동부에서 기록된 열대지방 거미의 한 종인 납거미과와 전에는 바하마에서만 알려진 크고 매우 돋보이는 하늘소딱정벌레들이 이곳에서 처음 발견될 참이었다. 결국 우리는 표본의 분류에 협조할 전문가 54명을 설득하여 확보할 수 있었다. 거의 모두가 열성적으로 일을 시작했고 거미 전문가인 조셉 비티는 야외에서 일하는 심버로프를 찾아와 정착종들을 현지에서 즉시 동정해 주었다.

1966년 봄 심버로프는 동물제거와 대조구용으로 적절한 위치에 있는 것으로 보이는 섬들을 나에게 추천해 주었다. 우리는 분무 처리를 하기 전에 나무 줄기와 잎의 모든 표면은 물론 나무 틈새와 불에 타서 죽은 나무 껍질을 들추며, 또 나무에 나 있는 구멍 속과 썩고 있는 가지들을 샅샅이 살피기 시작했다. 그리고 절지동물을 보는 대로 채집했다. 그 후 동물제거 처리를 한 다음 댄은 정기적으로 모니터링하는 고된 작업을 했다. 그는 정착종들을 가능한 대로 덜 방해하기 위해 사진과 망그로브 서식 동물상에 점점 더 익숙해지는 자신의 지식에 의존해서 작업을 했다. 그것은 곤충분류학자, 지붕 이는 사람, 식당위생사의 기능이 모두 요구되는 힘들고 불편한 작업이었다. 그러나 심버로프는 도시 출신이지만 일을 잘 해냈다. 그는 내가 이미 장담했던 대로 벌레들의 공격과 뜨거운 햇빛 아래서 보내야 하는 외로운 시간들을 잘 견뎌냈다. 한번은 배 바깥쪽으로 장착된 모터가 고장나자 그는 한 섬에서 밤을 보낸 후 다음날 아침에야 지나가는 고깃배에 소리쳐 간신히 구조되어 빠져나왔다. 어떤 섬들에 이르면 차진 진흙밭을 헤쳐나가야 하는데 그는 화가 난 나머지 눈신같이 생긴 베니아판 신을 한 켤레 만들었다. 그리고 신을 쳐들 때 드는 힘을 줄이려고 신에 구멍을 냈다. 그러나 신을 신고 윗쪽으로 들추려하자 오히려 몸이 무릎까지 빠져 들었고 그래서 나와 다른 사람들이 꺼내주어야 했다. 그 후에 나는 그의 그 새로운 발명을 〈심버로프스(Simberloffs)〉라고 명명했지만 댄은 별로 즐거운 눈치가 아니었다.

나는 가끔씩 그를 돕고자 현장에 합류했다. 1966년 6월 7일은 잊을 수 없는 날이다. 우리 둘은 마이애미 국제공항에서 만났는데 바로 이때 허리케인 앨마가 중부 카리브 해에서 플로리다를 향해 회오리를 치고 있었다. 폭풍경계경보가 마이애미와 플로리다 키즈 제도에 내려졌다. 다음날 아침 눈을 떴을 때 하늘엔 구름이 더 끼고 남쪽으로부터 바람이 몰아쳐 왔고 약간의 비가 이미 내리기 시작했다. 태풍의 눈은 플로리다 서부 연안과 마이애미 옆을 따라 올라갈 것으로 예상되었다. 이때 나는 생각했다. 이때야말로 동물들이 허리케인을 타고 망그로브 늪에서 나와 물을 건너 분산되는 것을 볼 수 있는 절호의 기회라고. 생물들이 높이 부는 바람을 타고 여행하는 것은 작은 섬들에 정착할 수 있는 그럴 듯한 방법으로 보였다. 나는 폭풍이 이는 동안에 가까운 망그로브 늪 안쪽에서 바람에 날려가는 동물들을 살펴보자고 제안하였다. 지금 잘 생각나지 않지만 어떤 이유에선지 우리 스스로가 위험에 빠지리라는 것을 생각하지 않았다. 심버로프는 나의 제안에 서슴없이 동의했다. 〈좋아요, 무언가 재미있는 일이 생길지도 모르니까요〉라고 말했다. 자! 그럼 된 것이다.

당시 우리는 둘 다 거의 제정신이 아니었다. 세찬 바람이 불고 비가 몰아치자 거리는 때론 차도 없이 텅텅 비기 시작했는데 우리는 차를 몰아 키 비스케인으로 가서 마이애미를 바라보는 만의 해안을 따라 나 있는 붉은 망그로브 늪으로 갔다. 허리케인의 눈은 이제 서쪽 해안을 따라 올라가 플로리다 북서쪽을 향하고 있었다. 키 비스케인에 부는 돌풍은 시속 60마일에 이르는 강풍으로서 허리케인에 이르지는 못했다. 나는 그만 실망했다. 바람이 나무에 사는 곤충과 기타 작은 벌레들을 날려 보낼 만큼 세지 못했던 것이다. 비바람이 요란한 동안 나뭇가지와 잎새에 붙은 벌레들은 웅크린 채 찰싹 붙어 끄떡없는 것이었다. 결국 우리는 한 마리의 벌레도 날려가는 것을 보지 못했다. 늪가의 물속에서 허우적거리는 놈도 볼 수 없었다. 자 그렇다면 좋아. 만약 벌레가 나무에서 떨어져 날리는 일이 생긴다면 어떻게 될까? 나는 물었다. 폭풍에 밀리는 파도가 그 놈을 멀리 떨어진 해안가로 날라줄까? 나는 아놀 도마뱀을 한 마리 잡아 물 위 10피트 밖으로 내던졌다. 그러나 실망스럽게도 그 놈은 물 위로 올라와서 나무 쪽으로 능숙하게 헤엄쳐 와 망그로브 나무 둥지 위로 다시 올라갔다. 좋다. 그렇다면 본격적인 허리케인이 와서 아놀 도마뱀 한 마리를 다시 돌아오지 못할 만큼 날려보냈다고 치자. 방금 해본 소규모 실험에 의하면 멀지만 않으면 가까운 섬으로 헤엄쳐 갈 수 있다는 것을 보여주었다. 댄이 쓰고 있는 모자에서 빗물이 주룩주룩 흘러내렸는데 댄은 그 생각이 그럴 듯하다고 끄덕였다. 결국 우리의 그 여행은 결코 완전한 손실만은 아니었다. 그러나 그 후 몇 년이 지나서 우리는 앨마가 그때 마이애미만 훑은 것이 천만다행이었다는 점에 동감하였다. 만약 그렇지 않았다면 우리 자신들 모두가 먼 해안 쪽으로 밀려가 아주 극단적인 방법으로 우리 가설을 검증할 뻔했다.

한 달 후에 나는 처음으로 실험대상인 두 개의 섬 〈실험1〉과 〈실험2〉, 즉 간단히 E1과 E2로 표시되는 섬들에 살충제를 분무하려고 플로리다만으로 떠나는 스티브 텐드리지와 국민살충회사의 작업조에 합류하였다. 심버로프는 추가로 조사할 섬을 알아보느라 다른 곳에서 바쁘게 일하고 있었다. 우리는 빌린 배에 장비를 싣고 수가로프 키에 있는 보트정박소를 향해 떠났다. 반쯤 갔을 때 진흙에 빠진 스포츠 낚시배를 만났다. 우리는 이처럼 비교적 안전한 물줄기에서조차 피할 수 없는 바다의 법칙을 보고 그 배의 선장과 두 명의 낚시꾼 손님을 옮겨 태운 후 슈가로프로 다시 돌아갔다. 그런 후 다시 떠났다. 이번엔 E1에 도착하여 이 작은 섬에 파라티온을 분무했고 다음날 아침엔 E2로 갔다. 여기에서 너스상어 몇 마리를 발견하였는데, 그 중 한 마리는 길이가 거의 4피트가 되었으며 섬 부근 옅은 물을 배회하고 있었다. 그러자 문제가 생겼다. 일꾼들이 배에서 내리기를 거부한 것이다. 그러나 나는 이 상어들이 갈구리에 걸려 있거나 꼬리를 붙잡혀 있거나 때때로 조심성 없는 어부들에게 시달림을 받지 않는 한 사람을 공격하지 않는다는 것을 알고 있었다. 이 상어들은 조개, 갑각류와 기타 작은 바다생물을 먹고 산다.

그래서 나는 허리까지 차도록 물에 들어가 망을 보면서 노를 휘둘러 상어들을 쫓아냈다. 그럴 듯한 내 용감성에 놀란 그들은 자신들의 남성적 용기가 도전을 받은듯 드디어 물속에 들어갔고 E2를 분무했다.

내가 케임브리지로 돌아온 후 며칠이 지난 다음 심버로프로부터 E1과 E2에 대해 희비가 엇갈린 소식이 왔다. 그가 분무한 섬들을 살펴본 결과 식물 표면에 살던 절지동물들은 모두 죽었으나 죽은 나무 속 깊이 살던 딱정벌레의 애벌레들은 여전히 살아 있다는 것이다. 우리는 그때야 비로소 그렇게 깊숙한 곳에서 살 수 있는 생물로 과연 어떤 종류가 있는지 도대체 알지 못했다는 것을 깨닫게 되었다. 그래서 우리는 파라티온이나 어떤 단명의 살충제로는 충분치 않다는 데 의견일치를 보게 되었다. 우리는 실험을 제대로 하기 위해서는 어떤 동물이던 예외 없이 모두 제거된 섬들을 대상으로 삼아 다시 시작해야 했다. 결국 섬들을 독가스로 분무해 나무틈 모든 구멍에 침투되도록 했다.

나는 스티브 텐드리치에게 전화를 걸어 국민구충회사가 섬 하나를 분무할 수 있겠느냐고 물었다. 항상 낙천적인 텐드리치는 일단 긍정적인 태도로 왜 못하겠느냐고 대답했다. 그는 그런 일은 마이애미에선 일반적으로 이루어진다고 했다. 즉 고무로 피막된 나일론 텐트로 가옥 전체를 몽땅 싸서 그 속에 분무를 하면, 그 안에 든 흰개미와 해충이 나무 재목 속에 아무리 깊이 있어도 모두 제거된다는 것이다. 물론 이러한 방법을 바닷물에 둘러싸인 큰 물체에 적용한다는 것은 어려울 것이다. 그리고 작업부들이 섬 주위로 텐트를 칠 발판얼개를 세워야 한다. 더구나 부러지기 쉬운 나뭇가지 꼭대기에 덮개를 씌울 수도 없다는 것이다. 그 밖에도 또 있다. 분무할 가스의 용량이 적당해서 동물들을 죽일 만큼 강하되 망그로브 나무엔 손상이 가지 않아야 한다. 나무가 죽고 잎새가 다 떨어진 도깨비 섬을 연구한다는 것은 아무런 의미가 없다는 데 대해서 나의 의견도 마찬가지였다. 더욱이 나는 국립공원관리청에 살아 있는 식물들만큼은 여전히 살아서 보존되도록 하겠다고 약속했던 것이다.

이렇게 해서 결국 우리는 독가스를 사용하기로 했다. 그러나 어떤 종류를 써야 한담? 우리는 청산수소를 생각했지만 곧 포기했다. 물 위의 거센 파도 가운데라고 하는 불확실한 조건에서 이 가스를 사용하는 것은 인부들에게 너무나 위험했다. 안전하게 사용한다 해도 그것은 수용성이어서 필경 망그로브 나무의 버팀뿌리 부근의 해양생물 군집을 죽일 것이며 이것은 도저히 용납될 수 없는 부작용이었다. 텐드리치는 이번엔 메틸브로마이드를 제안하였다. 만약 용량만 적당히 맞춘다면 우리의 필요를 충족시킬 수 있을 것이다. 텐드리치는 곧 마이애미 부근의 늪에 있는 작은 망그로브 나무를 써서 시험에 착수했다. 그러는 사이 심버로프는 망그로브 늪에서 구한 바퀴벌레의 알주머니들을 텐드리치에게 주고 메틸브로마이드를 여러 가지 농도로 뿌려 시험하게 하였다. 만약 이처럼 곤충의 생활사 중 가장 저항성이 높은 시기에서 식물에 피해를 주지 않고 작용하여 벌레을 죽일 수 있다면 이 약이 바로 적중한 약품이 될 것이다.

곤충만 죽이거나 아니면 나무까지 죽이는 데 들어가는 메틸브로마이드의 농도는 실로 간발의 차이로 알아내기 힘든 문제였으나 텐드리치는 그것을 알아냈다. 1966년 10월 11일 우리는 키 라르고 섬에서 본토 쪽이면서 마이애미에서 1번국도로 약간 떨어진 거리에 있는 하니스 사운드의 옅은 물에 있는 한 섬에 첫번째 시험을 해보고자 모였다. 사람들이 자동차에 기어를 넣자 물수리와 펠리컨 들이 근처를 날아가는 것이 보였다. 썰물이 빠져나간 자리에 따개비들과 녹조류가 떼를 이루며 잔뜩 붙어 있었고, 여기에 나 있는 망그로브들의 변두리 가지 그늘 아래서 왜가리들이 물고기를 낚고 있는 것이 보였다. 가까운 곳에 대머리독수리의 새집이 있다는 말을 전해 들었다. 인부들은 발판을 설치하고 그 둘레로 텐트를 친 다음 실수 없이 텐트 입구를 닫았다. 그들은 이어 일정량의 메틸브로마이드를 한쪽의 뚜껑 달린 구멍을 통해 작은 집 속으로 분무하였다. 그러고 난 다음 텐트를 젖혔는데 그것은 가스를 빨리 분산시켜 유해 수준 이하로 떨어뜨리기 위해서이다.

다음날 아침 우리는 섬 전체를 살펴보았는데 동물이라곤 흔적도 볼 수 없었다. 나뭇속 깊이 파고든 곤충까지도 죽었다. 우리의 정착실험은 바야흐로 이제 시작된 것이다.

그러나 텐드리치는 이런 방법에 만족하지 않았다. 고속도로에서 100야드 떨어진 하니스 사운드에선 잘 되었지만, 틀을 만들 때 쓰는 금속 막대들은 너무 무겁고 투박했고 따라서 진흙바닥으로 운반하기에는 매우 어려웠다. 그는 발판 설치에 다른 방법이 없을까 하고 찾기 시작했다. 하루는 마이애미를 통과하며 차를 달리다가 한 사람의 뾰족탑 기능공이 한 호텔의 꼭대기 탑에서 일하고 있는 것을 보고 영감을 얻었다. 그는 차를 멈춰 승강기를 타고 올라가 그 사람이 꼭대기에서 내려오길 기다렸다. 그 사람이 내려와 이름을 물으니 랠프 네빈스이었다. 그래서 그에게 망그로브 늪 한가운데 그런 탑을 세울 수 있는지, 그래서 당김줄 위에 텐트를 걸칠 수 있는지를 물었다. 네빈스는 우리가 만난 또 한 사람의 낙천가인 양 〈물론 할 수 있지요. 안 될 것이 뭐 있겠어요?〉라고 대답하였다. 〈매우 어렵지 않겠어요?〉 〈그렇지 않습니다.〉 텐드리치는 그를 그 자리에서 고용하기로 결정하였다. 그래서 나머지 섬들은 랠프 네빈스가 설치한 탑의 당김줄 언저리에 둘러진 텐트 밑으로 분무되었다.

심버로프는 모니터링이라는 주요 임무를 계속 해냈다. 그는 신체적으로 매우 힘든 여행, 조사, 그리고 동정의 일을 일상적으로 하는 데 몇 달동안 꼼짝 못하고 묶여 있었다. 나도 시간이 날 때엔 케임브리지로부터 내려가 같이 일했다. 그러나 다행히 몇 주 안에 이 계획이 성공하리라는 점이 분명해졌다. 절지동물 종들이 재정착하는 과정은 벌써 진행되고 있었다. 나방, 다듬이벌레와 기타 날으는 곤충들이 일찍 나타났는데 처음엔 소수였으나 시간이 지남에 따라 수가 늘고 번식까지 하였다. 혼인비행에서 갓 수정을 한 날개 달린 여왕개미가 땅에 내려와 날개를 떨구고 새 군체를 만들기 시작했다. 거미들도 빨리 다량으로 나왔는데 은화만한 늑대거미도 있었다. 이들이라면 어떻게 물을 건넜을까? 그 동안 큰 폭풍이 없었기 때문에 이들이 풍선타기 방법으로 건너왔으리라 생각

274

되었다. 거미 중에는 식구가 너무 많아지거나 먹이가 모자라면 잎새나 가지 위의 노출된 장소에 서서 이주할 준비를 하는데 이때 거미줄을 바람에 날리는 것이다. 거미줄이 길어짐에 따라 잡아끄는 힘이 커지면 거미는 그 이상 땅에 붙어 있기 어렵게 된다. 그리고 드디어 거미는 바람에 날려가는 것이다. 재수가 좋으면 육지에 다시 내려 앉는데 다른 거미가 별로 없고 먹이가 많은 망그로브 섬 같은 곳에 착륙하면 더욱 행운이다. 그러나 물 위에 내려 앉은 놈은 곧 물고기 밥이 된다.

동물제거 처리가 있던 해 연말이 되자 정착 패턴이 나타나기 시작하였다. 그러나 이제까지 그렇게 많은 시간을 투입했는데 혹시 허리케인이 닥쳐와 새로 정착되는 동물들을 교란하여 실험의 지속성을 망쳐 놓으면 어쩌나 하는 걱정이 앞서기 시작하였다. 그러나 플로리다에 몰아닥친 허리케인은 없었다. 다행히 허리케인 앤드류가 1992년에 남부 마이애미와 북쪽 키즈 제도를 휩쓸고 간 것 말고는 큰 폭풍이 없었다. 우리는 얼마 동안 숨을 약간 돌리고 이 지역 생태학의 다른 국면을 포함시키는 방향으로 주의의 폭을 넓혔다.

우리의 첫번째 계획은 이 섬들의 망그로브 늪지에 사는 모든 절지동물을 조사하여 새로 이주해 온 생물의 전체 모습을 파악하는 일이었다. 나는 내 지도 아래서 곤충학을 공부하는 대학원생인 로버트 실버글리드를 고용하여 부근에 있는 플로리다 키즈 제도의 전반적인 조사에 착수하도록 하였다. 그는 타고난 자연연구가이면서 현장에서 즉시 동물들을 꽤 폭넓게 동정할 수 있는 박식한 분류학자이기도 하다. 이처럼 모든 절지동물을 조사하는 데는 그의 재능이 필요했던 것이다. 과연 그는 지칠 줄 모르는 정열로 섬 하나 하나를 돌면서 곤충과 기타 절지동물로 이루어지는 상당수의 참조표본을 만들었다. 그러나 그와 같이 엄청난 그의 잠재력은 꽃피는 생애로 발전되는 운명으로 이어지지 못했다. 그는 그만 1982년 1월 13일 수도 워싱턴의 교외에서 있은 에어 플로리다 비행기의 포토맥 강 추락사고로 동승했던 다른 사람들과 함께 죽고 만 것이다. 당시 겨울 폭풍이 불었는데 나중의 조사에 의하면 추락 원인이 날개의 결빙 현상 때문이었다고 알려졌다. 이 비행은 사실상 실버그리드가 열대생태학을 계속 연구하기 위해 계획했던 파나마행의 첫 출발이었다.

플로리다 키즈 제도에 대한 우리의 관심은 연구가 1967년에까지 이르면서 생태계의 보존 문제까지 다루는 방향으로 확대되었다.

실버그리드와 심버로프는 로워 매티컴 키 섬과 제1번 국도 가까이 플로리다 만 쪽에 있는 280에이커 면적의 리그넘비태 키 섬이 큰 나무들로 덮인 처녀림 낙원이라는 소문을 들었다. 플로리다 키즈 제도 가운데 망그로브 나무가 아닌 다른 나무들로 이루어진 숲으로서 교란되지 않은 숲이란 매우 드물다. 그때까지 리그넘비태 섬에 들른 사람은 거의 없었다. 다만 방문한 몇 사람 중 하나가 콘라트 로렌츠(Konrad Lorenz)였는데 그는 그 후에 낸 명저 『공격성에 관하여(On Aggression)』에서 그곳의 산호초와 근처의 키 라고 섬을 묘사한 바 있다.

실버그리드와 심버로프가 해안에 오르자 이 섬의 관리인으로서 단 둘이서 은둔생활하고 있는 니드호크 노부부, 그리고 러셀과 샤롯이 맞아 주었다. 니드호크 부부는 낯선 방문자들을 모두 의심하고 대개 쫓아냈다. 그러나 젊은 두 방문자가 바로 이 섬의 보존에 관심 있는 생물학자라는 것을 알고 따뜻이 환영해 주었다. 그들이 관리인 집을 나와 섬 안쪽으로 걸어가자 들은 소문을 확인할 수 있었다. 모두가 온통 성숙한 열대나무 숲으로 덮인 것이다. 그들은 한때 키즈 제도의 고지들을 거의 석권했던 원시에 가까운 서식처 안에 자신들이 있다는 것을 알고 몸을 떨었다. 이런 숲은 1960년대에 이미 거의 제거되었는데 이들만이 이렇게 남은 것이다. 거대한 마호가니와 오크나무들, 그리고 특히 후자로는 미국에서 가장 큰 개체들이 하늘로 솟구쳐 있는데 그 밑으로는 야생 라임, 횃불나무, 자메이카 층층나무, 장미과 유게니아, 황금무화과 그리고 플로리다의 헐리우드 유창목이 나 있었다. 모두 열대성이거나 아열대성인 65종의 나무와 관목이 목질의 식물상을 이루었다. 동물상은 옛날 키즈 제도의 흔적을 나타냈다. 즉 캔디줄무늬나무 달팽이들이 나무

줄기와 가지에 포도송이처럼 매달려 있다. 화려한 칼무늬나방, 오색나비, 제비나비 등의 큰 나비류가 그늘진 오솔길을 따라 여기저기 날아 다녔다. 당시 미국에선 거의 절멸되었던 대머리독수리가 가끔씩 나타났는데 바하마 벌새도 가끔 보였다. 그 후 카리브 자연사에 대한 전문가인 아키 카도 이 섬을 방문한 다음 이젠 이곳의 유창목 숲만큼 훌륭한 상태의 열대 서인도 저지대 숲을 서인도 제도에선 볼 수 없다고 일깨워 주었다. 이 섬들에서 나이 많은 마호가니와 유창목 산림을 발견할 기회란 이제 거의 없다는 것이다.

니드호크 부부는 리그눔비태 섬의 미래에 대해 거의 편집광이 되어 있었다. 그들이 설명한 바에 의하면 플로리다의 부자들로 이루어진 한 사설단체가 이 섬을 소유하고 있는데 그들은 현재 이곳을 고급 휴양지로 만들 계획이라는 것이다. 소유주들의 생각은 그 후에 나도 확인한 바이지만 몽땅 돈벌이에만 있었다. 그렇다면 이 섬 방문자들이 이 섬을 자연 상태로 보존할 방법을 찾는 데 과연 도움이 될 수는 없을까? 실버그리드와 심버로프는 그들의 기지로 돌아오자마자 나에게 그런 정보를 전해주었다. 그 후 나는 그 섬을 방문하고는 그들과 비슷하게 황홀하면서도 한편 두려운 생각에 사로잡혔다. 나는 오랜 친구인 코넬 대학교의 토마스 아이스너를 불러 나의 두번째 답사에 참여토록 했다. 우리 둘은 함께 리그눔비태 섬과 이 섬이 처한 위기에 관한 글을 써서 《자연사 (Natural History)》지에 실을 준비를 했다. 이런 노력이 진행되는 도중에 나는 마이애미에서 열린 플로리다 오듀본 학회의 한 모임에서 이 문제를 제기하였다. 요행히 코랄 게이블즈에 사는 나이든 부부가 이 섬 구입용으로 10만 달러를 기부하겠다고 약속해 나는 기뻤다. 실로 이 섬을 구하기 위해 첫걸음을 내디딘 것이다. 그러나 아직 부족했다. 소유주들은 잠정 가격을 200만 달러로 매겨 놓은 것이다. 그들의 대변자인 마이애미의 70대 치과의사는 자연보존가들이 입찰에 응한 것을 기뻐했다. 그러나 그는 소유주들이 올릴 수 있는 만큼 최종 가격이 올라갈 것임을 분명히 말했다. 그는 아름다운 그 섬이 자연상태로 구제되기를 바랄 뿐이라고 말했다. 그러나 우리가 곧 어떤 손을 쓰지 않으면 개발가들의 손에 넘어갈 형편이었다. 간단히 말해 리그눔비태 생태계는 몸값으로 묶여 있는 것이었다.

나는 이 캠페인이 성공적인 결론을 맺도록 다그칠 목적으로 자연보존협회의 토마스 리처즈 회장에게 연락했다. 이 협회는 오늘날에도 그렇듯이 환경상 중요한 땅을 공공용으로 보존하기 위해 구입하는 정책으로 유명하다. 리처즈 회장은 그곳에 몸소 가본 후에 그의 협회에 구입을 추진하도록 위임했다. 그 다음 그는 플로리다 공원 관리에 영향력 있는 행정가인 나다니엘 리드에게 협조를 요청했다. 결국 오랜 협상 끝에 합당한 가격이 책정되었다. 그래서 이 섬은 자연보존협회와 플로리다 주에 매각되어 플로리다 주 식물장이 되었으며 이후 철저히 보호되었다. 그래서 오늘날에는 방문자들이 나무달팽이들이 비틀린 유창목의 고목들을 장식하고 있고 칼무늬나방들이 기묘한 푸른색 꽃과 폭약 모양의 노란 열매들 사이를 날아다니는 샛길을 걸어다닐 수 있게 되었다. 나는 앞으로도 영원히 플로리다 키즈 제도의 유사 이전 모습을 여기에서 목격할 수 있을 것이라고 생각한다.

그러는 사이 우리의 실험적 연구계획은 빠르게 진행되었다. 섬들에 분무처리를 한 지 1년 후인 1967년 가을이 되자 거의 결론에 도달했다. 나와 심버로프는 그 2년 후에 발표된 공식 논문 속에서 재정착의 과정과 평형의 회복에 대해 다음과 같이 요약하였다.

모든 섬들의 동물상은 동물제거 250일 후에 먼 곳에 있는 E1을 제외하고는 집단밀도가 의외로 떨어지지만 종수와 종의 구성상으로는 동물제거 처리를 하지 않은 섬에서만큼 회복되었다. 정착 곡선과 비처리섬들에 대한 정적(static) 관측을 종합해볼 때 어떤 섬에서나 동적평형 종수가 존재함을 강하게 나타내고 있다.*

---

* 「섬의 실험 동물지리학: 빈 섬들의 정착(Experimental Zoogeography of Islands:

실험결과는 섬 생물지리학 이론이 제시한 조잡한 예언에나마 들어맞는 것이었다. 가장 가까운 섬은 예상대로 분무 처리 전에는 정확히 말하면 43종이라는 최고 종수를 나타냈지만 분무 처리 1년 후에 거의 그 수를 회복하였다. 가장 멀었던 섬 E1에는 26종으로 가장 적은 종수가 살았으나 동물제거 처리 후 먼저 수와 비슷한 수로 회복되었다. 중간거리쯤 있는 다른 섬들은 분무 전 조사로는 역시 중간 정도의 종수를 보였으나 그 후 역시 원래 종수로 돌아왔다. 2년 후인 1968년에도 이들 종수는 여전하였다.† 종의 회전은 섬 생물지리학 이론을 작고 빠르게 정착된 섬에 적용했을 때 기대되는 것처럼 매우 빨랐다. 우리는 연구를 진행하는 동안 거미, 응애, 개미, 집게벌레, 다듬이벌레, 귀뚜라미 등 여러 가지 절지동물의 분산과 초기 정착에 대한 관찰을 추가적으로 시행하였다. 심버로프는 1968년 봄에 박사논문을 완성하였다. 축소형 크라카타우 섬을 대조구섬과 함께 만들고 평형의 초기단계까지의 역사를 추적하는 데 단지 3년이 걸린 셈이다.

심버로프와 나는 1971년에 이 연구로 대환영을 받아 미국생태학회의 머서 상을 받았다. 우리는 아직도 생태학 주류의 밖에 있다고 생각된 생물지리학에 새롭게 접근하는 모험을 했고 또 성공했다. 심버로프에겐 직장 제의가 많이 들어 왔으나 그는 실험장이 가까운 플로리다 대학의 조교수직을 받아들였다. 얼마 지나지 않아 그는 국제 수준의 생태학자가 된 것이다. 그는 이어 망그로브 섬들을 계속 연구하되 크기와 모양에서 다양한 섬들을 조사하였다. 더욱이 그는 연구를 확대하여 다른 종류의 생태계도 포함시켰고, 그의 수학적 기능을 활용하여 생태학 이론을 비판하고 수량적 모델 구성에서 새로운 접근 방법을 개발하였다. 결국 플로리다 대학은 그를 로버트 러튼 저명교수에 임명했다.

The Colonization of Empty Islands)」, *Ecology* 50(2)(1969): 278-295.

† 「섬의 실험 동물지리학: 정착에 관한 2년 동안의 기록(Experimental Zoogeography of Islands: Two-Year Record of Colonization)」, *Ecology* 51(5)(1970): 934-937.

그 후 나는 플로리다 키즈 제도로 돌아가지 않았고 따라서 이 섬들을 자연실험실로 만들고자 하는 꿈은 시들어갔다. 바로 미래를 향한 또 다른 출구가 될 새로운 가능성이 나의 상상을 사로잡은 것이다. 나는 사회 생물학을 개미에서 침팬지까지 모두 포괄하는 하나의 단일 과학으로 만들어가기를 원했던 것이다.

15 개미들

개미가 없는 곳은 없다. 몸무게가 불과 1000분의 1그램인 이 또 다른 문명의 생물들은 검고 불그스레한 점 모양으로 일상 생활을 우리가 보지 못하게 감추면서 땅 위와 구멍 어디에나 지그재그로 돌아다닌다. 개미들은 과거 5000만 년 동안 극지방과 빙판을 제외한 땅 위라면 어디서나 우점 곤충이었다. 내 계산에 의하면 어느 순간에나 이들의 숫자는 1만 조에서 10만 조 마리 정도가 살고 있으며, 그 몸무게를 모두 합치면 어림잡아 인간들을 모두 합한 것만큼이 나간다. 그러나 여기에 드러나지 않은 중요한 차이가 있다. 개미는 지구상에 적절한 수로 살고 있지만 인간은 너무 많다는 사실이다. 만약 우리 인류가 현재 사라진다면 지구의 육지 환경은 인구폭발이 일어나기 전에 있었던 생산적인 균형 상태로 되돌아갈 것이다. 우리 인간에 전적으로 의존하는 것이라곤 사면발니나 우리 이마의 기름샘에 기생하는 응애 등 10여 종에 불과하다. 그러나 만약 개미들이 사라진다면 수만 가지 다른 동식물도 없어질 것이며, 더구나 육지 생태계는 거의 어디에서나 단순화되고 약화될 것이다.

개미들은 1960년대 말에 하버드 대학의 생물학 실험동에서 일어났던 사건에서처럼 우리 세계 어느 곳에나 엉켜 있다. 비록 그것이 하나의 가상적인 멜로드라마로 불릴지언정 나는 이 사건을 〈개미들의 복수〉라고 부르고 싶다. 심각한 문제는 유전자 억제 연구가 활발하게 이루어지던 마크 타슈니의 실험실에서 일하는 조수 한 사람이 박테리아 배양을 위해 늘상 하던 방식대로 당류 용액을 피펫으로 빨아올리고 있을 때 시작되었다. 조수는 이 액체를 빨아올릴 수가 없었다. 그녀가 자세히 보니 피펫의 좁은 구멍통로가 작은 노랑개미들로 인해 막혀 있었던 것이다. 알고 보니 이 이상한 개미 침입의 신호는 어렴풋하게나마 이 건물에 이미 나타나고 있었다. 노랑개미들은 여기저기에서 점심식사나 오후의 티타임 때 남은 음식을 순식간에 덮쳤다. 여왕개미와 일개미로 둘러싸인 애벌레들의 군체 일부들이 마치 무슨 기적과 같이 유리그릇 밑에나 서류철 사이, 그리고 공책 사이에서도 나타났다. 놀랍게도 연구원들은 개미들이 건물의 층과 벽을 가로지르며 배양접시로부터 나온 방사능 물질의 희미한 흔적을 따라 다닌다는 것을 알아냈다. 조사 결과 거대한 개미의 통합 군체가 이 큰 건물의 벽에 난 틈을 따라 사방으로 퍼지고 있음이 밝혀졌다.

나는 이러한 개미의 침입을 걱정해야 할 당연한 이유를 갖고 있었다. 그 사건이 우연히 나의 실험실 구역에서 시작되었기 때문이다. 동인도 지방에서 기원된 그 개미는 파라오개미로서 전 세계적으로 건물에 침입하는 악명 높은 해충이고 그 공식 명칭은 *Monomorium pharaonis*이다. 이들의 초군체(超群體, supercolony) 하나가 병원을 점령하면 그 군체의 일개미들은 수술실로부터 나오는 폐기물과 움직이지 못하는 환자들의 상처를 파먹어 때로는 병균을 퍼뜨린다. 또 군체의 일부는 여행가방이나 책, 옷가지나 1-2인치 크기의 어떤 물건을 타고도 멀리 운반된다. 이렇게 해서 새로운 지점에 도달하면 그곳이 오슬로의 한 아파트이건, 세인트루이스의 한 꽃가게이건 또는 카라카스의 한 공터이건 간에 밖으로 나와 번식하기 시작하는 것이다.

하버드 대학에서의 개미 번식에 관해서는 그 후 우리가 역사를 재구성해 본 결과 브라질의 항구도시인 벨렘의 공항을 통과하면서 시작되었다. 개미의 초군체의 일부가 나의 지도로 박사과정을 공부하는 로버트 지니의 짐 두 개를 담고 있는 나무바구니 속으로 들어간 것이다. 지금은 위스콘신 대학교 곤충학 교수로 있는 그는 1969년 당시 아마존 다우림에서 상당 기간 연구를 한 후 집으로 돌아가는 길이었다. 그가 하버드 대학 생물학 실험동에 와서 이 짐바구니를 열고 이 불청객들을 발견했을 땐 개미들이 이미 바구니 벽에 자리를 잡은 후였고 또 퍼져나가고 있던 중이었다.

그렇다고 이 파라오개미의 대형 군체를 종래 방법으로 제거한다는 것은 비용도 많이 들고 혼란스러운 일이었다. 이때 해충 구제에 특별한 관심을 가진 대학원의 곤충 전공학생인 게리 알버트가 묘안을 짜냈다. 우선 그는 하버드 대학 곤충생리학 교수인 캐롤 윌리엄스의 자문과 도움을 받았다. 윌리엄스는 곤충의 유약(幼若) 호르몬처럼 여왕개미를 불임성으로 만들고 애벌레가 성충으로 충분히 발생하지 못하도록 막는 한 가지 화학물을 내주었다. 알버트는 이 약품을 땅콩버터에 섞어줌으로써 개미가 그것을 군체 집으로 옮겨가 마비 효과를 계속 퍼뜨리도록 미끼를 만들었다. 그리고 이 방법은 실제 실험의 초기 단계에서 이미 효과를 나타냈다. 몇 달이 지나는 동안 개미 집단은 꾸준히 쇠퇴하였고 2년 후엔 모두 사라졌다.

그러나 파라오개미의 이야기는 아직 끝나지 않았다. 즉 공상 과학 소설로 이어진 것이다. 이 사건은 당시 하버드 대학 출판부의 생물학 편집장이던 윌리엄 패트릭 의 1983년 소설 『나선(Spirals)』의 줄거리를 만드는 모티브가 되었다. 그의 가상적 개미는 치명적으로 노화를 촉진하는 병, 즉 조로증을 일으키는 유전공학 DNA를 실험실 안팎으로 옮긴다고 의심받고 있었다. 여기에 깊이 관계했던 한 유전공학자의 딸이 이 병으로 죽었는데 어린 시절이 지나가기도 전에 생리적으로 노부인이 되었다. 이 일은 한 연구원이 죽은 아내의 세포로 딸을 복제하는 과정에서 딸의 발생 과정이 잘못 일어났기 때문이었다. 이 연구원의 잘못임이 확인되었으므로 결국 개미들은 누명을 벗게 되었다.

그러나 개미에게 응분의 주의를 집중시키기 위해서라면 개미를 한 소설의 주인공이 되게까지 하지 않아도 된다. 나로 말하면 개미를 나의 전문 직업생활의 중심에 놓아 집착의 초점으로 삼다시피 했는데 나로서는 개미를 선택하길 잘한 것 같다. 그러나 당시 나에게 개미가 주는 매력은 환경 연구상의 중요성이나 개미의 사회적 진화가 나타내는 드라마적 면모 때문이 아니었음을 고백해야겠다. 개미가 나를 이끈 것은 개미들이 나에게 관대하게 건네준 몇 가지 발견들이 있었기 때문이다. 즉 나에게 일어난 뜻밖의 발견들로 말미암아 나는 나의 생애를 건설할 수 있었다. 내가 가장 관심을 가졌던 중요 주제는 개미들의 의사소통 수단이었는데, 그로 말미암아 나는 개미의 행동과 유기화학에 대한 길고도 생산적인 연구생활을 영위하게 되었다.

내가 개미의 화학적 의사소통에 대해 흥미를 느끼기 시작한 것은 1953년 가을에 니코 틴버겐과 콘라트 로렌츠가 동물행동학(ethology)이라는 새로운 분야를 강의하기 위해 하버드 대학에 왔을 때였다. 20년 후 그들은 이미 오래전에 미국을 수 년 동안 여행하며 연구한 것을 토대로 칼 본 프리쉬와 함께 셋이서 노벨 생리의학상을 공동 수상하기도 하였다. 매우 정확하고 조심스럽게 말하는 네델란드인인 틴버겐이 먼저 왔다. 그는 주요한 발견 이야기를 곁들여 동물행동학 이야기를 함으로써 나에게 충격을 주었다. 그러나 나는 당시 동물행동학과는 거리가 먼 계통분류학과 생물지리학에 몰두해 있었으므로 노트에 몇 자 써두었을 뿐 거의 주의를 기울이지 않았다. 그러고 나서 로렌츠 박사가 왔다. 그는 일찍이 1930년대에 시작한 연구들을 다시 되뇌었는데 그 당시까지 불데른에 있는 막스플랑크연구소에서 계속 연구하고 있었다. 그는 그야말로 단상의 예언자로서 열정적이고 격분하기 잘하며 집요한 인물이었다. 그는 우리에게 각인, 의식화, 공격충동, 범람 등과 같이 그 후 곧 행동 과학에서 유명해진 용어들과 회색기러기, 갈가마귀, 가시고기 같은 동물명들을 우리에게 마구 주입시켰다. 사실상 그는 행동 연구의 새로운 접근방법을 선포하기 위해 온 것이다. 그는 〈본능〉이 부활되었다고 말했다. 스키너와 기타 행동학자들은 학습의 역할을 과대평가했으며 따라서 우리는 이제 새로운 방향을 잡아 밀고 나가야 한다고 역설했다.

그는 나를 완전히 사로잡았다. 아직 젊고 매우 민감했던 나는 그의 임전태세 요청에 즉시 응했다. 로렌츠 박사도 이미 확립되어 있는 분야인 비교심리학에 도전하고 있었다. 그리고 대개의 동물행동은 그 운명이 이미 정해져 있다고 믿었다. 동물의 행동은 고정행동(Fixed-action) 패턴으로 이루어진다. 즉 뇌속에 유전적으로 이미 프로그램되어 있는 일련의 동작들이 자연환경의 특정 신호에 대한 반응으로 그 동물의 일생을 통해 전개된다는 것이다. 이 고정행동 패턴이 적시적소에서 자극에 의해 작동되면 그 동물은 일련의 올바른 단계를 밟아 먹이를 발견하고 포식자를 피하며 번식하게 된다. 즉 동물이 생존하는 데 이전의 경험이 필요치 않으며 다만 본능에 복종하기만 하면 된다는 것이다.

본능에 대한 복종, 이 공식은 진부하고 지루한 이야기라는 느낌을 준다. 작업조건화가 더 현대적으로 들린다. 그러나 로렌츠 박사는 자기 이야기에서 진화생물학적 논리를 강조하여 나의 애착을 사로잡았다. 종마다 나름의 고정행동 패턴 레퍼토리를 갖는다. 예를 들면 어떤 새의 경우 개체는 같은 종의 짝을 유인하기 위해 특정한 방식으로 날개를 편다. 또 그 종은 연중 일정 시기에 서로 어울린다. 그리고 집을 지을 땐 적절한 장소에 제 모습으로 짓는다. 즉 고정행동 패턴은 생물학적 사건이지 〈심리학적인〉 것이 아니다. 이 패턴들에는 유전적 기초가 깔려 있어서 종에 따라 하나씩 분리되어 어떤 해부학적 부분이나 생화학적 반응과 마찬가지로 연구될 수 있다. 그리고 이들은 특정 염색체상의 특정 유전자에 의해 지시된다. 그리고 한 종이 다른 종으로 진화함에 따라 새로 생기고 또 변화한다. 고정행동 패턴은 해부나 생리에 못지 않게 분류나 진화적 계통수를 재구성하는 데 기초가 되어 종간의 진정한 유연관계를 밝히는 데 이바지한다. 이 위대한 동물행동학자는 본능이란 진화생물학의 신종합설에 속한다는 사실을 나에게 분명히 밝혔다. 그 말은 바로 내가 동물행동학을 야외에서 함으로써 무엇인가를 할 수 있음을 의미하는 것이다.

로렌츠 박사의 강의를 듣고 난 후 몇 달 동안 이에 관한 책을 더 읽고 나니 나는 이미 새로운 방향으로 끌려가고 있었다. 이들 동물행동학자들은 내가 일찍이 침독 개미를 가지고 무엇인가 모습을 갖춰 나가려 했으나 그에 관한 이론과 어휘가 없어 하지 못한 것을 해나가고 있었다. 이제 나에게는 다음과 같은 생각들이 곧 떠올랐다.

로렌츠는 동물행동을 자연사 연구로 되돌려 놓았다. 이것은 바로 나의 영역이다. 너무 단순하게 흰쥐와 미로로 연구하는 심리학자가 아니라 나와 같은 자연연구가들이야말로 동물행동을 연구하는 데 가장 적절한 인물이다.

나는 고정행동 패턴이 중요하다는 것을 알았다. 그러나 이 패턴들은 생물종이 자연환경 중의 특정 부분에 대해 나타내는 적응의 일부로서만 이해될 수 있었다. 예를 들어 새 한 종을 다른 종에 비교한다고 할 때 그렇다. 만약 우리에 갇힌 침팬지를 관찰할 때 이 침팬지의 학습능력을 모두 시험한다 해도 그 동물이 프로그램되어 있는 행동의 작은 일부밖에는 볼 수가 없고 따라서 그 일부가 지니는 의의조차도 충분히 이해할 수 없게 될 것이다.

동물행동학을 일종의 기만처럼 보이게 하는 것은 고정행동 패턴이 복잡함에도 불구하고 이들에게 행동을 유발하도록 방아쇠를 당기는 신호는 간단하다는 데 있다. 일찍이 영국의 조류학자인 데이비드 랙이 행동학 연구에 썼던 유럽붉은가슴울새(European robin)를 보자. 수컷은 봄에 일어나는 호르몬 분비의 작용으로 다른 수컷을 제 터에서 쫓아내는데 이때 울음소리와 과시를 사용한다. 그러나 이런 식의 경고가 실패로 끝나면 수컷은 침입자를 날개로 치고 부리로 쪼면서 공격한다. 그러나 그의 공격이 침입해 온 수컷의 전체 모습으로 촉발되는 것은 아니다. 수컷은 나뭇가지에 붙인 붉은 가슴을 보고도 화를 내기 때문이다. 그러나 박제로 가슴빛이 올리브색인 성숙한 수컷을 만들면 반응을 보이지 않는다. 그러나 철사로 얼개를 만들어 붉은 깃털을 간단히 붙이기만 해도 수컷의 전면공격을 유도하게 된다.

로렌츠 박사는 다른 자극 유발의 예, 즉 행동학자들이 부르는 해발인(解發因, releaser)들을 하나하나 들췄다. 1953년까지 축적된 조사 예는 대부분이 새와 물고기에 대한 것이었고 로렌츠 자신도 이들에 집중해서 연구했다. 그러나 이런 동물을 선택해 연구했다는 자체가 큰 혼란을 초래하는 것이다. 왜냐하면 이 동물들의 의사소통은 주로 모양과 소리를 통해 이루어지기 때문이다. 곧이어 나에겐 개미와 다른 사회성 곤충의 고정행동 패턴은 이 동물들이 냄새를 맡고 맛을 느낄 수 있는 화학물질에 의해 촉발된다는 것이 생각났다. 일찍이 초기의 곤충학자들은 이미 이런 류의 사실을 시사한 바 있었는데, 이런 동물은 그들의 캄캄한 집에서는 볼 수가 없으며 그렇다고 공중을 타고 오는 소리를 들을 수 있다는 증거도 희박했기 때문이다. 어떤 학자는 초기에 개미들이 더듬이와 앞다리로 보통 맹인들이 쓰는 모르스 부호 비슷한 것을 써서 상대방을 두드려 의사소통을 한다고 생각했다. 1951년 영국의 생물학자 캐시가 곤충의 후장에서 나와 항문을 통과하는 추적물질을 발견한 바 있으나, 이를 제외하고는 1953년 당시 우리는 냄새와 맛을 풍기는 화학물질 분비샘의 해부학적 위치를 전혀 알지 못했다. 이 분자들이 나오는 샘 조직의 위치를 밝히거나 그 물질의 화학구조가 어떤지 알아내지 못했다. 고정행동 패턴과 해발인에 대한 생각은 곧 나를 개미의 의사소통에 관한 처녀림인 미개척의 신천지로 안내했다. 나는 방법 자체가 일련의 간단한 단계들로 이루어질 것으로 생각했다. 우선 개미의 사회행동을 고정행동 패턴으로 분해한다. 그리고 시행착오법으로 어떤 분비샘이 어떤 해발인 물질을 내는지 알아낸다. 그 다음엔 어떤 분비물질 속에 어떤 해발인이 들어 있는지 결정하고, 끝으로 분비물 속에 든 활성 화학물질을 분리하여 동정하는 것이다.

내가 아는 한 이런 줄거리를 생각하던 사람은 나 하나뿐이었다. 그래서 서둘러 착수할 것까지는 없다고 생각했다. 어쨌든 나는 먼저 풀잎개

미속(*Lasius*)에 대한 힘든 해부학과 분류학 작업인 학위논문을 마쳐야
했다. 나는 1954년 가을에 학위논문을 마치고 개미의 생태와 섬 생물지
리학 연구를 시작하기 위해 남태평양으로 떠났다. 드디어 4년 후 장비
가 잘 갖춰진 케임브리지의 실험실로 돌아온 후 개미의 의사소통용 화
학 해발인 탐색을 시작했다. 그때가 아돌프 부테닌트와 피터 칼슨, 그리
고 마틴 루셔가 동물행동학 문헌의 〈외호르몬(ectohormone)〉을 〈페로
몬(pheromone)〉이란 말로 대치하기 1년 전이었다. 그들은 생물체 내의
화학적 메신저를 〈호르몬〉이라 지칭했고 생물체와 생물체 사이에 오가
는 화학적 메신저를 페로몬이라 불렀다.

　나는 대학을 다닐 때부터 좋아하던 개미이면서 실험실에서 키우기 가
장 쉬운 불개미로 일을 시작했다. 이 개미는 사회성 곤충의 하나로 도
입종이기도 하다. 나는 넓직한 유리판 위에 투명한 프렉시글라스로 만
든 사육상자와 통로로 이루어진 일종의 신형 인공 개미 집을 고안했다.
이러한 배열로 말미암아 나는 군체 전체를 계속 볼 수가 있었고 그래서
실험을 진행시키는 동안 언제나 내가 원할 때 모든 개미의 반응을 기록
할 수 있었다. 이렇게 환경장치가 지극히 간단하긴 해도 일하는 사람을
골탕먹이지는 않았다. 개미들은 얼마 후엔 불빛에 익숙해졌고 일상생활
을 정상적으로 영위해 나갔다. 개미들은 일종의 개미판 어항 속에서 번
성해 나갔다.

　불개미의 의사소통 중 가장 두드러진 형태는 음식에까지 냄새 길을
놓는 일이다. 척후 개미는 홀로 집을 떠나 불규칙적인 고리들의 길을
따라 탐사한다. 그러다가 죽은 곤충이나 진딧물의 꿀방울 같이 너무 크
거나 집으로 나르기에 힘든 먹이를 만나면 집 쪽으로 냄새 길을 다소
직선으로 만들면서 되돌아온다. 그러면 동료 개미들은 실제 보이지는
않지만 이 냄새 길을 따라 먹이 쪽으로 간다. 나는 개미들이 먹이 탐사
를 다니는 것을 옆에서 보다가 집으로 돌아오는 척후개미가 자기의 복
부 끝(몸의 가장 후단부)을 땅에 대면서 침을 내밀어 땅 표면에 간헐적
으로 대고 끌고가는 것을 보았다. 분명히 화학 해발인이 이 바늘을 통

288

▲ 트리버스(Robert Trivers), 브라운(William Brown), 그리고 헤어(Hope Hare, 트리버스의 조수)가 1975년 5월 15일(『사회생물학』이 뉴욕타임즈 첫 장에 대서특필된 날) 매사추세츠의 콩코드 숲으로 야외채집을 하러 나온 모습.

▶1969년에 윌슨이 딸 캐서린(Catherine)과 함께 찍은 사진.

1979년에 펜사콜라의 웨스트플로리다 대학에서 그의 어머니 허들스톤(Inez Huddlestone)과 함께.

▲ 윌슨, 리니, 그리고 캐서린이 1982년 9월에 레기스 칼리지(Regis College)의 학부형 만찬에서 찍음.

▼ 허튼(Kathleen Horton), 윌슨 그리고 횔도블러가 1989년 6월 29일 갓 완성된 『개미들(The Ants)』의 원고 옆에 서 있다.

▲1989년 8월에 일리노이의 에반스튼(Evanston)에서 가진 제1차 인간 행동 및 진화 학회에 모인 사회생물학의 창시자들. 왼편부터 아이블아이베스펠트(Irenäus Eibl-Eibesfeldt), 윌리엄스(George Williams), 윌슨, 도킨스(Richard Dawkins), 그리고 해밀튼(William Hamilton).

▼『개미들』을 출판한 1990년 당시의 윌슨과 횔도블러.

1990년 11월 26일 호주의 시드니에서 필립 공으로부터 세계야생기금의 연례 금상을 수상하고 있다.

▲ 1994년 매사추세츠의 렉싱튼에 있는 저자의 집에 차려 놓은 실험실.

▼ 에리히(Paul Ehlich)와 윌슨이 1990년 9월 26일 스톡홀름에서 스웨덴 왕실한림원의 크러퍼드
상을 구스타프 16세로부터 받고 있다. 이 상은 노벨상 수상 대상에 포함되지 않는 생태학 등
의 과학 분야에 수여하기 위해 새로 제정되었다.

▲아이스너(Thomas Eisner)와 윌슨이 1991년 봄에 하버드 대학 비교동물학 박물관의 개미 표본
실에서 만난 장면.

▼저자가 1993년 11월 29일 도쿄에서 아키히토 왕과 미치코 왕비가 참석한 가운데 국제 생물학
상(International Prize for Biology)을 받고 있다.

▲ 1990년에 그가 좋아하는 남아메리카산 침독 개미(*Daceton armigerum*)를 본떠 만든 금속 조각
상「데이시(Dacie)」앞에 앉아 있는 윌슨.

해 마치 펜에서 잉크가 나오듯 밖으로 나오고 있음이 틀림없었다.

나는 이제 이 화학물질이 나오는 곳을 알아내지 않으면 안 되었다. 그곳은 필경 일개미의 복부 내부의 어디쯤 될 것이라 생각했다. 그 다음 단계로 나는 이 화학물질을 만드는 기관을 동정해서 나 자신이 그것을 써서 인공 냄새 길을 만들어 볼 필요가 있었다. 즉 이 개미의 신호를 가로채서 나 자신이 그들에게 말을 하는 데 쓰는 것이다. 일개미의 복부는 한 개의 소금 알갱이만 하고 그 안에는 맨눈으로는 거의 볼 수 없는 기관들이 담겨 있다. 그러나 이 작업을 더 어렵게 만드는 것은 불개미의 해부학적 구조가 아직 밝혀진 적이 없다는 데 있었다. 그래서 나는 다른 종류의 개미에 대해 그려놓은 그림을 이용하고 여기에 어림 짐작을 더해 보는 수밖에 없었다.

나는 몇 마리의 불개미의 배를 해부현미경 밑에서 잘라낸 다음 가는 바늘의 끝과 또 시계수리공이 쓰는 핀셋의 끝을 뾰족하게 만들어 그 끝을 사용해 불개미의 복부를 자르고 열어 내장기관들을 하나씩 꺼냈다. 그러는 사이 맨눈으로 해부할 수 있는 최대 한계에 가까이 와 있다는 것을 알았다. 만약 이 기관들이 조금만 더 작았다면 부득이 현미해부기를 사용해야 했을텐데 조작이 어렵고 이 비싼 장비를 쓰지 않으면서 해낼 수 있기를 바랐다. 만약 그 기계를 샀다가 실험에 실패하면 상당한 재정 손실이 된다. 나는 내 손이 겉으로 보기엔 안정되어 있어도 자연 상태에서 있을 수 있는 근육의 떨림이 현미경 하에서는 중풍 때문에 오는 경련만큼이나 확대되는 것을 알게 되었다. 더구나 현미경의 배율을 20배나 30배로 확대했을 때는 바늘과 핀셋을 개미의 복부에 가까이 갖다 대면 어쩔 수 없을 정도로 떨렸다. 자 그렇다면 이 바늘과 핀셋을 돌깨는 작은 망치인 양 써보자. 그리고 개미 복부를 열고 여러 가지 내장기관을 몸 밖으로 하나하나 꺼내는 데 오히려 이 근육의 떨림을 이용해보자고 나는 생각했다.

이렇게 해서 해부와 기관 적출이 끝나자 나는 기관 하나 하나를 곤충의 체액의 염류 농도와 걸맞는 합성 곤충 혈장인 링거액으로 씻어냈다.

그리고 다음과 같이 내가 생각할 수 있는 가장 간단하고 직접적인 방법으로 인공 냄새 길을 만들었다. 즉 제일 먼저 개미 집 입구 가까이 유리판을 놓고 그 위에 설탕물을 몇 방울 떨어뜨렸다. 그래서 일개미 떼가 그 주위에 모이게 했다. 그리고 나는 개미의 배에서 꺼낸 기관 하나 하나를 끝이 뾰족한 박달 나무막대 끝으로 짓이겼다. 그 다음 나는 현미경 아래서 이 막대 끝으로 작은 반액체 상태의 조직덩이들을 유리판 위에 누른 상태에서 개미 집으로부터 떨어진 방향으로 일직선으로 밀고 나갔다.

우선 나는 후장, 독샘, 그리고 지방체를 각각 그렇게 해보았다. 이들은 개미의 복강을 거의 채우고 있는 기관들이다. 그런데 이들을 그렇게 처리한 결과 아무런 일도 일어나지 않았다. 나중엔 매우 작은 손가락 모양의, 그러나 그 구조에 대해선 거의 알려진 바가 없는 두푸르샘에 이르렀다. 이 샘에서 흘러나오는 분비물은 쏘는 침의 기부에 나 있는 도관으로 흘러드는데 이 도관은 독액을 몸 밖으로 흘려보내는 통로로 알려져 있다. 과연 이 두푸르샘이 냄새 길 페로몬을 지니고 있는 것일까? 아니나 다를까 처리해 본 결과 실제로 그랬다. 개미들의 반응은 폭발적이었다. 사실 나는 기껏 몇 마리의 일개미들이 설탕물을 떠나 냄새 길에 무엇이 있는지 어슬렁 어슬렁 와서 살펴보리라 생각했다. 그러나 실제는 수십 마리의 개미가 흥분되어 몰려드는 것이었다. 그들은 내가 만들어준 길을 엎치고 덮치며 서둘러 따라가는 것이 아닌가? 개미들은 달리면서도 양쪽 더듬이를 양 옆으로 휘저으며 공기 중으로 퍼져 나가는 분자들을 모으고 있었다. 그러나 냄새 길 끝에 당도하자 혼란스럽게 빙빙 돌았는데 그곳에 있지 않은 어떤 먹이를 계속 찾는 것이었다.

그 날 저녁에 나는 잠을 잘 수가 없었다. 그 사이 5년이 지체된 그때 나의 아이디어는 단 몇 시간 일한 것으로 보상을 받은 것이다. 나는 처음으로 개미의 의사소통에 기여하는 샘을 발견한 것이다. 그뿐인가? 나는 화학적 의사소통에서의 새로운 현상을 발견한 것이다. 이 페로몬은 단지 먹이를 찾으러 떠나는 개미들의 길잡이가 될 뿐 아니라 그 자체가 신호여서 먹이 탐색 중에 모든 명령과 지시를 한다. 즉 그 화학물질이 모든 일을 다하였다. 따라서 생물검정은 매우 쉽게 이루어졌다. 더욱 다행스러운 것은 소기의 결과를 얻기 위해 여러 가지 많은 자극을 갖춘 복잡한 사회적 조건을 마련하지 않아도 된다는 점이었다. 어떤 페로몬의 행동에 관한 시험을 이미 효과적으로 쉽게 측정한 상황이라면 생물학자들과 공동으로 작업하는 화학자들은 그 페로몬의 화학구조 해명으로 직접 들어갈 수 있다. 만약 예를 들어 경보와 집합을 유도하는 다른 페로몬들이 냄새 길 페로몬과 마찬가지로 작용한다면 우리는 개미의 화학적 어휘의 상당 부분을 단시간 안에 해독할 수 있을 것이다.

그 다음 며칠 동안 나는 냄새 길 페로몬의 효능을 반복하여 확인하였다. 과학 연구에서 잘되는 실험을 반복하는 것처럼 즐거운 일은 없다. 내가 하던 식으로 개미 집 입구 쪽을 향해 냄새 길을 만들어 보니 어떤 먹이를 미끼로 주지 않았는데도 개미들이 쏟아져 나왔다. 그리고 내가 여러 마리의 개미로 만든 농도 높은 증기를 개미 집 쪽으로 풍겨보니 일개미의 상당수가 밖으로 나와 분명 먹이를 찾으러 퍼져 나갔다.

그 다음 나는 하버드 대학의 생화학자인 친구 존 로(John Law)를 불러 이 냄새 길 분자의 구조 동정을 시도하였다. 이 일에는 그 당시 재능 있는 학부학생 크리스토퍼 월시를 합류시켰는데, 그는 후에 선도적인 분자생물학자로서 다나 파머 암 연구소 소장이 되었다. 우리는 능력 있는 팀이었으나 기술적인 난관에 봉착했다. 즉 개미 한마리 한마리는 두 푸르샘 속에 10억분의 1그램에도 못 미치는 작은 양의 이 페로몬 물질을 갖고 있다는 점이었다. 그러나 결코 이 문제를 풀 수 없는 것은 아니었다. 1950년대 말과 1960년 초는 가스 크로마토그래피와 질량분광기가 결합되어 있는 상태로 각광을 받을 때였고, 그래서 어떤 유기물질이 100만분의 1그램만 있어도 동정이 가능한 때였다. 그러나 개미마다 문제의 페로몬을 흔적으로만 갖고 있기 때문에 분석에 필요한 최소량을 만들려고 해도 수만, 수십만 마리가 필요했다.

그렇게 많은 양을 어떻게 구할 수 있을까? 그런데 내 경험에 비춰 보면 비교적 쉽게 구할 수 있는 방법이 있었다. 홍수가 나서 불개미 집들이 냇물을 따라 치솟아 오르면 일개미들이 서로 단단히 엉킨 채 수면 위로 떠오른다. 일개미들이 모여 하나의 살아 있는 생물의 뗏목을 이루고 여왕개미와 새끼들은 그들에 둘러싸여 보호된다. 개미 군체는 냇물 아래 쪽으로 떠내려와 땅 위에 닿게 되고 그러면 일개미들은 새로운 집 짓기에 착수한다. 내가 로와 윌쉬에게 이러한 현상을 설명한 다음 우리는 함께 보스턴에서 남쪽으로 제일 가까우면서 불개미 집이 많은 플로리다의 잭슨빌로 갔다. 우리는 렌트카를 타고 이 도시의 서쪽 농촌으로 가서 길다란 목장지와 초지 여기저기 흩어져 있는 2피트 높이의 높은 불개미의 둔덕집을 발견하였다. 1에이커당 개미 집 둔덕이 50개까지 있었고 둔덕마다 10만 마리 이상의 개미가 살고 있었다. 우리는 차를 주(州)간 고속도로 언저리에 두고 삽으로 개미 집들 전체를 아치형 배수구를 통해 천천히 흐르는 물속에 옮겨 넣었다. 흙은 가라앉았고 그 속에 있던 개미 군체들은 상당 부분 수면으로 떠올랐다. 우리는 들끓는 개미덩이를 취사용 체로 퍼올려 용매가 든 병 속에 털어넣었다. 로와 윌쉬는 곧 이 개미의 일반명이 왜 〈불개미〉인지 알게 되었다. 만약 이 일개미에게 쏘이면 성냥 불을 살갗에 가까이 댔을 때 느끼는 것과 같은 따가움 때문이다. 더구나 개미 집 속의 개미마다 먼저 우리가 눌러 죽이지 않는 한 10배 이상 계속 쏘려고 대든다. 우리는 손과 팔 그리고 관절마다 온통 물리고, 또 물린 곳마다 붉게 붓고 가려웠다. 게다가 물린 자국 대부분이 하루 이틀 지나면 끝이 하얀 고름집이 되어 볼록 튀어나왔다. 내 짐작으로는 이 저명한 내 동료들이 야외생물학자가 아닌 실험실 생물학자로 남기로 결심한 것은 바로 이때가 아니었나 생각된다. 우리는 이런 식으로 값을 톡톡히 치루고 난 다음에야 비로소 냄새 길 페로몬 분석을 하기에 충분한 재료를 얻어 돌아왔다.

이렇게 많은 재료를 얻었지만 이 페로몬 물질의 분자구조를 밝히는 일은 좀체로 쉽게 되지 않았다. 로와 윌쉬가 분광계의 활성 부위에 근접하긴 했으나 이 페로몬에 해당할 것으로 보이는 정점이 낮은 수준으로 떨어져 더 이상 분석할 수가 없었다. 문제의 물질이 사실은 분리과 정중에 불안정하기 때문일까? 그럴 수도 있겠지. 그러나 이제 추출액이 점점 동이 나기 시작했다. 결국 이 두 화학자는 이것이 하나의 파르니신, 즉 테르핀류로서 보통 식물의 천연물에서 발견되어 온 15개 탄소 원자들의 기본 구조를 하고 있다고 추정하였다. 그들은 모든 이중결합의 위치를 자세히 알만큼 정확한 구조결정을 하지는 못한 것이다. 그러나 이 어려운 작업은 20년 후 로버트 밴더 미어와 플로리다의 게인스빌에 있는 미국농업부연구소의 한 연구팀에 의해 완성되었다. 그들은 불개미의 냄새 길 페로몬은 사실상 파리니신의 혼합물로서 그 성분 가운데 하나는 제트 이 알파 파르니신(Z,E-α-farnesene)이며 여기에 적어도 두 가지 유사한 화합물이 첨가된 것임을 밝혔다. 적어도 이론상으로는 이 혼합물 1갤론이면 천만 개 군체의 개미들을 소집하기에 충분한 양이 된다.

이 냄새 길 물질의 출처를 알아낸 다음의 몇 년 동안 나는 개미의 화학적 언어를 가능한 한 많이 해독할 목표를 세우고 일해 나갔다. 나는 불개미의 냄새 길을 더 면밀히 살펴보는 동안 개미의 사회행동에 관한 제2의 페로몬 즉 집단 의사소통을 담당하는 페로몬을 우연히 발견하게 되었다. 나는 척후개미들이 한 번 보내는 신호로는 먹이의 크기나 적군의 규모를 알릴 수 없다는 점을 알게 되었다. 즉 그런 정보는 여러 그룹의 일개미들만이 할 수 있는 것이다. 이는 냄새 길을 잠깐 사이에 여러 개 중복시킴으로써 가능한데, 예를 들어 열 마리로 된 그룹은 단 한 마리가 알릴 수 있는 것보다 더 큰 규모의 표적물이 있을 때 이를 다른 동료들에게 알릴 수 있는 것이다. 만약 백 마리의 일개미가 함께 행동한다면 냄새의 범위를 더 크게 확대할 수가 있다. 결국 먹이 장소에 개미들이 빽빽이 모이거나 적이 진압되면 냄새 길을 놓는 개미의 수가 거의 없어지게 되고 여분의 페로몬이 증발하면 냄새 길은 약화되어 소수의 동료들만이 반응을 나타내게 된다.

개체들의 집단이 공동으로 표적물을 향해 오가며 행동할 때 전달될 수 있는 정보는 놀라우리만치 정밀하다. 후에 어떤 학자들은 이와 유사한 것으로 뇌세포들의 집단 작용을 지적하고 사고기관인 뇌와 초개체 (superorganism)인 곤충 군체 사이에 존재하는 유사성을 지적하기도 하였다. 내 생각으로 이와 같은 추상적 비교를 처음 시도한 사람은 더글라스 호프스태터(Douglas Hofstadter)로서 조직화와 창의성의 본질에 관한 정교한 논문인 『괴델, 에서, 바흐: 한 영원한 금빛 머리(*Gödel, Escher, Bach: An Eternal Golden Braid*)』라는 책에서였다. 이때 질문이 제기되고 그 후에도 여러 번 반복되었다. 그렇다면 이러한 유사성 지적은 곧 개미의 군체가 어떤 식으로든 〈생각〉할 수 있다는 것을 말하는 것일까? 나는 그렇게 생각하지 않는다. 하나의 뇌를 이루기엔 개미 수가 너무 적고 너무나 허술하게 얽혀 있다고 생각되기 때문이다.

나는 그 다음에 연구의 방향을 개미를 유인하고 개미에게 경보를 울리는 페로몬으로 옮겼다. 내가 발견한 것은 내가 본 것 중 가장 간단한 물질이기도 하거니와 이제껏 발견된 것 중 가장 기초적인 페로몬임이 틀림없는데, 그것은 바로 이산화탄소였다. 불개미는 땅 속에 든 먹이 동물을 사냥하고 서로를 찾아내는 데 이 이산화탄소를 쓴다. 만약 가장 이상한 이 페로몬을 지칭하는 데 총괄적인 용어를 쓴다면, 그것은 〈시체발생신호〉로서 바로 이 시체가 자신이 처한 새로운 상태를 동료 개미들에게 〈발표〉해 주는 것이다. 개미가 죽으면 이 개미가 짓눌리거나 찢어지지 않은 한 쭈글쭈글한 상태로 가만히 누워 있게 된다. 죽은 그 자세와 꼼짝없는 모습이 비정상적이긴 하나 동료 개미들은 아무 일도 없었던 것처럼 계속 지나다닌다. 그러나 2-3일이 지나면 개미들은 이를 알아차리기 시작하는데, 그것은 분해될 때 나는 냄새 때문이다. 동료 개미들은 이 냄새에 대한 반응으로 시체를 들어올려 집 밖으로 내다 근처 쓰레기장에 버린다.

이번에는, 〈화학약품을 제대로 쓰면 인공시체를 만들어낼 수도 있겠지. 그리고 냄새를 한쪽에서 다른 쪽으로 옮길 수도 있겠지〉라고 생각했다. 작은 종이조각에 충분히 썩은 시체의 추출물을 적셔보았더니 개미들이 달려들어 이 종이 조각을 쓰레기장에 갖다 버렸다. 이제는 화학적 해발인이라는 기초 개념으로 돌아가 어떤 분해물질이든 이러한 치우기 본능을 유도할 것인가 아니면 개미들이 단지 한두 가지 물질에만 반응을 보일 것인가를 스스로 물었다. 나는 이에 대한 해답을 곧 얻을 수 있을 것으로 보았다. 왜냐하면 이미 생화학자들은 부패중인 곤충에서 여러 가지 화합물을 많이 동정했기 때문이다. 그렇다고 왜 그런 연구가 일찍부터 수행되었는지를 나에게 물을 필요는 없다. 어쨌든 문헌에는 그런 정보가 가득 하다. 사실상 얼마나 이러한 정보들이 자주 기대 밖에 유용한 것으로 판명되는지 잘 모르지만 말이다. 나의 연구도 그런 식의 비밀스러운 경우였다. 조수 두 명을 새로 불러들여 나는 일련의 부패물질을 모아 종이 쪽지에 묻혀 개미들에게 한 가지씩 내밀었다. 이때의 부패물질에는 대변의 한 성분인 스카톨, 썩는 물고기의 한 성분인 트리메틸아민, 그리고 고약한 인체 냄새에 기여하는 악취나는 지방산 몇 가지가 포함되었다. 나의 실험실은 몇 주 동안 하수구와 쓰레기장 그리고 체육관 사물함의 냄새를 모두 합친 것 같은 고약한 냄새를 풍겼다. 그러나 나라는 사람의 코와 뇌가 나타내는 반응과는 대조적으로 개미들이 이 화학물질에 나타내는 반응은 그 범위가 매우 좁았다. 개미들은 올레인산이나 그 에스테르를 묻힌 종이 쪽지에만 반응하여 이들을 갖다 버렸다.

실험 결과 이 개미들은 사람의 감각으로 볼 때 심미적이지도 청결스럽지도 않다는 것을 알게 되었다. 그들은 틀림없이 썩고 있는 시체를 가르키는 좁은 범위의 자극에만 반응하도록 프로그램되어 있다. 즉 썩는 물체를 치움으로써 군체의 위생을 무의식적으로 지키고 있는 것이다. 마침내 나는 과연 개미의 행동이 그와 같이 단순한가에 대한 결론을 얻고자 시체가 다시 살아날 경우 어떤 일이 일어날까 스스로 물었다. 나는 이를 알아보기 위해 살아 있는 일개미들에게 올레인산을 잔뜩 묻혀보았다. 과연 동료 개미들은 이 발버둥치는 개미들을 번쩍 들어올려 쓰레기장에 갖다 버리는 것이 아닌가! 쓰레기장에서 이 〈살아 있는 시체들〉은 수 분 동안 다리를 몸에다 비비고 다리와 더듬이를 입으로 닦는 등 몸을 모두 닦으며 개미 집으로 다시 돌아가려 했다. 그래도 어떤 개미는 다시 끌려 나왔고 마침내 생생하게 살아 있다 할 수 있을 만큼 깨끗해진 후에야 집으로 돌아갈 수 있었다.

새로운 감각의 세계가 생물학자들에게 열리고 있었다. 우리는 대지의 생물들이 시각과 청각이 아니라 맛과 냄새로서 의사소통한다는 사실을 새삼 깨닫게 되었다. 동물과 식물 그리고 수백만 종의 미생물들이 화학물질 전달장치를 엄청나게 다양한 형태로 사용하고 있는 것이다. 그 중 페로몬들은 보통 체내에 매우 희박하게 들어 있어서 사람이 탐지하기가 어려울 정도이다. 동물은 이러한 물질들을 만들고 또 전달하는 방법을 실수 없이 탁월하게 고안해냈다. 1950년대에 나는 개미와 기타 사회성 곤충을 대상으로 이들이 갖는 페로몬을 연구한 불과 10여 명 중의 하나였다. 이 일은 그야말로 눈 앞에 놓인 노다지였다. 우리는 살펴보는 데마다 힘들이지 않고 새로운 형태의 화학적 메시지들을 발견할 수 있었다.

1961년 나는 하버드 대학에서 응용수학을 전공한 대학원생인 윌리엄 보서트를 우리 연구에 초빙해 현재의 모든 화학 의사소통에 관한 지식을 종합하여 단일한 진화적 틀을 구축하는 일에 참여시켰다. 그는 나에게는 도무지 없는 수학적 기능을 완벽할 정도로 갖추고 있었다. 당시에 그는 진화적 변화에 관한 모델 구성에 컴퓨터를 활용하는 분야를 개척하고 있었다. 어느 날 그는 나를 하버드 대학의 아이켄 전산소에 데리고 가서 돌아가는 테이프판과 미래형 통제운전판을 가리키며 여기에 바로 이론생물학의 앞날이 있다고 말했다. 지금이 바로 이곳에 와서 이 강력한 새로운 기술을 습득해야 할 때라고 재촉했다. 그러나 그는 결국 나라는 자연연구가를 끌어들이지는 못했다. 나는 영국황실선 엔데버 호의 병기고와 장비를 검열하도록 초대된 18세기의 태평양 섬의 한 족장처럼 이러한 외계 문화에 너무나 압도되어 주위를 살펴가며 조심스럽게 걸어갔다. 몇 년이 지나 아이켄 전산실의 전산용량이 손가방 크기로 축소된 때에도 보서트는 꾸준히 노력을 계속하였으나 나는 끝내 그에 합류하지 못했다. 나는 그저 평범한 존재로 남을 수밖에 없는 분야에서 몇 년을 그냥 허우적거리며 지내고 싶은 생각이 없었다.

그러나 이미 알려진 페로몬의 화학과 기능에 관해 내가 이미 알았거나 알아낼 수 있는 모두를 그에게 말해주어 그가 페로몬의 전파와 감지에 관한 모델을 고안하도록 하였다. 그는 알려진 것이거나 예상되는 분자들의 증발과 전파속도를 전파된 분자의 추정수 및 이들을 동물이 인지하는 데 소요되는 밀도 추정치와 연관시켰다. 이렇게 종합하여 우리는 확산중에 있는 일련의 여러 가지 가스 형태들을 포함함으로써, 즉 분자 밀도가 반응을 촉발할 만큼 높은 영역 즉 활성공간(active space) 개념을 이론화했다. 활성공간은 페로몬이 한 장소에 정지 상태의 공기 중에 있을 때는 반구(半球) 형태를 하고, 페로몬이 유동중의 대기에 방출되거나 땅에서 정지 상태의 공기 중으로 빨리 흐를 때는 반타원체가 된다.

우리는 분자의 크기가 증발과 확산 속도에 영향을 미치기 때문에 그 점도 고려하였다. 우리는 잠재적으로 다양한 신호들의 수가 페로몬 분자들이 일정한 범위 안에서 커지면 극적으로, 아니 지수함수적으로 증대된다는 점을 밝혔다. 또 우리는 이 물질이 동물로 하여금 즉각적인 반응을 유발하거나 동물의 생리에 변화를 일으키고 비교적 오랫동안 반응할 수 있는 경향에도 변화를 일으킨다는 사실을 알아냈다. 이 이론이 최종적으로 종합되고 모든 증거가 평가되자 우리는 동물들이 진화 도중 실제적 의미에 적합한 화합물들을 선택해 왔다고 결론 내렸다. 예를 들면 경계경보 페로몬으로 쓰이는 분자들은 성 유인용 페로몬 분자들보다 크기는 작은 반면 반응 농도가 높아서 그들의 활성공간이 그때 그때 켜졌다 꺼졌다 하게 허용한다. 일반적으로 우리가 선택한 페로몬들은 특정메시지*를 전달하는 데 상당히 효과적인 것에 해당되었다.

---

* W.H. Bossert and E.O. Willson, 「동물의 후각 의사소통의 분석(The Analysis of Olfactory Communication among Animals)」, *Journal of Theoretical Biology* 5(1963): 443-69 ; E.O. Willson and W.H. Bossert, 「동물에서의 화학적 의사소

페로몬의 가장 일반적인 성질에 관한 이론적 연구가 이처럼 잘 진행되고 있었으나 나는 개미 가까이에 있으면서 실험실 작업을 밀고 나갔다. 나는 각 군체마다 일개미와 여왕개미는 그들의 사회조직을 조절하는 데 10-20종의 페로몬을 사용한다고 추정했다. 이 페로몬 종류의 수는 물론 개미종에 따라 다르다. 그러나 10-20종류라는 범위를 잡은 것은 오직 현재 갖고 있는 지식과 경험에 근거한 것이며 이 글을 쓰고 있는 30년 후인 지금에도 짐작에 그치기는 마찬가지이다. 왜냐하면 냄새 길이나 경계경보 페로몬 같은 몇 가지 분명한 종류를 제외하고는 생물검정과 화학분석이 점점 더 어려워지기 때문이다. 나는 곧 이 분야에서 가장 앞서기 위해서는 모든 시간을 여기에 투입하고 또 조직학과 화학에 관한 최신기술 훈련을 받지 않으면 안된다는 점을 인식하게 되었다. 그러나 첫번째의 그 조잡한 실험을 한 지 10년 후인 1960년대 말에 와서 페로몬 연구 분야는 재능 있는 연구원들이 소집단을 이뤄 쏟아져 나왔다. 그래서 35살의 뒤쳐진 나이에 있는 나는 화학적 의사소통 실험을 쉬운 기술로 결과를 빨리 볼 수 있는 가능성이 엿보일 때만 다시 시작하였다.

이제 우리는 1969년에 이르렀다. 어떤 사람은 이 해를 파라오 개미들이 분자생물학자들에게서 배지를 훔치기 시작한 해로 쉽게 기억하고, 또 어떤 사람들은 급진파 학생들이 주먹을 들고 혁명적인 구호를 박은 T셔츠를 입고 하버드 대학의 구내와 광장에서 기세를 올렸던 해로 기억한다. 그러나 이 해는 나에겐 다른 차원에서 큰 변화를 일으킨 해였다. 즉 지난 10년 동안 열정의 대상이었던 페로몬과 섬 생물지리학에 대한 관심이 시들기 시작한 것이다. 그해 9월 그동안 서신으로 연락을 주고 받던 젊은 과학자인 버트 휠도블러가 생물학 실험동의 나의 연구실 문을 두드렸다. 프랑크푸르트 대학의 동물학 강사인 그는 나의 후원으로

통(Chemical Communication among Animals)」, *Recent Progress in Hormone Research* 19(1963): 673-716.

1년 동안 방문과학자로 온 것이다. 나는 바야흐로 친밀한 우정과 개미 연구에 일생을 바치는 공동의 집착 위에서 나의 연구 생애 중 가장 줄기차고 생산적인 공동작업을 시작할 참이었다.

당시 우리는 그렇게 고차적인 분석을 하지는 않았으나 행동생물학에 관한 두 나라의 문화 대표로서 만났던 것이며 이러한 만남은 곧 개미 군체와 기타 복잡한 사회를 더 잘 이해하는 데 도움이 될 것이 분명했다. 여기에 기여할 영역의 하나는 동물행동학으로서 행동의 전체 패턴 연구를 자연 조건에서 수행하는 것으로 유럽에서 시작된 것이므로 휠도블러의 강점이 되기도 했다. 두 세대에 걸쳐 이룩된 산물이긴 하지만 1969년에 동물행동학은 널리 보급된 전통상 로렌츠, 틴버겐 그리고 폰 프리쉬의 주도 하에 발전되어 세계적인 위상을 확보해 가고 있었다. 또 다른 한 영역은 내 자신이 강훈련을 받은 분야로서 바로 집단생물학이었다. 대체로 미국과 영국에서 시작된 이 분야는 행동에 접근하는 방법상 동물행동학과 급진적으로 달랐다. 이 분야는 개체들의 모든 것을 다룬다. 즉 개체가 어떻게 자라고 한 경관에서 어떻게 퍼져나가고 또 당연히 어떻게 물러나고 사라지는지를 본다. 현대 집단생물학은 지금은 전 세계에 퍼졌지만 공간과 시간을 넓은 범위에 걸치고 살아 있는 생물 연구에 들이는 상상력 못지 않게 수학모델 작성에 많은 상상력을 투입한다. 이 영역에 쓰이는 테크닉은 전체 사회의 통계적 투영을 얻기 위해 개개 구성원의 출생, 사망 그리고 이주를 모두 종합한다는 의미에서 인구학적 테크닉과 긴밀히 연합되어 있다.

수준 높은 접근에 있어 두번째로 중요한 것은, 하나의 곤충 군체는 하나의 집단(개체군, population)임을 인식하는 일이다. 아프리카 장님개미(driver ant)의 여왕개미와 이천만 일개미 군체들은 각 나라마다 그 나라의 국민들 수보다도 많다. 그러한 집단을 충분히 이해하는 데는 인간 집단의 경우처럼 구성원들 하나 하나의 생활과 죽음을 추적하는 길밖에 없다. 그러나 집단 수준과 개체 수준의 정보덩어리들이 하나의 과학을 이루기 위해서는 동물행동학이 요구된다. 이 분야만이 의사소통과 개미 건축에 있어서의 카스트와 분업에 이르는 사회조직의 핵심을 구체적으로 말해줄 수 있기 때문이다. 그러한 것들이 종합되어 얻어지는 것은 결국 진화의 실상이다. 행동과 집단은 곧 자연선택의 역사적 산물을 나타내는 것이다. 요컨데, 집단생물학, 동물행동학 및 진화론은 사회생물학이란 새로운 분야의 내용을 이루는데, 사회생물학으로 말하면 1975년에 내가 사회적 행동의 생물학적 기초와 복잡한 사회의 조직을 체계적으로 연구하는 과학이라고 정의한 바 있다.

버트 횔도블러와 나는 사회생물학으로 한발 한발 다가가고 있었다. 그러나 우리는 그 무엇보다도 곤충학자들이며 곤충 연구에 몸담고 있었다. 우리가 만났을 때 그는 33살로서 나보다 7살 아래였다. 그러나 그는 나와는 별도로 개미는 동물행동학, 사회생물학, 또는 다른 생물학 영역 어떤 것으로 연구되든 상관없이 과학적으로 연구될 만한 가치가 있다고 확신하고 있었다. 그럼에도 불구하고 우리는 때때로 나눈 대화를 통해서 동물행동학과 집단생물학은 사회행동 연구에 보완적이며 또 이들이 결합되면 좀더 강력해질 것이라는 점을 예견하였다.

이제 그와 같이 공통 관심사항의 선언을 끝으로 일을 여기서 쉽게 끝낼 수도 있을 것이다. 즉 횔도블러는 하버드 체류 2년 만에 일찍이 독일에서 학자의 생애를 보내며 기어코 마치리라 예견했던 바를 다시 시작하기 위해 프랑크푸르트로 돌아갔다. 그러나 이때쯤 하버드 대학의 문리학 부장인 존 던롭은 행동생물학 분야에 교수진을 더 늘릴 것을 결정하였다. 그는 세 명의 교수를 새로 임명할 것을 승인하고 나에게 인선위원회를 담당하도록 주선했다. 우리는 많은 서신과 자문인사들의 평가를 심의한 끝에 횔도블러 박사가 무척추동물의 행동 분야 연구에서 세계적으로 가장 유망한 젊은 과학자임을 확인하였다. 따라서 그는 하버드 대학에 정교수로 초빙되었다. 그는 초빙을 수락했고 1972년에 하버드 대학이 있는 케임브리지로 돌아왔다.

그 후 우리 둘은 비교동물학 박물관의 신축실험실 건물 날개의 4층을 나눠 썼다. 우리는 서로 더욱 가까워졌고 강의와 연구 프로젝트 수행을 두고 점점 더 많이 공동으로 활동하였다. 그러나 이런 결합이 일생을 가지는 못했다. 그 후 16년이 지난 1989년에 횔도블러는 다시 독일로 돌아갔는데, 이번엔 바바리아의 부르츠부르크 대학에서 새로 발족된 테오도르 보베리 생물과학연구소에 사회성 곤충 연구를 위한 특별과를 창설하도록 요청받았던 것이다. 그는 그때쯤 그의 조국에서 매우 크게 인정받고 있었다. 대개의 다른 유럽국가들과 비슷하게 독일에서도 생태학과 유사 주제에 대한 관심이 점점 커지고 있었지만 사람들은 적었다. 횔도블러의 행동과 집단생물학을 합친 잡종 경험이 그로 하여금 그 나라에서 이 분야를 주도할 자격을 부여한 셈이며 내가 이 글을 쓰고 있는 지금에도 계속 그런 상태에 있다. 드디어 그는 1991년에 독일의 가장 권위있는 과학상인 라이프니츠 상을 받았다.

강인한 성격으로 말하면 그보다 더 인정받을 만한 과학자는 없을 것이다. 횔도블러는 내가 알고 있는 과학자 중에 가장 정직한 사람이었고 지금도 그렇다. 우리가 지루한 실험을 되풀이하면서 대화로 시간을 채워 나갈 때 예를 들면 〈좋아. 그래, 아! 63초 지난 지금 먹이를 찾던 일개미가 집에 들어왔어요. 받아 썼어요? 자 이젠 주제로 돌아가서 헤니히와 분지론(cladism)의 독창적 발상에 대해 한 가지만 더 이야기하고 싶어요〉라고 하면서도 그는 모든 자료를 노트에 적어 넣으려 애썼고 발표한 논문 속의 모든 표현에서도 그 뉘앙스를 최대한 솔직하고 투명하게 나타내려고 하였다. 여기서 언급할 만한 흠이 있다면, 나도 같은 흠을 가지고 있어서 서로 잘 어울렸지만, 그것은 바로 일에 있어서의 일종의 집착인데 그 다음의 과제로 넘어가기 전에 때로는 불필요할 정도로 주제를 철저히 종결하려는 점이다.

과학에서는 심리적 통제 아래 집착을 행사하는 것이 하나의 미덕일 수 있다. 나는 횔도블러 이상으로 그러한 집착 충동을 실험의 설계와 증거에 대한 평가에 쏟는 사람을 보지 못했다. 대개의 성공적인 연구자들은 실험 진행이 잘 되었으면 그것으로 그치고 기껏해야 전체 결과가 통계적으로 설득력 있을 만큼만 반복한다. 그리고 그들은 논문에서 〈그랬을 가능성이 있다고 생각한다〉라고 쓸 준비가 되어 있다. 그런가 하면 일부 다른 연구자들은 멈칫하고 묻는다. 〈도대체 새로운 종류의 측정치를 쓴다면 지금 나온 결론을 더 엄격하게 시험할텐데 또 다른 실험을 할 필요가 있겠는가?〉 그러나 만약 두번째 과정을 수행해 첫번째와 일치하는 결론이 나왔다는 것을 알게 되면 〈증명이 잘 되는군. 자, 서두릅시다〉라고 결론맺는다. 휠도블러로 말하면 이 두번째 유형이다. 그러나 우리가 공동연구를 하는 동안 때때로 그는 멈칫거리고는 〈제3의 방법은 없을까요?〉라고 질문을 던져 나를 놀라게 했다. 그는 이따금씩 또 다른 방법을 사용하고자 서둘렀다. 그야말로 내가 아는 유일한 제3의 방법 연구자이다.

그는 과학자 중의 과학자이다. 그는 그저 사물을 아는 방법으로써 과학을 사랑했다. 내 짐작으로는 그는 보아주는 청중이나 어떤 보상이 없어도 과학을 했을 것이다. 그는 정치적 게임이라곤 몰랐다. 새로 얻은 데이터가 들어맞지 않을 때는 즉시 입장을 바꾸었다. 그는 한 가설을 흔쾌히 포기할 줄 아는 내가 아는 몇 사람의 과학자 중 한 사람이다. 그는 다른 사람을 믿는 일에 매우 신중한 편이지만 연구결과가 독창성 있고 확고할 때는 찬사를 아끼지 않으며 또 시원치 않을 때는 가차없이 거부하였다. 말할 때 그의 어조는 분명하고 완고할 정도로 도덕적인 분위기를 느끼게 하는데 그것은 오만이나 자존심에서가 아니고 스스로 매기는 기준 없이는 생활이 그 의미를 잃는다는 그 자신의 인간철학적 확신에서 오는 것이다.

그렇다고 버트 휠도블러를 음울한 인간으로 본다면 잘못이다. 그는 함께 있으면 매우 재미있는데 내게는 마치 연하의 동생과도 같았다. 잠시 작업을 중단하고 쉴 때 우리는 과학에 관한 일이나 개인적인 일 모두를 털어 놓고 이야기했다. 그의 태도와 외모까지도 보는 사람에게 미더운 느낌을 주었다. 중년이 되면서 턱수염을 기른 그는 어릴 때 좋아했던 운동 때문에 얻은 다부진 운동선수의 근육 체질에 어울리게 유럽 대륙의 유쾌한 인상을 풍겼다. 그는 가족에 열심이었는데 부인인 후리 데리케와 함께 세 아들을 기르는 일 하나하나에 시간을 할애했다. 과학이 모두는 아니었던 것이다. 그는 타고난 화가이며 사진가인데다가 훌륭한 음악가로서 내가 내내 일중독에서 헤어나지 못한 것만큼 내가 결코 따라갈 수 없을 정도로 예술에 집착하고 또 즐겼다. 내가 우울할 때는 예술에 대한 그의 사랑이 부러웠다.

그는 나이가 나보다 훨씬 아래지만 나를 더 좋은 과학자로 만들었다. 우리가 실험실과 야외에서 같이 일하는 동안 나는 그의 기준을 따르기 위해 안달을 했고 또 그렇게 애쓴다는 것을 그에게 말해 주려고 했다. 나는 천성적으로 과학의 지식을 종합하는 일에는 그보다 나았지만 모든 일이 합당하게 되도록 하려는 노력, 그래서 비록 억지가 되더라도 모든 조각들을 나의 틀 어디엔가 끼워 맞추려는 동안 자주 세부사항을 놓쳐 왔음을 고백하는 바이다. 그러나 횔도블러는 나와는 다르게도 세밀한 부분을 간과하는 일이 없었다. 그는 기질적으로 칼 본 프리쉬의 전통에 속하는데 이 점은 내가 부르츠부르크에 갔을 때 프리쉬의 제자이며 횔도블러의 지도교수인 마르틴 린다우어에게서 간단히 들은 말이기도 하다. 린다우어는 심각한 일을 말할 때 으레 그러듯이 웃으며 〈저 세밀하고 자질구레한 것들을 찾아내 보시오〉라고 말했다.

나와 횔도블러는 하버드 재임 시절 이 교훈을 여러 번 따랐다. 우리는 1985년에 처음으로 함께 코스타리카로 여행을 떠났다. 그리고 산 호세에서 열대 연구기구의 야외시험장이 있는 라 셀바로 차를 몰았다. 다 우림으로 들어서자 나는 행동 연구에 획기적인 흥미거리가 될지도 모를 개미를 발견하고 이를 동정하는 데 개미에 대한 내 일반 지식을 총동원하였다. 나는 신속하고도 흥미로운 보상을 안겨줄 대가를 찾고 있었다. 그러한 한 후보로 원시형 *Prionopelta* 속이 보였는데 이 속은 썩는 나무토막에 집을 짓는다는 사실을 알게 되었다. 이 속의 군체는 살아 있는 상태로 연구된 적이 없었다. 나는 이 개미의 사회적 행동에 관건이 되는 사실들을 기초 데이터지만 종합과 진화적인 구성에 쉽게 끼어 넣을 수 있는 사실들이기를 바라면서 기록하는 데 열을 올렸다. 나는 횔도블러와 함께 이 일에 몰입했다. 그리고 군체의 크기, 여왕의 수, 분업 그리고 일개미가 포획한 곤충과 기타 작은 동물에 대해 적어 나갔다. 그래서 예를 들면 이 개미들은 쫌지네(campodeid diplurans)라고 하는 좀과 비슷한 작은 벌레를 좋아한다는 것을 알아냈다. 이렇게 일하는 사이에 횔도블러의 관심은 *Prionopelta* 속 개미 집의 통로벽에 붙은 오래된 고치 명주실의 조각들에서 떠날 줄을 몰랐다. 그는 나에게만큼이나 자기 자신에게도 물었다. 〈이것이 무엇을 말하는 걸까?〉나는〈아무것도 아냐. 그저 버려진 것이지〉라고 대답했다. 고치에서 성체가 새로 나오면 동료 개미들이 고치의 명주실 조각을 갖다 버린다. 그리고 따로 쓰레기 더미에 갖다 쌓아 놓느라 애쓰지 않는다. 그러나 그가 말했다. 〈아니에요, 아니에요. 보세요. 이 조각들이 개미 집 통로의 벽에 부드러운 깔개로 대어 있어요.〉그는 자신의 눈으로 직접 그리고 하버드 대학으로 돌아와 주사전자현미경으로 면밀히 관찰하고 이 고치 명주실은 일종의 벽지로 사용된다는 점을 보여주었다. 이것은 바로 축축한 방벽을 보다 건조한 상태로 유지하여 자라고 있는 새끼들을 보호해 주는 것이었다. 이와 같은 벽지 작업은 일찍이 개미에게서 알려진 적이 없는 기후조절 기술이었다.

횔도블러는 다시 말했다.〈보세요. 먹이를 찾으러 다니는 일개미 중에 어떤 놈은 뒷다리를 땅에 질질 끌며 더 천천히 움직여요.〉나는 대답했다.〈응, 그거 말이요. 개미들이 흔히 특별한 이유없이 천천히 걷기도 하고 이리저리 불규칙하게 다니기도 하지. 이들 원시형의 개미에서는 혹시 냄새 길을 놓는다고 믿을 만한 어떤 실마리도 보이는 게 없거든.〉그러나 그는 일개미들이 냄새 길을 놓음으로써 동료 개미들을 새로운 장소로 동원할 뿐 아니라 이 유인물질이 전에는 짐작도 하지 못한 뒷다리의 샘 부분에서 나온다는 것을 알아냈다. 즉 개미들이 뒷다리를 땅 위로 끌고 다니면서 이 페로몬을 땅 위에 일직선으로 묻혀 나가는 것이다. 이와 같은 페로몬 샘이 존재한다는 사실 자체는 이 개미 속의 진화적 관계를 추정하는 데 중요한 단서가 되었다.

이와 같이 라 셀바 숲에서 2주 동안 수집된 데이터를 토대로 우리는 다섯 편의 논문을 썼다. 우리가 함께 일하는 동안 이리저리 땅을 파고 이야기하면서 해낸 발견이 많다. 두 사람 중 하나가 어떤 것을 발견하면 다음엔 다른 하나가 또 다른 것을 발견했다. 우리의 공동연구 관계는 유럽의 여러 연구소로부터 그에게 초빙 교섭이 온 데다 또 부르츠부르크 대학에서 교수직 제안이 들어오자 그 막을 내리게 되었다. 그에게는 고정밀의 기기와 숙련된 조수가 필요했는데 그 대학의 테오도르 보베리 연구소가 그것을 약속한 것이다. 그는 개미의 근육, 샘 그리고 뇌 안에 들어가 이 기관들이 어떻게 사회행동과 조직화를 조정하는지 알고 싶어 한다. 거의 하나의 강박관념으로 말이다. 그는 천 가지의 자질구레한 것들을 이해하여 하나의 전체를 파악하고 싶은 것이다. 이런 종류의 작업은 비용이 많이 들고, 그래서 미국과학재단과 미국의 사립기관들에게는 너무나 비싼 작업이었던 것 같다. 재정 지원은 대개 적절치 못하거나 불안정했으며 또는 이 두 가지 모두였다. 즉 3년 내지 5년 주기로 재신청해야 했는데 채택되고 안되는 것은 우연에 가까웠다. 물론 휠도블러가 미국과학재단에 신청하면 언제나 가장 높은 평점을 받아 채택되곤 했으나 지원된 액수는 그가 생각하는 노력을 해나가기엔 미흡했다.

하루는 그가 하버드를 떠나는 문제를 두고 좀더 진지하게 생각하게 되자 우리는 개미에 대해 우리가 알고 있는 모든 것을 담은 책을 하나 쓰기로 하였다. 우리가 이 일을 하면서 스스로 의문을 던졌다. 어째서 역사상 그 누구도 개미에 관한 책을 내려고 하지 않았을까? 그러나 그런 규모의 일이라면 굉장한 노력과 시간이 들겠지. 게다가 정해 놓은 목표에 도달하지 못하고 마는 경우도 생기겠지. 그러나 이 얼마나 한번 해볼 만한 일인가! 체구가 작은 세계 헤비급 권투 챔피언 플로이드 패터슨이 한때 비범한 것을 성취하기 위해 말한 것처럼 바로 불가능에 도전한다는 것 말이야. 결국 그 결과로 나온 것이 1990년에 하버드 대학 출판부에서 나온 『개미들(The Ants)』이었다. 2단 조판을 하여 732쪽에 이르는 이 책에는 수백 개의 그림과 천연색 도판, 그리고 삼천 개의 문헌 소개가 들어있다. 이 책의 무게는 대작에 대한 나의 기준을 채우고 남을 만큼 7.5파운드나 나갔으며 3층 높이의 건물에서 떨어뜨리면 사람도 충분히 죽일 수 있을 정도였다.

그 후 4월 9일 수요일 오후 하버드 대학의 문리학부의 부장들과 교수진이 월례모임을 위해 초상화로 둘러싸인 대학회관의 대회의실에 모였다. 개회가 선언되는 순간 비서 한 사람이 데레크 보크 총장에게 메모 하나를 전했다. 총장이 그 내용을 발표했다. 바로 『개미들』이 비소설 부문에서 1991년도 풀리처 상을 받았다는 것이다. 나는 그만 자리에서 일어섰고 하버드 대학 교수진의 뜨거운 박수를 받았다. 어렵쇼. 하버드 교수진에게서라니! 이렇게 맨 꼭대기까지 올라 갔으니 다음엔 어디로 간담. 아래쪽밖엔 더 있나?

그 후 나는 이번 풀리처 상 수상이 과학책으로는 오직 다섯번째이고 더구나 한 전문가가 동료 전문가들을 위해 쓴 과학적 내용의 책으로는 첫번째라는 것을 알았다. 나는 그날 대학회관을 떠난 직후 독일에 있는 휠도블러에게 전화하여 미국의 가장 유명한, 그것도 과학상이 아닌 문필 상을 받은 소감이 어떠냐고 물었다. 〈그것 참 멋있군요.〉 그는 대답했다. 그리고 부르츠부르크에서도 축하를 하겠다고 말했다. 물론 말할 때 그 억양은 여전했고 그래서 이때를 더 잊지 못할 순간으로 만들었다.

16 사회생물학을 이룩하다

1977년 8월 1일자 《타임》지 표지에 사회생물학이 소개되었다. 그해 11월 22일 나는 새로운 분야에 기여한 공로로 카터 대통령으로부터 국가과학메달을 받았다. 그러나 두 달 후 워싱턴에서 열린 미국과학진흥협회 연례 모임에서 강의를 시작하려고 할 때 일단의 시위자들이 단상을 점령하고 나의 머리 위에 얼음물을 한 그릇 퍼부으면서 의기양양하게 외쳤다. 〈윌슨, 당신은 글렀어!〉라고. 이 얼음물 세례 일화는 과학자가 단순히 자기의 생각을 표현한 것 때문에 비록 가볍지만 신체적으로 공격을 받은 근대 미국 역사상 유일한 사건이었을 것이다. 어떻게 해서 혼자 있기 좋아하는 한 곤충학자가 이 정도의 엄청난 소란의 주인공이 되었을까? 여기 설명해 보기로 한다.

내가 사회생물학에 관심을 갖게 된 것은 어떤 혁명적인 꿈을 꾸면서 시작된 것이 아니다. 그것은 1956년 1월 어느 날 아침 원숭이를 관찰할 목적으로 푸에르토리코 동쪽 연안 가까이 있는 작은 섬 카요 산티아고를 방문했을 때 한 가지 특수한 동물학적 연구 계획을 시작한다는 순수 목적에서 시작되었다. 바로 그때 나의 첫번째 대학원생으로 들어온 스튜어트 알트만과 동행했다. 알트만은 학술적인 면에서 매우 예외적인 존재였다. 그 전 해 가을에 하버드 대학 박사과정에 들어왔지만 지도교수를 맡을 선생이 없었다. 그의 능력이 부족해서가 아니고 그가 학위

논문으로 제안한 제목이 너무나 비상한 것이었기 때문이었다. 그는 특히 카요 산디에고 섬으로서 지금은 원숭이 섬으로 불리는 이곳에서 국립보건연구원에 의해 관리되고 있는 야생의 붉은털원숭이(*Rhesus macaques*)의 사회적 행동에 착안한 것이다. 그가 박사과정에 들어왔을 때 그는 이미 만반의 준비를 갖춘 상태였다. 그는 그전에 파나마의 다우림(多雨林)에 사는 짖는원숭이(howler monkey)에 관해 연구를 했었다. 이런 준비로 인해 그의 관계문헌에 관한 지식은 거의 완벽했다.

그러나 하버드 대학에는 그가 말하는 사항을 알 만한 사람이 없었다. 1955년 당시만 해도 야생 조건에서의 영장류의 행동에 대해서는 문자 그대로 무지의 상태였다. 하긴 미국의 심리학자인 레이 카펜터가 1930 년대에 짖는원숭이, 붉은털원숭이 그리고 긴팔원숭이를 야외 관찰하여 기초를 닦아 놓았지만, 그의 발표논문은 소수의 생물학자들과 인류학자들의 존경을 받았으나 하나의 학파로 발전하지는 못하였다. 제인 구달은 그때까지만 해도 영국에 살았고 그녀가 침팬지 연구를 위해 아프리카의 곰베 보호림으로 처음 간 것도 그로부터 24년 후의 일이었다. 알트만이 일을 시작할 때는 일본의 몇몇 학자들이 규슈 섬의 타카소키 산에 사는 붉은털원숭이를 관찰하고 있을 때였다. 그러나 일본학자들은 모국어로 발표했기 때문에 미국과 유럽학자들에겐 전혀 알려지지 않았다.

하버드 대학의 생물학 교수진 중 어떤 노장 교수도 영장류의 야생 연구가 자기의 영역에 해당된다고 보지 않았다. 그 가운데는 그러한 연구가 과연 생물학에 속하는지 의문을 갖는 사람도 있었다. 그래서 알트만은 나에게 왔다. 1955년 늦가을 나는 생물학 조교수직 제안을 받았으나 그 이듬해 7월 1일에나 유효하게 되어 있었다. 학과장 후랭크 카펜터 교수는 나에게 내가 개미의 사회행동에 관심이 있으니 알트만을 지도하지 않겠느냐고 물었다. 나는 기쁘게 받아들였다. 나는 알트만보다 한 살밖에 많지 않아 아직도 대학원생이나 다름 없어서 알트만이 내놓은 이상야릇한 새 주제를 배워 볼 욕심에 사로잡혀 있었다.

과연 나의 결정은 현명했다. 알트만과 내가 카요 산티아고 섬의 붉은

308

털원숭이 속에서 지낸 이틀은 실로 멋진 새 경험이었고 나에겐 지적인 전환점이 되었다. 처음 이 섬에 발을 내딛었을 때 나는 붉은털원숭이의 사회에 대해서 거의 아는 바가 없었다. 전에 나는 레이 카펜터의 논문을 읽은 적은 있으나 여러 가지 펼쳐지는 기이한 모습을 이해할 준비가 되어 있지 않았다. 알트만이 나를 원숭이들 사이로 걸어가며 안내했을 때 이들의 매우 정교하고도 잔인하기 일쑤인 순위질서의 세계와 연합, 혈연유대, 터싸움, 위협과 과시 그리고 상대를 무력화시키는 음모가 나의 주의를 사로잡았다. 나는 수컷이 걷는 자세만으로 이 수컷의 순위를 읽어내는 것뿐 아니라 무서워하고 복종하고 또 적의를 품는 정도를 얼굴 표정과 몸 자세로 알아낼 수 있었다.

알트만이 경고를 했다. 〈두 가지를 주의해야 합니다. 어린 원숭이 앞에서 갑자기 움직이지 마세요. 해를 끼칠 것 같은 인상을 주기 때문에 성체 수컷이 공격해 오기 쉽습니다. 만약 위협을 받으면 수컷을 빤히 마주 쳐다보지 마세요. 그렇게 보는 것은 곧 위협이 되므로 공격을 유발하기 쉽습니다. 고개를 떨구고 다른 쪽을 보세요.〉 그러나 둘째 날 나는 한 어린 원숭이 앞에 서 있다가 엉겁결에 몸을 휙 돌렸더니 수컷이 소리를 꽥 지르는 것이었다. 그리고 차위 수컷이 나에게 다가와 입을 딱 벌리고 노려보았다. 이것은 원숭이의 강도 높은 위협표시이다. 나는 그만 완전히 얼어 버렸다. 이 카요 산티아고 섬에 오기 전에 나는 붉은 털원숭이를 그저 해롭지 않은 작은 원숭이로 생각했었다. 그러나 바로 이 원숭이는 긴장된 상태와 큰 몸집을 내 앞에 내세우고 있으니 잠시 한 마리의 작은 고릴라를 보는 것 같았다. 내가 어떻게 해야 할지 상기해 줄 사람이 필요하지 않았다. 나는 즉시 고개를 떨구고 내가 할 수 있는 가장 송구스러운 태도를 어색하게 나타내며 다른 쪽을 바라보았다. 〈미안해요. 어떤 짓을 하려고 한 게 아니에요. 미안해〉라는 사연을 간절히 표시하면서. 몇 분이 지나자 그 원숭이는 자리를 떠났다.

저녁이 되면 알트만은 영장류 이야기를 했고 나는 개미 이야기를 했는데 마침내는 사회성 동물에 관한 모든 정보를 종합할 수도 있는 가능성에 대해 골몰하게 되었다. 우리는 그렇게 종합된 일반적 이론을 사회생물학(Sociobiology)이란 이름으로 취할 수 있을 것이라는 데 동의했다. 알트만은 이 말을 이미 그의 연구에서 쓰고 있었다. 즉 미국생태학회의 소작업반인 동물의 행동 및 사회생물학 분과의 명칭에서 딴 것이다. 당시 동물학자들 사이에는 동물 사회를 분석하는 데는 별개의 방법이 요구되며 동물 사회는 별개의 작은 분야라는 인식이 팽배해 있었다. 그러나 과연 무엇이 이 사회생물학의 일반 원리이며 여타의 생물학과는 어떻게 관계되는지 말할 수 있는 사람은 아무도 없었다.

어쨌든 사회생물학은 워더 클라이드 앨리, 알프레드 에머슨 그리고 존 스코트와 같은 원로 동물학자들의 인도로 한 전문 분야의 형태를 이뤄나가고 있었는데 그래도 방법상 아직 여러 가지 사회행동 형태에 관한 기재가 주를 이루었다. 나와 알트만이 그 유쾌했던 푸에르토리코의 저녁 시간에 이 문제를 많이 이야기했으나 더 나은 묘수는 없었다. 영장류 집단과 사회성 곤충의 군체들 사이엔 공통점이라곤 거의 없는 것 같았기 때문이다. 붉은털원숭이들은 개별인지에 입각한 순위질서에 크게 의존하여 조직되어 있다. 사실상 원시성의 말벌들에서도 그와 마찬가지지만 수백 또는 수천 마리의 이름모를 단명의 자매들이 조화를 이루어 생활하고 있는 여타의 사회성 곤충에선 그렇지 않기 때문이다. 영장류들은 목소리와 시각적 몸짓으로 의사소통하지만 사회성 곤충들은 화학분비물로 한다. 영장류는 개인적인 관계 위에서 임시 역할을 다하지만 사회성 곤충에는 카스트와 같이 비교적 엄격하고 일생 동안 가는 분업이 있다.

순위제와 집단행동 같은 현상에서 유사성이나 차이를 나열했다고 해서 그것으로 이름나게 과학을 모두 했다고 할 수는 없다. 1956년 당시엔 어째서 여러 가지 특징들이 집단에 따라 있고 없는 식으로 다양성을 나타내는지를 설명하는 이론이 따로 없었다. 알트만은 한 가지 좋은 생각을 해냈다. 그는 만약 한 마리의 붉은털원숭이가 행동 a를 수행하면 그가 거듭 a 행동을 취할 확률이 있으며 또한 b 행동을 취할 확률도 있을텐데 이와 같은 정보를 요약하기 위해 확률 이행 행렬표를 만들 생각을 하고 있었다. 나도 그런 생각에 동의했다. 즉 상당수의 행동과 사회적 상호작용이 이행행렬표로 취합될 수 있을 것으로 보았다. 그 다음엔 한 사회를 다른 사회와 정밀하게 비교하는 데 이러한 숫자들을 쓸 수 있을 것이다. 그러나 이와 같이 사회적 상호작용들을 수량화하는 것은 중요한 단계이지만 그 결과는 어떻게 되는 것일까? 결국 어떻게, 그리고 왜 어떤 종의 원숭이나 개미는 진화중에 다른 종과 달리 일정 패턴을 나타내는 것일까에 대해 설명하는 것이 없다면 하나의 기재로 머물기는 마찬가지일 것이다. 1956년엔 알트만이나 나나 사회생물학을 더욱 발전시킬 개념적 도구를 갖고 있지 못했다. 그래서 우리는 이 문제를 일단 중단했고 알트만은 박사논문 완성을 서둘렀다.

타고난 종합가인 나는 하나의 통일적 이론을 완성하는 데 대한 꿈을 버리지 않았다. 나는 1960년대에 이르러서 집단생물학이 사회생물학의 기초 학문이 될 가능성이 있다는 확신을 갖기 시작했다. 내가 집단생물학을 파고든 것은 사회생물학에 봉사하기 위해서가 아니고 분자생물학으로 기울어진 저울에 균형을 잡아줄 추를 만들기 위해서였다. 나는 집단은 적어도 분자 수준에서 작용하는 법칙과는 다른 법칙, 즉 분자생물학으로부터의 상향적 논리로 구축될 수 없는 그런 법칙을 따를 것이라 믿었다. 생물과학에 대한 이러한 견해로 인해 나는 로렌스 슬러버드킨과 공동연구를 하게 되었는데 이러한 연합은 후에 내가 로버트 맥아더와 함께 섬 생물지리학 이론을 발전시키도록 유도하였다.

1960년대 초 집단생물학은 독립적인 세력을 상당히 얻어가고 있었고 나에게는 그것이 사회생물학과 기준적인 관계를 갖게 되리라는 확신도 높아갔다. 내가 1964년 7월 하순에 버몬트 주에서 에그버트 라이, 리처드 레빈스, 리처드 르윈틴 그리고 맥아더 등의 〈말보로 써클〉을 만났을 때, 나는 사회생물학이 집단생물학의 한 분파가 될 수 있다는 생각을 피력했다. 나는 사회란 집단이며 따라서 마찬가지 분석 양식이 적용될 수 있을 것이라고 주장했다.

나는 핵심에 빨리 도달하는 길은 사회성 곤충에서의 카스트제와 분업을 확고히 설명하기 위해 집단생물학을 이용하는 데 있음을 깨달았다. 나에게는 이러한 과제를 수행할 만반의 준비가 되어 있었다. 1953년 나는 개미의 카스트제의 진화를 전 세계의 개미 수십 종을 측정한 값을 써서 좀더 기재적인 방식으로 추적하였다. 나는 여왕과 일꾼, 그리고 보통(〈소형〉) 일꾼들 사이의 해부학적 분화가 어떻게 하여 여러 기관들의 차별적인 성장 즉 비비례 생장(非比例生長, allometry)의 차이로 인해 생기는 것인가를 밝혔다. 바로 몸의 한 부분이 다른 부분에 비해 증가하거나 감소하는 비비례 생장으로 말미암아 머리가 크거나 작은 개체가 나오고 또 난소가 팽대되거나 수축된 것이 나오고 또 최종적으로 생기는 성체의 일부가 이상해지는 경우가 생기는 것이다. 이러한 생각은 결코 새로운 것이 아니었다. 일찍이 줄리언 헉슬리가 쓴 1932년에 낸 책 『상대 생장의 문제들(*Problems of Relative Growth*)』에서 제안한 것이었다. 그러나 그 역시 다르시 톰슨(D'Arcy Thompson)이 형태적 차이의 진화를 분석하여 1917년에 발표한 『생장과 형태(*On Growth and Form*)』에서 영감을 받았던 것이다. 나는 여기에서 개미를 따서 카스트의 진화가 한 기본형에서 시작하여 작은 단계들을 따라 서로 크게 다른 여러 형태로 발전하는 그럴 듯한 진화순서를 그려냈다. 그러고는 이 주제에 새로운 요소를 가미했다. 즉 비비례 상대 생장에 각 군체 내의 서로 다른 카스트 구성원들 사이에 나타나는 상대적 개체수라는 인구학을 첨가한 것이다. 이렇게 비비례 상대 생장과 인구학을 긴밀하게 결합시키면 일어났을 법한 카스트 진화의 모습이 훨씬 분명해진다. 일정 카스트 구성원의 해부구조 여하는 확실히 일꾼들의 역할 능률을 결정한다. 예를 들면 병정개미들은 날카로운 턱과 그 큰 턱을 닫을 강력한 근육을 갖추고 있을 때 기능을 최대로 발휘할 수 있는 것이다. 그러나 나는 병정개미의 숫자가 또한 지극히 중요함을 지적하였다. 다시 말해 전투전문가가 수적으로 너무 적으면 그 군체는 적에게 제압당할 것이다. 반면에 너무 많으면 그 군체는 애벌레들을 먹일 먹이를 충분히 수집해 올 수가 없다.

결과적으로 군체들은 비비례 상대 생장에 의해 만들어진 여러 가지 카스트 구성원의 출생과 사망률을 조절하지 않으면 안 된다. 나는 그후 연구에서 이러한 현상을 〈적응적 인구학(adaptive demography)〉이라고 부르고 발전된 사회의 집단수준이 보이는 특징으로 해석하였다.

줄리언 헉슬리는 내가 비비례 상대 생장과 인구학을 적용한 데 대해 호기심을 느끼고 1954년 하버드 대학에 왔을 때 나를 만나기를 청했다. 생물학과의 지도교수들은 이러한 요청에 감동했으며 나 또한 이 위대한 학자요, 휴머니스트인 거물을 만나게 되어 가슴이 설렜다. 우리는 우리의 공동 관심사가 일반 생물학의 고전적 주제였다는 데 동감했다. 개미의 카스트는 찰스 다윈의 주의를 끌었던 문제로서 다윈은 이 문제가 그의 자연선택론을 위협하는 것으로 보았다. 다윈은 상대생장 개념을 직관적으로 추정하긴 했지만 헉슬리와 나는 우리가 연구해서 얻은 생각과 데이터가 처음으로 완전하고 정량적인 진화적 설명을 해냈음을 알았다.

나는 1968년에 적응인구학의 생각을 더 다듬어 선형 프로그래밍 (linear programming)의 모델을 써서 몇 가지 카스트 진화의 원리를 발전시켰다. 1977년엔 캘리포니아 대학 버클리 캠퍼스에서 온, 특출하게 재능 있고 지식이 많은 응용수학자 조지 오스터가 1년 걸릴 이 연구에 합류하였다. 우리는 이번엔 카스트 진화 이론이 모든 사회성 곤충에 적용되는지를 탐색하였다. 그리고 내가 일찍이 체계화했던 개념에 집단생물학의 다른 개념들을 추가할 수 있었다. 오스터는 모델 구성을 주도했다. 그의 분석기술의 범위는 대단해서 이론생물학자 중에 수학에서 가장 우수하다는 정평을 확인해 주었다. 그는 새로운 접근방법을 이리저리 시도하기 일쑤였고 우리가 대화를 계속하기 앞서서 나를 한단계 한단계 안내해야만 했다. 나의 역할은 15년 전에 빌 보서트와 화학 의사소통을 종합하는 작업을 할 때 취했던 것과 같았다. 나는 새로운 탐색을 시작할 때마다 그에게 카스트와 분업에 대해 내가 알고 있는 바와 의심스럽기는 하나 상호관련되는 것으로 보이는 단편적인 사실에 관한 정보 그리고 또 내가 끌어낼 수 있는 최선의 직관적 결론들을 모두 이야기해 주었다. 그러면 오스터는 실험적 관계와 경향에서 꿰뚫어 보거나 짐작할 수 있는 공식모델을 구성해 우리가 미치는 공간과 시간의 범위를 넓혀 나갔다. 나는 새로운 증거와 짐작으로 응답했고 그는 추리하고 모델을 다시 만들었으며, 나의 그후 대답에 따라 그는 모델을 또 다시 만들었고 나는 또 다시 거기에 대답했다.* 잠깐 휴식을 취하는 동안에 우리는 잡담을 했고 또 무슨 둘만의 공동 관심거리가 없나 찾았다. 그는 프로급의 마술사이기도 해서 한번은 나의 시야 1-2피트 앞에서 손놀림을 능란하게 반복하는 데도 나는 어림조차 해낼 수 없어 아찔했다. 나는 스스로의 무능함에 그만 어리둥절했다. 나는 과학적 유물론자임을 스스로 자부하고 있으나 얼핏 보기에는 사실처럼 보이는 것 가운데 얼마나 많은 것들이 환상에 불과한가를 묻지 않을 수 없었다. 나는 다른 사람들이 흔히 참담한 경험을 통해 확립한 원리를 하나 배웠다. 즉 염력이나 기타 과학으로 불가해한 묘기의 〈증거〉를 과학자가 평가할 수 있다고 믿기보다는 차라리 정직한 마술가에게 가서 물어보는 것이 낫다는 것이다.

1960년대 나는 내내 사회생물학의 모든 기존 자료에 새로 보탤 별다른 아이디어를 찾았다. 내가 집단생물학을 기초로 하여 구성한 한 가지는 공격성의 진화적 기원이다. 콘라트 로렌츠는 그간 1966년에 낸 『공격성에 관하여(On Aggression)』에서 공격성은 억제될 수 없는 광범한 본능이라고 가정하였다. 본능은 생물체 속에서 마치 꽉찬 액체가 터져 나오듯이 솟아 오르며 어떤 형태로든 방출되려고 한다. 로렌츠는 인간의 경우 본능은 전쟁보다는 스포츠를 통해 해방되는 것이 낫다고 시사하였다. 나는 1968년에 스미소니언 연구소 주최의 〈인간과 야수(Man and

---

* E.O. Wilson, 「사회성 곤충의 카스트의 작업경제학(The Ergonomics of Caste in the Social Insects)」, *American Naturalist* 102(1968): 41-66 ; George F. Oster and E.O. Willson, 『사회성 곤충의 카스트와 생태학(Caste and Ecology in the Social Insects)』(Princeton; Princeton University Press, 1978).

Beast)〉라는 주제의 심포지엄 두 개 중 첫번째 모임에서 증가 일로에 있는 실제 연구에서의 증거들과 일치하는 좀더 정확한 설명은 공격 행동의 역할이 밀도 의존성의 한 가지 특수한 반응*이라고 보는 데 있음을 제시하였다. 집단의 밀도가 높아지면 대부분의 종에서는 집단들이 한 가지나 그 이상의 요인들로부터 오는 저항의 증가로 인해 억제된다. 이러한 밀도 의존성 반응들 가운데 예를 든다면 포식자와 질병으로 인한 사망률의 증가와 수태율의 손실, 이주 경향 그리고 공격의 증대를 들 수 있다. 공격 행동이 과연 진화중에 생긴 것인가 아닌가의 여부는 다른 밀도 의존성 요인들이 집단의 성장을 통제하는 데 믿을 만하게 관여하느냐 않느냐에 달려 있다. 그리고 공격 행동이 어떤 형태를 취하느냐는 여러 가지로 달라질 수 있어서 터 방어나 순위계층제 또는 전면적 신체 공격 그리고 공식(共食, cannibalism) 따위로 나타나는데 이 모두 집단의 한계에 도달한 상황 여하에 따라 좌우된다. 결국 공격은 종에 따라 진화되기도 하고 진화되지 않기도 하는 하나의 특수 반응이다. 그리고 공격의 발생은 원리상으로 보아 그 종이 처한 환경과 그 종의 자연사에 관한 지식이 있으면 예측될 수 있다.

사회생물학의 이론을 이루는 요소들은 여러 곳에서 나왔다. 그러나 그 중에서도 제일 중요한 것이 등장했을 때 처음에 나는 전력을 다해 저항했다. 윌리엄 해밀턴은 1964년에 발전 잠재력이 큰 혈연선택이론을 「사회 행동의 유전학적 진화(The Genetical Evolution of Social Behavior)」라는 제목으로 두 편의 논문에 발표하였다. 그 후 수십 년 동안 이 한 가지 논문을 기초로 상당한 연구가 진척되었다. 해밀턴의 추리와 결론 가운데 일부는 도전을 받았다가 열렬한 지지자들에 의해 변호되었고 그 후 다시 도전받았으나 또 다시 방어되곤 하였다. 어쨌든 이 이론의 핵심은 이러한 시련을 잘 견뎌냈다. 그리고 그것은 알고 보면 다른 위대

---

* 「경쟁 및 공격행동(Competitive and Aggressive Behavior)」, J.F. Eisenberg and W. Dillon eds., 『인간과 야수: 비교사회행동(Man and Beast: Com-parative Social Behavior)』, Washing D.C.: Smithsonian Institution Press, pp. 183-217.

한 사상들과 마찬가지였다. 〈분명 그것은 사실이야. 그런데 왜 내가 그걸 생각해내지 못했을까?〉 하는 식의 반응을 일으키는 그런 생각이었다. 전통적인 다윈주의는 자연선택설을 어버이와 그 자식 사이처럼 세대 간에 직접 일어나는 사건으로 본다. 그 계통이 다름에 따라 지니는 유전자도 달라지는데 대개의 유전자들은 그 생물의 생존과 번식에 영향을 주는 어떤 특징들을 지시한다. 이렇게 유전자의 영향을 받는 특징의 예를 든다면, 생물체가 성장하여 어떤 몸의 형태를 구성하는가, 어떻게 음식을 찾고 어떻게 포식자를 피하는가 등이다. 그러므로 유전자는 생존과 번식을 결정한다. 더 잘 생존하고 번식하는 계통이 세대마다 더 많은 자손을 만들기 때문에 그러한 계통이 우세하게 퍼진다. 한 세트의 유전자가 다른 유전자들을 물리치고 많아지는 것은 곧 자연선택에 의한 진화를 뜻한다. 생명의 역사는 새로운 유전자들의 출현과 이 유전자들을 지니는 염색체들의 재배열이 무작위적 돌연변이를 통해 일어남으로써 유도되었다. 그리고 이들은 자연선택에 의해 걸러지며 그것은 곧 이러한 유전자를 지니는 생물체가 차별적으로 생존하고 번식하는 과정을 통해 특정 유전자와 염색체들의 조합이 증가하거나 감소하는 것을 의미한다.

이 전통적인 자연선택의 과정은 한 가지 중요한 점에서 혈연선택의 한 유형이라 부를 수 있다. 양친과 그 자손은 결국 가까운 혈연자들이기 때문이다. 그러나 해밀턴은 형제, 자매, 아저씨, 아주머니, 사촌 등도 혈연자임을 주목한 것이다. 그는 이 뻔한 사실이 진화상 어떤 의미를 갖는지를 생각해 본 것이다. 다른 혈연자들도 양친과 그 자식들 사이 못지 않게 공통 유전자를 함께 나눠 갖는다. 그러므로 이들 사이에 어떤 상호작용이 있다면 그것은 유전자들의 영향을 받는 것이다. 예를 들어 이타주의적 경향이나 협동, 또는 자식간 경쟁에서 그러한 상호작용은 생존과 번식에 변화를 초래할 것이며 자연선택에 의한 진화를 유도할 것이다. 필경 혈연선택에 보조적으로 작용하는 이러한 형태들이 대개의 사회성 진화를 몰아간다고 생각된다.

해밀턴의 발상을 즉시 매력적인 것으로 생각되게 만든 것은 자기희생이 어떻게 유전적으로 고정된 특성이 될 수 있는가라는 오래된 진화론적 문제를 푸는 데 도움을 준 데 있다. 우선 혈연선택을 고려하지 않고 얼핏 생각해 본다면, 결국에는 이기심이 세상을 꽉 채울 것이며 협동도 결국 이기적 목적을 위해서만 나타날 것이다. 그러나 그렇지가 않다. 만약 어떤 이타적 행동이 친척을 돕는다면 그것은 곧 부모와 자식 사이처럼 이타자의 것과 똑같은 유전자들의 생존 기회를 높이는 것이다. 즉 이타자와 그 친척들은 같은 조상에서 나왔기 때문에 그 유전자들은 같은 것이다. 사실상 육체적인 나는 희생적 행동 때문에 죽을지 모르나 이타주의를 지시하는 유전자 등 공통으로 갖고 있는 유전자들은 실제로 이득을 본다. 즉 육신은 죽어도 유전자는 번성하는 것이다. 리처드 도킨스가 던진 유명한 말처럼 사회적 행동은 〈이기적인 유전자(selfish gene)〉을 타고 다닌다.

해밀턴은 위대한 생화학자 알버트 젠트기오르기(Albert Szent-Gyorgyi)가 〈모든 사람들이 본 것을 다 보고 아무도 생각하지 않을 것을 생각해 보는 것〉이라고 묘사한 바 있는 과학의 고차적인 길을 이미 여행했던 것이다. 그러나 나는 만약 해밀턴이 혈연선택을 단순히 추상적 용어로만 표현했다면 그가 체계화한 이론에 대한 반응은 시들했을 것이라고 생각한다. 어떤 생물학자라도 그것을 읽고는 〈물론 그랬지. 그건 다윈이 비슷한 생각을 이미 하지 않았는가〉라고 했을 것이다. 그리고 이어 〈내가 잘못 알고 있는지 모르지만 이런 생각은 이미 과거에 가끔씩 논의되지 않았는가〉라고 생각했을 것이다. 물론 내가 1970년대에 그의 이론을 들추어 찬양하기까지는 그의 이론을 알고 있는 사람이 거의 없었으나 해밀턴은 극적으로 성공한 사람이다. 그것은 그가 실제 세계에 대해 무엇인가 새로운 것을 구체적이고 측정 가능한 용어로 말했기 때문이다. 그는 사회생물학에 실제로 실험적 발전을 할 수 있는 도구를 제공한 것이다. 그는 후에 그의 이론이 잘 버틸 수 있었던 것은 허술하게나마 상호 관련된 세 가지 이유 덕택이었다고 나에게 말했다. 먼저 이타주의의 문제가 다윈의 설명이 과연 완전한 것인가 아닌가를 묻게 하면서 그 자신을 〈괴롭〉혔고, 둘째로 해밀턴이 가지고 있던 사회성 곤충에 대한 실제적인 지식에 이타주의의 문제가 훌륭히 적용된 것이다. 셋째로 그는 혈연성에 관한 수학에 매혹되었는데 바로 앞에 말한 두 가지로 인해 다급했지만 유전학자 시월 라이트의 책을 읽으면서 수학적 처리에 이끌렸던 것이다.

혈연이 가까워지면 공동 혈통 때문에 함께 나누어 갖는 유전자의 몫이 커진다. 라이트는 일찍이 그가 근연계수(coefficient of relationship)라고 부른 바 있는 잣대로 친척 사이에 공유하는 몫을 정확히 나타내는 교묘한 방법을 고안했었다. 문제를 그런 식으로 풀어 나가는 일은 도박에서 승산을 계산하는 것과 다를 바 없는 매우 흥미로운 두뇌 게임이다. 예를 들면 육촌이나 이복자매의 조카와 공유하는 유전자의 몫은 얼마나 될까? 해밀턴은 혈연 정도를 나타내는 이 숫자가 이타주의의 진화에 결정적으로 중요하다고 보았다. 이런 지엽적인 생각은 얼핏보아 너무 직설적이긴 하다. 예를 들면 내 형제를 위해서는 흔쾌히 내 목숨을 걸지 몰라도 상대가 팔촌이라면 아마 도움말 한 마디 던지는 것이 고작일 것이라는 말이다.

해밀턴은 이러한 점들을 염두에 두고 혈연선택의 수학을 갖고 말벌과 기타 사회성 곤충들의 자연사 연구를 시작했다. 이 시점에서 그는 혈연성에 의해 영향받은 중요한 관계 정보 두 가지를 더 알게 되었는데 이번엔 곤충학에서 온 것이다. 하나는 대개의 사회성 곤충들은 개미, 벌, 말벌을 포함해서 벌목에 속하는 곤충이지만 유일한 예외로 흰개미목에 속하는 흰개미가 있다는 점이다. 두번째 중요한 사실은 벌목 곤충들이 반수전수성(半數全數性, haplodiploidy)이라는 성(性)결정 방식을 갖고 있어서 두 벌의 염색체를 갖는 수정란은 암컷을 생산하지만 한 벌의 염색체만을 갖는 미수정란은 수컷을 만든다는 점이다. 해밀턴은 근연계수(또는 그가 후에 이름붙인 〈근연개념(concept of relatedness)〉)로 보았을 때 자매들은 반수전수성 때문에 어미와 딸 사이보다는 자기들 사이가 더 가깝다는, 즉 공통 유전자를 더 많이 갖는다는 점을 알아냈다. 동시에 수펄 형제들과는 훨씬 덜 가깝다. 그는 반수전수성이 존재한다는 것 만으로, 만약 자연선택에 의해 사회성 행동이 곤충에서 진화되었다면 다음 사항들이 사실이어야 한다는 결론을 얻게 되었다.

- 극히 소수만이 반수전수성인 다른 목들에 비해 벌목은 훨씬 많은 사회성 종 그룹을 출현시켰어야 한다.
- 이 종들의 일꾼 카스트는 반드시 암컷이어야 한다.
- 이와 대조적으로 수컷은 수펄이 되어 군체에 노동력을 전혀 제공하지 않거나 아주 미약하게 제공해야 하며 자매들로부터의 보살핌을 거의 받지 말아야 한다.

이러한 추론들은 모두 사실이며 또한 반수전수성에 의한 편향된 혈연 선택으로밖에는 쉽게 설명되지 않는다.

나는 해밀턴의 논문을 1965년 봄 보스턴에서 마이애미로 가는 기차 속에서 읽었다. 당시 나는 여행할 때면 으레 기차를 이용했다. 그것은 내가 아내에게 딸 캐서린이 고등학교에 갈 때까지 가급적 비행기를 타지 않겠다고 약속했기 때문이었다. 그러나 나는 이러한 제약에도 장점이 있다는 것을 알았다. 마이애미 행의 경우 마치 수도회 승려처럼 나 스스로의 약속에 묶여 18시간을 기차 안의 독방에 갇혀서 가야 했으므로 할 일이라곤 읽고 생각하고 쓰는 것밖에는 거의 없었기 때문이다. 내가 〈섬 생물지리학 이론〉의 대부분을 읽어낸 것도 이런 여행중에 한 것이다. 1965년 바로 그날 뉴 헤븐 근처를 지나갈 때 나는 해밀턴의 논문을 가방에서 꺼내 성급히 겉장을 넘겼다. 나는 그가 주장하는 요점을 파악한 다음엔 보다 더 익숙하고 또 취향에 맞는 다른 논문으로 얼른 눈을 돌릴 요량이었다. 그러나 글은 지루하고 복잡했으며 본격적인 수학적 처리가 어려웠다. 그러나 나는 반수전수성과 군체 생활에 대한 요점을 재빨리 파악했다. 나의 첫번째 반응은 부정적이었다. 그럴 수가 없다고 생각했다. 그것은 결코 맞는 말일 수가 없었다. 그리고 너무나 단순하다고 생각되었다. 그는 사회성 곤충에 대해서 많이 알지 못하고 있는 게 분명했다. 그러나 그 생각은 그날 오후 일찍 뉴욕의 펜실베이니아 역에서 실버 미티어 호로 갈아탔을 때도 나를 계속 괴롭혔다. 내 기차가 뉴저지 늪을 지나 남쪽으로 달리자 나는 이 논문을 다시 훑어보게 되었다. 이번에는 더 자세하게 그 안에 틀림없이 있을 것으로 보이는 어떤 결정적 흠을 찾아 헤맸다. 나는 간간히 눈을 감고 벌목에서 사회생활이 지배적으로 존재하는 이유와 일개미들이 모두 암컷인 점을 더 확실히 설명할 수 있는 대안을 생각하려고 애썼다. 확실히 나는 무언가를 생각해낼 만큼 여러 가지를 충분히 알고 있었다. 나는 전에도 이런 식의 탐색을 통해 비판을 성공적으로 수행한 바 있었다. 저녁식사 시간이 되어 기차가 버지니아 주로 들어섰을 때 나는 낙심하였고 또 화가 났다. 해밀턴, 그가 누구이든 이 어려운 문제를 해결할 수는 없었을텐데. 그러나 어쨌든 풀 수 없는 난제란 없는 것이다. 단지 우연한 진화와 신비로운 자연사가 많이 생겨 그런 현상도 있는 것이겠지 하고 나는 생각했다. 더욱이 내 자신이 스스로를 조심스럽게 사회성 곤충에 관한 세계적 권위자라고 생각했기 때문에 자연히 사회성 곤충의 기원을 그 누가 더군다나 단칼에 깨끗이 설명해낼 수는 없을 것이라고 생각했다. 다음날 아침 웨이크로스와 잭슨빌을 지나면서 나는 무언가 더 찾아내려고 허우적거렸다. 그러나 이른 오후 마이애미에 도착했을 때 나는 포기하고 말았다. 나는 이제 마음을 바꾸었고 모든 것을 해밀턴의 손에 맡겨버린 것이다. 나는 과학사가들이 부르는 이른바 패러다임 이동을 스스로 수행한 것이다.

그해 가을 나는 런던왕립곤충학회에 사회성 곤충에 대해 강의하도록 초빙되어 메리퀸 호를 타고 대서양을 건너 런던에 갔다. 내 강의 차례가 오기 전에 나는 빌 해밀턴을 찾았다. 그는 아직 대학원생이었는데 어떤 점에서 1950년대 전형적인 영국 학자였다. 즉 마르고 헝클어진 머리에 목소리는 부드러웠다. 그리고 숨막힐 만큼 산만한 말투가 아직은 세상의 때를 벗지 못한 듯했다. 나는 그의 한쪽 손 새끼손가락이 없음을 알아챘다. 그 손가락은 제2차 세계대전 당시 독일군의 침입에 대비해 영국방위병용으로 폭탄을 발명한 바 있는 기술자인 아버지의 지하실 험실에서 그가 어렸을 때 폭탄을 만들다가 잃은 것이다. 우리는 런던 거리를 돌아다니며 공동으로 흥미를 느끼는 여러 가지 주제에 대해 이야기했다. 그때 그는 혈연선택에 관한 박사논문의 승인을 받는 데 애를 먹은 경험을 털어놓았다. 나는 왜 그랬는지 이해할 수 있었다. 그의 지도교수들은 그들 나름대로 패러다임 이동의 고통스런 고비를 아직 겪지 않았던 것이다.

그 다음날 나는 한 시간 발표 중 약 3분의 1을 해밀턴이 해낸 이론적 체계화에 대해 말하는 데 썼다. 나는 반대 의견이 나올 것으로 기대했다. 그리고 마음속으로 있을 만한 일련의 항의와 반응들을 생각해 보았다. 그 결과 어떤 반대가 나올까를 생각해낼 수 있었다. 과연 실망하지 않아도 되었다. 영국 곤충학을 주도하는 여러 인물들, 즉 J.S. 케네디, O.W. 리처즈, 빈센트 위글스워스 등이 자리에 있었고 내가 강의를 마치자마자 그들은 내가 예상했던 주장들을 내세우기 시작했다. 그러나 미리 준비한 설명으로 응수한다는 것은 기분좋은 일이었다. 한번인가 두번쯤 내가 어떻게 대답해야 할지 잘 몰라 나는 청중석에 앉은 젊은 해밀턴에게 물었다. 결국 우리는 둘이 함께 그날의 판세를 제압했다.

바야흐로 사회성 곤충에 관한 지식을 총종합하여 쓸 때가 가까워지고 있었다. 나는 이들의 분류, 해부, 생활사, 행동, 사회적 조직에 관해 유리알 같이 투명한 요약들을 읊어내는 것이 꿈이었다. 여러 가지 그림이 든 단행본으로 나오면 얼마나 좋을까. 이 정도 규모의 책은 프란츠 마이들(Franz Maidl)의 책 『군체형성 곤충의 습성과 본능(Die Lebensgewohnheiten und Instinkte der staatenbildenden Insekten)』이 나온 지 20년이 되는 지금까지 다시 나온 적이 없다. 그래서 그 출판이 절실하게 필요한 상황이었다. 문헌들은 수백 가지 잡지와 책, 그리고 십여 가지 언어로 여기 저기 흩어져 있었고 그 수준도 천차만별이었다. 사회성 곤충 연구는 지난 100여 년 동안 뿔뿔이 갈라졌으니 개미 전문가는 흰개미에 대해 말하는 일이 별로 없고 꿀벌학자들은 자기들만의 세계에 머물렀다. 그런가 하면 꼬마꽃벌과 사회성 말벌학자들은 일종의 비밀스런 전문분야처럼 한쪽으로 치우쳐 연구해 나갔다. 나는 곤충을 써서 사회생물학에 관한 볼거리를 만들어내고 싶었다. 그래서 집단생물학의 조직화의 힘을 과시할 수 있으면 좋겠다고 생각했다. 나는 나의 책이 드디어 그런 목표를 성취해냈다고 생각한다. 드디어 『곤충의 사회들(The Insect Societies)』이 1971년에 나와 사회성 곤충에 대한 나의 관찰을 전달해 주었고 그 책의 마지막 문단에서 나는 다음과 같이 미래를 관망하였다.

사회생물학의 밝은 미래를 요약한다면 다음과 같다. 척추동물과 곤충은 계통적으로 유연관계가 멀고 또 의사소통면에서도 개체간과 그룹간에 기본적으로 다른 데도 불구하고, 복잡성의 정도에서 비슷하고 다른 중요한 세부사항에서도 같은 방향으로 수렴된 사회행동을 진화시켰다. 특별히 이와 같은 사실은 사회생물학이 결국 집단 및 행동생물학의 우선적인 원리들로부터 파생될 수 있으며 단일하고 성숙한 과학으로 발전할 수 있다는 전망을 전해주고 있다. 사회생물학은 사람의 경우와는 다른 동물의 사회행동의 독특한 성질에 대해 우리의 이해를 증대시킬 것으로 예상된다.*

그러면 나는 이제 어디로 가야 할까? 원래 나에게는 연구범위를 사회성 곤충 이상으로 확대할 생각이 없었다. 우선 1975년 당시 전문가 수에 있어서 주요 응용 분야인 양봉에 대한 전문가도 수백 명이었지만 꿀벌의 경우를 제외한다면 어류, 양서류, 포유류가 들어가는 척추동물의 행동 연구자가 곤충 행동 연구자보다 적어도 10배가 넘었다. 게다가 진화생물학의 주요 잡지들은 기사 선택에 있어서 몸집이 큰 동물들의 자연사에 치우쳤고 더욱이 척추동물에 대한 행동 사례 연구가 교과서의 내용을 지배하고 있었다. 그리고 척추동물의 행동은 곤충학 쪽에서 파

---

*『곤충의 사회들(The Insect Societies)』, Cambridge, Mass.: Harvard University Press, 1971, p.460.

고들기에는 너무나 엄청난 대상으로 보였다. 그러나 이러한 나의 생각이 잘못이라는 것을 곧 알았다. 척추동물 전문가와 이야기해본 결과 뜻밖의 가능성을 발견한 것이다. 실제로 척추동물에 대한 연구는 전혀 어렵지 않았다. 더구나 척추동물 분야에서는 통합된 사회생물학을 겨냥하거나 적어도 집단생물학에 역점을 둔 사람은 거의 없었으며, 해밀턴과 나 그리고 다른 몇 사람만큼 빠른 속도로 직접 사회성 곤충을 다룬 사람은 거의 없었다. 나는 나의 이러한 탐색이 확대됨에 따라 기술적으로 곤충학이 척추동물학보다 더 어려운 분야라는 것을 알게 되었다. 그 이유는 척추동물은 43,000종인 데 비해 곤충은 750,000종이나 되어 훨씬 다양하다는 데 있고, 또 다른 이유는 두 다리로 걷는 척추동물인 인간 *Homo sapiens*가 현미경을 써야 자세히 관찰할 수 있을 만큼 작은 곤충과는 매우 동떨어진 존재이기 때문이다. 대학 강의목록에서 곤충학은 별로 시선을 끌지 못하며 직업적으로 곤충학을 하겠다는 학생도 극소수이다. 그러나 보잘 것 없는 게 아니다. 발전된 곤충사회는 인간 이외의 척추동물 사회보다 더 복잡하고 변이가 많다. 그래서 나는 곤충학자가 척추동물에 대해 공부하는 것이 척추동물학자가 곤충학을 공부하는 것보다 더 쉬울 거라고 생각했다.

결국 다시 한번 야심의 암페타민이 나를 각성시켰다. 나는 나 자신에게 모든 정지명령을 철회하고 앞으로 나아가자고 말했다. 사회생물학의 모든 것을 집단생물학의 원리 위에 짜넣자. 결국 나는 나 자신에게 상당히 더 많은 일을 할 것을 선고하고 있음을 알고 있었다.『곤충의 사회들』을 출판하는 데는 18개월이 걸렸는데 하버드 대학에서의 의무 강의 시간에 현재 진행중인 개미 연구까지 겹친 채 책을 쓰려 하니 부득이 일주일에 80시간을 일해야 했다. 나는 먼저 책 쓸 때만큼 힘들었지만 양이 더 많은 새로운 책『사회생물학의 새로운 종합(*Sociobiology: The New Synthesis*)』을 내는 데 1972년에서 1974년까지 2년을 더 투입했다. 나의 능력이 어디에 있는지 아는 나는 과학에서 성공으로 가는 두 개의 길 중 두번째 길을 택했다. 즉 이 신들린 사람은 종합이라는 매우 전망이 밝은 쪽을 돌파하는 것이었다.

사실상 이 두 가지 종합 작업을 하면서 저술로 보낸 해들은 나의 인생에서 가장 행복한 시간이었다. 래리 슬러버드킨은 1969년에 매사추세츠의 우즈 홀 해양생물연구소에서 개설한 여름 생태학 강좌에 나보고 같이 가자고 초청했다. 그래서 6월 말에 나는 아내 리니와 딸 캐시를 데리고 데블 가 소재 해양연구소 옆에 있는 작은 오두막집으로 들어갔다. 1마일 밖 꼬불꼬불한 시골길 끝에는 노브스카 지점 등대가 멋있게 서 있었고 그 너머에는 리틀 하버 항구가 있는가 하면 다시 그 너머 돛배들이 지나가는 해협을 지나면 휴양지 마타스 바인야드가 있다. 당시 유치원에 들어갈 나이였던 캐시는 다른 교수의 아이들과 사귀며 놀았다. 딸과 나는 나비와 새들을 그리고 집 바로 뒤 늪에 사는 사향들쥐의 군체들을 바라보며 몇 시간이고 보냈다. 또 우리 셋은 늦은 오후와 저녁에는 차를 몰아 남쪽 끝에 있는 케이프 코드로 가 여기 저기 살피며 돌아다녔다. 점심 후 수업시간을 피해 나는 팔마우스로 향하는 해안도로를 따라 퀴싯 언덕을 오르며 달렸다. 그리고 그날 나머지 시간에 쓰고 읽고 또 썼다. 그 후에도 우리는 캐시가 대학을 다닐 때까지 18번이나 여름을 이곳에 와서 보냈다. 그것은 그토록 장기간에 걸친 뿌듯하고 균형 잡힌 생활이었다.

나는 『사회생물학』의 척추동물 부분을 준비하는 동안 순전히 행운이 가져다 준 것으로 생각되는 훌륭한 협조에 힘입어 사기가 충천했다. 참고문헌 중 결정적인 것들의 탐색과 원고 편집을 캐슬린 호튼이 맡아주었는데 이 분은 1965년부터 나를 도와 왔으며 사회생물학에 밑거름이 되는 매우 어렵고 때로는 신비롭기도 한 분야들에서 높은 수준의 전문 지식을 쌓아갔다. 거의 30년이 지난 지금도 그녀는 생물학의 주요 주제를 따라 중요한 역할을 계속 수행하고 있다.

이밖에 지금 미국에서 야생을 그리는 최고의 삽화가인 사라 랜드리는 내가 이 두꺼운 책을 쓰는 작업을 시작했을 때 마침 그의 직업적 생애를 시작함으로써 때맞춰 도와주는 기적을 보여주기도 하였다. 그녀는

324

한 장의 사진 속에는 도저히 담을 수 없는 동물의 모든 행동과 동작을 모아 동물의 사회를 구성하고 묘사하였다. 그녀는 정확성에 대한 열정을 갖고 있어 보통의 동물행동학 책에서는 볼 수 없는 노력을 경주하였다. 그녀는 우리에 갇힌 동물들을 그리기 위해 여러 동물원과 수족관을 여행했고 표본관을 방문함으로써 동물사회의 자연서식처에서 발견되는 식물종들의 세밀한 부분을 묘사하려고 노력하였다. 사라에게는 산고릴라가 사는 곳의 숲이 고릴라 자체만큼이나 중요했다.

척추동물학자들에 대한 나의 불안은 척추동물학자들이 나를 지적 약탈자로보다는 동료로서 대하는 것을 알게 되면서 가라앉았다. 나는 정직하게 말해 그들의 서기이며 다정한 비평가라고 선전했었다. 사실 나와 통신했던 모든 사람은 문자 그대로 나보고 오직 전진만 하도록 격려했다. 나에게 책과 논문과 이 큰 책에 대한 평가 자료를 제공해준 사람도 많았다.

1974년은 하나의 결정적인 사회생물학 이론이 구성된 초기 몇 년 가운데 한해였다. 플로리다 저어새와 채찍꼬리 월러비 같은 주요 종들에 대한 연구가 거의 완성되는 단계에 있었다. 그리고 새로운 이론적 요소들이 계속 쏟아졌다. 장차 가장 크게 영향을 행사할 새로운 이론적 개념 중 하나는 원래 하버드 대학의 로버트 트리버스가 제창했던 부모 자식간 갈등의 자연선택이다. 트리버스 역시 해밀턴처럼 대학원 학생 때 이 중요한 개념에 도달했는데 이때는 내가 박사논문 심사위원 임기를 막 마친 후였다. 트리버스는 조울증(지금은 치료되었지만)으로 인해 이득도 보고 손해도 본 사람이다. 그가 명랑할 때는 놀랄 정도로 반짝했다가 우울할 때는 소름이 끼칠 정도로 푹 가라앉았다. 그래서 우리가 만난 것은 극도로 명랑할 때뿐이었다. 그는 자주 나의 연구실 문을 열고 성큼성큼 걸어와서는 털썩 주저앉았다. 마치 하버드 대학에서 사람을 만나려면 사전에 약속을 해야 하는 오랜 관습을 모르거나 무시하는 듯했다. 나는 비유적으로 말한다면 좌석벨트를 조이고 주소불명의 목적지를 향해 빠르고도 불안한 여행채비를 하고 그를 만나는 셈이다. 그러면 그에게서는 아이디어와 새로운 정보와 도전이 아이러니와 들뜬 분위기 속에서 홍수처럼 터져 나왔다. 트리버스와 나는 언제나 파안대소의 직전까지 갔다가 이야기를 개념에서 잡담으로, 그런 후 농담에서 다시 개념 이야기로 옮겨갔다. 이렇게 우리의 과학은 야단법석을 떨면서 발전했다. 내가 이렇게 그와 교류하는 동안 누렸던 기쁨에도 마치 심경변화 유도약품과 위험한 마약을 시험할 때처럼 심리학적인 모험이 곁들여져 있었다. 트리버스에 무조건 귀기울이고 있을 수만은 없었고 또 그의 정신적 산물이 나를 덮어씌우도록 내버려둘 수도 없었다. 바로 나와 대화하는 상대면 누구에게나 사실 아이디어 하나 하나를 맞춰가며 대해주고 결코 단념하지 않는 것이 나의 성격이었고 나의 긍지이기도 하였다. 이것이 노벨 물리학상 수상자인 머레이 겔만이나 스티븐 와인버그 같은 자기중심적이고 극도로 자기과신에 빠져 있으며 〈세계 최고의 멋쟁이〉란 타이틀을 두고 경쟁한다고 알려진 사람들 속에서 내가 고달팠던 이유이다. 나는 트리버스와 2-3시간을 보낸 날은 완전히 녹초가 되었다.

트리버스는 1971년부터 1974년까지 5년에 걸친 화려한 기간에 사회생물학 이론에 새로운 길을 열었다. 그는 상호이타주의 모델을 세웠다. 인간과 기타 비교적 지적 동물은 상호이타주의에 의해 계약 규칙(contract rules)을 진화시켰는데, 이는 혈연선택에 기초한 자기 희생을 넘어서는 것이다. 그의 가장 큰 공헌은 가족이론(theory of family)으로서, 특히 그것을 좀더 보강한 부모자식갈등 모델(model of parent-offspring conflict)임은 의심할 여지가 없으며 오늘날 행동생물학의 이 주제들에 관한 기본 연구의 기초를 닦았다. 그는 지적하기를 양육의 진화에 작용하는 선택압력은 부모와 자식에 대해 각기 다르고 때로는 상반적이다. 이 압력들은 어린이가 성장하면서 방향과 강도를 바꿔나가는데 어린이의 반항과 가족 내에서 일어나는 긴장의 이유를 개인의 부적절한 적응과 스트레스 때문이라는 직접적이고 관행적인 이유보다 더 잘 설명하고 있다. 어쨌든 트리버스는 갈등을 유발하는 일상적이며 직접적인 긴장 조성 사건들 여하에 관계없이 지속되는 갈등의 궁극적 원인을 그럴 듯하게 설명하였다.

더구나 해밀턴의 주장 속에서 흠을 발견한 것은 트리버스였다. 그런 후 그는 혈연선택에 더 큰 신빙성을 부여하는 방향으로 그 결함을 고쳤다. 그 결함이란 다음과 같은 것이다. 즉, 개미, 벌, 말벌 등의 사회성 벌목 곤충들이 다음 군체 세대들을 시작하도록 예정되어 있는 새끼들 중에 수컷과 여왕들을 같은 수로 기르는 한 해밀턴의 결론과는 반대로 자매들에게는 서로간에 비범한 이타행동을 발휘할 보다 더 나은 조건이 없다. 자매들은 반수전수성의 결과 보통 동물에서의 성 결정 방식에서처럼 서로간에 유전자를 2분의 1만 공유하지 않고 그들의 자매와는 4분의 3을 공유하는 반면에 형제들과는 4분의 1만을 함께 갖는다. 이와 같은 불균형으로 보면 일꾼 즉 자매들이 직접 딸을 낳는 대신 자매들을 키우면 자신들의 유전자를 더 많이 다음대에 물려줄 수 있어 암컷의 군체 형성에 유리하게 작용할 것으로 보인다. 그러나 반수전수성인 개미, 벌, 말벌들이 자매와 형제를 같은 수로 키우면 암수를 불문하고 모든 자손에게 평균적인 근연관계를 나타내어 결국 자매에게 유리하게 보였던 이점을 소멸시키는 것이다. 이러한 결론을 수학적으로 나타내면 다음과 같다.

$$\tfrac{1}{2}(암컷\ 비율)\ \times\ \tfrac{3}{4}(공유유전자\ 비율)$$
$$+\ \tfrac{1}{2}(수컷\ 비율)\ \times\ \tfrac{1}{4}(공유유전자\ 비율)\ =\ \tfrac{1}{2}$$

다시 말해 평균적으로 유전자의 $\tfrac{1}{2}$을 공유하게 된다는 것은 반수전수성이 아닌 자녀 생산의 보통 경우와 마찬가지의 보상분배를 가져오는 셈이다. 단지 일꾼들이 왕대(王臺. 역주: 꿀벌에서 여왕이 될 애벌레를 기르는 일벌들이 만든 방)에서 자매들을 많이 키울 수 있을 때에만 반수전수성에 의해 엮어지는 이타주의의 보상을 크게 받을 수가 있다. 이들 사이에 나타날 수 있는 근연성의 최고치는 다음 계산에서와 같이 $\tfrac{5}{8}$이며 이것은 애벌레의 $\tfrac{3}{4}$을 자매 키우기에 투자할 때에 도달되는 값이다.

¾(암컷 비율) x ¾(공유유전자 비율)

+ ¼(수컷 비율) × ¼(공유유전자 비율) = ⅝

⅝가 ½을 압도하여 모든 다른 조건이 같은 경우엔 군체의 존재를 유리하게 한다. 그 다음 연구에서 이러한 비율이 실제 개미들이 키우는 비율에 가깝다는 것을 알게 되었다. 개미 일꾼들이 어떻게든 이 두 동물학자의 머릿속에서 나온 혈연선택적 기대에 복종하는 결과가 된 셈이다.

나는 『사회생물학의 새로운 종합』이 이러한 이론의 연결망으로 쓰이기를 원했고 하나의 백과사전이 되기를 기대한 것은 전혀 아니다. 나는 사회성이라는 말을 겨우 붙일 수 있을 정도의 생물까지를 포함해 군체성 박테리아와 아메바에서 원숭이와 기타 영장류에 이르기까지 모두 다루었다. 나는 그 사회가 첫째로 진화과정에서 독립적으로 파생된, 둘째로는 조직상으로 복잡하거나 정교한, 그리고 끝으로는 다른 집단과는 유전적 구조와 조직화가 매우 다른 종의 집단들로 이루어지는 네 개의 사회진화적 〈정점들〉을 알아냈다. 이들 정점은 산호와 관해파리류, 그리고 기타 무척추동물로 구성된 것과 사회성 곤충으로 구성된 것, 다음으로 사회성 척추동물들(특히 유인원과 구세계 영장류)로 구성된 것, 그리고 사람(man)의 네 가지이다. 그렇다. 사람을 뜻하면서 〈남자〉이기도 한 〈Man〉이라는 말이 아직도 지구, 달, 태양과 같은 단음절의 공명적 권위를 행사하던 때인 1975년에, 즉 아직 성차별적이고 일반적인 인간을 가리키는 말이 되기 전에 내가 사용한 말이다.

하긴 이 책을 쓰면서 침팬지까지만 쓰고 끝냈어야 했을지도 모른다. 내가 제발 그랬으면 하던 생물학자들이 많았다. 이 책을 비판한 사람 중엔 『사회생물학』은 인간에 관한 마지막 장만 없었더라면 가히 걸작이 되었을 것이라고 말하는 사람들도 있었다. 그후 그의 친구인 역사학자 임마누엘 래듀리가 상기시켜준 데 따르면 클로드 레비스트로스는 이 책 중 90%가 사실이라고 판단했는데 나는 이 말을 침팬지까지만 그렇고 그 다음부터는 단 한줄도 그렇지 않게 본 것으로 생각한다.

그렇지만 나는 그 책에서도 호모 사피엔스를 포함시키기를 주저하지 않았다. 왜냐하면 포함시키지 않을 경우 생물학의 주요 부분이 빠지는 셈이 되기 때문이다. 오히려 반대 방향으로 확장해서 생물학이 언젠가는 사회과학들의 기초의 일부로 봉사해야 한다고 믿었다. 나는 학문들이 사슬로 연결된 19세기적 개념에 아무런 흠이 없다고 생각했다. 즉 화학은 물리학에 종속되지만 완전하게 포함되지 않으며 생물학도 같은 식으로 화학과 물리학에 연결되고, 끝으로 사회과학과 생물학 사이도 비슷하게 연결된다는 개념 말이다. 호모 사피엔스도 결국은 하나의 생물학적 종이다. 그의 역사는 10,000년 전에 아나톨리아와 조던의 마을에서 시작된 것이 아니다. 호모속의 생명이 살아온 200만 년에 걸치는 것이다. 우리를 만든 것은 문화 못지 않게 아득한 생물학적 역사이다. 우리 현대인은 해부와 생리학, 그리고 사회생활의 기본을 인간 이외의 구세계 영장류들과 공유하고 있다. 우리가 엄지와 다른 손가락을 마주 댈 수 있어 도구를 쓸 수 있다든지 언어습득을 빨리할 수 있는 능력을 갖는 등의 인간 고유 능력들은 유전적 처방과 필경 자연선택에 의한 진화의 역사로 이룩된 것이다. 이제는 내가 『사회생물학』 마지막 장 머릿부분에서 말한 것처럼 다음과 같이 사뭇 도발적인 말을 쓰는 것도 좋을 것 같다.

이제 자연사의 자유로운 정신 속에서 우리가 마치 지구상의 사회성 생물 종들의 일람표를 작성할 목적으로 다른 별에서 찾아온 동물학자인양 인간에 대해 생각해보자. 이렇게 거대 관점에서 본다면 인문학과 사회과학은 생물학의 특수분과들로 축소된다. 역사와 전기, 그리고 소설은 인간 동물행동학을 연구하는 방법이 되며 인류학과 사회학은 함께 한 영장류종의 사회생물학을 이루게 되는 것이다.

17 사회생물학 논쟁

 1975년 여름『사회생물학』이 출판되자 이에 대한 평론이 홍수처럼 쏟아졌는데 찬사와 비난이 엇갈렸다. 보통 인간 문제와 이해 관계가 밀접하지 않은 생물학자들 쪽에서는 거의 만장일치로 호평을 했는데, 루이스 토마스와 와딩턴 등 당시의 영향력 있는 대가들이 포함되어 있었다. 사회생물학에 가까운 분야의 연구자들이 특히 지지하고 나섰는데 시간이 갈수록 더 열렬하였다. 국제적인 규모의 동물행동학회는 1989년에 실시한 회원 여론조사에서『사회생물학』을 1872년에 다윈이 낸『인간과 동물에서의 감정의 표현(The Expression of the Emotions in Man and animals)』을 제치고 모든 시대를 통틀어 가장 중요한 책으로 뽑았다.

 한편 사회과학을 생물학적 성격이 농후하게 연구해오던 학자들도 호의적이었다. 이 가운데는『잔혹한 사람들』로 알려진 브라질과 베네주엘라의 야노마모 족의 민속을 연구하는 나폴레옹 챠그논(Napoleon Chagnon)과 근친상간 기피, 결혼 관습과 기타 인간 행동의 중요한 측면을 생물학적으로 설명하려 한 사회학자 피에르 반 덴 베르거(Pierre van den Berghe)와 조셉 셰퍼(Joseph Shepher) 등이 있다. 대중철학자였으나 경제학자로 전향한 노벨수상자 폴 새뮤얼슨 역시 ≪뉴스위크≫ 고정란에서 사회생물학의 접근방식을 호의적으로 받아들였으나 이 주제가 지성적이면서 동시에 매우 위험한 교리의 지뢰밭임에 주의하라고 했다.

과연 새뮤얼슨의 말은 옳았다. 얼마 안 가 사회학자들의 반대의 물결이 일어났다. 문화인류학자인 마샬 살린스(Marshall Sahlins)는 1976년에 출판한『생물학의 이용과 남용(The Use and Abuse of Biology)』에서 사회생물학의 이론 가운데서 인간의 행동을 제외시키려고 강하게 시도하였다. 그해 11월 미국 인류학협회 회원들은 워싱턴에서 열린 연차대회에서 사회생물학을 공식적으로 비판하고 이미 예정되어 있던 두 차례의 심포지엄 개최를 취소하는 동의안의 제기를 고려하였다. 제안자들의 주장은 대개 도덕적이고 정치적이었다. 이 문제를 두고 논쟁하는 동안 마가렛 미드 여사는 단장을 짚고 분연히 일어나 하나의 학설을 판결하려는 생각에 도전하였다. 그녀는 이 동의안을 〈분서(焚書) 제안〉이라고 선고하고 나섰다. 그후 그 동의안은 표결에 부쳐 근소한 차이로 부결되긴 했지만 말이다.

이러한 사건들은 언론에서 1970년대의 학술 논쟁이라고 일컬을 만큼 널리 알려졌기 때문에 당시에 있었던 반대가 너무 과장되기가 쉽다. 그 가운데 본격적인 문헌들은 사실상 언제나 인간 사회생물학에 관한 것이었다. 1975년 이후 거의 20년이 지나는 사이 인간 사회생물학과 관련된 주제로 나온 책은 200권이 넘는데 찬성 쪽의 책이 반대 쪽에 비해 20:1로 압도적이다. 그 동안 사회생물학의 기본적 아이디어들은 정신치료학, 미학, 법이론 분야로 확대(비판가들은 전이되었다고 할 것임)되었다. 1970년대 말에는 4개의 새로운 잡지가 창간되어 점점 수가 증가하던 이 분야의 연구 논문과 의견들을 받아들였다.

이 논쟁의 강도가 어떠했든 간에 논쟁을 어느 정도 피할 수도 있었다고 생각되는데 이 점에 대해 나는 책임을 느끼지 않을 수 없다. 나는 사실상『사회생물학』을 쓸 때 두 개의 서로 다른 책을 한 데 묶어서 쓴 셈이다. 1장부터 26장이 이 책의 94%를 이루는데 여러 가지 관련정보들을 진화론의 원리에 따라 엮어나간 것이지만 사회성 미생물부터 동물에 이르는 모두를 백과사전적으로 검토한 것이다. 그러나 두번째 편 즉 27장(「인간: 사회생물학에서 사회학으로」)은 2단 조판으로 29쪽이 되는데 대부분 사회과학에 등장하는 사실들을 인간 행동의 생물학적 기초에 관한 학설로 풀이하고 있다. 이 두 편 사이엔 소재와 어조에 차이가 있어서 일반인에게 두 가지 다른 사회생물학으로 비쳐진다. 즉 첫번째 편은 내가 의도했던 대로 사회성 행동과 발전된 사회들의 생물학적 기초를 체계적으로 연구한 분야의 책이다. 그리고 다음의 것이 미국 인류학협회의 마샬 살린스와 기타 몇몇 회원들이 인식한 대로 인간의 사회행동은 유전자에 의해 결정된다는 과학·이데올로기적 교리가 담긴 악동의 쌍둥이 중 나머지 한쪽이다.

이 두번째 편에 대해 제기된 여러 가지 반대는 주로 유전적 결정론으로서 사회과학에겐 골치거리이다. 내가 진정 유전적 결정론이라 부를 수 있다고 말한 바에 대해 여기서 언급해야겠다. 나의 주장의 요점은 이렇다. 인간은 행동과 사회구조를 획득하는 성향을 유전에 의해 물려받는데 이 성향은 말하자면 대개의 사람이 공유하는 이른바 인간의 본성(human nature)을 가리킨다. 인간의 특성에는 남녀간의 분업, 부모자식간의 유대, 가까운 친척에 대해 나타내는 고도의 이타성, 근친상간 기피, 기타 윤리적 행동들, 이방인에 대한 의심, 부족주의, 집단내 순위제, 남성 지배, 그리고 제한된 자원을 둘러싼 터공격이 포함된다. 사람들은 비록 자유의지를 갖고 여러 가지 방향으로 나갈 수 있는 선택을 행사하지만 여기에 관계되는 심리학적 발달의 경로는 비록 우리 자신이 아무리 다른 길로 가고자 발버둥댄다 해도 우리의 유전자들에 의해 다른 쪽보다는 어떤 일정한 방향으로 명확하게 트여져 있다. 따라서 여러 가지 문화가 아무리 다양하다 해도 이러한 특성을 향해 부득이 수렴되는 것이다. 예를 들면 맨해튼 사람과 뉴기니의 고지 부족들은 과거 50,000년 동안 떨어져 있었어도 단지 그들의 공통적인 인간성이 공통조상으로부터 물려받은 유전자들 속에 보존되어 있다는 이유로 인해 서로를 이해하는 것이다.

내가 『사회생물학』에서 초점을 둔 곳은 문화적 차이가 아니고 인간의 본성의 공통성이었다. 이 점에서 나는 감히 내가 말한 내용이 독창적이었다고 생각한다. 물론 과거 수십 년 사이 이와 비슷한 주장을 한 사람들이 많이 있다. 다윈도 이미 진화생물학의 주요 아이디어를 조심스럽게 귀뜸한 것 같으나 나 이전에 자연선택에 의한 인간의 진화를 집단생물학적 추론으로 한결같이 발전시켜 온 과학자는 없다. 나는 인간의 게놈은 우선 그것이 진화 도중 인간의 생존과 번식을 증진시켰기 때문에 현재 존재할 수 있는 것이라고 주장하였다. 뇌, 감각기관, 그리고 내분비계통은 그 개체들이 스스로 선호하는 사회행동상의 일반적 특성을 획득하도록 처방되어 있다.

나는 집단유전학적 모델들을 기초분석상 더욱 효과적인 방식으로 사용하기 위해 공격, 이타주의와 기타 행동에 영향을 미치는 미지의 유전자들이 있을 것으로 추정하였다. 나는 그러한 특성들이 흔히 많은 염색체에 흩어져 있는 다수의 유전자들에 의해 통제된다는 것을 잘 알고 있었고, 또 바로 환경이 개체 사이와 사회 사이에 변이를 조성하는 데 큰 구실을 한다는 것도 알고 있었다. 그러나 나는 유전 통제의 본질이 어떻든 간에 중요한 사실은 유전이 환경과 상호작용하여 고정된 평균값으로 유도하는 힘을 나타낸다고 주장하였다. 이 때문에 우리가 인간의 본성으로 정의하는 작은 통계적 동그라미 안으로 모든 사회인들이 집결되는 것이다.

이러한 나의 주장은 1970년대로서는 예외적이리만치 강한 유전주의의 입장이었다. 그리고 오래전부터의 천성이냐 양육이냐의 논쟁에서 양육이 승리한 것으로 귀착된 것처럼 보이던 당시에 이 논쟁이 다시 부활되게 도왔다. 당시의 사회과학은 양육 승리의 기반에서 세워지고 있었다. 그러나 나는 비록 사회생물학이 일부의 기성 학자들에게는 무시를 당할지라도 사회과학의 소장연구자들에겐 집단유전학의 모델을 포함하는 진화생물학이 매력적으로 보일 것이고, 그들이 사회과학을 자연과학에 연결시킬지도 모른다는 희망을 가졌다.

그러나 이러한 나의 기대는 극도로 순진한 하나의 환상이었다. 인간의 본성은 전적으로 경험에 의해 구축된다는, 대부분의 사회이론가들이 좋아하는 사회문화적인 견해란 그저 검증받아야 할 또 다른 가설은 아니었다. 그것은 바로 1970년대에 뿌리를 깊게 박고 있는 철학이었던 것이다. 특히 미국의 학자들은 인간의 행동이 환경에 의해 결정되고 따라서 거의 무한정 변형될 수 있다는 생각에 매혹되고 있었다.

만약 유전자들이 과거 인간의 진화 도중 때때로 통제력을 포기하고 그래서 뇌는 단지 하나의 다목적 컴퓨터와 비슷하게 된 것이라면 생물학은 사회과학에 어떤 역할로도 공헌할 것이 없을 것이다. 이렇게 되면 사회학의 적절한 영역이란 환경의 산물로 풀이되는 문화 간의 변이가 된다. 그리고 문화인류학은 외부 사회의 내부를 연구하는 데 있어서 생물학의 도식을 포함하는 서양화된 외래적 양식과는 거의 상관없이 자신들의 방식으로 설명하는 데 집중될 것이다. 또한 중요한 정치적 의미가 개재될 수도 있다. 만약 인간의 본성이 거의 획득되고 그 어느 부분도 유전되는 것이 아니라면 상대론자들이 정열적으로 말하듯이 문화가 서로 다르더라도 이들은 서로 도덕적으로 동등하게 취급받아야 할 것이다. 좋은 것과 옳은 것은 내적 타당성보다는 권력에 의해 결정되기 때문에 윤리적 교훈과 이데올로기에서 나타나는 문화간의 차이는 관심을 받을 만하다. 특히 피압박민의 문화가 가치상으로 존중되어야 한다. 왜냐하면 문화적 갈등의 역사는 바로 승자들에 의해 기록되었기 때문이다.

그러나 인간 본성이 유전적 기초를 갖는다는 가설은 이러한 가정들을 모두 의심스럽게 만들었다. 비판가들 중에는 자연과학에서 일으킨 이러한 도전이 지성적으로 결함을 가질 뿐 아니라 도덕적으로 잘못되었다고 보는 사람이 많았다. 그들은 인간 본성이 만약 유전에 뿌리를 두고 있다면 사회행동 중에는 필경 다루기 힘들거나 적어도 지배층 엘리트들에 의해 취급 불가능하다고 선언될 것들이 있을 것이라는 점을 시사하였다. 즉 부족주의와 성 차별은 불가피한 것으로 판정될 것이고 계급 차별과 전쟁은 어떤 식으로든 〈자연스러운〉 것으로 간주될 것이다. 그런 식의 예를 들자면 이 이야기는 시작에 불과하다. 사람들은 서로 유전적 신체 특성에서 다르다는 것을 의심할 여지가 없으므로 개인의 능력과

정서 면에서도 다르다는 것 역시 틀림없는 사실이 된다. 즉 사람에 따라 수학적 재능을 타고나는 사람이 있는가 하면 범죄 행위에 치우치도록 태어난 사람도 있을 수 있다는 말이다.

1970년대에는 이러한 유전적 성향이 다소간 사실이라고 믿는 사람이 절대 다수였다. 그러나 대학에서 이런 주장을 하는 사람은 누구나 인종차별과 성차별이라는 통렬한 비난을 받을 위험을 무릅써야 했다. 이와 대조적으로 유전론적 입장을 공격하는 사람은 진리와 미덕의 수호자로 칭송받았다. 심리생물학자인 제리 레비는 정치적으로 올바른 상투적 문구를 다음과 같이 풍자적으로 모방하여 묘사하였다. 즉 〈사회문화적인 가설은 이를 지지하는 증거가 없어도 그것이 틀렸다는 증명이 확실히 나오지 않는 한 사실로서 간주된다. 이와 대조적으로 생물학적 가설에 대해서는 이를 지지하는 증거가 논의의 여지가 없을 만큼 완벽하지 않으면 거짓으로 친다.〉*

이제 미국의 학자들이 평소 찬반의 내부적 분열에 과민한 사회 속에서 〈사회생물학〉이란 말만 나와도 움츠러들었던 것은 이해할 만하다. 그래서 1989년에 인간 사회생물학에 관한 전문학회를 만들었을 때 이름을 약간 바꿔 〈인간 행동 및 진화학회(Human Behavior and Evolution Society)〉라고 이름붙였던 것이다. 그리고 사회생물학이라는 말은 연례 회의 때에나 간간히 썼었다.

반면에 유럽의 학자들은 별로 주저하지 않았다. 일단의 연구자들은 〈유럽 사회생물학회(European Sociobiological Society)〉를 만들었고 본부는 암스테르담에 두었다. 또 다른 학자들은 케임브리지 대학의 킹스 콜리지에서 〈사회생물학 그룹(Sociobiological Group)〉을 발족시켰다. 세 번째로 파리북대학(University of Paris-Nord)에는 〈동물행동학 및 사회생물학 연구소(Laboratory of Ethology and Sociobiology)〉가 만들어졌

---

* Jerry Levy, 「성과 두뇌(Sex and the Brain)」, The Science 21, no.3(1981): 20-23, 28.

다. 이밖에 〈사회생물학〉이란 말과 그 배후 사상은 중국, 소련과 기타 사회주의 국가에서 자유롭게 활용되었고 그에 대한 찬반의 기사가 일부 잡지에 실렸다.

그러나 당시 『사회생물학』으로 하여금 악명을 떨치게 한 것은 바로 그의 잡종적 성격이었다. 만약 1부와 2부로 된 이 책이 부별로 각각 출판되었더라면 생물학 쪽은 동물행동과 생태학 전문가들에 의해 별 문제 없이 잘 수용된 반면 인간행동에 관한 부분은 쉽사리 타기되거나 무시될 수도 있었을 것이다. 그러나 양쪽이 서로 겹쳐 있음으로써 전체가 부분의 합보다 커진 셈이다. 즉 인간에 관한 장들은 동물에 관련되는 막대한 문헌들에 의해 신빙성을 더했고 생물학 부분들은 인간의 문제와 관계된다는 의미로 인해 그 뜻이 가중되었다. 이와 같은 연결은 많은 사람들 입맛에는 맞지 않는 것으로 나타났지만 하나의 삼단논법을 창출하였다. 즉 〈사회생물학은 생물학의 일부이다. 생물학은 신뢰할 만하다. 따라서 인간 생물학은 신빙성이 있다〉이다.

비판가들 중에는 내가 이 책을 쓴 데에는 틀림없이 어떤 정치적인 동기가 있을 것으로 생각하고 동물에 관한 장들의 주목적은 인간에 관한 기술에 신빙성을 더하기 위한 것이라고 말하는 사람도 있었다. 그러나 사실은 그 반대였다. 나는 이데올로기에는 관심이 없었다. 나에게는 생물 행동의 다양성을 기리고 진화생물학의 지적 힘을 증명하는 데 목적이 있었다. 완고한 백과사전 편집자인 나는 인간도 당연히 여기에 포함되어야 한다고 느꼈다. 나는 집필이 진행됨에 따라 어떤 기회가 왔음을 깨닫게 되었다. 즉 동물에 관한 장들은 그 내용이 인간 행동에 관계됨으로써 지적 비중을 더할 것이라는 사실이다. 그러나 그 다음 어느 시점에 나는 이러한 관계의 방향을 다시 틀어 진화생물학이 결국 사회과학의 기초로서 봉사하게 될 것이라고 믿게 되었다.

따라서 나의 인간 사회생물학에 관한 개념은 결코 자연과학과 사회과학 사이의 관계를 말하는 거창한 콩트의 과학적 실증주의에서 나온 것이 아니다. 나는 그저 내게 흥미를 끄는 주제들의 범위를 확대했을 뿐이다. 즉 개미에서 시작하여 사회성 곤충으로 나아가고 다시 동물계로 그리고 끝으로 인간에 이르렀을 뿐이다. 나는 당시 생물학과 사회과학이 서로 융합될 시기가 성숙되었다고 생각하여 매우 도발적인 언어로 시작한 것이다. 『사회생물학』의 마지막 장은 사실상 이미 존재하면서 여차하면 서로 결합할 시약들 속에 촉매를 떨어뜨릴 의도로 씌어졌다. 그런데 모든 것이 주체할 수 없게 뻗어나갔다. 원래 나는 그것도 바로 우리 대학에서 가장 격렬한 반응이 나오리라고는 계산하지 못했다.

매카시 시대에 공산당원으로 고소된 학자들에게 하버드 대학은 비록 불완전할지는 모르지만 유명한 성역이었다. 그곳은 사람들이 정치적 공론가들의 명예훼손으로부터 보호되어 정중하게 상호의견을 나눌 수 있는 토론의 장이었다. 그러나 바로 좌익들로 들끓는다는 사실 자체가 그러한 고상한 목표를 위험 속에 빠뜨렸다. 『사회생물학』이 출간된 후 보스턴 지역의 과학자, 교사, 학생 15명이 모여서 〈사회생물학 연구그룹(Sociobiology Study Group)〉을 만들었다. 그리고 이 모임은 이어 1960년대에 정치적으로 위험한 사상에 빠져 있는 사람을 포함하여 과학자와 기술자들의 비행을 폭로하기 위해 시작된 급진파들의 전국 조직인 〈대중을 위한 과학(Science for the People)〉 모임에 가입하였다. 사회생물학 그룹은 대부분 하버드 대학의 마르크스주의자들과 신좌익학자들로 이루어졌는데 가장 유명한 사람 중 둘은 스티븐 제이 굴드와 리처드 르원틴으로 나의 가까운 동료이자 비교동물학 박물관 건물에 같이 있는 사람들이었다. 이밖에 조나단 벡윗, 루스 허버드와 리처드 레빈스는 같은 대학교의 다른 과 교수들이었다.

이 사회생물학 연구그룹의 비공식 본부는 르원틴의 연구실로 내 방 바로 아래 쪽에 자리잡고 있었다. 그러나 나는 그러한 토의가 있었는지도 몰랐다. 이러한 모임이 있은 지 3개월이 지난 후 이 모임은 미리 예정된 평결을 내렸다. 1975년 11월 13일자 《뉴욕 서평지(New York Review of Books)》에 낸 한 서신에서 이 모임의 회원들은 사회생물학이 어떤 증거에 의해서도 지지되지 못할 뿐만 아니라 정치적으로 위험하다고 선언했다. 즉 사회 행동의 생물학적 기초를 확립하려는 모든 가설은 〈현상 유지와 일부 집단에서의 계급, 인종, 성에 따르는 특권을 유전적으로 정당화하는 경향을 갖는다. 역사적으로 강대국이나 강대국의 지배 집단들은 그들의 권력을 유지하거나 확장을 위한 지지를 이러한 과학자들의 연구 결과로부터 얻어냈다. …… [이러한] 이론들은 1910년과 1930년 사이에 미국에서 시행된 단종법과 이민제한법의 시행뿐 아니라 결국에는 나치 독일이 가스실을 만들게 유도한 우생학 정책의 중요한 기초를 제공하였다〉는 것이다.

나는 이 서신에 대한 소식을 신문판매대에서 11월 3일자 신문을 사 보고 알았다. 하버드 대학교 출판부의 한 편집자가 나에게 전화를 걸어 그 소식이 빠른 속도로 퍼져 선풍을 일으킬 것 같다고 말했다. 일단의 과학자들이 자기네 동료가 기술적인 과오를 범했다고 공공연히 선언하는 그 자체가 선풍을 일으키기에 충분하다는 것이다. 이 주인공 동료를 인종차별주의자의 우생학과 나치 정책과 연계시키는 것은 1970년대 학계에 과열되었던 풍토에선 매우 큰 타격이었다. 그러나 사회생물학 연구그룹이 스스로를 밝힌 태도는 스스로 윤리적이며 따라서 도전 불가능의 영역임을 자처하는 뜻이 담겨 있다. 그리고 이 서신의 목적은 남들이 말하는 기술적 과오를 시정하기보다는 주인공에 대한 신뢰성을 괴멸시키는 데 있었다.

하버드 대학의 자유분방한 분위기에서 반동적인 교수는 사원에서의 무신론자와 비슷한 처지가 된다. 몇 주가 지나고 겨울 눈이 내리기 시작하자 하버드 교수들의 나에 대한 지지도는 매우 떨어졌다. 그러나 몇몇 친구들이 언론과 가진 인터뷰 및 라디오 공개토론에서 〈대중을 위한 과학〉에 반대하는 발언을 하였다. 그 가운데는 언스트 메이어, 버나드 데이비스, 랠프 미셸, 그리고 나의 가까운 친구이자 공동연구자인 버트 휠도블러 등이 있다. 그러나 하버드 대학 내부에서의 논쟁이 전국적인 뉴스가 되었음에도 나는 대체로 침묵을 지켰다. 나는 사람들과 사적으로 많은 대화를 나누고 난 다음, 하버드 대학 교수진의 자연과학자 대부분이 내가 인간의 행동에 대해 생물학적 접근을 시도한 데 대해 동정적이었으나 〈대중을 위한 과학 연구그룹〉의 동기와 정치적 의도에 의해 혼란을 일으키고 있음을 알게 되었다. 그들은 필경 아니 땐 굴뚝에서 연기가 나겠느냐는 식으로 생각했는지도 모른다. 그래서 그들은 일에만 매달렸고 나로부터 적당한 안전거리를 유지하였다.

나는 사실상 이러한 공격으로 인해 허점을 찔렸던 것이다. 사회과학자들로부터 주로 증거 기반을 이유로 전면 공격을 받으리라 예상했는데 그 대신 바로 옆구리에 정치적인 일격을 받은 것이다. 몇 사람의 방관자들은 내가 놀란 것을 보고 경악하였다. 영국의 노장 진화생물학자이며 한때 마르크스주의자였던 존 메이너드 스미스는 그 자신도 『사회생물학』의 제일 마지막 장을 싫어했다고 말하고 〈내가 보기엔 이 장이 미국의 마르크스주의자들과 전 세계의 마르크스주의자들로부터 대단한 적개심을 불러일으킬 것이 분명한데 윌슨이 그것을 모르고 있다는 것은 도저히 믿기지 않는 일〉이라고 말했다.* 그러나 내가 몰랐던 것은 사실이었다. 나는 아마도 스미스 교수가 후에 말한 것처럼 유럽인이 아닌 미국인이기 때문에 준비가 되어 있지 않았다고 보아야 할 것 같다. 나는 1975년 당시 정치적으로 순진했다. 정치적 신조나 분석 방식으로서의 마르크스주의에 대해 거의 아무것도 몰랐기 때문에 좌파 운동권의 활동에 대해 거의 주의를 기울이지 않았고 〈대중을 위한 과학〉에 대해 들어보지도 못했다. 다시 말해 나는 유럽적인 의미에서나 뉴욕-케임브리지 지역의 의미에서나 지식인이 못 되었던 것이다.

나는 사회생물학 연구그룹의 회원들을 개인적으로 알고 존경했기 때문에 처음에는 자신감의 상실이라는 충격을 받았다. 과연 나는 인간 행동으로 들어가는 선을 건넘으로써 치명적인 지적 실수를 범한 것이 아

---

* Ullica Segerstrale에 의해 인용됨. 「누구의 진실이 이길 것인가? 사회생물학 논쟁에 대한 도덕적 및 과학적 관심(Whose Truth Shall Prevail? Moral and Scientific Interests in the Sociobiology Controversy)」(1983년 하버드 대학 사회학과 박사학위 논문).

닌가? 사회생물학 연구그룹의 분개에 찬 반응은 우리 과의 다른 생물학자들이 복도에서 나를 우연히 만나도 격려의 말 한마디 하지 않는 침묵과는 엄청나게 대조되었다. 나의 사기는 그 동안 나를 가장 크게 비판했던 르원틴이 학과장이 됨으로 인해 더더욱 나아질 것이 없었다. 나는 하나의 불쌍한 과학자이거나 쫓겨나야 할 사회적 탈선의 장본인으로 보여져 결국 구제 불능의 천민이 되는 위험에 직면한 게 아닌가 생각되었다.

그때 나는 내가 확인하고 있는 증거와 논리를 다시 생각하게 되었다. 내가 말한 것은 과학으로서 방어 가능한 것이었다. 내 이론에 대한 공격은 증거에 의한 것이 아니고 정치적인 동기에서였다. 사회생물학 연구그룹은 주제에 대한 관심은커녕 불신을 사게 하는 데만 매달렸던 것이다. 그들은 주제의 핵심에 대해 거의 이해하지 못하고 있는 것처럼 보였다.

이렇게 자세히 생각하게 되자 나의 불안은 분노로 바뀌었다. 나는 ≪뉴욕 서평지≫에 격렬한 반박문을 썼다. 몇 주가 다시 지나자 분노는 가라앉았고 내가 가졌던 이전의 확신으로 되돌아갔다. 그리고 새로운 야심의 불꽃이 살아났다. 바로 적이 있다. 매우 중요한 적이. 그것은 나에게 새로운 주제이고 곧 새로운 기회를 의미했다.

나는 마르크스주의의 기본원리를 공부하기 시작했다. 이렇게 풋내기 노력을 하는 과정에서 나는 유명한 사회학자인 다니엘 벨과 주도적 마르크스주의 철학자인 유진 제노비스의 격려를 받았다. 이 두 사람 다 사회생물학을 별로 좋아하지 않았다. 그러나 그들은 『대중을 위한 과학』의 공격적인 전략을 혐오하였다. 나는 사회과학과 인문학에 관한 독서를 광범위하게 해나갔다. 그리고 과학의 역사와 철학에 맛을 들였다. 그래서 〈사회생물학 연구그룹〉이 그 문제의 서신을 발표한지 2년 후 나는 『인간의 본성에 관하여(On Human Nature)』를 냈고 1979년 이 책으로 퓰리처상 일반 논픽션 부분을 수상하게 되었다. 이것은 과학적인 타당성에서가 아니고 문학으로서의 수상이었다. 그 다음 해에 나는 유전적 진화와 문화적 진화 사이의 상호작용을 설명하기 위한 보다 강력한 이론을 구축하는 작업에 전면 착수하였다.

나는 결국 사회생물학 논쟁이 보통 학자들 사이에 있는 토론보다 훨씬 깊이를 더해 가고 있음을 깨닫게 되었다. 〈대중을 위한 과학〉에 가입한 단체들은 주제 접근상 나와는 다른 양식을 취했다. 그들은 과학을 별도의 객관적 지식으로서가 아니고 문화의 일부로서 정치사 및 계급투쟁과 뒤섞인 하나의 사회적 과정으로 본 것이다.

내가 볼 때 이러한 생각은 리처드 르원틴이라는 인물 속에 명확히 수용되어 있었다. 그는 그 후 스티븐 제이 굴드가 받은 과학 및 저술상의 그늘 밑에 가려졌지만 1975년 당시만 해도 두 사람은 다 같이 유명했고 정치적 견해도 서로 같았다. 굴드는 르원틴의 진화생물학에 대한 마르크스주의적 접근방식을 함께 취했고 그 후 월간지 ≪자연사(Natural History)≫의 고정란과 다른 출판물을 통해 많은 글을 다투어 발표하였다. 그러나 인간 사회생물학의 모든 수준의 의미에 대해 그 누구보다도 깊이 탐색한 사람은 르원틴이었다. 그는 ≪뉴욕서평지≫에 낸 서신의 주필자였다. 그 후에도 그는 그가 가진 유전학과 과학철학에 관한 광범위한 지식을 끌어들여 사회생물학을 공박하는 강연을 많이 하였다. 뿐만 아니라 그 후에도 그는 결국엔 노선을 바꿀 사람들 속에서 그러한 반대 운동에 가장 많이 시간을 바쳤고 그의 경계심은 결코 수그러들지 않았다. 만약 사회생물학이 말하는 주장에 진짜 치명적인 과오가 있다면 그는 그 후에도 그것을 가만 두지 않고 밝혀냈을 것이다.

르원틴이 아니었다면 논쟁은 그렇게 격렬하지도 않고 많은 사람의 주의를 끌지도 않았을 것이다. 시간이 흘러 감정이 사라지고 지성의 알맹이만 남은 상태에서 되돌아보건데 그는 내가 가장 소중히 간직해야할 적이었다. 그는 명석하고 정열적이며 복합적이어서 토론에 능란한 무대 기질이었다. 그는 친구와 적을 모두 유지하는 깊은 양가(兩價) 감정의 소유자였다. 즉 겉으로는 친밀하나 내적으로는 비밀스럽고 공격적이어서 끊임없는 주의를 요하는 인물이지만 감수성이 예민하고 듣는 이를 모욕하면서도 동시에 즐겁게 하는 데가 있다. 뿐만 아니라 그는 사람에게 겁을 먹게 하지만 반응이 강렬하면 쉽게 뒤로 주춤해서 일종의 분노의 혼란을 덧없이 지나가게 하여 남이 그를 위로해 주고 싶게 만든다. 로버트 맥아더는 르윈틴과 나 셋이 모두 젊었을 때 당시 르윈틴이야말로 자기의 신경을 자극하는 유일한 인물이라 말한 적이 있다.

그는 위원회 석상에서 수줍어 함도 없이 언제나 테이블 중앙 상석 가까이 앉아 주제 안건에 관한 질문과 의견 진술을 하면서 다른 사람보다 더 자주 언성을 높였다. 우리는 학교에서 누구보다 먼저 손을 들고 교단에 나와 칠판에 대수 문제를 푸는 아이를 볼 수 있는데 르윈틴이야말로 영낙없이 일종의 그러한 천재 소년이었다. 젊은이 같은 그의 행동은 중년에까지 이어져 둥근 얼굴에 쉽게 웃는 미소와 박식한 체하는 시선, 자유분방한 검은 머리, 넥타이를 매지 않은 셔츠바람, 언제나 청바지를 입은 모습 그리고 근로자 계급과의 연대를 광고하는 태도를 보였다. 언론인들은 그의 모습이 점잖다고 했으나 스톱 모션 때만 그럴 뿐이다. 르윈틴은 너무나 예민하고 활동적이기 때문에 점잖은 이미지가 들어맞을 인물은 아니다.

그는 수시로 역할을 바꿨다. 처음에는 사려 깊고 신중한 학장으로, 다음에는 철학사상을 전파하는 강사로, 그 후에는 대화상대자로, 또 이따금씩 갑자기 분노에 찬 급진파로. 그는 핵심을 강조하기 위해 손가락을 편 채 두 손을 머리 위로 치켜들곤 했다. 그리고 목소리가 정상으로 나오고 토론이 진전되면 두 손의 손바닥을 아래로 향한 채 탁자 위에 얹은 다음 두 손을 모았다가 다시 벌려 떨어지게 하고 심사숙고의 기분이 들면 손을 재빨리 가슴 높이로 다시 올리고 두 손을 마주 엇갈려 돌렸고 또 주제가 복잡해지면 이런 그의 행동으로 사람들의 주의가 집중되었다. 그는 문장과 구절을 완벽한 상태로 말해 나갔다. 말의 흐름은 천천히 말하거나 때로는 얼버무리는 식으로 말하여 간격을 둠으로써 주요 구절을 강조했고 끝으로 결론적인 말로 매듭을 지었다. 그는 말할 때 몸을 이리저리 돌려 듣는 사람의 눈과 마주쳤고 살짝살짝 웃음을 보임으로써 단어 선택에 자신감을 보였다. 즉 말의 기법과 내용에 모두 주의를 기울이고 있음을 나타냈다.

그의 자기확신과 자유분망한 스타일은 1960년대와 1970년대의 학계에선 꽤 영향력을 미쳤다. 당시는 학생들이 그들의 독립을 요란하게 주장하면서도 동시에 지도자를 필사적으로 갈구한 시대였다. 르원틴의 강의는 하버드 대학과 외국에서 열광적으로 환영받았다. 그의 반체제적 발언은 유명한 배우처럼 겉치레로 연출되었지만 신비로울 정도로 기지에 차 있었고 누가 표적이 되어도 마찬가지였다. 그의 말은 그럴 듯한 큰 웃음을 자아냈다. 바로 여기에 학생들이 알고 있는 혁명의 깊은 원천에서 나온 한 과학자가 있고 한 사람의 사상가가 있었던 것이다. 그는 언론가들에게 강한 인상을 주었는데 보통 그들은 그를 가리켜 〈탁월한 집단유전학자〉라고 불렀다.

르원틴은 실험과학의 사원에서 사회적 변화를 설교하는 한 사람의 지식인이었다. 그의 과학적 신망은 타의 추종을 불허했으니 그의 유전학 수준은 당시 최고였기 때문이다. 그는 1960년대 시카고 대학에 있을 때 허비(J.L. Hubby)와 공동 연구하여 유사 단백질들을 전기영동법으로 상호 분리함으로써 집단내 유전자 다양성을 처음으로 평가하였다. 그의 이러한 기법은 곧 표준이 되었고 진화생물학에서 정량 연구의 새로운 시대를 열었다. 그는 또 처음으로 컴퓨터를 써서 소진화에서의 우연의 역할을 연구한 사람이다. 그는 남과 같은 전문 지식의 기초에서 뛰어나와 인구학적 진화를 집단 생장 속도상의 변화에 연계시킴으로써 유전학과 생태학의 경계지역을 탐험하였다.

리처드 르원틴은 39세라는 비교적 젊은 나이에 미국 과학계에서 최고의 영예 중 하나인 국립학술원 회원으로 선출되었다. 그런데 곧 그의 반골적인 본성이 드러났다. 그는 1971년 학술원이 국방부의 비밀 연구 계획을 지원한다는 데 격분한 가운데 구두로 회원직을 사퇴하였다. 그는 학술원 130년 역사중 선출된 1,300여 명의 피선 회원들 가운데 학술원을 탈퇴한 열두 명 중 하나이다. 그는 결국 벤저민 피어스, 윌리엄 제임스 그리고 리처드 파인만 같은 저명한 인사의 대열에 낀 것이다.

1972년 초봄 나도 관여하고 있던 하버드 대학의 한 위원회는 리처드 르원틴에게 정교수직을 부여하도록 생물학과에 추천하였다. 그는 당시 그의 세대 중에서 최고의 집단유전학자로 손꼽혔다. 보통대로라면 이러한 지명은 즉시 승인되어 학장과 총장에게 넘어가야 했으나 사정은 그렇지가 않았다. 그는 당시 한 사람의 선도적 과학자 이상이었다. 즉 다른 과학자를 공격하는 정치운동가가 되어 있었다. 그는 1970년의 미국 과학진흥협회 연례모임에서 정치적으로 민감한 주제를 다루는 한 발표회에서 소동을 일으킨 한 소그룹의 일원이었다.

원로교수 몇 사람은 그의 인격에서 나타난 그런 경향을 보고 놀란 나머지 그의 교수직 후보 자격에 반대할 태세였다. 그들은 그가 하버드 대학에 들어오면 소속 과를 뒤집어 놓을 것이 아닌지 우려했다. 그러나 종신교수직들이 모인 결정적 회의에서 언스트 메이어와 나는 그를 옹호하였다. 지금 되돌아보건대 우리는 정치적 신념 여하가 교수직 임명에 영향을 주면 안 된다고 꽤나 거만스럽게 주장하였다. 그러나 몇 사람은 납득하지 못했다. 신조는 별개지만 인신 공격과 교란 행위는 어떻게 할 것인가라고 묻는 것이었다. 그러나 나는 그가 하버드 대학으로 오도록 간절히 원했다. 나는 시카고 대학에 있는 친구에게 전화해서 그가 이데올로기가 다르다는 이유로 그의 동료 교수를 공격한 적이 있는지 물어보는 게 어떻겠느냐고 말했다. 이 제안이 받아들여져 결정은 연기되었다. 그 사이 하버드 대학에서 가장 존경받는 원로 교수 중 한 사람이며 대학 행정에 지혜로운 자문 교수인 조지 키스티아코프스키 박사가 이런 과정을 알아채고 화학과에서 나에게 전화를 해왔다. 그는 사실 당신은 만약 르원틴이 오게 되면 후회할꺼요라고 말했다. 그러나 나는 이미 약속했다. 그래서 전화를 했고 르원틴이 시카고 대학에서 어떤 말썽도 일으킨 적이 없다는 것을 확인했다. 그런 다음 열린 회의에서 우리는 그를 교수직으로 추천하도록 만장일치로 표결했다. 데렉 보크 총장은 1972년 11월 8일 임명을 승인하고 그는 그 이듬 해에 하버드 대학에 부임하였다.

그러나 그가 일단 자리를 잡고 그 후 사회생물학 논쟁이 시작되자 나는 과학을 수행하는 관점에 있어서 우리가 서로 반대라는 것을 알게 되었다. 르원틴은 철학자이면서 과학자이고 엄격한 자제형일 뿐 아니라 모든 단계에 대해 비판적이고 준엄한 기준 수호자여서 기회만 있으면 개연성 논쟁이나 어떤 상상에 대해 반대 정도가 아니라 축출을 마다하지 않았던 것이다. 반면에 나는 자연연구가이면서 과학자여서 엄격한 논리와 실험적 테스트의 필요성에는 동의하면서도 정신적으로는 개방적이며 실험 초기의 가설에 대해 훨씬 덜 비판적이다. 나는 일생 동안 경험을 다진 수집가이며 실용주의자로서 모든 정보의 단편들 하나 하나와 타당성을 보이는 가설들은 일단 기록된 후에 지식이 성장함에 따라 유지되거나 폐기되어야 한다고 믿었다. 나의 공책들은 모두가 알아볼 수 없이 뒤범벅 상태이다. 어떠한 이론의 초기에 개연성 문제를 놓고 도덕성에 관한 논란을 제기하는 것은 나의 관점에서는 과학적 정신에 완전히 위배된다. 나는 진화생물학을 잠재적으로 적절한 주제의 위치에 놓이게 하고 필요하다면 요지부동으로 재빨리 못박아 놓기를 바랬다. 그러나 르원틴은 그렇지 않았다.

르원틴은 출판 가능한 연구의 기준을 매우 좁게 책정함으로써 과학에 의해 방해를 받지 않고 정치적 사안을 자유롭게 추구하였다. 그는 공인된 진실이라 하더라도 확실한 사실에 의거하지 않는 한 지배 이데올로기와 정치 세력의 반영에 불과하다는 상대론을 채택하였다. 그는 운동가가 된 다음에 그 자신이 채택한 진실, 즉 사회체계들은 경제력과 계급투쟁을 반영한다는 마르크스의 전체론적 관점을 고양시켜 나갔다. 그는 진화생물학에서의 환원주의가 자연과학이 일찍이 도전을 받아본 적이 없는 쐐기였음에도 불구하고 이를 논의에 붙였다. 그리고 무엇보다 특히 인간 사회생물학에 관한 환원주의를 거부하였다. 그는 1991년에 다음과 같이 썼다. 〈환원주의라는 것은 세계가 작은 조각으로 나누어질 수 있고 그 조각들은 각기 특유의 성질을 갖고 있으며 이들이 모여 보다 큰 것을 이룸을 말한다. 예를 들면 개체들이 모여 사회를 이루는데 사회는 인간 개개인의 성질의 표현에 불과하다. 개인의 성질이 원인을

제공하고 사회 전체의 성질은 이들 원인들이 발휘한 효과들이다.〉*

르원틴이 표현하고 거부한 바로 이 환원주의야말로 세상이 과연 어떻게 돌아가고 있는가를 설명하는 나의 견해 바로 그것이다. 이 환원주의가 내가 해석한 바대로 인간 사회생물학의 기초를 이룬다. 그러나 르원틴은 계속 그것이 결코 과학이 아니라고 주장하였다. 그리고 그가 여러해에 걸쳐 말해 온 그 자신의 정치적 신념에 따르면 환원주의는 진실일 수가 없었다. 〈생물학적 세계에 대한 이러한 개인적 견해는 단지 개인을 모든 것의 중심에 놓았던 18세기 부르주아 혁명 이데올로기의 반영일 뿐이다〉†라면서. 르원틴은 자연과학이 미칠 수 없는 초월적 법칙을 추구하였다. 그는 리처드 레비스와의 공동 저술에서 이렇게 썼다. 〈마르크스, 레닌 또는 마오의 이론에는 객관적 세계 속에서 일어나는 어떤 특수한 물리적 사실과 특수 현상의 과정들에 대해 상충되거나 상충될 수 있는 것이 없다.〉† 단지 반환원주의와 비부르주아 과학만이 인간으로 하여금 궁극적이고 최고의 목표인 사회주의 세계의 달성을 도울 것이다.

유명한 과학자 대개가 구소련이었겠지만 세계 사회주의에 봉사했던 급진 사회문화적 마르크스주의에 경도되어 과학에 접근하는 것을 옹호했다는 것은 오늘날에는 기이한 모습으로 보인다. 그러나 이러한 양상은 1970년대에 하버드 대학에서 벌어졌던 논쟁의 특유한 분위기를 설명하는 데는 도움이 된다. 당시 학계를 지배했던 좌익의 입장에서 볼 때 르원틴과 〈민중을 위한 과학〉의 멤버들은 방법상으로 약간 극단적인 진보주의자로 분류되는가 하면 나는 루스벨트식 자유주의로 전향한 실용적 중도파로서 우파로 간주되었다.

---

* Richard C. Lewontin, 『이데올로기로서의 생물학: DNA 교조주의(*Biology as Ideology: The Doctrine of DNA*)』, New York: HarperPerennial, 1991, p.107.
† 앞의 책.
† R.C. Lewontin and R. Levins, 「뤼센코주의의 문제(The Problem of Lysenkoism)」, Hilary Rose and Steven Rose eds., 『과학의 급진주의(*The Radicalisation of Science*)』, London: Macmillan, 1976, pp.34, 59.

사회생물학 연구그룹이 나를 반혁명적 모험주의자로 몰아붙이자 보스턴 지역의 급진 활동파들은 전단과 토론 집회를 통해 인간 사회생물학을 반대하는 운동을 벌였다. 이러한 움직임이 1975-1976년 봄과 겨울에 걸쳐 점점 격렬해지자 나는 이것이 나의 가족과 대학에 곤혹스러움을 야기하지 않을까 불안해졌다. 나는 결국 이 논쟁의 물리적 중심에서 벗어나기를 원한다면 교수직을 주겠다는 세 대학의 제의를 잠시 고려해 보기까지 했다. 그러나 소동은 모두 진정되었다. 하버드 광장에서 어느 반대 시위자는 며칠 동안 마이크로 나를 해직시키라고 외쳐댔다. 하루는 미시간 대학의 두 학생이 진화생물학 강의실에 들어와 구호를 외치고 반사회생물학 연설을 하기도 하였다. 그러나 그들이『사회생물학』을 읽지도 않았고 이 책을 하버드 대학의 지배 세력을 넘어뜨리는 도구로 쓰려는 의도가 분명해지자 오히려 학생들이 야유로 받았다. 다행히 그 동안 나는 나를 욕하는 어떤 우편물도, 그리고 죽이겠다는 위협도 받지 않았다.

　그 가운데 가장 극적인 일화는 1978년 워싱턴에서 일어난 물벼락 소동이었다. 그 해 2월 15일에 나는 미국과학진흥협회(AAAS)의 연례회의의 일부로 계획된 사회생물학 심포지엄에서 강연하기 위해 쉐라톤파크 호텔에 도착했다. 세계에서 가장 큰 과학자 조직인 AAAS는 특히 과학과 교육 그리고 대중정책에 관심을 가졌다. 이 모임에는 많은 관중이 올 것으로 기대되었고 인간 사회생물학 주요 연구자 여섯 명과 가장 열렬한 반대자인 스티븐 제이 굴드가 등장하게 되어 있었다.

　중재자로는 마가렛 미드가 나왔고 나는 그녀를 두번째로 만날 기대에 차 있었다. 그녀는 1년 전에 버지니아 주에서 있은 인간 행동에 관한 한 모임에서 나를 만찬에 초청해 사회생물학을 토의한 적이 있다. 당시 나는 신경을 곤두세웠는데 그것은 미국의 어머니격인 인물이 유전적 결정론이 불러일으킬 위험성에 대해 나에게 잔소리나 하지 않을까 하는 우려 때문이었다. 그러나 두려울 것이 없었다. 그녀 역시 사회행동의 생물학적 기초에 관한 생각을 발표한 적이 있다고 힘주어 말한 것이다.

그 중의 하나는 사회마다 예를 들면 예술가나 병사의 임무와 같은 서로 다른 과업에 유전적으로 치우친 일련의 사람들을 포함하고 있으며, 이러한 분화가 보다 더 능률적인 분업을 창출한다는 생각이었다. 우리는 구운 고기와 붉은 포도주를 들어가며 이야기를 나누었는데(나는 그녀와 함께 있다는 사실에 최면되어 이 두 가지 중 어느 것도 제대로 맛보지 못했다) 그녀는 나에게 필경 내가 읽고 싶어할 것으로 생각되는 몇 가지 그녀의 저서를 추천하였다.

그러나 슬프게도 나는 그녀를 다시 볼 수 없었다. 그녀가 앞서 말한 미국과학진흥협회 모임이 열리기 직전에 암에 걸려 타계했기 때문이다. 심포지엄 시작 시간이 다가오자 회의장 안팎에는 긴장된 분위기가 짙어져 갔다. 일종의 데모가 폭력 행동으로 이름난 국제 인종차별 반대위원회(INCAR)에 의해 계획되고 있다는 소리가 들려왔다. 이 단체의 간부들은 인간 사회생물학 발표 순서가 예정되어 있고 내가 나타날 것임을 알고 이 사실을 전국의 회원들에게 알렸다. 이러한 소식을 듣고 나는 이 단체(INCAR)의 접수대에 가서 관계 인쇄물과 선전용 배지를 집어오려고 했다. 수백 명의 청중이 강연실에 자리잡기 시작하자 두 명의 INCAR 회원이 항의 전단을 뿌리며 돌아다녔다. 내가 한 장을 받자 이것을 나누어주던 젊은 여성은 나를 알아보곤 홱 나꿔채 갔다.

대리 사회자로 나타난 컬럼비아 대학교의 인류학자 알렉산더 앨런드가 회의를 시작했을 때는 별다른 일이 일어나지 않았다. 그리고 수 명의 연사가 논문을 발표하였다. 드디어 내 차례가 오자 나는 일어나기보다 자리에 그대로 앉아 있었다. 바로 2주일 전에 살얼음이 언 위로 달리기를 하다가 그만 발목에 골절상을 입어 오른쪽 다리에 깁스를 했기 때문이다. 내가 소개되자 제대로 숫자를 헤일 수는 없었지만 약 8명정도의 남녀가 청중석에서 벌떡 일어나 단상으로 올라와 한 줄로 나란히 앉은 연사들 뒤쪽에 정렬하였다. 그 중 몇 명이 사회생물학 반대 구호가 적힌 플래카드들을 치켜들었는데 그 가운데 하나엔 나치 독일의 문장이 그려져 있었다. 그러더니 한 사람이 강연대 쪽으로 와 앨런드의 마이크를 뺏어 갔다. 미국과학진흥협회 사무국 직원들은 사회자에게 만약 데모자들이 마이크를 요구하면 내주어 신체적 충돌을 피하도록 했고, 또 데모자들에게는 만약 마이크를 2분 이내에 돌려주지 않을 경우 호텔 안전경비원들을 부를 것임을 통보하도록 지침을 전달한 바 있다. 앨런드는 자신이 협회의 공식 절차를 따르겠다고 말한 후 마이크를 건네주었다. 그 사이 청중 가운데 일부가 소동을 우려해 자리를 떠나고 연단으로부터 먼 쪽으로 빠져나가기 시작하였다. 그러나 제대로 옮겨다닐 수 없었다. 자리가 꽉 차고 통로까지 메워져 있었기 때문이다. 나폴레옹 챠그논(Napoleon Chagnon)이 가운데쯤 줄에 앉아 있다가 간신히 떠나 연단으로 와서 데모자들을 밀어내려고 했으나 통로가 완전히 막혀 있었다. 그는 다른 청중들과 함께 앨런드와 데모자들에게 차례로 소리쳤다. 마이크를 내주는 것은 잘못이고 또 어떤 단체건 발표회를 강제로 장악해서는 안 된다고. 그러나 바야흐로 시대는 동등과 대등의 시대여서 어떤 형태의 표현방식이건 자유언론으로 간주되었다. 청중들은 드디어 조용해졌다.

그런데 인종차별 반대위원회 간부가 청중들에게 열변을 토하는데 그때 내 뒤에 있던 한 젊은 여자가 물주전자를 들더니 내 머리 위로 퍼붓는 것이었다. 데모자들은 흥겹게 소리쳤다. 〈윌슨. 당신은 글렀어〉라고. 그들은 2분 정도가 지나자 연단을 떠나 제자리에 돌아와 앉았다. 그러나 아무도 이들에게 건물 밖으로 나가도록 요구하지 않았고 또 경찰을 부르지도 않았다. 그렇다고 그 후 그들에게 어떤 조치가 내려지지도 않았다. 심포지엄이 끝난 후 몇 사람이 남아서 청중 속의 그들 데모단체 회원들과 이야기를 나누었다.

내가 손수건과 누군가 건네준 종이수건으로 젖은 곳을 모두 닦아내자 마이크를 다시 잡은 앨런드는 이런 일이 일어난 데 대해 나에게 미안하다고 말했다. 그러자 청중들은 모두 일어나서 나에게 꽤 오랫동안 박수를 보냈다. 그러나 박수 이외에 무슨 일을 할 수 있겠는가? 다음 차례는 그들이 될지도 모를텐데. 그 다음 내가 간단한 강의를 시작하기 전에 사회자들은 이 폭력단체의 행위를 비난했다. 굴드는 데모자들에게 말을 건네는 것 같았는데 단순히 급진적인 입장임을 이유로 폭력을 쓰는 것은 가치 있는 정치적 목적 달성과는 다르게 부적절하다는 레닌의 말을 인용하였다. 굴드는 레닌의 말을 써서 이 사건을 사회주의의 〈소아병적 무질서〉라고 불렀다. 그는 그 점에서 옳았다. 그러나 내가 진실로 걱정하지 않을 수 없었던 것은 내가 아는 소아 아닌 성인 지식인들이었다.

이 사건이 일어났을 때 나의 기분은 과연 어땠을까? 나는 데모자들이 나에게 분노를 덮어씌우게 내버려두면서 감히 얼음처럼 냉정하고 조용했다고 말하고 싶다. 그날 저녁에 나는 나폴레옹 챠그논과 함께 저녁을 들었고 다음에는 스미소니언연구소에서의 인간 사회생물학에 관한 마빈 해리스의 연설에 대해 토론하였다. 이 연구소 모임에서도 청중은 많았으나 급진 과격파들의 점거 행동은 없었다. 그 후 나는 택시를 타고 유니온 기차역으로 가서 보스턴 행 침대차 나이트 아울 호를 탔다. 그곳에서 우연히 프린스턴의 집으로 가고 있던 물리학자 프리만 다이슨을 만났다. 나는 말했다. 〈오늘 참 재수가 억셌습니다. 미국과학진흥협회의 사회생물학 심포지엄에서 데모자들에게 물 세례를 받았거든요.〉 그는 되받아 말했다. 〈나도 억센 하루였어요. 기차가 고장났는데 워싱턴 북쪽 수 마일 지점에서 탈선을 해서 승객들은 모두 기차역으로 되돌아가 북쪽행 다음 기차를 기다려야 했습니다.〉

그때쯤 나에게는 인간 사회생물학이 앞으로도 지성과 정치 모든 면에서 문제가 되겠다는 생각이 분명하게 들었다. 그 문제는 사회생물학이 문화를 그 자체 속에서 분석하기까지는 계속 그럴 것 같았다. 만약 그렇게 분석되지 않으면 반대하는 비판자들은 의미론적인 기초를 가진 정신과 문화는 인간의 명확한 특성이므로 이에 대한 고려 없이 인간의 사회행동을 설명한다는 것은 소용없는 일이라고 그럴 듯하게 주장할 것이다. 이런 생각을 하고 있을 때 토론토 대학의 젊은 이론물리학자인 찰스 럼스덴이 1979년 나의 밑에서 박사후 과정을 밟으려고 왔다. 그의 관심 영역은 그 후에 생물학으로 돌았지만 그 당시에는 사회행동 분석

면에서 큰 기회가 앞에 열려 있음을 보고 있었다. 우리는 처음에 사회성 곤충에 대한 공동연구 이야기를 했으나 그 후 곧 유전과 문화 이야기로 대화의 주제를 바꾸었다. 나는 돌아올지도 모를 보상이긴 하나 실패의 높은 위험을 감수할 만하다고 말했고, 한번 그 점을 시험해 보자고 했다. 그래서 우리는 18개월 동안 매주 두세 번씩 만나 토론하기를 계속했고 그 사이 주제를 토막토막 이어 나가 전체 얼개를 잡아갔다.

우리는 다음과 같이 추리해 나갔다. 인간의 사회행동이 문화에 의해 전수된다는 사실은 누구나 알고 있다. 그러나 문화란 뇌의 산물이다. 그러나 뇌는 매우 고도로 구조화된 기관이며 유전적 진화의 산물이기도 하다. 뇌는 감각수용을 통해 프로그램된 다수의 편향을 지니고 있다. 그리고 어떤 것은 배우되 어떤 다른 것은 배우지 않는 학습성향도 갖고 있다. 이러한 편향성이 어느 정도인지는 아직 알 수 없으나 문화를 인도하는 것은 사실이다. 이번엔 역으로 뇌의 가장 뚜렷한 성질들의 유전적 진화가 문화에 의해 지배되는 환경 속에서 진행된다. 따라서 문화적인 진화는 이러한 뇌의 성질들에 어떤 영향을 미쳤을 것임에 틀림없다. 그래서 문제는 다음과 같이 분명한 질문으로 나타난다. 즉 유전적 진화와 문화적 진화가 어떻게 상호작용하여 인간 정신의 발달을 창출하였을까?

물론 우리는 이 문제에 부딪치는 데 역부족이었다. 그러나 다른 사람도 마찬가지였다. 즉 아무도 이를 직접 시도하기 전에는 어떤 확신도 얻을 수가 없다. 우리는 겁도 없이 인지심리학, 민족학 그리고 뇌과학에 관한 문헌들을 훑어 나갔다. 그리고 문화를 학습된 정보의 단위들로 참여시키는 집단유전학의 모델을 작성했다. 우리는 우리의 전제가 현재의 언어이론과 가능한 한 일치되게 하기 위해 의미론적 사고의 성질을 연구하였다.

우리는 인간정신의 진화를 인도하는 기초과정이 과연 무엇인가를 탐색하고 있었다. 그리고 그것이 유전자들과 문화 사이에 일어나는 상호작용의 한 특수 형태라는 결론을 내리게 되었다. 우리가 이름붙인 이

〈유전자-문화의 공진화(gene-culture coevolution)〉은 유전과 문화에서 일어나는 영구적인 순환이다. 사람의 마음은 일생을 사는 동안 일정 문화의 배경 속에서 무수한 정보의 조각들과 가치판단, 그리고 실천 가능한 행동들 가운데서 부단히 선택하며 스스로를 창조해나간다. 좀더 구체적으로 말하면 개인 각자는 입수할 수 있는 여러 가지 종류들 중에서 일정한 결혼 풍습과 세계 창조의 신화들, 윤리적 교훈들, 분석방식 등을 선택하게 된다. 우리는 이런 경합적인 행동과 정신적 추상물을 〈문화유전자(culturegens)〉라고 불렀다. 바로 우리의 동료 환원주의자가 생각해낸 〈문화소(meme)〉와 비슷한 것이다.

한 개인은 기억에 변화를 가하거나 결정을 내릴 때마다 우선 시각영상, 소리 그리고 기타 자극의 인지에서 시작하여 다음에 장기기억 내용으로부터의 정보의 저장과 인출, 그리고 끝으로는 인지된 물체와 생각에 대한 정서적 평가에 이르는 복잡한 일련의 생리학적 사건들을 경험하게 된다. 그러나 모든 문화유전자들이 동등하게 취급되는 것은 아니다. 인지 과정은 하나의 완전히 중립적인 여과필터로서 진화되지 않았다. 정신은 문화유전자들의 어떤 것을 다른 것들보다 더 쉽게 받아들여 사용한다. 나와 럼스덴이 연구문헌들 속에서 찾아낸 유전성 문화의 예 속에는 색시각, 음소 형성, 냄새 인식, 선호하는 시각 디자인, 감정을 나타내는 데 쓰이는 얼굴 표정들이 포함된다. 이 모두가 인간이란 종을 진단하는 데 쓰이고 가히 인간의 본성이라고 부를 수 있는 것의 부분들이다.

그렇게 생리학적으로 기초를 둔 이른바 〈후성 법칙(epigenetic rule)〉은 문화적 진화의 결과에 어떤 영향을 미친다는 것을 말한다. 유전자들이 정신적 발달과 문화의 모습을 형성해 나가는 것은 바로 인지의 물리적 사건들을 거치면서 이루어진다.

유전자와 문화의 공진화 순환관계를 우리가 생각한 대로 이야기해보면 다음과 같다. 여러 가지 선택 가운데 어떤 것은 다른 것에 비해 더 큰 생존과 번식률을 부여한다. 그 결과 정신을 성공적인 문화 유전자의 선택 방향으로 기울게 하는 어떤 후성 법칙은 유전 진화 과정에서 선호

된다. 인간 집단은 전체적으로 보아 많은 세대에 걸쳐 방대한 인간 본성의 여러 가지 가능성 중에 특정한 〈인간의 본성〉 쪽으로 옮겨 왔다. 그래서 보다 다수의 가능한 문화 유형들로부터 일정 패턴의 문화적 다양성을 빚어온 것이다.

럼스덴과 나는 이러한 도식을 몇 가지 논문과 두 개의 책으로 발표하였다.* 이에 대한 평은 여러 가지로 달랐다. 어떤 평들은 열광적으로 환영하였고 몇몇 주요 잡지에 실린 평들은 비호의적이었다. 예를 들면 에드문드 리치는 《네이처》에서 격분했고, 리처드 르원틴은 그 후 그의 표현대로 《사이언스》에서 스스로 불쾌함을 나타냈다. 유전자와 문화의 공진화의 주제는 그저 맥이 빠져나갔고 생물학자와 사회학자 모두에 의해 무시되었다. 나는 걱정뿐 아니라 그만 어리둥절했다. 비평가들은 주제의 핵심에 관해서는 별로 언급하지 않았다. 그러나 우리는 그들이 들여다 본 깊이에나마 이르지 못하고 또 그나마 그러한 사실을 간파하지 못한 것이 아닌가? 사실상 1980년대에 소수의 연구자들이 이미 같은 주제를 그들 스스로 고안한 개념적 경로를 따라 조사한 적이 있다. 바로 유전학과 인류학에 걸쳐 다양한 경험을 지닌 재능 있는 과학자들이었는데 그 가운데는 케니치 아오키, 로버트 보이드, 루이지 카발리-스포르자, 윌리엄 더램, 마르쿠스 펠드만, 모투 기무라 그리고 피터 리처슨이 있다. 이들 역시 전체 연구의 확산과 발전 정도를 놓고 볼 때 그 성공에는 한계가 있었다. 일본의 제일 가는 유전학자인 기무라는 한때 나에게 그 자신이 이 주제에 관한 어떤 원고청탁도 거의 받은 적이 없다고 말했다.

---

* C.J. Lumsden and E.O. Wilson, 『유전자, 정신 그리고 문화(*Genes, Mind and Culture*)』(Cambridge, Mass.: Harvard University Press, 1981)과 『프로메테우스의 불(*Promethean Fire*)』(Cambridge, Mass.: Harvard University Press, 1983). 여기 소개된 유전자-문화의 공진화 이론에 대한 요약은 우리의 논문 「유전자, 정신, 그리고 이데올로기(Genes, Mind and Ideology)」(*The Science 21*, no.9 (1981): 6-8)에서 약간 변경, 발췌한 것이다.

이 유전자 문화의 공진화 문제는 학자들을 매혹시킬 만큼 설득력 있는 지식을 천천히 쌓기까지 기다리면서 여러 해를 더 잠자고 있어야 할 것 같다. 그러나 어쨌든 나로서는 이 문제의 진정한 본질은 사회과학의 중심 문제이며 또 일반적인 미개척의 과학 영역 가운데 하나임을 확신하고 있다. 그리고 바로 이 문제의 시대가 올 것을 믿어마지 않는다.

18 생물다양성과 생명애착

1980년 《하버드 매거진》의 편집인들이 7명의 하버드 대학 교수들에게 앞으로 세계가 당면할 가장 중대한 문제가 무엇인지 지적해줄 것을 요청해 왔다. 질문을 받은 교수 가운데 4명은 인구과잉, 농촌의 도시 유입, 자본주의 등 여러 가지에서 오는 빈곤을 들었다. 또 한 사람은 미국을 겨냥해 복지 실태와 지나친 정부의 통제를 들었다. 여섯번째 사람은 전 지구적인 핵위협을 지적했다.

이 학자들 중 아무도 환경을 언급하지 않은 것이다. 즉, 아무도 1980년대의 문제들이 미래 세대에게 줄 충격에 대해서는 신중하지 않은 것이다. 나는 질문받은 유일한 자연과학자로서 매우 다른 주제를 택하였다. 그리고 그것은 좀더 큰 시간적 차원의 문제였다. 다시 말해 점점 더 많은 생물종이 절멸되고 있다고 쓴 것이다. 생물권은 위험에 직면해 있고 인간은 옛부터 내려온 생물학적 다양성의 창고를 비워가고 있다. 바로 나는 이 진화적인 시간 차원에서 진화생물학자처럼 생각하고 있었다. 나는 말했다. 〈앞으로 일어날 수 있고 또 꼭 일어날 최악의 일은 에너지 고갈도 경제적 파탄도 제한적 핵전쟁도 아니며 전체주의 국가에 의한 정복도 아닙니다. 이런 낭패들은 가공할 일이긴 하지만 수 세대 사이에 극복될 수 있습니다. 1980년대에 일어나고 있는 한 가지 진행과정으로서 그 회복에 수백만 년이 걸릴 일은 자연서식처 파괴로 인한 유전 및 종 다양성의 상실입니다. 이것이야말로 우리의 후손들이 전혀 용서하지 않을 우리의 어리석은 행위입니다.)*

이 기사는 나를 환경운동가로 데뷔시킨 계기가 되었다. 그러나 나는 지금 고백하건데 여기에 이르기까지 용서받을 수 없을 만큼 뒤늦었다. 생물다양성의 파괴는 지난 수십 년 동안 나를 괴롭혀온 문제였으나 이에 대한 공개적인 반응을 거의 표명해오지 않았었다. 1950년대에 앨라배마의 벌거벗은 붉은 진흙 골짜기에서 연구하고 또 사라지고 있는 쿠바의 다우림을 찾아갔을 때 가공할 만큼 무언가가 잘못되고 있다는 것을 깨달았다. 나의 이러한 불안은 국제자연 및 자연자원 보존연맹이 낸 『적색자료집(Red Data Book)』에서 절멸된 동물과 위기 동물종의 명단을 곰곰이 살펴보면서 더욱 커졌다. 1960년대에 로버트 맥아더와 내가 서식처 감소 뒤에는 동식물 종의 상실이 가차없이 따른다는 것을 발견하자 전망은 더욱 암울해졌다. 우리는 대충 잡아도 삼림이나 초지 또는 하천변의 나무를 90% 없애면 그곳의 생물종은 반으로 줄어든다는 것을 안 것이다.

나의 이러한 걱정을 다시 가중시킨 것은 꿈이었다. 이것은 문자 그대로 근심의 꿈으로서 지금도 가끔 경험한다. 나는 공항이 가까운 한 섬이나 마을에 와 있다. 나는 이곳이 어디인지 금방 알아본다. 밤마다 다르지만 모두 남태평양에 있는 푸투나이거나 뉴칼레도니아이다. 나는 이런 곳에 몇 주 머문 적이 있다. 이제 나의 주위가 점점 자세히 드러나면서 나는 떠날 시간이 가까워짐을 기억한다. 나는 이 섬의 동물과 식물상을 조사하지 않았고, 또 대개의 종이 아직 학계에 보고되지 않은 개미들로서 채집을 시도하지도 못한 단계에 있음을 깨닫는다. 나는 이곳 숲을 미친듯이 살피기 시작한다. 멀리서 잡목림의 한 끝자락 같은 것을 본다. 그리고 그곳으로 달려간다. 그러나 방풍림으로 심어진 외국 나무

---

* 「80년대를 위한 결의(Resolutions for the 80s)」, *Harvard Magazine*, January-February 1980, pp.22-26.

358

들과 집들, 그리고 더욱 뻗어나간 들을 발견할 뿐이다. 이제 나는 한 자동차 위에 앉아 있다. 나는 시골길을 달린다. 양쪽에는 집과 들이 있을 뿐이다. 북쪽으로도 산이 있는데 꿈마다 산은 언제나 북쪽에 나타난다. 어떤 산엔 아직도 숲이 남아 있을 것 같다. 나는 지도를 더듬거리며 빠져나갈 길을 찾는다. 그러나 갈 수가 없다. 시간이 다 된 것이다. 꿈은 끝나고, 나는 그만 근심과 회한으로 꼼짝 못하게 결박된 상태로 꿈에서 깨어난다.

실제 상황에 접하고 또 꿈을 꾸면서 나는 이 밖의 문제에 대해서 연구하고 글쓰는 것만이 과연 내가 할 일일 것인가를 스스로 묻게 되었다. 1970년대가 지나감에 따라 나는 의아스러웠다. 과연 어느 시점에서 과학자들이 운동가가 되어야 할까? 나는 과거의 어려웠던 경험을 통해 과학과 정치적 개입 사이에 서는 것은 매우 상처받기 쉬운 일임을 잘 알고 있었다. 나는 얼마 전의 사회생물학 논쟁을 통해 마치 자라 보고 놀란 가슴 솥뚜껑 보고 놀라는 사람이 된 셈이다. 나는 생각했다. 지나치게 강론을 편다면 다른 과학자들이 나를 하나의 이데올로기 사상가로 볼 것이다. 반대로 온건하게 말한다면 내가 도덕적 의무를 피하고 있다고 하겠지. 나는 신중론 쪽에서 머뭇거리고 있었다. 다만 비학술단체들이 이미 생물학적 다양성 보존을 위해 활동하고 있다는 소식에 약간 안도하였다. 바로 세계야생기금과 국제자연보존연맹으로서 그들은 전 지구적인 시야를 갖고 고도의 능력을 발휘하고 있었으며 또 존경을 받고 있었다. 또 열대연구기구가 있었는데, 젊은 생물학자들을 훈련하는 데 기여하는 대학과 연구소들의 연합체였고 1963년 발족 당시 나도 일조했었다. 나는 이러한 새로운 전문기관들 중 상당수가 보존 과학으로 사업을 발전시켜 나가고 있음을 알고 있었다. 나는 생각했다. 다음 세대가 하도록 내버려두자. 그러나 그렇지가 않았다. 그래도 이런 운동에는 고참 생물학자들의 목소리가 필요했다.

이러한 상황에서 나에게 결정적인 계기로 작용한 것은 1979년에 영국의 생태학자 노먼 마이어즈가 처음으로 열대 다우림의 파괴 속도를 추정하여 발표한 것이다. 나라마다의 데이터를 종합해보니 전체 식피의 1%가 약간 못 되는 정도로 매년 전 세계적으로 식피의 손실이 일어난다는 것이다. 이 한마디 우울한 소식은 곧 전 세계 자연보존자들의 주의를 사로잡았다. 다우림은 과거나 지금이나 생물다양성의 저장소로서 절대적으로 중요하다. 다우림은 세계의 모든 생태계에 사는 동식물종이 가장 다양하게 살고 있는 서식처이다. 그러나 마이어가 보고할 당시 다우림은 육지 면적의 7%였을 뿐이다. 그 면적은 미국의 48개 주를 합친 것과 비슷했고 또 매년 제거되는 식피는 플로리다 주 면적의 절반에 해당되었다. 서식처 면적과 생물다양성의 일반적 관계를 다른 생태계에서 밝힌 바에 따르면, 이러한 다우림 면적의 감소로 인해 현생 생물종의 1%의 약 1/4 정도가 매년 절멸되거나 절멸 위기에 놓이고 있다. 벌목과 화전은 땅에 굶주린 도시민과 날이 갈수록 증대되는 목재 수요로 인해 가중되고 있는 것 같았다.

드디어 나도 친구 피터 레이븐을 따라 적극적인 활동에 나서게 되었다. 레이븐은 유명한 과학자요 미주리식물원 원장으로서 점점 더 대중적인 저명인사가 되고 있었으며 결의에 차 있고 두려움 없이 행동했다. 그는 자연보존 운동가로 나서는 데 거리낌이 없었다. 그는 1970년대 말부터 생물 대량 절멸의 현실에 대한 증거에 대해 아직 회의적인 사람들을 상대로 글을 쓰고 강연하고 논쟁하였다. 그는 1980년에 국가연구위원회의 열대 생물학 연구 우선에 관한 조사사업을 주도하면서 삼림 제거와 생물학적 다양성 문제의 긴급성을 강조하였다. 그는 모두가 이 운동에 동참해야 하며 자연보존 전문가들만으로는 벅찬 일임을 분명히 하였다. 그러던 어느 날 드디어 나도 결심하였다. 나는 그에게 전화를 걸어 〈피터, 나도 이 운동에 참여하겠다는 뜻을 알려주고 싶소. 도움이 되는 것이라면 무엇에나 전력을 다할 생각이요〉라고 말했다. 바로 이즈음에 내가 장난스럽게 〈열대림 마피아〉라고 이름붙인 중견 생물학자들의 모임이 느슨하게나마 형성되었다. 여기엔 나와 레이븐 이외에 제어드 다이아몬드, 폴 얼리치, 토마스 아이스너, 다니엘 잔젠, 토마스 러브조이

그리고 노만 마이어즈가 들어 있었다. 우리는 그 후 자주 연락하기로
하였다.

얼마 후 나는 세계야생기금 미국지부의 이사회에 참여하였고 과학 담
당 외부 주요 자문인사가 되었다. 나는 이 기관의 간부들이 과학 연구
분야 사업을 확대하고 거대 팬더와 대머리 독수리 같은 인기 종뿐만 아
니라 모든 생태계를 취급하도록 격려하였다. 나는 세계야생기금 내에서
체계화되고 있는 〈새로운 환경주의〉을 발전시키는 데 참여하였다. 이렇
게 보다 더 실용적인 접근을 통해 우리는 보존사업을 경제적 조언에 맞
물릴 수 있게 하고 생물학적 다양성을 구제하는 노력 때문에 피해를 입
는 지역 주민들에게 도움을 줄 수 있다. 우리는 가난에 찌든 사람들이
보존사업으로 인해 이득을 볼 것이 아무것도 없는 상황에서는 자연보존
지역이 결코 무한정 보호될 수 없다는 점을 강조하였다. 즉 그 지역 경
제를 장기적으로 전망해보면 결국 그들의 자연환경이 파괴되는 지경에
이르리라는 것을 알 수 있다.

나는 생태계 파괴와 종의 절멸에 관한 문제들과 이를 해결하기 위한
사회 경제적 방안에 관해 여기저기 강의하고 또 글을 썼다. 그리고
1985년엔 미국과학학술원의 정책잡지에 「생물학적 다양성의 위기: 과
학에 대한 도전(The Biological Diversity Crisis: A Challenge to Science)」
이라는 글을 실었는데 많은 사람의 주의를 끌었다.*

그 이듬해 미국과학학술원과 스미소니언연구원의 공동 주최로 워싱
턴에서 열린 〈생물다양성 전국 포럼〉에서 기조연설자의 한 사람으로 강
연하였다. 그 후 이 토론회 발표록인 『생물다양성(BioDiversity)』의 편집
인으로 일했는데 이 책은 미국학술원 출판부사상 베스트 셀러의 하나가
되었다. 이 토론회야말로 〈생물다양성〉이라는 낱말이 처음 쓰여진 행사
였는데 이 책이 출판된 후 놀라운 속도로 전 세계에 퍼져 나가 1987년
에는 보존과학 문헌에 가장 많이 나타나는 용어의 하나가 되었다. 더욱

---

* *Issues in Science and Technology* 2(1)(fall 1985): 20-29.

이 〈생물다양성〉은 박물관 전시와 대학 세미나에서 매우 선호되는 주제가 되었다. 드디어 1992년 6월 리우 데 자네이루에 100여 개국 정상들이 지구환경 의정서를 토론하고 비준하기 위해 모였을 때에는 〈생물다양성〉은 일상 용어가 되다시피 했다. 그러나 미국의 부시대통령이 〈생물학적 다양성에 관한 협약(Convention on Biological Diversity)〉에의 서명을 거부하자 이 문제는 정치적 현안이 되었다. 결국 위기종법(Endangered Species Act)과 북부 점박이올빼미에 관한 토론이 끊임없이 이루어지면서 이 말은 미국 문화의 일부가 되었다.

생물다양성은 개념상 모든 생물을 포함하는 것으로 자연보존을 지지하는 강력한 상징이 되었다. 그렇다면 그 말은 정확히 무엇을 뜻하는 것일까? 생물학자와 보존주의자들 사이에 곧 합의된 정의에 따르면, 유전자와 염색체에서 시작하여 산림과 호수 같은 생태계 군집 등 최고 수준에 이르는 모든 생물학적 조직화 단계의 생명 형태들이 나타내는 유전적 변이를 말한다. 이 무한한 생물다양성의 한 예를 든다면 쿠바의 담수어의 한 종이 갖는 여러 가지 염색체와 유전자를 들 수 있다. 다른 예로는 쿠바의 담수어종 모두를, 그리고 또 다른 경우로는 차례차례 연구된 쿠바에 있는 각각의 강에 사는 물고기와 기타 모든 생물들을 가리킬 수 있다.

1988년에 출간된 책 『생물다양성(BioDiversity)』을 편집한 것이 나였기 때문에 많은 사람들이 내가 이 말을 처음 쓴 것으로 생각하고 있다. 그러나 그것은 1986년 미국과학학술원 주최의 워싱턴 토론회를 조직한 미국과학 학술원 행정관인 월터 로젠이었다. 로젠과 학술원의 다른 직원들이 내가 이 토론회의 편집인이 되도록 교섭하러 내게 왔을 때 나는 당시까지 나와 다른 사람들이 즐겨 쓰던 〈생물학적 다양성(Biological Diversity)〉을 쓸 것을 주장했다. 말하자면 〈생물다양성〉은 외우기는 좋으나 품위가 없다고 말했다. 그러나 로젠과 그의 동료들은 〈생물다양성〉이 더 간단하고 분명해서 대중이 이 말을 더 잘 기억할 것이라고 계속 주장하였다. 주제로 말하면 우리가 끌 수 있는 모든 주의를 재빨리 모을 수 있는 말이어야 하는 것은 확실하다. 나는 드디어 양보하였다.

지금 생각하면 내가 왜 그 새로운 낱말에 저항했는지 알 수가 없다. 그 말은 재빠르게 스스로의 지위를 확보하고 영향력을 발휘했는데도 말이다. 사실상 나는 1979년에 자연보존에 관한 ≪뉴욕타임스≫의 한 기사에서 이와 비슷한 용어인 〈바이오필리아(biophilia)〉를 만들어 썼었다.* 그 후 1984년에 이 말을 나의 책 『바이오필리아』의 제목이면서 동시에 주축이 되는 개념으로 썼다. 그것은 곧 인간이 다른 생명 형태들에 대해 선천적으로 타고나는 유대감을 말하며 이러한 유대감은 그때그때 조건에 따라서 즐거움이나 안전감 또는 경외심이나 거부감이 섞인 경악으로 나타난다.

내가 바이오필리아라고 한 것은 모든 생물들은 자신이 기본적으로 살 곳으로 특정 자연환경을 선호함을 나타낸다. 이 문제를 선구적으로 연구한 워싱턴 대학의 동물학자인 고든 오리언스는 〈이상적〉인 서식 장소를 대개의 사람들이 자유선택의 기회가 주어졌을 때 택하는 장소라고 진단하였다. 즉 사람들은 약간 높직한 곳이면서 호수나 바다 또는 기타 물에 가깝고 또 공원 같은 땅에 둘러싸인 곳에 집을 갖기를 원하는 것이다. 그리고 집에서 바라볼 수 있기를 원하는 나무들은 줄기로부터 가지들이 지면 가까이까지 무성하게 뻗어 있고 가지에는 작고 가늘게 분리된 잎새들이 많이 나있어 수관부가 넓게 퍼져 있는 그런 종류를 말한다. 이러한 기본형은 우연하게도 인간이 과거 수백만 년 동안 진화해 온 아프리카에 가장 많은 열대 사바나 지역과 일치한다. 그곳에 사는 원시인들은 필경 탁 트인 땅에서 가장 안전을 느꼈을 것으로 생각되는데, 그것은 개방된 시야로 인해 먹이를 찾거나 적을 감시할 수 있기 때문이며 몸을 숨길 식물과 또 쫓기면 도망쳐 올라갈 나무들이 필요했기 때문이기도 했다.

---

* The Column: Harvard University Press, *New York Times Book Review*, January, 14, 1979, p.43.

이와 같이 태고 시절의 인간의 집과 현대인의 서식처 선호 조건이 비슷한 것은 그저 하나의 우연에 불과할까? 호모 사피엔스의 조상에 가장 가까운 영장류를 포함한 모든 동물들은 생존을 의지할 장소를 타고난 성향에 따라 선택한다. 여기에서 우리의 조상들이 예외였다면 이상할 것이고, 또 인류가 농경과 도시 환경에 단기간 살아봄으로써 우리가 갖고 있는 유전자군으로부터 그런 성향이 지워졌다고 생각해도 이상할 것이다. 만약 뉴욕의 한 억만장자가 막대한 부로 인해 살 곳을 마음대로 선택할 수 있어서 호수가 보이고 뉴욕의 센트럴 파크를 내려다볼 수 있는 곳에 옥상 가옥을 짓고 화분에 심은 관목들을 테라스 둘레에 가지런히 놓았다고 생각해 보자. 그는 자신이 알고 있는 수준보다 깊은 감각의 차원에서 인간의 뿌리로 돌아가고 있는 것이다.

발라지 문드쿠르(Balaji Mundkur)가 이와 비슷한 설명으로 인간 성향의 특성을 제시한 것이 있는데 바로 뱀을 보면 꼼짝 못하는 것이다. 이 뱀들은 인간이 쉽게 공포감을 느끼는 대상으로서 인간의 태고 환경의 여러 모습 중 하나였다. 이와 같이 공포감을 크게 유발하는 다른 예로는 거미, 늑대, 고지, 폐쇄 공간, 그리고 흐르는 물이 있다. 한 어린아이에게 무서운 옛날 이야기를 들을 때처럼 가볍게 한번 뱀에 놀란 경험을 갖는 것만으로도 뱀에 대한 혐오감을 불어넣기에 충분하다. 이와 같이 놀란 경험을 한 후에는 공포감, 현기증, 식은땀, 보통 이성적인 통제력으로 제어할 수 없는 정도의 자율신경계 반응을 나타내는 특징을 보인다. 이러한 반응은 재빨리 회복되긴 하지만 이상하게도 없어지긴 힘들다.

이와 같이 뱀에 대해 일정한 방향으로 강한 반응을 나타내는 것은 유전적 기초를 갖고 있기 때문인 것 같다. 이에 대한 증거로는 현대인들이 일상적으로 경험하는 총, 칼, 전기소켓, 달리는 자동차 등 진정 위험한 것들에는 공포감을 새로 얻는 일이 거의 없다는 점을 들 수 있다. 우리 인간은 이들을 보면 자동적으로 물러서도록 보장하는 성향의 유전자를 얻을 만큼 오랫동안의 진화 기간에 걸쳐 이들에게 노출된 적이 없기 때문이다. 어느 곳에 사는 사람이건 대개 뱀을 보면 그저 성큼 물러서기만 하는 것이 아니다. 꼼짝달싹 않고 있다가 안전하다 싶으면 가까이 가서 유심히 살펴본다. 뱀은 꿈에 가장 많이 나타나는 야생동물로서 종교적 상징 속에서 신비의 뱀으로 지목되곤 한다.

뱀은 인간이나 기타 동물과 잡종이 되어 깃털을 달고, 서로 꼬여 있거나 거인으로 자라고 또 재빠르게 만물을 투시하는 변신자로서 신이 되어 터무니없는 기분과 그때의 상황에 따라 원수를 갚고 지혜를 전달한다. 한 쌍의 뱀이 막대 하나를 칭칭감고 신의 메시지를 전달하는 사자로서 상징되고 있는 모습은 오늘날 의업을 상징하는 문장으로 쓰이고 있다.

우리 인간이 뱀에게 쏟고 있는 주의의 궁극적 근원은 뱀이 다른 영장류 동물에게 일으키는 두려움과 공포의 원인과 같을 터인데, 즉 뱀의 치명적 성질을 말한다. 독성을 나타내는 뱀은 전 세계에 분포하는데 북반구에서는 캐나다와 핀란드 같은 북쪽지방에까지 이르고 자연 환경에 가까운 지역에 사람이 사는 곳이면 어디나 죽음의 원인이 될 수 있다. 문드쿠르의 증거에 근거해 1984년 내가 풀이한 바와 같이 생명체 유대의 진화는 다음과 같은 사슬로 이어져 왔다. 일부 뱀의 치명적 독성은 오랜 진화 기간을 통해 인간이 뱀을 보면 본능적으로 피하고 질겁을 해 꼼짝 못하는 현상을 낳았다. 그 후 뱀들은 모호한 상징물의 모습으로 자주 꿈에 나타나 잠을 혼란스럽게 만들었다. 무당과 예언자들은 이러한 꿈을 신의 계시라고 하고 신화와 종교 속에 영상으로 심어놓는다. 이런 식의 성스러운 보루를 통해 빛나게 반짝이며 변신한 뱀은 우리의 이야기와 미술 속에 침투되었다.

생물 애착의 증거는 자연과학의 일반적인 기준으로 볼 때 아직 미약하고 그것이 유전적 기초를 갖고 있다는 이론도 매우 상상적인 면이 크다. 그러나 그러한 생각에 대한 논리는 탄탄하고 너무나 중요한 문제여서 결코 무시할 수 없을 정도이다. 1992년엔 매사추세츠 주의 우즈홀에서 생물학자, 심리학자 등 여러 학자들이 모여 회의를 가졌는데 이 자리에서는 현재 진행중에 있는 연구들이 많이 평가되었다. 그 가운데는 실험적인 것도 있어서 초기 데이터와 일치하는 것은 매우 강한 설득력을 나타냈다.*

내 생각에는 이렇게 천성적으로 인간이 갖고 있는 생물 애착의 중요한 의미는 현재 끈질기게 지속되고 있는 자연보존 윤리운동의 기초를 제공한다는 데 있다. 만약 현재 남아 있는 생명체들에 대한 걱정이 인간 본성의 일부이고 또 우리 인류 문화의 일부가 야생의 자연으로부터 유래된 것이라고 한다면 이것만으로도 다른 생명체들을 소멸시키는 것은 근본적으로 잘못된 일이라고 말할 수 있다. 우리가 자연의 일부이듯이 자연 또한 바로 우리의 일부이기 때문이다.

나에게는 내 생애 대부분에 걸쳐 한결 같이 나에게 매력적이었던 몇 가지 생각이 있는데 생명 애착은 내가 이룬 종합 개념들 중 이에 합류한 최신판이라 할 수 있다. 내가 말하는 진실에는 다음 세 가지가 있다. 첫째, 인간성은 궁극적으로 볼 때 생물학적 진화의 소산이라는 것, 둘째, 생명의 다양성은 인간의 요람이며 인간의 가장 위대한 자연유산이라는 것, 셋째, 철학과 종교를 논할 때 앞의 두 가지 개념을 고려하지 않으면 아무런 의미가 없다는 것이다.

나는 이 회고록에서 나 자신과 독자를 위해 내가 어떤 과정을 통해 이러한 자연주의적 세계관을 갖게 되었는지를 기술하였다. 여기에 기여한 근원들은 먼 과거의 기억 속을 거슬러 올라가지만 내가 이 글을 쓰고 있는 66살의 지금에도 나의 상상을 사로잡고 있다. 나는 나의 창조적 삶의 원천으로서 거기서 나온 산물들을 끊임없이 다듬고 덧붙여 가며 조심스럽게 지켜나가고 있다. 그것이 반복적으로 증거를 나타내며 법칙에 따를 때 이렇게 얻은 지식이 곧 내가 과학이라고 부르는 바로 그것이 되는 것이다.

이러한 영상들은 하나의 구심점을 창출해서 활발한 연구 회전을 통해

---

* 이 회의의 발표록은 다음과 같이 출판되었다. 『생물 애착 가설(The Biophilia Hypothesis)』, eds. Stephen R. Kellert and E.O. Wilson(Washington, D.C.: Island Press, 1993)

나의 생애에 활력을 불어넣었다. 그래서 지금의 나에게 또 다른 과학자로서의 모습을 갖출 수 있게 해주고 있다. 마음속으로 짐작건대 나는 죽을 때까지 탐험하는 자연연구가로 남을 것이다. 나는 이러한 생각이 지나친 낭만이나 비현실적인 감상주의라고 생각하지 않는다. 어쩌면 흔히 상상하는 야생은 이미 존재하지 않을지도 모른다. 또 얼마 지나지 않아 이 지구의 매 평방킬로미터의 작은 땅마다 사람의 발자욱이 훑고 지나갈 것이다. 나는 이미 아마존 강 상류와 뉴기니의 고원지대, 그리고 남극까지도 관광지가 되었다는 사실을 알고 있다. 그럼에도 불구하고 나의 환상 속엔 끝없는 신세계를 이루는 진짜가 들어 있다. 아마도 90%가 넘을 생물종의 절대 다수가 아직 학계에 알려져 있지 않은 것이다. 그들은 어딘가에 아무도 건드리지 않은 상태로 누가 이름도 지어준 적도 없이 린네와 다윈과 파스퇴르의 손길을 기다리고 있다. 절대 다수가 열대 지방의 오지에 살고 있지만 산업국가의 도시 가까이에도 많이 있다. 지구는 현란할 정도로 다양한 생물이 살고 있는 행성이지만 아직도 알려지지 않은 게 무궁무진한 행성이기도 하다.

생물다양성을 저울질하는 데 중요한 점은 차원을 아래쪽으로 내리는 데 있다. 즉 생물체가 작을수록 분포 일선이 넓어지고 미개척의 땅은 깊어진다. 육지의 산길에서 볼 수 있는 통상적인 야생 상태는 앞으로 사라질지 모른다. 포유류, 조류, 나무 같은 지구상의 대형 생물들은 대개 이미 관찰되고 기록되었다. 그러나 세계 어디서나 한줌의 흙이나 진흙 속에는 야생미생물(microwilderness)이 존재한다. 이들은 거의 아직 사람의 손길이 닿지 않은 원시 상태에 가깝다. 박테리아, 원생생물, 선충류, 응애류, 기타의 작은 동물들이 우리 둘레에 우글거리고 있으며 이들이 바로 지구 표면을 둘러싸는 삶의 모체이다. 만약 지평선으로 경계 지워진 세계를 바라보는 시선을 흔쾌히 한치 밖의 가까운 세계로 돌린다면 이들이야말로 우리가 끊임없이 연구하고 경탄할 수 있는 대상들이다. 말하자면 단 한 그루의 나무줄기 둘레에서 마젤란의 세계일주 여행을 하며 일생을 보낼 수도 있는 것이다.

내가 만약 21세기엔 모든 것을 다시 시작할 수 있고 또 잃었던 시력도 되찾을 수 있다면 나는 미생물 생태학자가 될 것이다. 단지 엄지와 집게손가락 사이로 겨우 잡힐 1그램의 흙 속에는 100억 마리의 박테리아가 살고 있다. 이 속에는 수천 종이 들어 있지만 학계에 알려진 것은 거의 없다. 나는 최신 현미경과 분자생물학적 분석방법의 도움을 받아가며 그 세계 속으로 뛰어들 것이다. 나는 모래 낟알들 위에 퍼져 있는 숲을 뚫고 지나가며 비유적으로 말해 호수의 크기로 보이는 물방울 속을 여행하면서 포식자와 피식자를 찾아내 아직 알려지지 않은 새로운 생활방식과 생소한 먹이망을 발견할 것이다. 이 모든 것을 하는 데는 실험실 밖으로 10발짝 이상을 나가지 않아도 된다. 재규어, 개미, 난들은 여전히 멀리 떨어져 있는 숲속에서 그 화려한 모습을 자랑하겠지만 이제 그들은 더욱 생소하고 무한히 복잡한 생물계에 의해 합류될 것이다. 이 모든 것들이 다시 한번 한 마리의 관해파리와 바닷속 깊이 겨우 알아볼까 말까한 괴물에 신비를 느꼈던 패러다이스 해변의 작은 소년으로 하여금 계속 살아 움직이게 만들 것이다.

감사의 글

내 소년 시절에 있었던 일들을 되살려내는 데 큰 도움을 주었던 많은 사람들에게 감사한다. 먼저 미시시피의 비록시와 걸프포트에 사는 윌리엄 칼린 2세, 에드워드 키친스 퇴역 준장, 그리고 무렐라 파웰이 있다. 플로리다 주의 펜사콜라에는 프랭크 하디 경, 바바라 맥보이, 그리고 패트리샤 슈메이커가 있다. 수도 워싱턴 시에 사는 엘리스 맥리어드에게도 감사한다. 또 우리 집안의 족보학자인 엘리자베스 윌슨 코반으로부터는 나의 조상에 대해 자세히 들었고, 나의 어머니인 이네즈 리넷 허들스턴과 스토니브룩의 뉴욕 주립대학 교수이면서 걸프 만 항로 역사전문가인 윌리엄 듄으로부터도 많이 들었다. 앨라배마 대학과 하버드 대학에서의 학창 시절에 관해서는 친구인 윌리엄 브라운, 토마스 아이스너, 앨라배마 대학의 사서인 조이스 래몬트, 그리고 테네시 대학에서 나의 지도교수를 맡아준 아론 샤프가 있는데 이 분은 내가 하버드 대학교 입학허가서를 얻는 데 도움을 주었다.

나는 또 다음의 친구와 동료들이 이 책의 원고를 일부씩 읽어주고 너그럽게 도와주고 조언해준 데 대해 감사하는 바이다. 즉 알렉산더 앨런드 주니어, 개리 알트, 스튜어트 알트만, 조지 볼, 조지 바로우, 허버트 보청, 나폴레옹 챠그논, 프랭클린 포드, 스티븐 제이 굴드, 윌리엄 해밀턴, 버트 횔도블러, 로버트 진, 언스트 메이어, 배질 나프파크티티스, 윌

369

리엄 패트릭, 리드 롤린즈, 울리카 세제스트릴, 다니엘 심버로프, 로렌스 슬로버드킨, 프레드릭 스미스, 케네스 티만, 로버트 트라이버스, 베리 벨런타인, 그리고 제임스 왓슨이다.

나의 아내 이레느, 일명 리니는 이 작업 진행중에 의논해 주었고, 한결 같이 도움과 격려를 아끼지 않았다. 존 스코트는 사회생물학 초기의 기초 자료를 보내주었고 마이클 루스는 지난 여러 해에 걸쳐 현명한 자문과 조언을 줌으로써 사회생물학 논쟁이 과연 어떤 것이었는가를 보다 잘 인식하도록 도와주었다. 물론 이들 가운데 그 누구도 이 글에 있을지도 모를 잘못이나 오류에 대해 책임이 없음은 물론이다.

제3장에서 서술된 1943년의 펜사콜라의 제일침례교회 예배에 대한 것은 나의 50년 전 기억과 나의 당시 동료로서 지금도 활발히 활동하는 바바라 맥보이와의 대화, 그리고 토니 무어 클리벤저가 지은 펜사콜라 교회사인『만과 언덕 위에서』, 그리고 이 책의 재판인 펜사콜라의 제일 침례교회 발행 1986년판을 조각조각 모아 쓴 것이다.. 대개 틀림이 없을 것으로 본다.

제1부에 나오는 랭스턴 휴즈의 시「앨라배마의 여명(Daybreak in Alabama)」의 일부는『랭스턴 휴즈 시선집(Selected Poems of Langston Hughes』(New York: Alfred A. Knopf, 1959)에서 출판사의 허락 하에 전재한 것이다. 내가 북미산 독사를 잡은 이야기(제6장)는 로버트 맥아더의 생물지리학에 관한 초기의 대화, 그리고 맥아더의 인품에 관한 기술(제13장)과 함께 모두 나의 책『바이오필리아』의 내용에서 약간 바꾸어 옮긴 것이다. 하버드 대학에서 콘라트 로렌츠가 1953년에 한 강연의 요지(제15장)는 나의 불완전한 기억을 더듬어 쓴 것임을 밝혀둔다. 결국 나의 기억과 그 후에 읽은 책, 그리고 논의를 통해 얻은 세부 내용들을 합친 격이 되지만 그 속의 정신과 주제는 정확히 살아 있다고 믿는다.

더욱이 나는 로버트 맥아더와의 공저인『섬 생물지리학 이론(The Theory of Island Biogeography)』(1967)까지 거슬러 올라가 그 동안 출간된 나의 모든 저서들에서 편집에 협조하고 조언해 준 캐슬린 허튼에게 감사한다.

옮기고 나서

역자들은 1994년 10월에 민음사 이갑수 국장의 소개로 윌슨의 자서전 *Naturalist*가 출간된 것을 알게 되었다. 이미 역자 중 한 사람이 윌슨의 『사회생물학(*Sociobiology, abridged edition*)』(축약본, 1980)을 번역, 출판한 바 있어 *Naturalist*가 ≪뉴욕 타임스 북리뷰≫에 비소설 부문 베스트 10으로 소개된 기사를 알려주며 번역을 의뢰했을 때 약간의 흥분 속에서 청탁을 흔쾌히 받아들였다.

역자들은 책을 읽어가면서 이 책의 내용에 완전히 매료되었다. 저자인 윌슨 자신이 생물학자로 성장하기까지의 과정과 배경을 흥미 있게 기술하고 있을 뿐 아니라 사회생물학이라는 새로운 패러다임을 생물학에 등장시킨 거장의 눈으로 현대생물학의 발전과 분화를 생생히 증언하고 있었던 것이다.

책은 380쪽으로 모두 18장으로 이루어지는데 크게 1부 「앨라배마의 여명」과 2부 「이야기꾼」으로 나누어져 있고, 먼저 어린 시절에 열네 군데로 이사를 다니며 학교를 다니는 사이 친구가 없어 바닷가와 숲속에서 자연관찰에 빠져든 어린 시절의 회상으로 시작된다. 그 다음, 자라서 멕시코와 남태평양의 원시림에서 개미의 분류와 생태를 관찰하는 자연연구가로서의 기초다지기가 펼쳐지고, 이어 생태학 연구에 실험적 방법을 적용하는 플로리다의 작은 섬들에서의 야외작업이 이어진다. 2부의

371

후반부에선 개미의 화학신호 물질을 연달아 발견하는 실험탐구가 박진감 있게 전개되고 이어서 개미의 사회연구를 어떻게 영장류의 사회연구와 통합시켜 공동원리와 패턴, 그리고 진화의 줄기 위에 통일시켜 나갔는가가 소개된다.

그러나 이 책의 백미라면 역시 12장의 「분자전쟁」과 17장의 「사회생물학 논쟁」이다. 분자전쟁에서 그는 하버드 대학의 기라성 같은 분자생물학자들의 오만과 편견 속에서 전통 진화생물학을 발전시키려는 신진 과학자의 설움이 얼마나 컸는지, 또 분자생물학의 환원주의적 철벽 속에서 결코 분자적으로만은 설명할 수 없는 개체와 집단, 사회 수준에서의 현상과 패턴을 어떻게 집단생물학으로 수량화하여 하나의 과학과 진화생물학으로서의 정체성과 정당성을 입증하는 데 골몰했는가를 역력히 담고 있다. 더욱이 분자생물학의 산파역이었던 제임스 왓슨의 생태학에 대한 노골적인 경멸 속에서 연달은 수상과 이론 발전으로 서로 경쟁해 나가는 윌슨의 투쟁은 처절, 참담하기까지 하다. 역자들은 20여 년 전에 번역, 소개된 왓슨의 『이중나선(The Double Helix)』에서 왓슨이 폴링과 윌킨스, 그리고 로잘린과 벌였던 치열한 경쟁, 그리고 노벨상 공동 수상자 크릭과의 미묘했던 인간적 갈등 등을 스릴 있는 탐정소설처럼 재미있게 읽은 기억을 더듬고 이 윌슨의 전기가 그에 못지않은 픽션 같은 넌픽션의 짜릿함을 맛보여 주고 있다고 생각하였다. 이러한 느낌은 사회생물학 논쟁을 다룬 17장에서 더욱 고조된다. 그의 『사회생물학의 새로운 종합(Sociobiology: The New Synthesis)』(1975)이 나온 후 같은 하버드 대학 생물학과의 동료 교수 르원틴과 굴드로부터 받은 공박에 이어 1978년 2월에 한 강연에서 좌익학생들로부터 물세례까지 받은 수난은 당시의 찬반논쟁이 얼마나 치열했고 또 위 책의 마지막 27장이 인간 사회의 이데올로기와 연계되어 얼마나 준열한 공격의 대상이 되었는가를 단적으로 보여주고 있다.

그러나 이 책은 생태학과 진화생물학 이야기 외에 사회생물학이 여러 가지 사회과학과 문화 형성에 기초를 제공함으로써 이들 인문분야에 어떻게 새로운 지평을 열고 있는가를 말하고 있어 생물학도뿐 아니라 사회과학도에게도 좋은 지침서가 될 것으로 생각된다. 더욱이 그가 어릴 때 자연사박물관과 동물원에 자주 드나들면서 어떻게 생물학자로서의 꿈을 키우고 자연사랑과 생명존중사상을 성숙시켜 나갔는지, 그래서 마침내는 생물다양성 보존의 행동하는 지성으로 현재 맹활약하게 되었는지가 설명되고 있다.

이 밖에도 저자는 어린 시절의 갖가지 수난과 역경에다가 그에게 영향을 준 사건, 인물을 자기 학문발전의 성취과정 속에 적절히 분배하고 엮어나가는 플롯 기법을 구사하고 있다. 즉 저자 개인의 행적과 현대생물학사를 압축, 배합함으로써 독자에게 흥미와 학술적 실리를 함께 안겨주는 흥미유발의 지혜를 발휘하고 있는 것이다. 과연 한 과학자로서뿐만 아니라 퓰리처상을 두 번이나 받은 한 작가로서의 능력을 유감없이 발휘하고 있다.

그러나 역자들에겐 문장가로서의 그의 영어가 번역하기에 결코 쉽지 않았다. 다행히 현재 전북대 의대 생리학교실에서 일하는 미시건 주립대학 출신의 에이미 터휸(Amy Terhune) 생물학 석사의 도움을 받아 해결해 나갔고 이에 대해 역자들은 깊이 감사드린다. 또 몇몇 개미의 우리말 표현에 대해서는 개미분류학자인 원광대 김병진 교수의 조언을 받았다. 그 분의 도움에도 감사드린다. 그러나 한 가지 어려웠던 점은 책 제목 *Naturalist*의 우리말 번역이었다. 실은 직역해서 〈자연주의자〉가 되지만 그보다 의미상으로 〈자연연구가〉에 가까운 말이다. 그러나 이 말은 우리에게 너무나 생소하다. 그래서 〈자연주의〉가 비록 문학의 한 사조를 나타내는 말이지만 그 근본은 역시 물리적 자연의 사실적 묘사를 바탕으로 한다고 되어 있기에 자연연구가가 갖는 기본정신과 크게 어긋나지 않을 것으로 보고 〈자연주의자〉로 옮기기로 하였다. 독자들의 이해 있기를 바란다.

끝으로 역자들은 저자 윌슨 교수가 한국 독자를 위해 이 책의 한국어판 서문을 보내온 데 대해 특히 감사를 드리며 한국 독자들과의 교류의 시작이 되길 기대한다. 또 이 책의 번역을 권유해 준 민음사에도 거듭 감사를 드리면서, 이 책이 우리나라의 생물다양성 보전과 자연사랑, 그리고 생명존중의 뜻을 드높이는 한 계기가 되기를 희망해 본다.

1996. 7
옮긴이들

찾아보기

ㄱ

가오리 17
감마 다양성 185
개구리 116
개미 281
『개미들』 305
개미진화 169
거대생물학 위원회 222
거리 효과 248
걸프연안 군사학교 23
걸프포트 23
게리블즈, 코랄 277
겔만, 머레이 326
결과긍정 오류 248
경쟁배제의 원리 263
『계통분류학과 종의 기원』 51, 112, 229
고든, 오리언스 363
고정행동패턴 285
『곤충의 사회들』 322
공격성 314
『공격성에 관하여』 276, 314
구달, 제인 308
국립과학재단 200
국립동물원 64
국립자연사박물관 63
국제 인종차별 반대위원회 349
국제 자연 및 천연자원 보존연맹 194
국제자연보존연맹 359
『군체형성 곤충의 습성과 본능』 321
굴드, 스티븐 제이 338, 342
그레시트, 린즐리 179

그로브스 장군 51
근연계수 318
기무라, 모투 354
『기후와 진화』 206

ㄴ

나비 74
『나선』 283
낚시 18
남태평양 288
남태평양섬 159
뉴기니 159
뉴딜 정책 30, 164, 167
뉴 헤브리지 170

ㄷ

다윈, 찰스 313, 331
다이아몬드, 제어드 360
달리기 120-123
달링턴, 필립 34, 159, 207, 247, 255
대중을 위한 과학 338
더글라스, 밥 174
더램, 윌리엄 354
데이비스, 버나드 339
도브잔스키, 데오도시우스 114, 211
동굴탐사 96
『동물지리학』 207
『동물 집단과 생장과 조절』 231
동물행동학 284
동적 평형 278

동적 평형상태 259
드렉슬러, 로버트 146, 151
디비, 에드워드 235
DNA 구조 발견 216
디커터 96

ㄹ

라웁, 벨 45
라이트, 시월 318
래비, 이시도어 145
랜드리, 사라 324
러브조이, 토마스 235, 360
러프가든, 조나단 254
럼스덴, 찰스 351
레빈스, 리처드 250, 338
레이븐, 피터 360
로, 존 291
로렌츠, 콘라트 276, 284, 314
로버트슨, 빌 268
로웰, 애버트 로렌스 144
로저스, 윌리스 롤렌드 41, 42
로조브스키, 헨리 145
롤스, 휴 111, 115
루셔, 마틴 288
르원틴, 리처드 250, 257, 338, 342
리, 에그버트 235, 250
리니(아내) 66, 260
리바인, 폴 217
리센코 50
리처슨, 피터 354
리처즈, O.W. 321
리치, 에드문드 354
린네, 카를로스 166
린드로스, 칼 211

ㅁ

마이들, 프란츠 321
마이어즈, 노만 359, 361
만, 윌리엄 65, 148
매튜, 윌리엄 딜러 206
맥리어드, 엘리스 64
맥시민, 조지 251
맥아더, 로버트 235, 237
메이어, 언스트 51, 112, 211, 229, 339
면적 효과 248
모빌 23
모빌-텐소 삼각주 범람원 140
문드쿠르, 발라지 364
문화소 353
문화유전자 353
미국과학재단 266
미국과학진흥협회 237, 257, 348
미국산 불개미 56
미국의 보이스카웃 79
미드, 마가렛 348
미셸, 랠프 339
미스터 페리 89
미식축구팀 87
미어, 로버트 밴더 293
밀도의존성 반응 315

ㅂ

바그훈, 엘소 217
바다쇄기풀 13
반상 분포 186
반수전수성 318
발렌타인, 배리 111, 115
방울뱀 83
배제 모델 245
밸린, 라이 밴 250
뱀 82, 89-95

벅, 프랭크 139
번디, 맥 198
베르거, 피에르 반 덴 331
베이커, 존 하버드 136
베타 다양성 185
벡윗, 조나단 338
벨, 다니엘 341
보너, 존 타일러 255
보서트, 빌 265
보서트, 윌리엄 254
보스턴 135
보이드, 로버트 354
보청, 허버트 105, 111
보크, 데레크 306
보토, 버나드 드 145
본능 284
볼, 조지 111
부러진 작대기 모델 244
부모의 이혼 23
부모자식 갈등 모델 326
부테넌트, 아돌프 288
분류군 순환 186, 211, 242
분류학 199
분자생물학 221
『분자생물학어구사전』 227
불개미 288
붉은 털원숭이 308
브라운, 빌 211
브라운, 윌리엄 132, 135
브르튼, 앨라버마 87
브린턴, 크레인 144
비교동물학박물관 229
비브, 윌리엄 139, 238
비비례 생장 312
빌럭시 30

ㅅ

사라오젯 산맥(뉴기니) 187
사회생물학 250, 300, 310
사회생물학 연구그룹 338
『사회생물학의 새로운 종합』 323
산티아고, 카요 308
살린스, 마샬 332
상대 생장의 문제들 312
새로운 환경주의 361
새뮤얼슨, 폴 331
샌더슨, 이반 139
『생명이란 무엇인가?』 51
생물검정 291
『생물다양성』 361
생물애착의 증거 365
생물 제거 263
생물지리학자 253
『생물학의 이용과 남용』 332
생물학적 다양성 66, 187, 357
『생장과 형태』 312
생태계의 보존 276
생태완화 171, 210
생태적 주기 210
샤프, 아론 132
서벤트, 빈센트 174
선형 프로그래밍 313
『섬 생물지리학의 이론』 253
섬 생물지리학 이론 279, 186
섬 생물학 161-192, 246
성교육 84
세계야생기금 359
세례의식 50
세르게이 체트베리코프 113
세이세네그, 에리히 체르막 폰 111
셰퍼, 조셉 331
셸던 울프 142
수리남 239

수입 불개미 117
수학적 능력부족 240
슈나이더만, 하워드 142
슈너, 토마스 254
슈뢰딩거 51
스미소니언 기관 64
스미스, 매리언 98, 118, 132
스미스, 존 메이너드 340
스미스, 프레드릭 216
스코트, 존 310
스키너 284
스탠리 178
스탠퍼드 대학 196
스턱데일, 제임스 33
스테빈, 레드야드 114
슬러버드킨, 로렌스 237, 231, 235, 311
시체발생신호 294
식물에서의 변화와 진화 114
식물표본관 229
식물학박물관 229
신다윈주의 112
신문배달 77
실버글리드, 로버트 275
실험 생물지리학 263
심버로프, 다니엘 254, 265
심프슨, 조지 게이러드 114, 223, 247

ㅇ

아놀드수목원 229
아오키, 케니치 354
아이스너, 토마스 141, 277, 360
아종에 대한 비판 201
아키히토 200
알버트, 게리 283
ROTC 장교후보생 109
알트만, 스튜어트 250, 307
애스페란스 171

앨라배마 14
앨라배마 대학 103
앨런드, 알렉산더 349
앨리, 워더 클라이드 310
얼리치, 폴 360
에드먼슨, 토마스 235
에머슨, 알프레드 211, 310
에버글레이즈 국립공원 268
엘리엇, T.S. 145
오덤, 하워드 235, 255
오리자바 산 153
오스터, 조지 313
오펜하이머, 로버트 145
와인버그, 스티븐 326
와일리, 필립 109
왓슨, 잭 268
왓슨, 제임스 215
외상성 백내장 20
우점과 대치의 순환 241
워커, 헨리 105
월드, 조지 265
월러스, 알프레드 러셀 159
월쉬, 크리스토퍼 291
웨스턴, 윌리엄 〈캡〉 196
웹스터, 그래디 146
위글스워스, 빈센트 321
윌리엄스, 캐롤 283
윌리엄즈, 버트 106
유전과 그 변이성 50
유전적 결정론 333
유전학과 종의 기원 114
의사소통 287
이기적 유전자 317
『이중 나선』 216
이타적 행동 317
이타주의 251
『인간과 동물에서의 감정의 표현』 331
인간의 본성 333

『인간의 본성에 관하여』 341
인간정신의 진화 352
인간 행동 및 진화학회 336
인종차별 85

ㅈ

자야수리야, 아눌라 194
자연보존 362
자연선택론 313
자연연구가 20
잔젠, 다니엘 360
재정착의 과정 264, 278
잭슨빌(플로리다) 292
적색자료집 194, 358
정착실험 274
정착종 259
제노비스, 유진 341
제임스, 윌리엄 344
젠트기오르기, 알버트 317
젠트-이바니 178
조상 69-74
조세프-이바니 179
조이너, 제임스 엘리 71
존스, 퀜틴 146, 151
종교 52
종 빈도 분포 245
종의 균형 242, 253
종의 평형 이론 246
종의 회전 '279
좌익 급진주의 110
주먹싸움 61
지니, 로버트 282
『지리학적 생태학』 253, 255
진화론 금지 법안 132
진화론의 현대적 종합 112
진화생물학 223
진화생물학위원회 224

진화생물학자 162
진화에서의 속도와 양식 114
짐머만, 엘우드 211
집단생물학 238, 313
『집단생물학』 254

ㅊ

챠그논, 나폴레옹 331, 350
처커, 찰스 소장 26
체르먹 그룹 111, 112
촘스키, 노암 145
침독 개미 133
침례교도 41

ㅋ

카발리-스포르자, 루이지 354
카스트 312
카스트로, 피델 36, 148
카펜터, 레이 308
카펜터, 프랭크 135
칼슨, 피터 288
캐더린 260
커티스, 밥 180
컴스턱, 존 헨리 112
케네디, J.S. 321
케네디, 도날드 142
코엔, 조엘 254
콜, 아더 130
쿠바 145-6
크라우, 제임스 255
크라카타우 249
크레이턴, 윌리엄 98
크롬프턴 230
크룩볼, 존 134
크릭, 프랜시스 220
클로퍼, 피터 235

키스터, 로스 254
키스티아코프스키, 조지 345

E

터만, 프레드릭 197
터스카루사 105
테네시 대학 130
테일러, 로버트 177
텐드리지, 스티브 271
톰슨, 다르시 312
트리니다드 238
트리버스, 로버트 325
트위티, 빅터 196
특별 연구회 143
틴버겐, 니코 284

ㅍ

파리, 과학적 연구 97-98
파리잡기 81
파이 베타 카파 108
파인만, 리처드 344
파푸아 177
패러다이스 해변 13
패스커굴러 23
패트릭, 윌리엄 283
페로몬 288
펜사콜라 14, 41, 55
펠드만, 마르쿠스 354
평형의 회복 278
푸쉬마타하, 캠프 82
퓰리처 상 306
플로리다 키즈 제도 261
피셔볼, 로널드 113
피어스, 벤저민 344

피지 163
피카소 242
피터슨, 토리 21
핀피시 20

ㅎ

하디, G.H. 242
하버드 대학 132, 196
하버드 대학 산림 229
할데인볼 113
해밀턴, 빌 320
해밀턴, 윌리엄 251, 315
해발인 287
해스킨스 177
해파리 13
허들스톤, 해롤드 129
허버드, 루스 338
허비, JL 344
허친슨, 로버트 메이너드 218
허친슨, 이블린 233, 255
헉슬리, 줄리언 312
헤제키아 올루와산미 137
혈연선택 251
혈연선택이론 315
형질이동 204
호킨스, 메리 앤 70
호프스태터, 더글라스 294
홀, 도날드 145
화학적 의사소통 284, 290
환경운동가 358
환원주의 220
휠도블러, 버트 256, 298, 339
후성 법칙 353
휠러, 윌리엄 모턴 177
휴언 반도 179

이병훈

서울대학교 생물학과를 졸업하고, 동 대학원에서 생물학 석사 학위를, 고려대학교 대학원에서 생물학 박사 학위를 받았다. 하와이 대학교 동서문화교류센터 박물관 관리과정을 수료하였으며, 프랑스 국립자연사박물관 생태학연구소 객원연구원, 한국동물분류학회장, 한국곤충학회장, 한국생물다양성협의회장, 국립자연박물관 설립추진위원회 상임위원장을 역임했다. 전북대학교 생물과학부 교수로 재직하다가 정년 퇴임 후 현재 한국과학기술한림원 종신 회원으로서 활동 중이다. 저서로는『유전자 전쟁의 현대사 산책』,『유전자들의 전쟁』,『자연사박물관과 생물다양성』등이 있고, 번역서로는『사회생물학』Ⅰ,Ⅱ 등이 있다.

김희백

서울대학교 생물교육과를 졸업하고, 동 대학원에서 과학교육학 석사 학위와 박사 학위를 받았다. 현재 서울대학교 사범대학 생물교육과 교수로 재직 중이며, 한국과학교육학회 회장으로 활동 중이다. 저서로는『생명과학 교재 연구 및 지도법』,『생명과학교육론』등이 있으며, 번역서로는『중·고등학교 과학 수업』,『유전자 언어』등이 있다.

자연주의자

1판 1쇄 펴냄 1997년 4월 10일
1판 4쇄 펴냄 2016년 5월 13일

지은이 에드워드 윌슨
옮긴이 이병훈, 김희백
펴낸이 박상준
펴낸곳 (주)사이언스북스

출판등록 1997. 3. 24. 제 16-1444호
(우)06027 서울특별시 강남구 도산대로1길 62
대표전화 515-2000 팩시밀리 515-2007
편집부 517-4263   팩시밀리 514-2329
www.sciencebooks.co.kr

한국어판 ⓒ (주)사이언스북스, 1997. Printed in Seoul, Korea.

ISBN 978-89-8371-921-8 03990